세계사와 포개 읽는 한국 100년 동안의 역사 ❷

세계사와 포개 읽는 한국 100년 동안의 역사

제2권 개항 전야

김 용 삼
근현대사 탐구가

백년
동안

제2권 서문

서양 제국주의자를 대하는 법

서양 제국주의 세력들이 힘을 앞세워 밀고 들어올 때, 약소국의 생존법은 두 가지다. 구차하지만 그들에게 항복하여 달라는 것 다 주고 목숨을 구걸하거나, 그들과 대등하게 몸집을 키우고 무예를 익혀 감히 덤비지 못하도록 하는 것이다.

조선은 전자를, 일본은 후자를 택했다.

일찍이 영국 유학을 다녀와 일본 외무대신을 지낸 이노우에 가오루井上馨는 외쳤다.

"우리 제국을 유럽 제국으로 만들라. 우리 국민을 유럽 인민으로 만들라. 유럽적인 새로운 제국을 동양에 만들라. 이를 훌륭히 달성하면 우리 제국은 비로소 유럽 각국과 동등한 지위에 오를 수 있다. 우리 제국은 이것으로 독립하고, 이것으로 부강을 이룰 수 있다."

눈 하나 달린 짐승, 어패류

조선 지도부는 현실과 괴리된 '정신 승리'에 빠져들었다. 그들은 서양인을 같은 인류가 아니라고 애써 자위했다. 어떤 선비는 서양인들이 사는 나라를 '일목국一目國'이라 칭했다. 얼굴 가운데 눈이 하나만 있고 등에는 뿔이 달린 짐승들이 사는 나라라는 것이다.

조선 말기에 위대한 주자 성리학자로 추앙받은 화서華西 이항로李恒老는 서양인을 '어패류'에 견주었다. 그들은 바다에 살면서 물로써 집을 삼고 배로써 방을 삼는 야만적인 생활을 영위하면서, 예의를 모르고 남녀 구분이 없다고 했다. 서양 오랑캐는 인간이 아니기 때문에 그들을 교화시켜 중화 문명으로 인도하는 것은 불가능하다고 했다.

서양 물건 사용하는 자들 목을 베라!

1866년 프랑스라는 '일목국' 오랑캐들이 조선을 침략한 것이 병인양요다. 오랜 동안 임금의 부름에도 벼슬을 사양하고 고향에서 학문을 벼리던 이항로는 나라의 위기를 자각하고 출사出仕를 결심한다. 75세 노구로 동부승지가 된 이항로는, 서양 '어패류'들이 조선에 나타나 교역을 요구하는 이유는 조선 인민들이 서양 물건을 자주 사용하기 때문으로 진단했다.

"임금부터 모범을 보여야 한다. 임금의 모든 복식 가운데 하나라도 서양 물건이 끼어있으면 모두 색출해 대궐 마당에서 태워버려라. 서양 물건이 소용없어지면 교역이 끊어지고, 교역이 끊어지면 저들의 기이하고 음란한 기기들이 판을 칠 수 없게 된다. 당장 서양 물건을 불사르고, 서양 물건을 쓰는 자들을 잡아다 목을 베라!"

고종은 이항로의 상소에 따라 "서양 물건 사용하는 자는 즉각 목을 베라"는 어명을 내렸다.

'천황'과 '일왕'의 뒤안길

조선은 근거 없는 문명적 우월 의식을 가지고 일본을 '왜倭'라, 여진족

(만주족)을 '오랑캐'라 깔보고 있었다. 일본이 16세기에 개항하여 근대화를 추구하고, 여진족이 17세기에 명明을 멸망시키고 거대 제국 청清나라를 반석 위에 올려놓은 후에까지 그러한 우월 의식이 지속됐다. 국력은 조선의 수천 배요 군사력만도 수백 배인 청나라를 불과 1만도 안 되는 병력으로 정벌하겠다고 큰소리 쳤다. 그러나 청나라 정벌은 아무래도 현실성이 없으니, 슬그머니 논리를 바꾼다.

"청나라는 야만의 오랑캐다. 때문에 명나라의 중화中華 법통은 청나라가 아닌 조선으로 이어졌다."

이것이 송시열을 비롯한 조선 주자 성리학자들이 주장한 '조선 소중화론'이다. '소중화 조선'의 논리는 급기야 '조선 중화'론으로 발전해 갔다. 이제 조선이 중화가 되었으니, 굳이 오랑캐 청나라를 정벌하는 수고를 할 필요성조차 사라진 것이다.

일본은 천황天皇이 쇼군에게 위임했던 통치권을 반납받아(대정봉환) 천황이 직접 통치하는 중앙 집권 국가로 재탄생했다. 그것이 메이지유신이다. 신정부가 자리를 잡자 일본은 1869년 12월, "이제부터 일본은 쇼군이 아닌 천황이 통치한다"는 사실을 조선에 통보하는 서계書契를 보냈다.

조선 조정은 '천황'이라는 용어에 발끈한다. 황제는 중화 제국의 천자만이 사용할 수 있는 칭호라고 여겼기 때문이다. 결국 이 서계 거부 사건으로 일본 정계에 정한론征韓論이 폭발한다.

그로부터 150년이 지난 오늘날에도 이 땅의 국가 지도부 인사들은 일본 천황을 '일왕日王'으로 격하시켜 부른다. 조선 중화주의의 완벽한 21세기 버전이다.

주자 성리학의 도를 구현하기 위한 투쟁

조선은 당하지 않아도 될 외침外侵을 여러 차례 자초했다. 1592년의 임진왜란도 저들의 침략 사실을 몰라서 당한 것이 아니다. 통신사를 보내 몇 개월간 일본 지도부의 움직임을 관찰했다. 같은 기간 동안 함께 적진을 살피고 왔음에도 한쪽은 "침략은 없다", 다른 쪽은 "분명히 침략한다"고 180도 상반된 보고를 올렸다. 정사正使와 부사副使로 서로 다른 당인黨人을 임명한 것이 화근이었다. 그들은 침략의 징후를 발견하고도 파당에 따라 침략이 '있다' '없다'로 갈려 싸우다가 속절없이 임진왜란을 맞았다.

임진왜란이 알고도 당한 침략이라면, 병자호란은 아예 침략을 자초한 경우다. 청 태종 홍타이지의 황제 즉위식에서 조선 사신 두 명이 끝까지 배례를 거부함으로써 황제 즉위식에 재를 뿌렸다. 게다가 돌아오는 길에 만주 통원보에서 청 태종의 국서를 사신들이 묵는 영빈관에 내팽개치고 귀국해 버렸다. 그 결과는 모두가 다 아는 바와 같다. 국왕 인조가 삼전도에서 세 번 절하고 아홉 번 이마를 땅에 찧는 치욕을 당한 건 그렇다 치자. 수십만 조선 백성이 선양에 끌려가 노역을 살고 성 노리개가 된 책임을 누가 지기라도 했던가?

1866년 프랑스군이 강화도에 상륙하자 대원군은 전국의 포수들을 징발하여 목숨 건 전투를 벌인 끝에 간신히 적을 물리쳤다. 피가 튀고 살점이 떨어져 나가는 전투의 와중에도 이항로는 "성현의 도를 지키는 것은 나라의 존망을 뛰어넘는 절대적인 행위"라면서 국왕 고종에게 유교문명을 수호할 것을 역설했다.

이항로 하나뿐이 아니었다. 조선 시대를 통틀어 수없는 주자 성리학자들이 동일한 방식으로 나라를 거덜냈다. 그러면서 자신들의 행위를 "주자 성리학의 도를 이 땅에 구현하기 위한 거룩한 투쟁"으로 미화했다.

부국강병을 거부한 사람들

근대화 시기, 일본의 국가 지도부와 지성인들은 입에 침이 마르도록 부국강병을 외쳐댔다. '양이洋夷'들에게 주권을 강탈당하지 않고, 업신여김당하지 않고, 당당하게 국가 자존을 지키며 인간다운 삶을 영위하려면 스스로 부강해지는 길밖에 없다고 확신했다.

같은 시기 조선의 국가 지도부는 한결같이 부국강병을 몹쓸 짓, 야만적인 행위, 주자 성리학적 가치에 반하는 반문명적 행위로 인식했다. 그 위급한 시기에 조선이 추구한 길은 부국강병이 아니라, 주자 성리학이 이상으로 삼은 왕도 정치였다.

왕도 정치는 자급자족형 농업 경제를 '대동大同 사회'의 이상적인 경제 기반으로 상정한 통치 시스템이다. 농사는 자급자족을 할 정도면 족하다고 했다. 농업 생산이 많아지면 다른 욕심이 생기므로 무리해서 일할 필요가 전혀 없다. 그러나 제조업 등 다른 산업 분야가 발달하면 큰일 난다. 땀 흘려 땅을 일구는 농업이 무너질 우려가 있기 때문이다. 상업을 권장하는 것은 허영과 사치, 이기적인 행동을 조장하는 것이다. 또 강한 군대를 보유하려면 백성들에게 세금을 많이 거둬야 하고, 농사짓는 백성을 강제로 징집하여 고된 훈련을 시켜야 한다. 때문에 부국강병은 패도覇道 정치로서 절대 금해야 할 일로 간주되었다. 왕도 정치 관점에서 보면 '부강한 나라'는 반문명적 사회요, 패도 정치의 구현이 된다. 주자 성리학자들이 보기에 서구식 근대 국가 건설은 전형적인 법가식 부국강병의 길이었고, 그것은 문명에서 야만으로의 전락을 뜻했다.

위정척사파는 왕도 정치 없는 국가를 상상할 수 없었다. 절체절명의 선택의 기로에서 위정척사파는 단연코 '자기 식 문명의 길'을 택했다. 근대화에 실패한 것이 아니라, 근대화를 거부한 것이다.

그들이 의병을 일으킨 까닭은

조선 주차군 사령부가 간행한 『조선 폭도 토벌지』에 따르면 1910년 8월 말 일본의 한국 병합 때까지 의병과 일본군의 전투 횟수는 2,819회, 전투에 참여한 의병은 4만 1,603명이었다. 1906년부터 1911년까지 6년간 일본군은 조선 의병 1만 7,779명을 사살했다. 의병 봉기의 주역은 대부분이 주자 성리학자들이었다. 유인석이 그랬고, 최익현이 그랬다.

일본군의 가혹한 토벌로 한반도 내에서 의병 활동이 불가능하자 그들은 강 건너 러시아로, 간도로 이주하여 투쟁했다. 해외까지 나가 고군분투한 의병들의 투쟁 목표와 활동 지침은 무엇이었을까? 조선(대한제국)의 독립? 백성들의 생명과 재산의 보호?

조선은 주자 성리학의 원리로 작동하는 지상 낙원, 유토피아다. 금수와 다름없는 서양 오랑캐에게 국권을 빼앗기면 주자 성리학의 도가 붕괴된다. 따라서 오랑캐의 침탈을 막고斥邪 주자 성리학의 도통을 이어가기衛正 위해 의병을 일으켜 나라를 사수해야 한다. 이것이 구한말 위정척사론을 의병 항쟁으로 연결시킨, 이항로 같은 사람들의 인식 체계이고 사상적 기반이었다.

조선은 극소수 양반 지배층이 권력과 부를 독점하고 절대다수의 백성·노비들을 총체적으로 착취하는 사회였다. 90퍼센트 이상의 백성들은 교육받지 못한 무지렁이로 방치되고, 양반들만 고급 지식을 독식하여 부와 권력을 대물림하면서 수백 년 동안 합법적으로 백성을 수탈하고, 노비를 짐승 부리듯 부리고 인신매매도 서슴지 않은 나라였다. 반상班常

의 계급 구조가 카스트 제도만큼이나 공고해 한번 양반은 영원한 양반, 한번 지주는 영원한 지주인 주자 성리학의 유토피아였다. 양반 지주들에게 이런 체제를 유지시켜 주는 합법적 폭력 시스템, 조선은 절대 망해서는 안 되는 나라였다.

프랑스 시인 앙리 미쇼의 시구처럼 새가 미치건 말건 나무는 관심 없는 법이다. 동족을 노비로 사고파는 악질적 노예제 국가라는 비난이 제기되든 말든, 가렴주구로 백성들이 죽어나든 말든 양반들 알 바 아니다. 그들 세계에선 조선 왕조가 지상 천국이자 유토피아, 에덴 동산이었다. 주자 성리학은 조선 왕조였고, 조선 왕조는 자신들의 부와 권력의 원천이었다. 이처럼 위대한 '플라톤의 섬'을 개혁·개방·개화시켜 근대화시킴으로써 개인의 자유가 보장되는 사회로 이행하라고 앞장 선 나라가 일본이었다.

자신들의 부와 권력을 유지하기 위해선 주자 성리학을 수호해 주는 조선 왕조가 절대적으로 필요했다. 조선(대한제국)이 망하면 자신들의 권력이 해체된다. 구한말 주자 성리학자들이 죽기 살기로 근대화에 저항한 진짜 이유다.

| 차례 |

제5장 위로부터의 혁명, 메이지유신

제6장 흥선대원군

제1장

외척 세도정치의 개막

19세기 들어 조선 해안 곳곳에 정체불명의 선박들이 출몰하기 시작했다. 이런 괴선박을 조정에서는 이양선異樣船이라고 불렀다. 미개척 시장인 조선과 교역을 통해 독점적 이윤을 얻고자 먼 바다를 건너온 서양 선박들이었다.

조선은 나라 문을 닫아걸고 폐쇄·은둔·고립을 국가 자존을 지키는 유일한 방책으로 맹신했다. 서양 선박들은 목숨을 걸고 바다를 건너와 동아시아 나라들에게 통상을 요구했다. 이 요구를 거절하면 가혹한 방식으로 개항이 강제되는 시대였기에 쇄국 조선의 운명은 정해져 있는 것이나 다름없었다.

서양 세력과의 첫 충돌은 통상이 아니라 종교 문제로 촉발되었다.

조선에 천주교가 최초로 전래된 것은 임진왜란 때 조선을 침공한 고니시 유키나가小西行長의 종군 신부 세스페데스(Gregorio de Céspedes)를 통해서였다. 조선 중기의 문신 이수광은 1614년에 쓰고 1636년에 총 20권으로 간행한 조선 최초의 백과사전 『지봉유설芝峰類說』의 저자다. 바로 이 백과사전에 이탈리아 선교사 마테오 리치(Matteo Ricci)가 지은

『천주실의』와 천주교를 소개하면서 이 땅에 천주교의 존재가 처음 알려졌다.

한편에선 권력에서 소외된 남인 학자들이 학문적 호기심에서 천주교를 공부했다. 이 과정에서 이승훈, 이가환, 정약용 3형제(약전·약종·약용), 권일신·철신 형제, 이벽 등이 스스로 천주교 신자가 되었다. 영조 말기에는 황해도·강원도 일대에 천주교가 번졌고, 정조 말에는 신자 수가 1만여 명으로 불어났다.

조선에서 천주교 신자의 등장은 서양 선교사가 찾아와 신앙을 전파한 것이 아니라, 몰락한 양반들이 스스로 나서서 자발적으로 받아들이는 형태였다. 이처럼 자생적으로 천주교 신자가 만들어진 것은 세계 천주교 역사상 거의 찾아볼 수 없는 특이한 사례다. 이것은 조선의 핵심 가치관이자 사상이었던 주자 성리학의 역사적 사명이 끝났으며, 조선의 지식인 선각자들이 이를 대체할 새로운 사상을 찾아 나섰음을 뜻한다.

조선 최초로 서양 선교사에게 정식으로 세례를 받고 천주교 신자가 된 사람은 이승훈이다. 남인 학자 이승훈은 1783년(정조 7) 외교 사절로 파견되는 부친을 따라 베이징北京에 가서 루이 드 그라몽(Louis de Gramont) 신부를 찾아가 세례를 받고 귀국했다.

노론 천지 조선

조선 천주교는 18세기 말에는 독자 교회를 설립할 정도로 교세가 확장되었다. 하지만 그 과정이 순탄치는 않았다. 천주교는 격변기마다 탄압의 대상이 되어 수많은 선혈을 십자가의 제단에 뿌려야 했다. 1801년

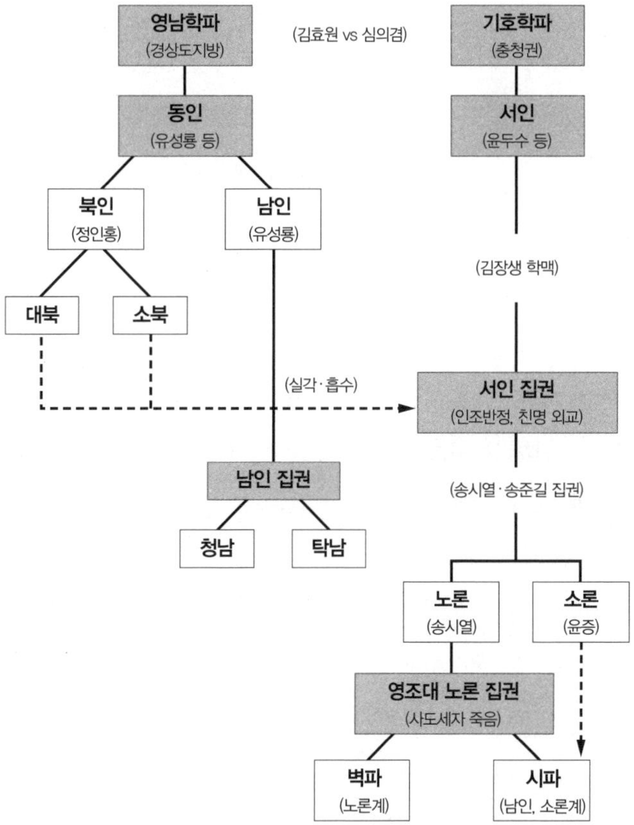

조선 시대 당쟁 계보

(순조 즉위년) 천주교 탄압이 그 시련의 서막이었다. 정조의 죽음과 함께 불꽃이 튄 이 천주교 탄압을 역사는 신유사옥辛酉邪獄, 혹은 신유박해로 기록하고 있다(제2장).

신유사옥은 복잡하고 끈질긴 조선의 당쟁 계보와 얽혀 있다.

1623년, 광해군을 몰아내는 인조반정이 성공하여 서인西人 정권이 출범했다. 서인은 다시 노론老論·소론少論으로 분당했다. 송시열을 중심으로 하는 노장파인 노론이 헤게모니를 잡은 이후 250년 동안은 말 그대로 '노론 천지'였다.

노론은 1762년(영조 38) 사도세자를 폐세자시키고 뒤주에 가둬 굶겨 죽인 사건을 둘러싸고, 사도세자의 불행한 죽음을 아쉬워하고 동정하는 시파時派, 사도세자의 죽음을 당연하게 여기는 벽파僻派로 분열했다.

영조 재위 시절엔 사도세자를 죽이는 데 앞장선 벽파가 주도권을 장악했으나, 1776년 사도세자의 아들 정조가 즉위하면서 세상이 뒤집어졌다. 정조는 남인을 대거 등용하여 노론 벽파 일당의 전횡에 브레이크를 걸었다. 남인들 중에는 서학(천주교)을 받아들인 사람들이 많았다.

국왕의 도전에 직면한 노론 벽파는 국왕이 애지중지하는 남인을 공격하기 위해 그들을 '천주쟁이'로 몰아 서학 탄압을 주장했다. 정조는 자기의 정치적 우군인 남인 세력을 보호하기 위해 천주교를 문제 삼지 않았다.

안동 김씨 세도의 뿌리 김상헌

정조는 재위 24년 만인 1800년, 49세에 사망했다. 그는 사망 직전 김조순의 딸을 세자빈으로 내정했다. 자신의 사후 어린 세자가 미아가 될 것을 우려하여 안동 김씨 유력 세도 가문과 정치적 거래를 한 것이다.

노론의 핵심 가문인 김조순은 병자호란 때 남한산성에서 오랑캐들과 끝까지 싸워야 한다며 주전론主戰論을 편 김상헌의 후손이다.

김상헌이 주장한 주전론이 현실적이었느냐 몽상이었느냐를 따지고 드는 것은 주자 성리학의 천국에서는 부질없는 일이었다. 남한산성에서 국왕이 적군에게 포위되어 항복이 불가피한 상황에서 "죽기를 각오하고 싸워야 한다"는 김상헌의 명분론은 그 모든 논리를 압도하고도 남았다. 김상헌은 주화론자主和論者 최명길이 작성한 항복 문서를 국왕 앞에서 찢고 통곡하는 등 행패와 난동을 부렸다. 국왕이 오랑캐 황제(청 태종) 앞에 나아가 항복하기로 결정하자 그는 단식 투쟁으로 맞섰다. 6일 동안 식음을 전폐한 후 목을 맸으나 가족에게 발견되어 구차하게 목숨을 건졌다. 이 소식을 접한 최명길은 "가족들 다 보는 앞에서 자살을 시도했으니 어찌 죽을 수나 있었겠는가?" 하고 비난했다. 항복 의식이 끝났으니 이제 쇼는 그만 하라는 비아냥이었다. 일본 사무라이들처럼 깨끗하게 죽지도 못해 체면이 크게 손상된 김상헌은 그 길로 낙향 은거했다.

1639년 청은 산해관山海關을 돌파하여 명나라를 치고 중원을 장악하기 위해 조선에 군사 파병을 요구했다. 조선은 1640년 4월, 임경업을 지휘관으로 하여 전선 120척과 포수 4,000명, 사수 1,000명, 수군(격군) 1,300명을 만주로 파병했고, 화약 1만 근, 군량미 1만 7,000석을 함께 보냈다(김시덕, 『동아시아, 해양과 대륙이 맞서다』, 메디치, 2016, 89-90쪽 참조).

이유 여하를 막론하고 조선의 군대가 만리장성을 넘어 베이징에 진입한 것은 한반도 역사상 유례를 찾아볼 수 없는 일대 사건이었다. 아니, 하늘이나 다름없는 명나라를 치기 위해 조선이 군대를 보내다니……. 목이 달아나도 상국上國 명나라를 섬기지 않으면 아니 되는 수구 골통 주자 성리학자 김상헌은 조선군의 만주 파병을 극렬 반대하는 상소를 올렸다. 중원 점령을 눈앞에 두고 있던 청나라의 분노가 폭발하여 김상헌은 선양瀋陽으로 압송되었다. 이때 선양으로 끌려가기 직전 읊었다는 시조가 한동안 국어 교과서에도 실렸던 "가노라 삼각산아 다시 보자 한강수야 / 고국 산천을 떠나고자 하랴마는 / 시절이 하 수상하니 올동말동하여라"라는 작품이다. 김상헌은 오랑캐 땅으로 끌려가 6년여

옥고를 치렀고, 1645년 소현세자의 귀국 때 함께 돌아왔다.

인조를 이은 효종(봉림대군) 시절 김상헌은 청나라 정벌이라는 정치적 쇼, '북벌'의 화신으로 떠오른다. 인구 3억의 대국, 조선보다 병력은 수십 배요 국력은 수천 배인 청나라를 정벌하겠다는 선동에 조선의 대신들은 찍소리도 못 냈다. 어떤 현실적 이유도 '오랑캐 타도'라는 명분 앞에서는 빛을 잃었다.

김상헌은 화끈한 주전론 설파와 청에 끌려가 6년여 볼모 생활을 한 덕분에 '명분의 나라' 조선에서 무소불위의 권위를 확보하는 데 성공했다. 김상헌은 일약 조선의 정신적 영웅으로 떠받들어졌다. 이것이 19세기에 안동 김씨가 대표적인 세도 가문으로 등장하는 정서적 배경이다.

안동 김씨 김상헌의 후손에서 13명의 재상·판서(장관급)·참판(차관급)이 줄줄이 배출되었고, 순조비·헌종비·철종비 등 왕후가 3명, 숙종의 후궁 영빈 김씨도 그의 후손이었다. 나라가 결딴나든 말든, 김상헌이 오로지 주전론을 외친 덕분에 그의 가문은 오래도록 꿀단지를 빨았다.

이러한 김상헌을 성인처럼 떠받든 인물이 송시열이다. 송시열은 김상헌을 "천하의 어지러움이 극에 달했던 시기에 예의를 지킴으로써 세상에 의리를 세웠다"고 추앙하고 그의 후손들과 정치적·학문적으로 연대했다.

정조와 안동 김씨의 제휴

정조의 장남 문효세자가 다섯 살 때 병으로 죽는 바람에 왕위는 둘째 아들에게 돌아갔다. 정조는 사돈 김조순에게 세자를 잘 돌봐줄 것을 유언으로 남겼다. 김조순 자신의 학식에다 김상헌의 후손이라는 후광까지 더해지면 어린 아들의 왕권은 무난히 지켜질 것으로 기대했다. 그렇게 즉위한 열한 살 소년왕이 조선 제23대 국왕 순조(재위 1800~1834)다. 왕이 너무 어려 증조할머니 정순왕후(영조 계비 김씨)가 대왕대비로서 수렴청정을 했다.

영조는 1757년 첫 번째 비 정성왕후가 사망하자, 선왕인 숙종의 유지라며 후궁들 중에서 새 왕비를 책봉하지 않고 1759년 6월 22일 중전 간택을 통해 김한구의 딸과 창경궁에서 혼례를 올렸다. 당시 영조 나이 66세, 계비는 15세였다. 나이로는 할아버지와 손녀뻘 되는, 조선에서 국왕과 왕비 나이 차가 가장 큰 혼인이었다. 새 왕비는 영조의 아들 사도세자와 며느리 혜경궁 홍씨보다도 열 살이나 어렸다. 영조가 고령인 만큼 총애는 깊었지만, 정순왕후는 임신이나 유산 기록이 없다. 영조가 승하하고 손자인 정조가 즉위하자 정순왕후는 왕대비王大妃로 승격되었다. 참혹하게 죽음을 당한 사도세자의 아들 정조는 사도세자의 죽음을 안타깝게 여겼던 노론 시파와 남인 세력들을 중용했다.

1800년 8월 18일, 손자 정조가 승하하고 증손자인 순조가 즉위하며 정순왕후는 대왕대비大王大妃로 승격되어 왕실의 최고 어른으로서 4년 동안 수렴청정을 행했다.

정순왕후는 노론 벽파에 뿌리를 대고 있는 집안 출신이었다. 제 세상을 만난 정순왕후는 권력 교체의 칼을 빼들었다.

권력 투쟁 위해 천주교 신자들 처형

조선은 명분을 중시하는 주자 성리학의 천국이었다. 때문에 아무리 권력 투쟁이라 해도 함부로 상대방을 제거하면 탈이 나기 마련이다. 합리적 명분이 필요했다. 정순왕후 세력은 정조가 애지중지한 노론 시파와 남인을 '적폐 세력'으로 몰아 숙청하기 위한 명분을 찾았다. 이때 희생양(scapegoat)으로 등장한 것이 천주교다.

정순왕후는 1801년(순조 1) 2월 22일, "천주교 신자는 인륜을 무너뜨리는 사악한 학문을 믿는 자들이다. 인륜을 위협하는 짐승과 같은 자들이니 마음을 돌이켜 개학改學하도록 하고, 그래도 개전하지 않으면 처벌하라"는 '사학邪學 엄금 교서'를 발표했다. 남인 천주교 인사들, 교회를 이끌던 사람들이 대거 체포되었다. 단숨에 신자 100명이 처형되고 400여 명이 유배 혹은 옥사했다. 이것이 조선 왕조 최초의 천주교 탄압으로 기록된 신유사옥이다. 신유사옥을 시작으로 조선 후기에는 기해사옥(1839)·병인사옥(1866) 등 여러 차례 천주교 박해가 일어났다. 그때마다 수많은 천주교 신자들이 체포되어 목이 잘리고 유배를 가는 등 대규모 인명 피해가 발생했다.

왜 그렇게 많은 신자들을 죽였을까? 주자 성리학의 나라 조선이니 '서양 종교'를 발본색원하기 위해서?

조선의 수렴청정 사례

대	국왕	대비·왕대비	비고
9대	성종(成宗)	조모 정희왕후(貞熹王后)	세조비
13대	명종(明宗)	친모 문정왕후(文定王后)	중종비
14대	선조(宣祖)	양모 인순왕후(仁順王后)	명종비
23대	순조(純祖)	증조모 정순왕후(貞純王后)	영조비
24대	헌종(憲宗)	조모 순원왕후(純元王后)	순조비
25대	철종(哲宗)	양모 순원왕후(純元王后)	순조비
26대	고종(高宗)	양모 신정왕후(神貞王后)	익종(효명세자)비

그런 요소가 전혀 없지는 않았다. 하지만 천주교 박해 과정을 정밀하게 들여다보면, 종교적 갈등은 일종의 위장막에 불과했고, 사실은 정치적 목적의 권력 투쟁이었다. 정순왕후는 노론 시파와 남인들을 서학 세력으로 몰아 도륙내고 자신의 친정 집안사람들이 중심이 된 노론 벽파를 대거 요직에 등용했다. 1802년, 정조의 유지에 따라 안동 김씨의 상징 가문인 김조순의 딸을 순조의 왕비로 책봉하고, 김조순을 영안부원군에 봉하고 관직을 제수했다.

정순왕후의 권력은 거기까지였다. 1804년 2월 9일, 순조가 15세 성인이 되며 수렴청정이 끝나고 국왕 친정親政이 선포되었다. 정조의 친위 세력이었던 김조순은 국왕의 장인이라는 위세를 등에 업고 권력의 고삐를 틀어쥐었다. 이번에는 김조순 세력이 정순왕후가 등용했던 노론 벽파를 대거 숙청하고 중앙 관료와 지방 수령 등 요직에 자기 집안사람들을 대거 임명했다. 이로써 안동 김씨 외척 세도정치의 화려한 막이 오른다. 권력의 고삐를 김조순에게 빼앗긴 정순왕후는 1년 뒤인 1805년 2월 11일 눈을 감았다.

안동 김씨·풍양 조씨 세도정치

조선의 관료 정치는 양반들 간의 세력 균형을 기반으로 왕조의 안정을 유지했다. 만약 특정 가문이 국가 요직을 독점하면 세력 균형이 무너지고, 양반 관료 정치의 순기능은 현저히 둔화된다.

조선 중기부터 심화된 당쟁 때문에 세력 균형이 크게 흔들리면서 유력 가문 간 대립과 분열이 격화되었다. 그 결과 국가 요직이 특정 가문

조선 후기 국왕들의 즉위 나이와 재위 기간

국왕	즉위 나이	재위 기간	비고
순조	11세	1800~1834 (34년)	정조의 아들. 증조모 정순왕후가 수렴청정, 안동 김씨 세도정치 개시
헌종	8세	1834~1849 (15년)	조모 순원왕후가 수렴청정, 풍양 조씨 세도정치
철종	19세	1849~1863 (14년)	어린 시절 가족과 함께 강화 교동으로 유배, 교육 받지 못하고 농사지으며 살던 '강화 도령'. 양모 순원왕후가 수렴청정
고종	12세	1863~1907 (44년)	아버지 이하응(흥선대원군)이 비공식 섭정. 국왕 재위시 아버지와 끊임없는 권력 쟁탈전

에 의해 독점되었고, 정치가 일당 독재 성향으로 흘렀다. 요직에 참여하지 못한 많은 가문은 권력에서 소외되어 몰락의 길을 걸었다.

국왕은 전제적인 특정 양반 가문을 견제하고 왕실의 안전과 왕권 회복을 위해 왕비 친척 세력에 의지하게 되었다. 왕비 집안사람들이 대거 관직을 받아 정권에 참여하면서 양반 관료 정치는 외척 세도정치로 변질되었다(한우근, 『동학과 농민봉기』, 일조각, 1997, 2쪽).

안동 김씨 외척 세도정치에 눌려 숨도 제대로 못 쉬던 순조는 조만영의 딸을 아들 효명세자의 빈으로 삼았다. 뒤의 신정왕후 조씨다. 이때부터 경기도 남양주를 본향으로 하는 풍양 조씨 세력들이 중앙 권력에 발을 붙이기 시작했다. 조만영과 함께 동생 조인영, 아들 조병구 등 일족이 파벌을 이루어 외척 세력을 형성하게 된다. 이로써 조정은 안동 김씨의 절대 권력에 풍양 조씨가 견제하는 권력 구도가 형성되었다.

효명세자의 개혁 정치

순조는 1827년 건강 악화를 이유로 아들 효명세자에게 대리청정을 명한다. 당시 순조의 나이 38세, 세자는 19세였다. 영민한 효명세자는 부패한 안동 김씨 세도 정권의 일당 독재로 기울어가는 나라를 일으켜 세우기 위해 개혁에 나섰다.

무엇보다 형체를 알아볼 수 없을 정도로 약화된 왕권 강화가 급선무였다. 효명세자는 과거시험 제도를 정비하고, 부패한 탐관오리들을 몰아냈다. 그리고 실력에도 불구하고 관직을 얻지 못해 은거하고 있던 개혁파 관료들을 등용하여 중앙 정치에 새 바람을 일으켰다.

조정의 권력을 장악하고 있던 세도가들은 새파란 애송이 세자의 개혁 정치에 밀려 뒷방으로 물러날 존재들이 아니었다. 그들은 강력한 반격에 나섰다. 1830년 4월 22일 밤, 잦은 기침에 시달리던 효명세자가 느닷없이 피를 쏟고 쓰러졌다.

시름시름 앓던 효명세자는 5월 6일 새벽 22세의 창창한 나이에 사망했다. 효명세자의 돌연한 죽음이 병사인지 독살인지는 아직까지 미스터리로 남아 있다. 사인보다 더 중요한 것은 그의 때이른 사망으로 조선 개혁의 꿈과 희망이 사라졌다는 사실이다.

마지막 개혁의 끈은 세자빈 조씨에게로 이어졌다. 순조가 승하하고 헌종이 즉위하며 효명세자가 익종翼宗으로 추존되자 조씨는 왕대비가 되고, 헌종을 이은 철종이 후사 없이 사망하자 흥선군 이하응과 함께 고종을 즉위시킨다. 왕대비 조씨는 83세까지 장수하며 남편 효명세자가 이루려던 개혁의 꿈을 흥선대원군과 고종을 통해 이루기 위해 마지막 불꽃을 피워 올렸다.

소년 왕들의 시대

순조가 효명세자의 아들을 세손으로 지명한 덕에 풍양 조씨는 위상을 근근이 유지할 수 있었다. 순조는 사망 전 세손의 외삼촌 조인영에게 여덟 살 세손의 보필을 부탁한다. 이 세손이 헌종(재위 1834~1849)이다. 이때부터 조선에는 나이 어린 왕들이 연이어 등장한다. 이 시대를 브루스 커밍스(Bruce Cumings)는 '소년 왕들(child kings)의 시대', 이삼성은 '소년 왕(child kings)과 외척의 발호 시대'(이삼성, 『동아시아의 전쟁과 평화 2』, 한길사, 2017, 171쪽)라고 부른다.

청나라도 말기에 동일한 현상에 직면했다. 함풍제咸豊帝의 후궁이었던 서태후는 함풍제가 병으로 사망하자 함풍제의 여섯 살 아들 동치제同治帝(재위 1861~1875)를 즉위시키고 섭정을 맡아 권력을 장악했다. 동치제 재위 14년 동안 모든 권력은 황제가 아니라 어머니 서태후로부터 나왔다. 동치제가 18세에 천연두로 요절하자 서태후는 제위 계승 원칙을 무시하고 자신의 여동생(순친왕의 부인)의 네 살짜리 아들을 양자로 삼아 제위에 올렸다. 그가 광서제光緖帝다.

광서제가 사망하자 서태후는 또다시 세 살짜리 푸이溥儀를 제위에 올렸다. 그가 청나라 마지막 황제 선통제宣統帝다. 서태후는 푸이의 생부인 순친왕을 섭정에 임명하여 실권을 위임했다.

'소년 왕들의 시대'는 자연적인 현상이었을까 아니면 모종의 정치 공작의 결과물이었을까? 효명세자의 의문의 죽음 사례에서 보듯 정조가 승하한 후 왕권은 몰락하고, 안동 김씨와 풍양 조씨 외척 세력을 필두로 신권臣權이 대대적으로 강화되었다. 구중궁궐에 갇혀 온갖 격식과 의전의 포로가 된 국왕은 허울뿐인 껍데기에 불과했다. 따라서 누가 왕위에 올라도 별 문제 될 것이 없다. 다만, 효명세자처럼 총명한 인재가 왕위에 올라 개혁이니 왕권 강화 운운하면서 세도 정권의 실세들 목에 칼을 들이대면 골치가 아파진다. 따라서 세상 물정 모르는 젖먹이나 소년, 혹은 왕족 중에서 몰락한 일자무식 촌놈을 골라서 왕위에 올린다. 그리고 왕권 보좌 명목으로 수렴청정이나 외척 세도정치를 통해 특정 가문 출신들이 권력을 독점한다.

세도정치는 자기 앞가림 할 줄 모르는 유약한 소년을 왕위에 앉힌 다음 척족들이 국왕의 권위를 등에 업고 사익을 추구하는 행위다. 왕비 가문의 세력이 비대해져 왕실의 권위를 능가하면 외척 세도정치가 만개한다. 타락한 척족 정치가 최고조에 달한 헌종-철종 시대가 되면 왕권은 증발되어 국왕은 '왕은 왕이로되 왕이 아닌 존재'로 전락했다.

세계 어느 나라를 막론하고 국왕의 외척은 존재했다. 그러나 외척은 국왕의 종속적 존재다. 왕비 집안이라는 혈족 집단이 권력을 장악하는 현상은 근대 국가에서는 좀처럼 불가능하다. 척족 정치는 국가 주권이 취약하거나, 국왕의 나이가 어리거나 병이 있거나 아둔하거나 허약할 때(유병암약幼病闇弱), 혹은 종실이 고립되고 무능할 때 크게 꽃을 피운다 (다보하시 기요시, 김종학 옮김, 『근대 일선관계의 연구(상)』, 일조각, 2013, 42쪽).

철학자들이 국가 통치

조선은 절대 왕정 국가다. 하지만 권력 구조는 국왕과 대신들이 함께 통치한다는 군신공치君臣共治 원리로 설계되었다. 국왕이 다양한 채널을 통해 신하들과 정책을 협의하고 의견을 구하여 통치하는 개방적이고 포용적인 정치 제도였다.

조선은 무인 출신인 이성계가 창업했으나 유교적 소양을 갖춘 문관들이 정치를 주도하는 문치 국가였다. 문무의 조화와 균형을 추구하는 문무겸전文武兼全의 국가가 아니라 정명正名, 즉 바른 명분을 가장 중요한 가치로 추앙하는 주자 성리학을 지배 이데올로기로 삼았고, 개인의 도덕적 수양을 중시하는 도덕 국가를 표방했다.

국왕의 집무 중 중요한 행사가 경연經筵이다. 왕과 국가 고위직을 맡은 대신들이 아침·점심·저녁 하루 세 번 모여서 유교 경전을 공부하고 주요 현안을 토론한다. 경연에 사용되는 주요 교재는 사서四書와 오경五經, 『자치통감資治通鑑』『성리대전性理大全』『대학연의大學衍義』『정관정요貞觀政要』 등 대부분 유교 경전과 중국 역사책이었다.

문치의 핵심 세력인 양반 관료들은 '춘추 필법'을 구사하여 대의명분(이데올로기)을 논하는 것에는 능했으나, 실용적인 학문에는 관심을 가지지 않았다. 육체를 사용하는 무예나 노동을 극단적으로 천시했다. 때문에 국가 대사를 논하는 관료들 중에서 기술자·과학자·엔지니어 등 테크노크라트들은 찾아볼 수 없고 거의 전원이 중국 역사서나 철학 서적을 달달 외는 주자 성리학자들로 구성되어 있었다는 것이 치명적인 결함이었다.

성리학은 우주와 인간의 근본 문제를 탐구하는 철학이다. 조선의 모든 관료들은 형이상학적인 철학으로 무장한 학자들이었다. 제도의 실무적인 내용이나 사례, 운영 방법 등에 대해서는 미숙했고, 관심도 없었다. 조선은 총론만 있고 각론은 없는 상황에서 나라를 운영할 수밖에 없었다.

예를 들어 조선의 세금 제도는 총론은 잘 구비되어 있지만 공물의 수취와 관련한 세부 사항은 지방 수령에게 일임하는 구조였다. 중앙 정부가 지방 수령에게 총 할당량을 배정하면 지방 수령들이 관할 지역에서 마을 단위, 가구 단위로 세금 액수를 배정하고 징수하는 방식이었다. 지방 수령의 재량권이 지나치게 비대해질 수밖에 없는 구조였다.

조선의 관리들에게는 연봉(혹은 월급)에 해당하는 녹봉이 지급되도록 규정되어 있었다. 하지만 조선 500년을 통틀어 녹봉이 규정대로 지급된 적은 한 번도 없었다. 흉년이 들거나 국가 중요 행사가 있거나 중국 사신의 왕래가 잦을 경우 그 비용 충당을 이유로 규정보다 훨씬 적은 양이 지급됐다.

지방 관청의 하급 관료인 아전들은 아예 월급이나 연봉이 없었다. 월급이 없으니 힘없는 백성을 착취 수탈하여 알아서 먹고사는 것이 일상화되었다. 지방 수령 임기는 1년 미만이다. 때문에 지방 행정을 장악하고 이를 대물림하는 향리나 아전들이 각 가구나 마을 단위로 세금과 공물 할당량을 제멋대로 정하도록 방치했다. 이 과정에서 숱한 부정부패와 불공정 행위가 자행되었다.

조선 초기 설계된 행정 제도에 근본적 결함이 발견되었음에도 불구하고, 이 제도가 단 한 번도 개선되거나 개혁되지 않은 채 조선 말기까지 이어졌다. 이런 현상을 '경로 의존성(path dependency)'이라고 한다. 경로 의존성 때문에 조선은 소수의 양반 지주 계층을 제외하고는 총체적 가난의 질곡에서 헤어나질 못했다.

관료들은 가능하면 왕권을 제약하고 자신들의 권한을 강화하기 위해 노력했다. 그 결과 조선은 자연스럽게 양반 관료 세력을 중심으로 한, 신권은 강력해지고 왕권은 약화된 군약신강君弱臣强의 정치 구조로 흘러갔다. 국가 관직은 한정되어 있으니 군약신강 체제에서 대신들은 자기들 학파나 가문이 요직을 차지하기 위해 패거리(붕당)를 형성했다. 이처럼 패거리를 형성한 세력들이 자파가 더 많은 관직을 차지하기 위해, 요직을 장악하기 위해, 치열한 권력 투쟁을 벌인 것이 당쟁이다(이성무,

『한국역사의 이해』, 집문당, 1998, 25-27쪽 참조).

견제받지 않는 권력은 부패하기 마련이다. 특정 정파의 장기 집권은 국가 요직 장악과 일당 독재로 귀결된다. 영·정조 시절에는 지방 양반들이라도 실력과 자질이 뛰어날 경우 국가 요직에 등용되었으나, 그 후 오랜 세월 세도정치가 이어지면서 주요 관직은 10여 개 유력 가문의 독무대가 되었다. 심지어 지방 수령도 서울이나 경기 출신 양반들이 대부분을 차지했다(김윤희·이욱·홍준화, 『조선의 최후』, 다른세상, 2004, 46쪽).

그 결과 다양하고 우수한 인재들의 역량을 국가 발전을 위해 결집시키는 데 실패했다. 특히 실학파의 주류이자 천주교를 가장 먼저 받아들이는 등 진취적이고 개방적이었던 남인 세력이 권력에서 소외되면서 조선이 폐쇄·고립·쇄국의 길로 치닫는 단초를 제공했다.

몇몇 집안이 관직을 독점한 가운데 견제 장치마저 사라지자 세도가들의 부정부패·매관매직·가렴주구 등 기행과 파행이 만연했다. 이권이 걸린 요직을 주요 가문 출신들이 장악한 다음 기상천외한 방법을 동원하여 재물을 모았다. 세도가들이 "어느 고을 현감은 얼마" 하는 식으로

일제 공로 작위 수여자 중 노론계 인물

작위	총 인원	노론(명)	비율(%)	비고
후작	7	3	42	왕족 3명 포함
백작	4	2	50	
자작	20	16	80	
남작	46	36	78	
계 (왕족 제외)	77(74)	57	74(77)	

벼슬에 가격을 정해 팔아먹으면 그것으로 끝나는 게 아니다. 관직에 오를 만한 지식과 교양·행정 능력이 결여된 인물이 돈으로 벼슬을 사서 관리에 임명되었으니 행정이 엉망이 되는 것은 불을 보듯 뻔했다. 그들의 관심사는 해당 고을의 원활한 통치가 아니다. 그들은 짧은 임기 내에 투자금을 회수하고 더 좋은 자리로 이동하기 위한 재원 확보를 위해 물불을 가리지 않고 뛰었다.

조선 말기의 권력은 거의 완벽하게 노론 당파가 장악했다. 이는 한일합방 후 일본 정부가 조선인 77명에게 내린 공로 작위와 퇴직자에게 주는 연금인 은급恩級 수여 명단에서 여실히 드러난다. 공로 작위 수여자 중 왕족을 제외한 나머지의 77퍼센트가 노론이었다.

사대부적 정치 문화 붕괴

조선의 사대부적 정치 문화는 주자 성리학의 소양을 갖춘 엘리트 선비들이 국왕과 함께 천하를 다스리는 공치의 담당자로서 현실 정치에 적극 관여하는 것이었다. 이들의 권위는 유교 경전의 '학식'으로 유지되었다.

국가 공치의 담당자인 사대부를 공정하게 채용하기 위해 시행한 제도가 과거였다. 중국에서 만들어진 과거는 중국·조선·베트남 등지에서 시행되었다. 조선 왕조의 마지막 과거시험은 1894년 5월 15일에 실시되었고, 그 직후 제1차 갑오개혁으로 폐지되어 역사 속으로 사라졌다.

경전 지식과 글짓기로 관리 선발

조선에서는 3년에 한 번씩 정기적으로 과거가 치러졌다. 이것을 식년문과式年文科라 한다. 과거 급제는 오랜 세월 중국의 경전과 고전을 공부해야만 이룰 수 있는 험난한 길이었다. 시험 과정도 복잡하기 짝이 없었다. 우선 문과는 소과·대과 시험을 통과해야 한다. 소과는 사마시司馬試라고도 하는데, 경서를 시험하는 생원과와 문장을 시험하는 진사과로 구분되어 있었다. 소과(생원진사과)는 초시·복시 두 차례 시험을 통해 합격자를 가렸다. 소과에 합격하면 생원·진사가 되어 성균관 입학 자격을 얻게 된다. 전국에서 모인 수만 명의 응시자 중에서 소과 복시 합격자는 단 200명이다. 소과를 통과하여 생원이나 진사 타이틀을 따기만 해도 증손자까지 양반 신분을 유지할 수 있는 특권이 주어졌다.

소과 합격자들은 성균관에 입학하여 공부하거나 독학으로 대과를 준비한다. 대과는 초시·복시를 거쳐 최종적으로 33명을 선발했다. 명나라에서는 수십만 명의 응시자 중에서 최종적으로 400명만 선발하여 경쟁이 극도로 치열했다. 조선의 과거 경쟁률은 명나라보다는 한참 낮았다.

복시에 합격한 33명은 최종적으로 국왕 앞에서 치르는 전시殿試를 통해 등수를 정하는데, 이 시험에서 1등 한 사람을 장원이라 했다. 장원 급제는 개인이나 가문에 어마어마한 영광이었다. 시험 등수에 따라 장원 급제자에게는 종6품, 갑과 2명은 정7품, 을과 7명은 정8품, 병과 23명은 정9품 관직이 부여되었다.

과거에 최종 합격하기까지는 여러 차례 시험을 거쳐야 하기 때문에 상당한 시간과 비용이 들기 마련이다. 장기간 생업을 포기한 채 유교 경전을 읽고 외우는 것은 누구나 할 수 있는 일이 아니었다. 게다가 시험 준비를 위해 필요한 『대학』 『중용』 등 유교 경전의 책값이 상상할 수

조선시대 문과 합격자 통계

시기	합격자 수 (명)	주요 가문 합격자 수 (명)	가문 수 (본관 불명)	1인 급제 가문	상위 10 (%)	상위 30 (%)
제1기 (1392~1494)	1,470	안동권 51, 광주이 26, 진주강 25, 문화류 25, 창녕성 25, 전의이 25, 밀양박 24, 광산김 20, 안동김 19, 전주최 19, 경주이 19, 남양홍 19, 김해김 19	336(229)	52	259 (17.6)	541 (36.8)
제2기 (1495~1567)	1,627	전주이 41, 광산김 39, 안동권 38, 안동김 28, 파평윤 28, 진주강 27, 경주김 26, 순흥안 25, 창녕성 24, 여흥민 23	361(59)	60	299 (18.4)	630 (38.7)
제3기 (1568~1674)	2,966	전주이198, 안동권 77, 파평윤 73, 남양홍 66, 청주한 66, 안동김 58, 광산김 50, 진주강 47, 밀양박 47, 전의이 47	407(58)	60	729 (24.6)	1,384 (46.7)
제4기 (1675~1800)	4,544	전주이 352, 파평윤 117, 남양홍 115, 안동권 107, 청주한 106, 연안이 98, 밀양박 94, 안동김 89, 청송심 81, 반남박 78	441(61)	87	1,237 (27.2)	2,373 (52.2)
제5기 (1801~1894)	3,726	전주이247, 안동김110, 남양홍 97, 파평윤 94, 청주한 85, 반남박 85, 풍양조 84, 안동권 81, 여흥민 79, 대구서 76	368(44)	66	1,038 (27.9)	2,071 (55.6)
전 시기 (1392~1894)	14,333	전주이 843, 안동권 354, 파평윤 330, 남양홍 317, 안동김 304, 청주한 286, 밀양박 250, 광산김 247, 연안이 238, 여흥민 228	834(451)	325	3,397 (23.7)	6,629 (46.2)

출처: 기시모토 미오·미야지마 히로시, 김현영·문순실 옮김, 『조선과 명청』, 131쪽

300명 이상 문과 합격자를 배출한 상위 5대 가문

등위	가문	문과 합격자(명)
1	전주 이씨	843
2	안동 권씨	354
3	파평 윤씨	330
4	남양 홍씨	317
5	안동 김씨	304

없을 정도로 비쌌다. 때문에 과거는 상당한 재력을 가진 부유층의 전유물이 될 수밖에 없었다.

과거시험 과목은 경학經學과 사장詞章 두 가지였다. 경학은 경전 지식 테스트다. 과거에 급제하려면 유교 경전인 사서삼경을 공부하고, 그 해석은 주자의 해석을 따라야 했다. 과거 지망생들은 나라를 어떻게 경영할 것인지는 관심 밖이었다. 오로지 중국의 역사와 철학, 그들의 가치관을 달달 외고, 한문으로 된 문장과 시를 잘 짓는 능력을 갖추는 데 전력투구해야 했다. 국가 경영을 위한 기술·과학·행정 능력은 안중에 없고 경전 지식과 한문 실력으로 관리를 선발했으니 먹물들을 위한, 먹물의 나라를 위해 전력투구한 것이다.

미국에서 '한국학의 아버지'라는 평을 듣는 에드워드 와그너(Edward W. Wagner) 하버드대 교수에 의하면 조선 왕조 500년 동안 문과 합격자는 1만 4,592명, 일본의 한국학자 미야지마 히로시宮嶋博史에 의하면 1만 4,333명이다(기시모토 미오·미야지마 히로시, 김현영·문순실 옮김, 『조선과 명청』, 너머북스, 2014, 129쪽). 비슷한 시기 중국 명·청대의 전시 합격자 수는 5만 1,000명으로 조선의 3.6배이지만, 인구 비례로 환산하면 조선의 과거 합격자 수가 중국의 5배다.

많았던 이유가 있다. 중국에서는 3년마다 정기적으로 치르는 정규 시험(식년시)만을 실시했다. 반면에 조선에서는 식년시 외에 국왕이 인심 쓰듯 별시別試라는 이름의 과거를 수시로 치러 합격자를 쏟아냈다. 조선의 과거 합격자 1만 4,000여 명 중 정규 시험 합격자 비율은 40퍼센트에 불과했고, 60퍼센트가 별시를 통해 배출되었다.

게다가 과거 합격자는 특정 소수 가문에 편향되어 있었다. 300명 이상 문과 합격자를 배출한 상위 5대 가문은 5개, 100명 이상 합격자를 낸 가문은 38개로 조사되었다. 이들 가문의 합격자 수가 7,502명이니 전체 합격자 수의 절반 이상을 38개 가문이 싹쓸이한 것이다(기시모토 미오·미야지마 히로시, 『조선과 명청』, 2014). 조선 후기인 19세기에는 상위 30위 가문이 문과 합격자의 55.6퍼센트를 배출했다.

조선은 당쟁으로 망했나

사대부들의 정신세계를 지배하는 최우선 관심사는 국가 대사였다. 따라서 이들은 자신의 직무뿐만 아니라 정치 전반에 관심을 갖고 발언하는 것을 당연한 의무이자 권리라고 생각했다. 양반 사대부는 학문적 네트워크에 기반을 둔 정치 세력을 형성하여 국왕을 보좌·계도·견제했다.

정조가 사망한 후 왕실 외척 세력들의 세도정치가 판을 치면서 조선의 사대부 정치 문화는 소수 문벌 가문에 의한 일당 독재 전제 정치로 패러다임이 바뀌었다. 조선 후기의 세도정치는 조선 통치 시스템의 가장 큰 특징인 사대부적 정치 문화를 초토화시켰다.

흔히 조선이 사색당쟁으로 망했다는 '당쟁 망국론'을 주장한다. 그렇다면 대체 조선에서 당쟁이 그토록 극렬하게 발생한 이유는 무엇일까? 조선 사람들이 유독 파당을 지어 싸우는 것을 즐겼나? 의문을 추적하다보면 새로운 사실이 발견된다.

당쟁 발생의 근본 원인은 조선의 과거 제도가 안고 있는 모순에서 그 단서가 발견된다. 조선의 관직은 19세기 중반에도 전체 숫자가 330자리에 불과했다(김용섭, 『조선후기 농업사연구 1: 농촌경제, 사회변동』, 일조각, 1970, 186쪽). 관직은 한정되어 있는데 정기·부정기 과거를 통해 매년 관직 숫자보다 훨씬 많은 급제자들을 쏟아냈다. 그 결과 과거에 합격하고도 관직을 얻기란 하늘의 별 따기 정도로 어려웠다. 대과에서 1~3등으로 합격한 사람을 제외하면 나머지 급제자는 품계와 관직을 받을 자격이 주어질 뿐, 임용 대기 상태로 있다가 늙어 죽는 사례가 허다했다.

이런 상황에서 특정 가문이나 세력이 요직을 차지하려면 다른 가문이나 세력을 그 자리에서 몰아내야 한다. 다른 정치 세력을 축출하는 방법이 무력을 동원한 정변·쿠데타·암살·시해가 아니라 주자 성리학의 이론 투쟁 방식으로 진행된 것이 조선 정치의 특징이었다.

당쟁 망국론은 어느 정도는 사실이고, 어느 정도는 사실이 아니다. 조선의 통치 시스템이 무기력해진 19세기를 분석해보면 그 전 시기에 비해 상소·붕당 정치·당쟁 등이 크게 위축되었다. 세도정치로 인해 일당독재 전제 정치 시스템이 수십 년 지속된 결과 사대부 정치 문화는 크게 위축되거나 실종되었다. 그 결과 글 읽는 선비들이 이끌어 가던 '붓의 나라' 조선은 쇠퇴 몰락했다.

조선이 망해가던 시기에 '칼의 나라' 일본에서는 '독서하는 사무라이', 혹은 '칼을 찬 사대부'라는 신흥 세력이 대거 등장했다. 문무를 동시에 익힌 새로운 유형의 사무라이들에 의해 사대부적 정치 문화가 출현했고, 이것이 전에 없는 정치적 활력을 가져와 막번幕藩(중앙의 막부와 지방의 번) 체제의 동요와 새로운 정치 질서의 형성을 이끌었다(박훈, 『메이지유신은 어떻게 가능했는가』, 민음사, 2017, 169-170쪽).

제2장

천주교, 조선에서 피를 흘리다

시파와 벽파의 정치 투쟁에서 시파를 제거하기 위해 벽파가 주도한 첫 번째 대대적인 천주교 탄압이 1801년의 신유사옥이다. 이해 4월 조선 최초의 천주교 신자인 이승훈이 처형되었고, 정약용과 그의 둘째 형 약전은 유배에 처해졌다. 그리고 셋째 형 약종 또한 처형당했다.

조정에서는 어느 마을의 한 집에서 천주교 신자가 나올 경우 그 주변의 나머지 네 집도 함께 처벌하는 오가작통법을 실시했다. 백성들이 서로를 감시하는 시스템을 작동시켜 천주교가 뿌리를 내리지 못하도록 차단하기 위한 조치였다.

가혹한 탄압에도 불구하고 천주교는 외척 세도정치의 원심력에 의해 밀려난 양반 선비 집단, 그리고 학정에 시달리는 백성들의 가슴에 마른 들판의 불길처럼 번져나갔다.

신유사옥, 조선 문명사에 치명상

조선의 천주교 전래는 세계 천주교 역사상 특이한 경로를 밟았다. 다른 나라들처럼 서양 신부가 파송되어 전도한 결과가 아니라, 조선 내부에서 자연발생적으로 신자가 탄생한 것이다. 또 조선에 최초로 파송된 선교사도 서양 선교사가 아니라 중국인 주문모周文謨 신부였다. 주문모는 로마가톨릭교회 베이징교구장 구베아(Alexander de Gouvea) 주교가 조선에 파송한 최초의 외국인 신부였다. 서양 사람이 아닌 중국인 신부를 조선에 파송한 이유는 외모나 분위기가 조선 사람과 닮아 선교에 유리하다고 판단했기 때문이다.

1795년 12월 조선에 잠입한 주문모 신부는 6년 동안 비밀리에 선교활동을 벌여 천주교 신자가 1만여 명을 헤아렸다. 1801년 신유사옥의 피바람이 몰아치면서 주문모 신부에 대한 체포령이 내려졌다. 그는 박해를 피해 본국으로 탈출하기 위해 국경 지역으로 피신했다. 그곳에서 묵상하던 그는 조선의 신도들과 운명을 함께하기로 결정하고 다시 서울로 돌아온다. 1801년 5월 의금부를 찾아가 "내가 바로 당신들이 찾던 천주교 신부"라고 자수했다. 그리고 5월 31일 새남터에서 순교했다. 훗날 새남터에는 기념 성당이 들어섰다.

황사영 백서 사건의 파장

이때 주문모 신부의 신도였던 황사영이 베이징 교구에 조선 조정의 천주교 탄압을 멈춰줄 것을 호소하는 편지를 보내려다 적발되는 '황사영 백서帛書 사건'이 발생한다.

황사영은 정약용의 만형 약현의 사위로, 주문모 신부에게 세례를 받고 알렉시오(Alexis)라는 세례명을 받았다. 어려서부터 학문이 뛰어났던 황사영은 17세 때 진사 시험에 합격, 정조의 총애를 받았다.

박해가 일어나자 황사영은 충북 제천시 봉양읍 배론마을, 토기 제작자들의 토굴에 숨어들었다. 옹기를 굽던 이 마을에 천주교 신자들이 본격적으로 모여든 것은 1791년(정조 15) 무렵이다. 전라도 진산의 양반 교인이던 윤지충이 천주교 의식에 따라 위패 없이 모친상을 치른 사건으로 인해, 제사를 거부한 천주교 신자들이 박해를 당했다. 이때 박해를 피해 숨어든 사람들이 화전으로 농사를 짓고 옹기를 구워 생계를 유지하며 신앙 공동체를 이룬 곳이 배론마을, 지금의 배론성지다.

배론마을에 숨어든 황사영은 조선 천주교회가 박해받고 있는 실정을 상세히 기록하고 교회 재건책을 호소하기 위해 구베아 주교에게 흰색 비단에 1만 3,000여 자를 먹으로 쓴 밀서를 작성하여 1801년 10월 베이징으로 보냈다. 그는 조선 조정이 천주교를 공인하도록 청나라 조정에 압력을 행사하고, 서양 함대 선박 수백 척에 병사 5만~6만 명과 대포와 각종 무기를 싣고 조선에 와서 무력시위를 하여 천주교를 포교할 수 있도록 해줄 것을 요청했다. 베이징으로 가는 동지사冬至使 일행 편에 보낸 이 문서가 도중에 적발되어 밀서 작성자 황사영과 밀서 전달자들이 줄줄이 체포되었다. 그해 12월 황사영은 능지처참되었다.

천주교 신자들이 종교의 자유를 쟁취하기 위해 외세의 내정 간섭 및 무력 침략을 요청한 물증이 발견되자 조선 조정은 경악했다. 조정은 천주교가 주자 성리학을 거부하는 사악한 학문일 뿐 아니라 외세를 끌어들여 역모를 꾀하는 세력이라고 믿게 된다. 천주교는 이제 이념적으로나 국가 안보 차원에서 도저히 용납할 수 없는 체제 전복 세력으로 낙인찍힌다(함재봉, 『한국사람 만들기 1』, 아산서원, 2017, 263쪽).

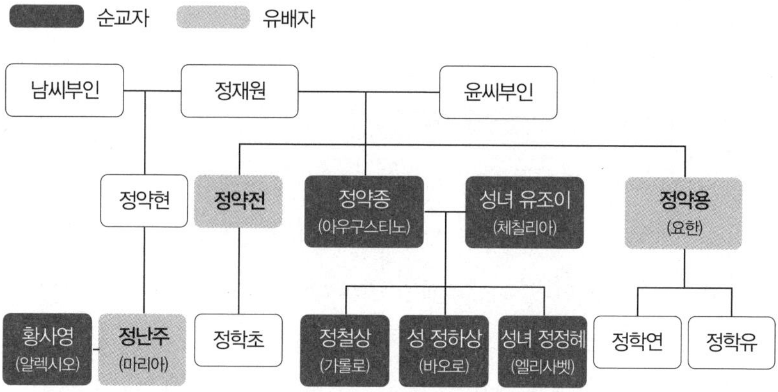

정약용 가계도

박해를 피해 살아남은 천주교 신자들은 강원도나 경상도의 깊은 산골로 피신하여 교인촌을 이루고 신앙생활을 계속했다. 이들이 전국의 심산유곡으로 숨어드는 바람에 오히려 천주교를 전국으로 확대시키는 결과를 가져왔다. 또 지식인과 학자 중심으로 형성되었던 교인 커뮤니티가 일반 백성들에게 확산되는 계기가 되었다.

정약용 가계도를 보면 이 무렵 조선의 남인 양반 사회에 천주교가 얼마나 깊이 뿌리를 내렸는지 짐작할 수 있다.

조선은 신분 계급의 위계질서가 카스트 제도보다 더 엄격하게 존재했던 나라다. 이런 신분 계급 만능 사회에서 "하느님 앞에서는 남녀노소 모든 사람이 평등하다"고 주장하는 천주교는 사회 질서를 위협하는 불온한 종교로 해석되었다.

천주교인들은 주자 성리학적 윤리관과 계급 질서에 의해 상하 수직 관계로 규정되었던 반상班常·남녀·부부·적서嫡庶의 차별적 관계를 수평적 관계로 이해했다. 게다가 '천당'이라는 내세관은 현실에서 가혹하게 억압·차별·소외받던 계층, 특히 여성을 비롯하여 온갖 부역과 가혹한 세금에 시달리던 농민, 전체 인구의 30퍼센트 정도를 차지하고 있던 노비 계층에 강렬한 마력으로 다가갔다.

주자 성리학의 원리주의가 판을 치던 나라에서 조상에게 올리는 제사를 '우상 숭배'로 거부하고, 아버지는 오로지 하느님 한 분뿐이라고 주장한다. 부모와 국왕도 하느님의 피조물이란 인식은 조선 사회의 가장 중요한 윤리 도덕인 충효 관념마저 위태롭게 할 수 있는 불온한 이단 사상이었다. 게다가 외세를 끌어들여 내정 간섭과 무력시위를 요구한 천주교 신자들의 행위는 조정에 극단적인 위기감을 안겨주었다.

노론 벽파는 천주교라는 희생양을 앞세워 정치적 라이벌인 노론 시파 및 남인을 제거하는 데 성공했다. 신유사옥으로 남인 세력은 멸문지화를 당하고 몰락했다. 한마디로 신유사옥은 종교 문제를 앞세운 권력 투쟁이었다. 이로써 노론 벽파 시대가 활짝 열렸다.

신유사옥은 단순한 천주교인 박해라는 성격을 넘어 조선 문명사와 지성사에 결정적인 파탄을 몰고왔다. 신유박해로 인해 천주교 관련 서적뿐만 아니라 모든 서양 서적의 도입이 차단되고 유통이 금지되었기 때문이다. 그 결과 서양 문명과 과학 기술, 개화의 가능성이 철저하게 말살되었다. 이때부터 조선 사회는 내부의 자발적인 추동력에 의해 개화·개항으로 나아가지 못하고 외부 세계와 철저히 폐쇄된 채 은둔 고립화의 길을 걷게 된다.

프랑스 선교사 밀입국

안동 김씨의 상징적 대부였던 김조순은 1802년 그의 딸을 순조의 왕비(순원왕후)로 들여보내 안동 김씨 세도정치의 기반을 마련했다. 김조순의 사후 아들 김유근이 권력을 대물림했다. 1834년 순조가 승하하자 효명세자의 여덟 살 먹은 아들이 즉위하니 그가 헌종이다. 국왕이 너무 어려 정상적인 왕권 행사가 불가능하자 이번에는 그의 할머니 순원왕후가 수렴청정을 했다.

조선 말기의 국왕들은 거의 대부분 어린 나이에 왕위에 오른 관계로 국가 통치에 대한 경험이나 능력을 쌓을 기회가 없었다. 준비되지 않은 왕들이 연이어 등장하면서 통치 리더십과 국가 운영에 심각한 하자가 발생했다.

조선 후기에도 왕조는 존재했지만, 그것은 백성을 위한 왕조가 아니었다. 세도정치의 단물을 빠는 패거리들의 천국이었을 뿐이다. 왕권은 거의 해체되어 국왕은 명목상의 군주에 불과한 시대였다. 특정 가문의 독재 전제 정치 시스템이 굳어져 있었기에 종교를 정치에 끌어들여 희생양으로 삼을 필요도 더 이상 없었다.

어린 왕을 대신하여 수렴청정을 맡게 된 순원왕후는 안동 김씨 집안 여인이었으니 권력의 추가 그쪽으로 쏠리는 것은 당연한 현상이었다. 그녀는 자신의 집안과 효명세자의 부인 집안인 풍양 조씨 사이에서 균형과 경쟁을 유도했다.

순원왕후를 비롯하여 그의 친정인 안동 김씨 일파는 천주교에 비교적 관대한 입장을 취했다. 유배형에 처해져 전남 강진에서 『목민심서牧民心書』『경세유표經世遺表』『흠흠신서欽欽新書』 등 걸작을 집필하던 정약용이 귀양에서 풀려났다. 심지어 세도정치의 핵심 몸통인 김조순의 장남 김유근이 세례를 받고 천주교 신자가 되었다. 이 같은 분위기는 프랑스 신부들이 국내에서 활동할 수 있는 여건을 조성했다.

1831년 9월 9일, 로마 교황 그레고리오 16세(Gregorius XVI)는 정약종의 둘째 아들 정하상을 비롯한 조선인 신도들의 요청으로 중국 베이징 교구에 속해 있던 조선 교구를 독립시키고 파리 외방전교회가 조선 교구를 지원할 것을 명했다. 초대 조선 교구장에 임명된 바르톨로메오 브뤼기에르(Bruguière) 신부는 조선 입국을 위해 말레이시아 페낭에서 출발해 중국 대륙을 횡단하는 4년간의 힘겨운 여행을 했다. 하지만 그는 임지에 부임하지 못하고 1835년 10월 19일 중국 네이멍구 마가자 교우촌에서 선종善終했다.

1836년(헌종 2) 1월, 파리 외방전교회 소속 모방(Pierre Philibert Maubant) 신부가 정하상과 조신철의 안내를 받아 의주성 하수구를 뚫고 조선에 잠입하는 데 성공했다. 중국인 주문모 신부가 순교한 지 35년 만에 파란 눈을 가진 최초의 서양 선교사가 조선에 파송되어온 것이다. 같은 해 12월, 샤스탕(Jacques-Honoré Chastan) 신부가 짐꾼으로 위장하여 얼어붙은 압록강을 건너왔다.

1837년 1월에는 제2대 조선 교구장에 임명된 앵베르(Laurent Marius Joseph Imbert) 신부가 조선 교우들의 인도로 압록강을 건너 비밀리에 입국했다. 앵베르는 조선 땅을 밟은 최초의 주교가 되었다. 13일 후 그의 수행원들도 무사히 입국에 성공한다. 이후 1866년 병인박해까지 30년 동안 파리 외방전교회는 소속 신부 20명을 조선에 파견했다.

프랑스 신부들은 몇 개월간 교인들의 집에 숨어 살면서 한국어를 익힌 후 푸른 눈동자와 하얀 피부, 금발의 외모를 숨기기 위해 방갓과 상복 차림으로 전도 활동에 나섰다. 이들의 활발한 활동으로 1837년 한 해에만 1,200여 명이 세례를 받았다. 천주교가 비교적 자유롭게 포교할 수 있었던 이유는 안동 김씨의 관대한 천주교 정책 덕분이었다.

최초의 조선 소년 유학생

조선에 온 프랑스 신부들은 선종한 초대 조선 교구장 브뤼기에르 신부의 유지를 이어받아 10대 중반의 조선 소년 김대건·최양업·최방제 등 세 명을 마카오의 포르투갈 신학교로 유학 보냈다. 이들이 조선 최초의 천주교 유학생이다. 일본에서 덴쇼天正 견구遣歐 소년사절단 네 명을 로마로 파견한 시기는 1582년 2월이었다. 조선은 자국 신부 양성을 위해 그 나라 젊은이들을 해외로 유학 보내기 시작한 시기가 일본보다 254년 늦었다.

일본 소년들은 로마에 파견되어 교황 그레고리오 13세(Gregorius XIII)에게 세례를 받고 로마에서 신학을 공부했다. 조선 소년 세 명은 1837년 로마가 아닌 마카오의 파리 외방전교회 동양경리부經理部에 도착했다. 동양경리부 책임자인 리부아(Libois) 신부는 언어 습득을 위해 마카오에서 중등 과정의 교육을 하도록 했고, 이 과정을 마친 뒤 마카오 신학교에서 철학과 신학 과정을 공부시켰다.

조선 소년들은 물설고 낯선 마카오에서 조선 교회를 이끌어갈 '하느님의 종'이 되기 위해 열심히 학업에 매진했다. 마카오에 도착한 지 6개월 만인 1837년 11월 26일 최방제가 위 열병으로 사망하여 미카엘 묘지에 묻혔다. 신학 과정을 마치고 조선인 최초의 신부가 된 김대건은 1845년 귀국하여 포교 도중 이듬해 체포되어 순교했고, 최양업은 두 번째 신부가 되어 조선에서 포교하던 중 장티푸스로 사망했다.

프랑스 개입 부른 기해사옥

1839년(헌종 5), 천주교 신자들이 또다시 떼죽음을 당하는 천주교 박해가 일어났다. 기해己亥사옥이다. 영국이 중국을 상대로 아편 전쟁을 일으키기 1년 전이다. 아편 수입 문제를 둘러싸고 영국과 중국 사이에 긴장이 계속되고 있다는 사실을 까맣게 모르고 있던 조선의 관리들은 열심히 천주교 신자들을 잡아 죽였다.

기해사옥도 종교 문제가 아니라 권력 투쟁 과정에서 정적을 제거하기 위해 천주교가 동원된 사건이다. 이 무렵 조선에 파송된 프랑스 신부 세 명의 맹렬한 전교 활동으로 인해 조선의 천주교인이 1839년에는 1만여 명으로 늘어나 있었다. 천주교가 은밀하게 세를 확장하고 있을 때 헌종의 성년(15세)이 다가왔다. 국왕이 성년이 되면 순원왕후가 수렴청정을 거두고 헌종이 직접 통치를 하게 된다. 이 무렵 순원왕후의 수렴청정을 뒷받침하던 김유근이 중풍으로 앓아누운 데다가, 천주교인이 되어 세례까지 받은 사실이 알려진다. 노론 벽파인 풍양 조씨 일가는 이 기회에 기득권 세력인 안동 김씨 세력을 조정에서 밀어내고 자신들의 시대를 열어야 한다고 판단했다.

그들도 권력 투쟁의 명분을 천주교에서 찾았다. 풍양 조씨 세력들은 안동 김씨 일가가 천주교 유화책을 펼친 바람에 주자 성리학의 윤리 강상이 무너지고 나라의 기강과 풍속이 흔들린다고 선동했다. 그 결과 1839년 3월부터 기해박해라는 천주교 탄압의 피바람이 불었다. 풍양 조씨들이 노린 것은 천주교가 아니라 안동 김씨 세력이었다. 권력 투쟁을 위해 안동 김씨 일파를 '천주교 수호 세력'으로 몰아간 것이다.

조선의 지도부를 구성한 주자 성리학자들은 '서학'이라는 이름으로 등장한 천주교와 부딪치면서 이 종교의 배후는 서양 세력이며, 천주교를 막기 위해서는 서양 세력의 조선 진출을 막아야 한다고 판단했다. 하지만 어떻게 막아낼 것인가? 아무리 궁리해도 묘수가 떠오르지 않으니 극단적인 방법을 동원했다.

헌종은 사악한 학문인 서학을 배척한다는 「척사윤음斥邪綸音」 포고문을 발표하고, 천주교인들이 적발될 때마다 가혹한 처벌을 하여 공포감을 조성했다. 박해의 와중에 모방·샤스탕·앵베르 신부가 순교했고, 119명의 신자들이 목숨을 잃었다.

프랑스 함대 출동

1840년 영국이 아편 전쟁에서 청나라를 상대로 일방적인 승리를 거두자, 유럽의 라이벌 국가인 프랑스가 바빠졌다. 프랑스는 인도를 놓고 벌인 식민지 쟁탈전에서 영국에 참패하여 손을 떼고 물러난 상황이었다. 영국이 인도에 이어 중국까지 기득권을 장악하면 동아시아에서 프랑스의 입지는 크게 좁아진다.

프랑스는 동아시아 지역에 대한 영국의 독점을 저지해야 할 필요성에 직면했다. 그 결과 1841년(헌종 7) 9월, 군함 두 척으로 구성된 원정함대를 동아시아에 파견했다. 함대의 파견 목적은 첫째, 일본 남쪽 섬 중에서 전략적 요충지를 점령하여 근거지를 확보하고, 둘째, 조선과 통상 조약을 맺거나 조선을 식민지화하여 동아시아에서 영국의 활동을 견제한다는 두 가지였다. 프랑스 정부는 외교·국익 차원에서 동아시아 해역을 비롯하여 조선 해역에 함대를 파견할 기회를 엿보았다.

1842년 아편 전쟁에서 승리한 영국은 청나라를 압박하여 난징南京 조약을 체결했다. 이로써 상하이를 비롯한 5개 항구가 개항되었고, 서양 사람들이 자유롭게 청나라에 거주할 수 있게 되면서 프랑스 선교사의 조선 잠입도 한결 쉬워졌다.

조선은 철저한 폐쇄 은둔의 나라였고, 외부와 연결되는 통신망도 존재하지 않았다. 프랑스 교구는 조선에서 자국 신부를 비롯하여 천주교 신자들을 상대로 한 대박해가 벌어지는 사실을 까맣게 몰랐다. 파리 외방전교회는 1845년 제3대 조선 교구장 페레올(Jean-Joseph-Jean-Baptiste Ferréol) 주교와 다블뤼(Marie Nicolas Antoine Daveluy) 신부 등을 조선에 파송했다. 프랑스 선교사들은 마카오를 거쳐 상하이에 도착했다. 1845년 8월 페레올 주교는 상하이 만당萬堂신학교 교회에서, 마카오 신학교에서 공부를 마치고 온 김대건을 신부로 임명하여 조선인 최초의 천주교 신부가 탄생했다.

페레올 주교와 다블뤼 신부는 조선으로 잠입하기 위해 김대건 신부의 안내를 받아 라파엘(Raphael)호를 타고 상하이를 출항했다. 라파엘호는 제주도를 거쳐 1845년 10월 충청도 강경 해안에 도착, 세 명의 신부가 상륙했다. 김대건은 각지를 돌며 전도하던 도중 관헌에 체포되어 1846년 9월 16일 새남터에서 처형되었다. 당시 그의 나이 25세였다.

함께 입국한 페레올 주교와 다블뤼 신부는 지하로 잠입하여 포교 사업을 이어갔다. 페레올 주교는 눈과 얼음이 덮인 산들을 가로질러 매일같이 걸어 다니며 신자들을 만났다. 누적된 과로로 인해 중병에 걸린 페레올 주교는 1853년 2월 3일 선종했다.

프랑스 정부는 조선에서 기해박해로 자국 신부 세 명이 처형당했다는 소식을 7년이 지난 1846년에야 알게 되었다. 그 즉시 프랑스 정부는 중국 및 인도양 주둔 해군 사령관 세실(Jean-Baptiste Thomas Médée Cécille) 제독에게 "조선으로 원정하여 프랑스 신부 학살의 책임을 물으라"고 지시했다.

1846년 5월 20일, 세실 제독이 지휘하는 프랑스 극동 함대 소속 세

조선 해역에 나타나 조선과 접촉한 서양 선박(1850 이전)

나라	선박명	주요 탑승자	조선 출현 시기	비고
프랑스	부솔, 아스트롤라브	선장 페루즈 랑글	1787. 5. 21~27	제주도 관측 울릉도 발견, 다줄레섬으로 명명
영국	아르고노트	제임스 콜넷	1791. 8. 9~9. 6	남해안과 동해안 항해 제주도와 부산항 정박
영국	프로비던스	선장 윌리엄 로버트 브로턴	1797. 10. 3~29	함경도 청진~영흥만 탐사, 영흥만을 브로턴만으로 명명 부산항 상륙, 부산 일대 해도 작성
영국	알세스트, 리라	머레이 맥스웰, 바실 홀	1816. 9. 1~8	서해 5도 발견, 백령도 일대를 제임스 홀 군도로 명명, 정밀 해도 작성 고군산열도 상륙
영국	로드 암허스트	휴 해밀턴 린지, 귀츨라프	1832. 7. 17~9. 17	영국 동인도회사 선박 황해도 장산곶 녹도 상륙 귀츨라프, 한글로 번역된 주기도문과 성경 전달
영국	사마랑	선장 에드워드 벨처	1845. 6. 25	제주도 옆 우도에 상륙, 우도를 보포트섬으로 명명, 제주도 일대 해도 작성, 한라산을 오클랜드산으로 명명 거문도 탐사, 거문도를 해밀턴 항으로 명명
프랑스	클레오파트르, 빅토리외즈, 사빈	장밥티스트 세실	1846	충남 보령 외인도 상륙
프랑스	글루아르, 빅토리외즈	라파에르	1847	고군산도 상륙 신시도에서 좌초되어 조선 정부의 원조 받고 영국 도움으로 귀환
프랑스	리앙쿠르	장 로페즈	1849. 1. 27	독도 발견, 리앙쿠르 암초로 명명

척의 군함 클레오파트르·빅토리외즈·사빈호가 마카오를 출항했다. 이때 마카오에서 신학 공부를 마친 최양업 부제와 파리 외방전교회 소속 메스트르(J. A. Maistre) 신부가 통역관으로 동행했다. 나가사키에 잠시 기항한 프랑스 함대는 제주도 남쪽을 돌아 전남 신안군 소흑산도를 통과하여 충남 보령 앞바다 외연도 근처에 정박했다.

세실 제독은 프랑스 신부 1명과 장교, 중국인 신부를 상륙시켰다. 이들은 "조선 정부가 죄 없는 프랑스 신부 3명을 살해한 것은 프랑스 황제를 모욕한 행위이니 보복을 초래하게 될 것"이라는 서한을 섬의 관리에게 전달했다. 세실은 이 작은 섬에 외국인들과 필담을 나눌 수 있을 정도로 학식이 높은 사람들이 존재한다는 사실에 놀랐다. 그는 조선의 무武는 수준이 낮으나 문文은 높은 수준이란 사실을 깨달았다(김학준, 『서양인들이 관찰한 후기 조선』, 서강대 출판부, 2010, 122쪽).

프랑스 군함은 조수간만의 차가 심하고 수심이 낮은 서해안을 항해하기에는 적합하지 않았다. 세실 제독은 "내년에 회신을 받게 될 것을 희망한다"는 뜻을 밝힌 뒤 배를 돌려 남하하면서 한반도 서남해안 일대를 탐사했다. 이때 사빈호의 게랭 함장이 소흑산도 일대의 지도를 작성했다.

다음해인 1847년(헌종 13) 여름, 라피에르 해군 대령이 프리깃함 글루아르·빅토리외즈호를 이끌고 조선 해역을 향해 출동했다. 1년 전 세실 제독이 전달했던 서한에 대한 조선 정부의 답신을 받기 위해서였다. 7월 28일 마카오를 출항한 프랑스 함대는 8월 10일 군산과 부안 사이에 위치한 신시도 부근에서 강풍을 만나 좌초했다. 병사 두 명이 물에 빠져 사망했고, 나머지 560명의 승조원들은 무기와 식량을 챙겨 고군산도에 상륙했다. 그들은 현장을 방문한 조선 관리에게 식량을 요청했다. 조선 조정은 프랑스 군인들에게 쌀과 고기·채소를 공급해 주었다. 라파에르 대령은 보트 두 척을 상하이로 보내 구조를 요청해, 현장으로 달려온 영국 선박에 의해 전원 구조되었다.

1850~1860년 사이에 영국, 프랑스, 미국, 러시아 등의 배들이 총 65회에 걸쳐 조선 해안에 나타나 통상을 요구하거나, 해안선을 측량했으며, 밀무역을 하고 주민들과 충돌했다(최재건, 『조선후기 서학의 수용과 발전』, 한들, 2005, 255쪽).

"조선을 프랑스 식민지로"

프랑스 함대의 두 차례에 걸친 조선 해역 출동에는 종교 차원보다 훨씬 복잡하고 본질적인 목적이 숨어 있었다.

이 무렵 프랑스 정부가 조선에 적극적인 관심을 보인 이유는 자국 선교사의 살해에 대한 항의를 위해서만이 아니었다. 1847년 원정 때 프랑스 정부는 지휘관 라파에르 대령에게 "조선이 프랑스 식민지로 적당한지, 자원이나 산물, 시장으로서의 가치는 어느 정도인지를 탐사하라"는 밀명을 내렸다. 프랑스 함대는 겉으로는 선교사 살해 책임을 묻겠다면서 나타났지만, 사실은 조선이 프랑스 식민지로서 가치가 있는지를 탐색하기 위해 나타난 것이다.

1852년 나폴레옹 1세의 조카인 루이 나폴레옹이 황제에 오르면서(나폴레옹 3세) 프랑스는 워털루의 패전 충격에서 벗어나 적극적이고 모험적인 팽창 정책을 구사하기 시작했다. 영국과 연합하여 러시아에 맞선 크림 전쟁(1854~1855) 참전, 영국과 연합군을 형성하여 치른 제2차 아편 전쟁(1858~1859), 멕시코 원정(1861~1867), 인도차이나 병합(1862) 등은 나폴레옹 3세가 시동을 건 프랑스의 모험적인 팽창 정책의 결과물이다.

나폴레옹 3세가 추진한 동북아 정책은 가톨릭이라는 종교적 색채를 띠었고, 해외 주둔한 해군 제독이 중심이 되어 공세를 개시하고 국가가 이를 추인하는 형태로 진행되었다. 또 영국에 뒤지면 안 된다는 심리가 깔려 있었다(김용구, 『세계관 충돌과 한말 외교사, 1866~1882』, 문학과 지성사, 2001, 82쪽).

나폴레옹 3세의 팽창 정책은 동아시아 운둔의 왕국 조선에까지 그 파장이 미쳤다. 프랑스 식민부 장관은 1855년 5월 9일, 인도차이나 해역의 함대 사령관 게랭(De Guerin) 제독에게 "조선을 식민지화하기 위한 조건과 기회에 관한 정보를 제출하라"는 비밀 지령을 내렸다. 서양 열강 가운데 조선을 자국 식민지로 만들겠다는 뜻을 정부 공식 문서로 밝힌 사례는 이것이 처음이다(김학준, 『서양인들이 관찰한 후기 조선』, 2010, 136쪽).

게랭 제독은 조선에 대한 정보 수집을 위해 비르지니(Virginie)호를 타고 조선 해역으로 출동했다. 그는 1856년 7월 16일부터 9월 30일까지 두 달 넘게 조선 동해안의 영흥만에서부터 남해안을 거쳐 서해 일대를 샅샅이 탐사했다. 이때의 탐사 항해 과정에서 남양만과 옹진군의 덕적 군도를 발견했다. 하지만 그들은 조선의 수도 서울로 접근하는 수로를 발견하는 데는 실패했다.

게랭 제독은 본국의 식민부 장관에게 「코레(조선)의 사회적 상태」라는 보고서를 제출했다. 이 보고서를 통해 게랭은 조선의 국내외 상황을 다음과 같이 보고했다(김학준, 『서양인들이 관찰한 후기 조선』, 2010, 136쪽; 김원모, 『개화기 한미교섭관계사』, 단국대 출판부, 2003, 20쪽).

첫째, 조선 관리들이 백성들로부터 부당하게 세금을 징수하고, 백성들을 공포에 떨게 함으로써 정부와 백성 사이가 분열되어 있다.

둘째, 조선은 무력한 나라다. 관리들이 군함 한 척 앞에서 떨거나 달아날 줄밖에 모르는 이런 나라는 처음으로 점령하려고 생각하는 유럽 열강의 야심에 희생될 것이 확실하다.

셋째, 이제까지 중국이 코레의 보호자 역할을 수행했으나 중국은 더 이상 그런 능력을 갖지 못할 것이다. 이 점을 간파한 러시아가 조선에 야심을 품고 이 나라를 정복할 준비를 갖추고 있다.

넷째, 러시아의 야심과 계획을 좌절시키려면 그에 앞서 프랑스가 군사력을 동원하여 코레를 정복해야 한다. 보병 6,000명과 기마병 300명 및 경포병 1개 중대를 동원하면 이 나라를 큰 어려움 없이 정복할 수 있다. 상륙 작전을 벌일 지점은 함경도의 영흥만이 가장 적합하다.

프랑스의 낙관적인 조선 정복론은 그로부터 10년 후 병인양요로 연결되었다.

게랭 제독의 보고서에서 유의 깊게 봐야 할 대목은, 한반도를 노리고 있는 러시아의 야심을 최초로 지적하고 있다는 점이다. 서양인들 입장에서 러시아가 조선을 차지할지도 모른다는 '러시아 공포증'의 첫 등장이다.

조선 최초 신학교 설립

페레올의 후임자인 제4대 조선 교구장 베르뇌(Siméon-François Berneux) 주교가 1855년(철종 6) 조선에 잠입했다. 베르뇌 주교를 중국에서 조선까지 안내한 사람은 홍봉주(세례명 토마스)였다. 그는 신유박해 때 순교한 홍낙민의 손자이며, 기해박해 때 순교한 홍재영의 아들이다. 1801년 신유박해 때 부친 홍재영이 전라도 광주로 유배되었을 때 유배지에서 태어났다. 부모로부터 철저한 신앙 교육을 받은 그는 1839년 기해박해 때 가족 모두가 체포되었다. 홍봉주의 어머니 정조이(정약현 딸)와 아내 심조이(바르나바)는 순교했고 홍봉주는 배교背教하여 석방되었는데, 그에 대한 죄책감으로 한동안 방황하다가 1853년 최양업 신부를 만나 회개했다.

홍봉주는 메스트르 신부의 명에 따라 제4대 조선 교구장 베르뇌 주교를 입국시키는 임무를 맡아 상하이로 파견되었다. 그는 1855년 3월 29일 베르뇌 주교와 푸르티에(Jean Antoine Charles Pourthié) 신부, 프티니콜라(Michel Alexander Petitnicolas) 신부를 서울까지 인도했다. 무사히 서울에 도착한 후에는 서울에 집 한 채를 마련하여 주교 일행의 포교 활동을 지원했다.

풍양 조씨 세도 세력

이름	관계	주요 직책, 비고
조만영	헌종의 외할아버지	호위대장, 어영대장, 훈련대장
조인영	조만영의 동생	이조판서, 대제학, 호조·형조판서, 영의정
조병구	조만영의 아들	총융사(군권 장악)
조득영		형조판서, 대사헌
조병현	조득영의 아들	이조판서
조성하	조만영의 손자	대원군과 손잡고 고종을 왕위에 올림
조영하	조만영의 손자	대원군 정권 무너뜨림

베르뇌 주교는 다블뤼 신부를 보좌주교에 임명하고 서울을 중심으로 경기·충청·강원도까지 교세를 확장했다. 또 조선 최초의 신학교인 배론신학교를 설립했다. 이 신학교가 설립되기 전까지는 조선의 신자들이 신학 공부를 하려면 마카오까지 먼 길을 목숨 걸고 가야 했다.

베르뇌 주교는 1859년부터 1864년 사이 서울에 인쇄소 두 곳을 설치하고 각종 교리서와 기도서를 간행했다. 베르뇌 주교 부임 후 조선 땅에서 천주교는 놀라운 성장을 거듭하여 천주교 신자가 2만 명에 이르게 된다.

소년 왕 헌종, 강화 도령 철종

아버지 효명세자가 개혁 정치를 펼치려다 기득권 세력들에게 의문을 죽음을 당한 사실을 기억하는 헌종은 세도 가문들 간의 균형과 견제, 이이제이以夷制夷 수법을 구사했다. 그는 외가인 풍양 조씨 가문을 이용하여 안동 김씨 가문을 견제했다. 그 결과 풍양 조씨 세도정치가 한동안 위세를 떨치게 된다.

하지만 안동 김씨의 뿌리는 넓고 깊었다. 헌종비 효현왕후는 안동 김씨 집안 김조근의 딸이었고, 헌종의 할머니 또한 안동 김씨였다.

풍양 조씨 세도정치

헌종 재위 기간은 하루도 조용한 날이 없었다. 가뭄과 홍수 등 자연재해가 잇따라 식량난이 닥쳤고, 전염병이 돌아 백성들이 떼죽음을 당했다. 삼정의 문란과 관리들의 착취가 만연했다. 과도한 세금을 견디다 못

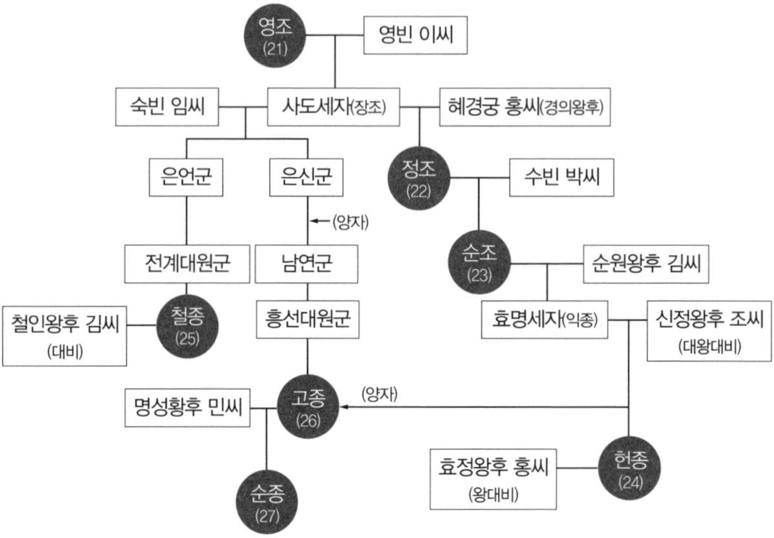

영조~순종 왕실 세계표

한 백성들은 삶터를 버리고 유민이 되어 떠돌다 도적떼가 되었다. 먹고 살 길이 막막하니 걸핏하면 민란이 발생하여 민심은 날이 갈수록 흉흉해졌다. 정치를 이끌어야 할 주역들은 애꿎은 천주교인 잡아 죽이고 권력 투쟁 하느라 눈알이 벌게 있을 뿐, 백성들의 삶을 윤택하게 만들어 줄 근본적인 정책을 내놓지 못했다.

헌종도 청년이 되면서 외척인 풍양 조씨의 세도정치에 염증을 느꼈다. 그들도 안동 김씨 세력이나 다를 것이 없는 또 하나의 '악의 세력'이었을 뿐이다. 참다못한 헌종은 입궁한 외삼촌 조병구의 면전에서 그의 부패상을 따지면서 "외삼촌 목에는 칼이 들어가지 않습니까?"라고 경고했다. 충격을 받은 조병구는 황급히 궁을 나와 수레에 올랐는데, 수레가 뒤집어져 조병구는 땅에 머리를 박고 즉사했다.

외척 세도정치의 그늘에서 벗어나 자신의 뜻을 펼쳐볼 새도 없이 헌종은 1849년(헌종 15) 6월 6일, 23세의 젊은 나이에 후사 없이 승하했다. 순원왕후 김씨(김조순의 딸)는 헌종이 죽자마자 옥새부터 찾았다. 후임 국왕을 자신의 뜻대로 정하겠다는 의사 표시였다.

안동 김씨의 권력 탈환

왕실에는 6촌 이내의 왕가 혈족이 한 명도 남아 있지 않았다. 왕권을 찍어 누르고 세도정치의 단물을 빨아본 경험이 있는 세도가들은 자기들 권력에 도전할 생각조차 못하는 무지렁이 같은 인물이 필요했다. 순원왕후는 영조의 유일한 혈손인 전계군(정조 이복동생 은언군의 아들)의 아들이자 헌종의 7촌 아저씨뻘 되는 이원범을 후임 국왕으로 지목했다. 조정에서 사람을 보냈을 때 이원범은 강화도에서 소를 몰며 쟁기질을 하고 있었다.

이원범의 아버지는 전계군이고, 전계군의 아버지는 비운의 죽음을 당한 사도세자의 서자 은언군이다. 그러니까 이원범의 할아버지가 정조의 이복동생이다. 1779년(정조 3), 정조의 심복 홍국영이 역모 사건에 휘말려 몰락할 때 은언군도 이 사건에 엮여 강화도로 유배되었다.

이원범은 어린 시절 가족과 함께 교동으로 유배되었다가 강화로 옮겨졌다. 신유사옥 때 은언군 부인 송씨와 며느리가 천주교를 믿다가 체포되어 은언군이 사약을 받고 죽으면서 그의 집안은 완전 몰락했다. 때문에 이원범은 생활이 궁핍하여 직접 논밭을 갈아 간신히 먹고 사는 처지였다. 왕족이었음에도 교육을 받지 못해 글도 못 읽고, 장가도 못 간 더벅머리 총각이었다. 덕분에 '강화 도령'이란 별명을 얻었다.

이름뿐인 왕족, 문자 해득 능력조차 없는 시골 무지렁이 '강화 도령'

이야말로 세도가들의 기호에 딱 맞아떨어지는 국왕 적임자였다. 일자무식 이원범은 자신의 의지와 아무런 관계도 없이 어느 날 느닷없이 서울로 업혀 갔다. 서울 도착 즉시 순원왕후의 양자로 입적되어 덕완군에 봉해진 다음 왕위에 올랐으니 바로 철종이다.

철종은 "일찍이 『통감通鑑』 두 권과 『소학小學』 한두 권을 읽었으나 근년에는 읽은 것이 없다"고 발언한 것으로 보아, 알려진 것처럼 일자무식은 아니었던 것 같다. 하지만 그는 집안이 풍비박산 나면서 농사로 연명하던 신세였기에 주자 성리학이나 왕도에 필요한 리더십 교육은 전혀 받지 못했다. 국가 통치에 필요한 복잡하고 난해한 의례나 왕실 용어, 통치 능력, 외교적 소양은 전무했다. 즉위할 때 나이 19세였지만, 국왕으로서의 교양과 능력이 결여된 관계로 순원왕후가 수렴청정을 했다. 이로써 순조비 순원왕후는 헌종과 철종, 두 차례에 걸쳐 수렴청정을 하게 된다.

『철종실록』 첫날 두 번째 기사 제목이 "대왕대비(순원왕후)가 시·원임時原任(전·현직) 대신을 소견하여 임금의 학업 증진에 대해 의논하다"이다. 철종이 즉위하면서 가장 큰 고민은 국왕을 어떻게 교육시킬 것인가 하는 문제였다. 철종은 학문이 부족하여 국왕으로서 의무적으로 수행해야 했던 대신들과의 경연 및 강학講學도 불가능했다.

안동 김씨인 순원왕후는 풍양 조씨들을 내몰고 자기 집안사람들을 대거 권력의 전면에 포진시켰다. 이로써 권력의 중심은 또 다시 안동 김씨 손아귀로 흘러갔다.

순원왕후는 철종 즉위 2년째인 1851년, 김조순의 7촌 조카인 김문근의 딸을 철종비로 맞아들였다. 그가 철인왕후다. 이로써 안동 김씨 가문은 순조·헌종·철종 3대에 걸쳐 지속적으로 왕비를 배출하여 확고한 안

전망을 구축했다.

철종이 장가든 그해에 조선을 뒤흔든 두 명의 인물이 태어났다. 하나는 훗날 고종의 왕비로 간택되어 동아시아에 풍운을 몰고 온 민 왕후 민자영이요, 다른 하나는 개화당의 선봉으로 갑신정변 쿠데타를 일으켰다가 비참하게 일생을 마감한 김옥균이었다.

철종 재위기는 선왕 헌종 시대와는 달리 안동 김씨 세도가들이 천주교에 관대한 정책을 취했다. 덕분에 제4대 조선 교구장 베르뇌 주교를 비롯한 12명의 프랑스 신부가 조선에 들어와 적극적인 포교 활동이 가능했다.

허수아비로 살다 요절한 철종

세도가들은 자기들이 마음껏 조종할 수 있는 소년을 국왕에 올린 후 자기 파벌의 주요 가문과 혼인으로 묶어 일당 독재 지배 체제를 구축했다. 철종에게는 세도정치 실현을 위한 '바지 사장' 역할이 주어졌다. 구한말 조선에 파송되었던 선교사 제임스 게일(James Scarth Gale)은 철종에 대해 "이제 태후(대왕대비)가 된 안동 김씨 출신의 순원왕후가 '여대생이 테니스공을 다루듯 가지고 놀 수 있는' 인물"이라고 평했다.

철종의 혈통을 거슬러 올라가면 사도세자-영조-숙종이 나타난다. 뼈대 있는 집안 출신이라는 뜻이다. 왜 나라를 다스릴 욕심이 없었겠는가. 그가 나름대로 정사를 익혀 국왕으로서의 통치 역량을 보이려 하자, 안동 김씨 세력은 후궁을 들여 주색에 빠지도록 만들었다.

철종 재위(1849~1863) 14년간은 조선이 속했던 중화 질서가 두 차례의 아편 전쟁과 태평천국의 난으로 거대한 동요를 일으킨 절체절명의 전환기였다. 조선도 혼란의 소용돌이에 빠져들었다. 1862년 진주 민란을 시발로 폭동·반란이 전국을 쓰나미처럼 휩쓸었다. 국왕이 스스로 허수아비 신세임을 자각한 순간, 그는 의지할 세력 하나 없는 고립무원의 처지에 절망했다. 무거운 고민을 해결할 길이 막막했던 철종은 무절제한 생활을 거듭하다 33세에 요절했다.

철종의 자식들은 모두 어린 시절에 죽었고, 후궁과의 사이에서 태어난 영혜옹주가 유일한 혈육이었다. 영혜옹주는 구한말 개혁파의 일원인 박영효에게 시집을 갔는데, 혼인한 지 얼마 후 영혜옹주가 질병으로 사망하는 바람에 박영효는 평생을 홀아비로 살아야 했다.

세도정치의 폐해

세도勢道정치란 국왕의 신임을 받는 특정 인물이나 세력이 국왕을 대신하여 권력을 행사하는 파행적 시스템이다. 조선 후기를 농단한 안동 김씨·풍양 조씨·여흥 민씨 가문의 세도정치는 조선 본래의 국가 성격이나 통치 철학에서 크게 벗어나는 것이었다. 몇몇 외척 가문이 권력을 독점하고 왕권을 농락하는 바람에 국왕은 통치 일선에서 밀려나 허수아비로 전락했다.

영국의 역사철학자 액턴 경(Lord Acton)은 "권력은 부패한다. 절대 권력은 절대 부패한다"고 설파했다. 세도정치가 60여 년 지속되면서 특정 가문에 권력이 과도하게 집중되면 광범위한 부패 타락 현상이 일어나기 마련이다. 역사학자 이이화는 세도정치가 조선의 정치와 사회에 치명적인 타격을 준 폐해를 다음 세 가지로 정리했다(이이화, 『조선후기의 정치사상과 사회변동』, 한길사, 1994, 73~74쪽).

첫째, 세도정치는 양반 귀족 계급 중에서도 특정 척족 세력이 국가 권력을 독점하는 체제다. 따라서 다른 세력들은 산림에 묻히는 바람에 경륜과 수양을 겸비한 인재들이 등용될 수 없었다.

둘째, 특정 세도가 문벌이 경제 이권을 독점했기 때문에 빈부 격차가 심해졌다. 세도가들은 매관을 통해 자본을 축적하고 대토지를 장악했으며, 상권까지 장악했다. 당파 정치와 달리 세도정치는 순전히 권력과 이권 독점이 핵심이었다.

셋째, 피지배층 사이에 사회적 불만이 고조되어 민란이 빈발했다. 권력과 민중 간의 괴리와 모순이 세도정치 아래서 더욱 심화되고 구조화되었다.

이런 질곡 속에서 양반·상놈의 극심한 차별을 정당화하는 주자 성리학으로부터 마음이 떠난 이 땅의 백성들에게 "인간은 누구나 평등하다"고 속삭이는 천주교가 새로운 의지처로 떠올랐다. 이것이 극심한 탄압에도 천주교가 급속히 세력을 확장해 나간 이유다.

제3장

내부 모순으로 몰락하는 조선 왕조

임진왜란은 철포로 무장한 왜군의 보병 밀집 대형이라는 신전법과, 창칼과 화살로 무장한 조선군의 구전법이 격돌한 전쟁이었다. 조선을 침략한 왜군은 전체 병력의 4분의 1이 철포대였다. 신무기와 신전법으로 무장한 왜군은 동래성을 점령한 후 파죽지세로 북상하여 불과 18일 만에 조선의 수도를 점령했다.

일본이 철포를 구입하여 양산 체제에 돌입한 1543년이 일본이 실질적으로 개국한 해다(제1권 2장 참조). 1543년은 조선 중종 38년이다. 이 해 조선에서는 관학 교육 기관인 성균관과 향교에 대응하여 사학 교육 기관인 백운동서원이 최초로 문을 열었다.

일본에 철포鐵砲, 조선엔 서원書院

당쟁의 근원지 서원

조선 조정이 유학을 널리 전파하기 위해 공립 학교인 향교鄕校를 세웠다면, 지방의 유력 양반들이 세운 사립 학교가 서원이다. 성리학을 공부하는 사설 교육 기관이자 성현에 대한 제사를 모시는 서원은 주세붕의 백운동서원이 시초다. 이때부터 조선의 지배층들이 섬기던 성리학이 민간 차원으로 광범위하게 확산 침투되기 시작했다.

풍기군수로 부임한 퇴계 이황은 교학教學을 진흥하고 학문의 기풍을 바로잡기 위해 서원 보급이 시급하다고 주장했다. 그는 송나라의 예에 따라 국가에서 주세붕이 1543년에 설립한 백운동서원에 이름을 지어주고, 그것을 새긴 현판을 국왕이 내려주고(사액賜額), 운영 자금을 지원할 것을 요청했다. 1550년, 국왕 명종은 이황의 요청에 따라 백운동서원에 '소수서원紹修書院'이라는 친필 현판과 서적을 하사했다. 이것이 사액 서원의 시초다. 사액 서원에는 국왕의 현판 하사 이외에도 서원에 기증된 토지에 대해 면세 특권, 군역 면제, 서원 소유 노비에 대한 세금 면제 등 다양한 특권이 주어졌다.

서원에 대한 각종 혜택과 우대 조치로 인해 서원 설립 붐이 일었다. 선조 시절부터 숙종 때까지 577개의 서원이 설립되었다. 그중에서 100개가 사액을 받았다. 고종 때 공식적으로 파악된 서원 수는 909개로 한 읍당 3개꼴이었다(정만조, "한국 서원의 역사", 『한국학논총』 제29집, 2007). 경북 안동 지역에만 총 21개의 서원이 세워졌다.

서원은 학연·지연을 근거로 형성되기 때문에 붕당 형성의 중심이 되었고, 성리학을 제외한 모든 학문을 억압하는 지식 독재의 출발점이었다. 서원이 폭발적으로 늘어난 이유는 당쟁이 격화되자 자파 정치 세력을 강화하기 위한 필요 때문이었다.

서원은 그 설립 취지의 정당성에도 불구하고 조선 후기로 갈수록 권력 기관화되었고, 걷잡을 수 없이 타락했다. 지방 토호 세력들이 토지와 소작농을 명목상 서원 소유로 옮겨 세금을 회피하는 일도 비일비재했다. 온갖 특권을 향유하는 서원은 양반 자제들이 과거시험 공부를 핑계대고 군 복무를 기피하는 불법·탈법의 온상으로 전락했다.

일본에서 개항을 통한 총포의 시대가 개막된 해에 조선은 서원을 통한 성리학 전성시대로 질주했다. 그 결과 세계 최초의 측우기 발명국, 금속 활자 발명국, 일본에 과학 기술을 전해줄 정도로 선진 문명국이었던 조선은 일본에게 추월당하기 시작했다. 일본은 총포를 무기로 싸우고 조선은 성리학 논리에 의거하여 입과 붓으로 싸우는, 무武와 문文의 극적인 변화가 가시화되기 시작한 것이다.

오다 노부나가, 3단 순환 사격 전술 개발

일본에 도입된 철포는 총구 앞쪽으로 화약과 원형 총알을 넣은 다음 긴 막대로 다진 후 발사하는 원시적 수준이었다. 궁수가 15~20대의 화살을 쏘는 동안 사수는 한 번 장전-조준-발사할 수 있을 정도였다. 이처럼 발사 속도가 느리기 때문에 빠른 속도로 질주해오는 기마 군단을 대적하기에는 명백한 한계가 있었다. 또 유효 사거리가 80~100미터에 불과했고, 습기가 차거나 비가 오는 날씨에는 화약이 눅눅해져 발사되지 않는 등 문제투성이였다.

여러 가지 기술적 한계에도 불구하고 철포는 결정적인 이점이 있었다. 전투에 참여하여 무공을 세울 정도의 검술 능력을 보유한 사무라이를 양성하기 위해서는 오랜 세월이 필요했다. 하지만 철포는 누구나 장전-조준-발사 기술만 배우면 즉시 전장 투입이 가능했다. 때문에 하급무사나 농부 출신 징집병들을 곧바로 무장시켜 전장에 내보낼 수 있는 획기적인 무기였다.

전국 시대의 내전에 휩싸인 일본의 봉건 영주들은 자신들의 영지를 지키기 위해 자고 일어나면 전투를 벌였다. 그 많은 영주들 가운데 철포가 전쟁의 승패를 가르는 결정적 무기가 될 것이라고 꿰뚫어본 인물은 오다 노부나가織田信長였다. 노부나가는 1549년 철포 500정을 구입하여 자신의 군대를 철포로 무장시켰다. 그는 철포대의 효율과 전술 전략적 가치를 높이기 위해 각종 신기술과 신전술을 연구했다. 우선 비가 오는 날씨에서도 철포 발사가 가능하도록 보호 상자를 만들었다. 실탄 구경을 확대하여 살상력을 높였고, 끈으로 각도를 고정시켜 야간에도 정밀 사격이 가능하도록 개선했다.

가장 심각한 난제는 발사 속도의 개선이었다. 이 문제는 당대의 과학 기술로는 근본적인 해결이 불가능했다. 노부나가는 철포의 근본적인 약점을 간단한 아이디어로 극복했다. 철포대를 3열로 포진시켜 3단 순환 사격 전술을 고안한 것이다. 1열이 사격한 다음 후미로 빠져 장전하는 동안, 미리 장전하고 대기 중이던 2열이 앞 열로 나와 사격을 하고 뒤로 빠진다. 이어 3열이 앞으로 나와 연속 사격을 하는 방식이다.

오다 노부나가는 철포대를 앞세워 강적들을 차례로 쓰러뜨리고 1568년 천황이 거주하는 교토에 입성했다. 1573년에는 명목상의 쇼군 자리를 유지하고 있던 무로마치室町 막부의 아시카가 요시아키足利義昭 군대를 멸하고 무로마치 막부를 끝장냈다.

1575년 오다 노부나가는 도쿠가와 이에야스德川家康와 연합하여 다케다 신겐武田信玄과 맞섰다. 다케다 신겐은 '전쟁을 위해 태어난 사나이'라 불릴 정도로 막강한 군대를 보유하고 있었다. 기마대를 주축으로 한 그의 군대는 기동성을 활용한 속전속결 전술과 비밀 첩보 조직을 이용한 정보 수집으로 일본 최강이라는 수식어가 붙어 다녔다. 일본 전국 시대의 전투는 다케다 신겐처럼 기마 군단에 의한 돌격전으로 승패가 결판났다. 이러한 전투 방식에 종지부를 찍은 사건이 1575년 벌어진 나가시노長篠 전투였다. 구로자와 아키라黑澤明 감독의 영화 〈가게무샤影武者〉의 배경이 된 그 전투다.

오다 노부나가와 도쿠가와 이에야스 연합군은 나가시노에서 다케다 신겐의 아들 다케다 가쓰요리武田勝賴 군대와 격돌했다. 노부나가는 철포대를 전면에 배치했고, 가쓰요리는 아버지에게 물려받은 일본 최강의 기마 군단으로 맞섰다. 노부나가의 병력 3만 8,000명 중 1만 명이 철포 부대, 나머지는 아시가루足輕라 불리는 보병 부대였다. 그는 철포대를 23열로 배치하여 20초마다 1,000발을 순환 사격 방식으로 발사했다(주경철, 『문명과 바다』, 산처럼, 2009, 308-313쪽). 우박처럼 날아오는 철포대의 맹렬한 사격에 다케다 가문의 자랑이었던 기마 부대가 순식간에 궤멸되었다.

철포대의 위력이 극에 달한 나가시노 전투는 일본의 작전 및 전술 교리를 혁명적으로 변화시켰다. 이후 벌어진 전투마다 철포대의 위력이 전투의 승패를 결정지었다. 이때부터 일본에서는 철포도 없이 무작정 전투에 나서는 것은 죽음을 자초하는 무모한 짓이라는 뜻에서 '무뎃포無鐵砲'라는 말이 생겼다.

세계사적인 흐름에서 보면 일본에서 전국 시대가 종료되고 통일 시대로 이행한 것은 철포대의 활약 덕분이다. 전국 일본의 통일은 포르투갈이 선도한 대항해 시대의 유산이라고 해도 과언이 아니다.

16세기 후반, 일본은 엄청난 양의 철포를 생산하여 창과 칼, 활과 기마 부대로 구성되었던 군대를 보병 밀집 대형의 철포대로 전환시켰다. 일본이 보유한 철포의 총량은 화승총의 본고장인 유럽을 압도했다. 일본의 철포는 전래 50년 만에 당시 세계에서 가장 명중률이 높고 살상력이 뛰어난 병기로 진화했다.

쓰시마 도주, 조선에 철포 진상

1555년 5월 평장친平長親이란 쓰시마 사람이 화승총을 가지고 조선에 와서 귀화를 요청했다. 하지만 그것으로 끝이었다. 조선 조정은 일본처럼 철포를 국내에서 양산하려 할 생각도 하지 않았고, 어느 누구도 철포에 관심을 갖지 않았다.

도요토미 히데요시는 일본을 통일한 후 1589년 7월, 쓰시마 도주島主 소 요시토모宗義智를 조선 국왕 선조에게 사절로 보내 일본산 철포 두 자루를 선물했다. 조정에서는 철포를 시험 사격한 결과 우레와 같은 소리가 나고 탄환이 200미터쯤 날아갔지만, 발사까지 시간이 많이 걸리는 점을 들어 하찮은 무기로 취급했다. 당대 조선 최고의 무장武將으로 꼽히던 신립과 이일은 그 결정적인 신무기를 창고에 처박아 놓은 채 까맣게 잊었다.

국방 일선에 있던 신립과 이일이 철포를 우습게 알고 쳐다보지도 않은 반면, 철포로 무장한 일본의 군사력을 걱정한 사람은 문신 유성룡이었다. 유성룡의 걱정에 대해 신립은 "그까짓 것, 걱정할 이유가 없다"고 큰소리 쳤다. 기가 찬 유성룡이 그 까닭을 묻자 신립이 말했다. "왜병들이 조총을 가졌지만 그게 쏠 때마다 맞는답니까?"(유성룡, 이민수 옮김, 『징비록』, 을유문화사, 1994, 29쪽)

조선 최고의 무장이 이 정도의 현실 인식과 나른한 사고 방식에 젖어 있었으니, 임진왜란의 결과는 묻지 않아도 자명한 일이었다.

조선 조정도 일본의 침략 의도를 사전에 어느 정도는 감지한 것 같다.

"군사를 거느리고 명나라로 쳐들어가겠다"는 도요토미 히데요시의 국서가 오자 조정은 황윤길과 김성일을 통신사로 일본에 파견했다. 그들은 1591년 봄 귀국하여 일본의 침략은 "있다" "없다"로 갑론을박, 논전을 벌였다. 그들에게 일본이 조만간 침략할 것인지 아닌지를 따지는 사실 확인(fact finding)은 중요한 이슈가 아니었다. 나라의 안위보다 당파의 헤게모니가 더 중요한 가치였던 조선의 주자 성리학 양반 사대부들이었기에 동인의 주장에 서인이, 서인의 주장에 동인이 동조할 이유는 조금도 없었다.

같은 해 일본 사신 히라 시게노부平調信가 부산포에 와서 중대 정보를 전한다. "지금 일본이 명나라와 통신하려 한다. 조선에서 명에 이 말을 전해준다면 아무 일도 없을 것이다. 그렇지 않으면 일본은 조만간 조선을 침략할 것"이라고 알렸다. 마지막으로 사신은 "우리가 일부러 와서 알리는 것이니 잘 대처하기 바란다"고 신신당부했다.

국가의 안위가 걸린 고도의 극비 정보를 제공받고도 조정은 음풍농월했다. 그사이 부산포에 머물던 왜인들이 소문 없이 한두 명씩 빠져나갔다. 얼마 후 왜관이 텅 비었다.

임진왜란도 사전 외교를 통해 얼마든지 예방할 수 있었던 '예고된 전쟁'이었다. 조선 지도부는 당파 싸움에 도끼 자루만 썩히다가 침략을 자초했다.

임란 후 조선군도 조총 무장

도요토미 히데요시는 오다 노부나가가 창안한 철포대 순환 사격 전술을 임진왜란 때 적극 활용하여 조선군을 단숨에 무력화시켰다.

왜군 선봉장 고니시 유키나가는 조선군이 문경 새재(조령)에서 매복 공격을 할 경우 큰 피해를 입을 것을 우려했다. 숲속에서 근접전을 벌일 경우 철포는 위력을 발휘하기 곤란하기 때문이다. 따라서 왜군은 개활지에서 전투하는 것이 훨씬 유리하다.

종사관 김여물은 신립에게 문경 새재의 높은 언덕을 방패 삼아 궁병으로 왜군을 공격하면 승산이 있다고 건의했다. 그러나 신립 장군은 "기병을 이용한 전술을 쓰면 보병만 있는 일본군을 쉽게 제압할 수 있다"고 고집하면서 문경 새재의 방어를 포기하고 달천변 진흙탕인 탄금대 벌판에 배수진을 쳤다.

1592년 4월 27일, 탄금대 전투에서 격돌한 병력은 왜군 1만 8,000여 명, 조선군 1만 6,000명이었다. 병력 수는 백중세였지만 조선 정규군은 절반인 8,000명이 기병이었고, 왜군은 철포대가 주력이었다.

4월 28일 정오 무렵, 고니시의 중앙군이 단월역 앞마을(현재 건국대 충주 캠퍼스)로 진입했다. 신립은 탄금대 앞에서 기마 부대로 고니시의 보병 부대를 유린할 작정이었다. 하지만 신립의 기마 부대가 포진한 곳은 하필 강물 좌우에 논이 있어 벼가 무성하게 자라고 잡초가 우거져 사람과 말이 내달리기 매우 불편한 곳이었다. 신립의 기마대는 질퍽질퍽한 논을 질주하여 왜군 진영을 향해 돌격했다. 고니시의 철포대가 오다 노부나가가 창안한 '순환 사격 전법'으로 철포를 우박처럼 기마대에 쏟아부었다. 신립의 기마대는 전멸했다. 나머지 조선군 8,000명은 장수·병졸 할 것 없이 모두 달천강에 몸을 던져 대부분 익사했다. 조선군 중 장교로 생존하여 탈출한 자는 이일을 포함해 겨우 4명에 불과했다.

유성룡은 『징비록』에서 탄금대 전투에서 범한 신립 장군의 전술적 실수에 대해 한마디로 "어리석음의 극치"라면서 이렇게 기록하고 있다.

> 우리가 쏘는 활이란 백 보밖에 못 가는데 조총은 수백 보를 나가는 조건에서 조령같이 방어군이 매복하기 쉬운 요새를 버리고 잡초가 우거져 사람과 말이 달리기 어려운 평지인 탄금대를 결전장으로 택한 조선 최고 무장들의 판단력은 언뜻 납득하기 어려운 선택이었다. (유성룡, 『징비록』, 1994, 32쪽)

이후 조선에서는 왜병이 보유한 뎃포를 '나는 새도 떨어뜨리는 총'이라는 뜻에서 조총鳥銃이라 불렀다.

조선은 탄금대 패전 이후 급변하는 외부 상황에 맞춰 조총 부대를 창설하고 포수를 양산했다. 훈련된 포수는 일종의 직업군이었다. 직업 군인 제도를 정착시키기 위해 조정은 진관鎭管 체제를 폐지하고 중앙군에는 훈련도감, 지방에는 속오군束伍軍을 도입했다.

훈련도감은 임진왜란 때 선조가 피난을 갔다가 서울로 다시 돌아온 1593년(선조 26) 10월 창설되었다. 왜군의 조총에 대항하는 군사력을 키우고 국왕의 호위와 수도 서울의 경비를 강화하기 위해 만들어진 부대였다. 왜군의 조총에 대항하기 위해 조선군도 조총으로 무장한 포수砲手, 활을 쏘는 사수射手, 창검으로 무장한 살수殺手 등 보병 중심의 삼수병三手兵체제로 전환했다. 임란 이후 여진족에 대항하기 위해 인조 시절 기마 부대인 마병馬兵이 훈련도감에 추가되었다.

훈련도감 소속 병사들은 의무 복무병이 아닌 월급을 받는 직업 군인으로 채용했고, 조선 후기 내내 5,000명 정도 규모를 유지했다. 수도 서울의 방어와 국왕 시위를 담당하던 훈련도감의 역할은 1881년(고종 18) 별기군別技軍이 설치되면서 폐지된다.

임진왜란 때 명나라 척계광戚繼光의 전술 체계인 절강병법浙江兵法이 조

조선의 수도 방위 시스템

부대명	역할
호위청(扈衛廳)·용호영(龍虎營)	왕실 호위
훈련도감·금위영·어영청(御營廳)	도성 방위
총융청(摠戎廳)·수어청(守禦廳)	도성 외곽 방위

선에 소개되었다. 조선군은 절강 병법에 따라 군사편제를 대隊-기旗-초哨-사司-영營 체제로 재편했다. 1대는 대장 1명, 취사병火兵 1명에 병사 10명, 모두 12명이다. 3대가 모여 1기(36명), 3기가 모여 1초(108명), 5초가 모여 1사(540명), 5사가 모여 1영(2만 2,700명)이다.

훈련도감 출범과 함께 조선 중앙의 주요 군영과 지방 속오군이 모두 대-기-초-사-영 제도로 재편되었다. 그중 108명으로 구성된 '초'가 전투 편성 단위의 기본이 되었다. 이후 훈련도감 등 중앙군과 속오군 등 지방군을 의미하는 보통명사로 초군哨軍이라는 용어가 사용되었다.

중앙군의 핵심인 삼수병의 유지 운영을 위해 조정에서는 백성들에게 둔전屯田이나 삼수미를 징수했다. 선조 시절 훈련도감에서 삼수병에게 월급을 주기 위해 전라·충청·강원·황해·경기도 등의 논과 밭 1결마다 1말씩 세금을 거두었다.

조선의 군제는 인조와 숙종 시절 어영청御營廳·총융청摠戎廳·수어청守禦廳·금위영禁衛營 등이 차례로 설치되어 오군영五軍營 체제가 완비되었다. 이 부대가 서울 도성과 수도 외곽을 방어했다.

조선 후기 통치 시스템 붕괴

고인 물은 쉽게 썩는다. 조선은 외부로 나가는 통로가 닫힌, 우물 안 개구리 같은 사회였다. 때문에 군사 제도도 15세기 말부터 제도의 타락상이 보편화되기 시작했다.

조선은 출범 초기에는 백성을 양인良人과 천민賤民 두 계급으로 구분하는 양천제良賤制 신분 사회였다. 조선 초기 양인은 전체 인구의 60~70퍼센트, 노비는 30~40퍼센트 정도였던 것으로 추산된다. 노비는 양반을 섬기는 것이 본래 직무이기 때문에 세금이나 군역이 면제되었다. 그 결과 조선은 전 인구의 60퍼센트만 세금을 내고 군대를 가는 나라였다.

그런데 16세기 후반 들어 과거에 합격하여 벼슬을 사는 가문들이 사족士族이라 하여 양인 층에서 빠져나가 '양반'이라는 특권 계급을 형성했다. 그 결과 양인은 양반과 상민常民으로 분화되었고, 양반들이 빠져나가면서 제도가 무너지기 시작했다. 양반들은 향교에 적을 두고 과거 공부를 한다는 등 이러저러한 이유로 군역에서 빠져나갔다. 양반들에게 부과되었던 납세 의무도 면제되었다. 그 결과 한번 양반이 되면 군역도 면제받고 세금도 안 내는 '양반들의 천국'이 도래했다. 특권층이 된 양반들이 상민을 천시하기 시작한 결과 조선의 신분제는 양천제에서 양반-상민의 반상제班常制로 바뀌었다.

세수稅收 파악 능력조차 상실

조선의 재정 수입은 중국의 수·당나라 때 완성된 조·용·조租庸調 제도를 근간으로 하고 있다. 조·용·조는 자작농이 가내 노동으로 영위하는 농업이나 수공업으로 얻는 생산물의 일부를 납부하고, 성년 남자의 노동력을 징수하는 제도다. 당시의 자급자족 경제에 상응하는 조세 제도라 할 수 있다.

조선의 세금 구조는 토지세인 전정田政, 국방세인 군정軍政, 국가 보유 미곡을 춘궁기 때 빌려주고 이자를 받는 제도인 환정還政으로 이루어져 있다. 이를 '삼정三政'이라 했다. 국가 재정 수입은 곡식으로 내는 전세田稅, 노동력을 제공하는 역役, 그리고 각 지역의 특산물을 바치는 공납貢納의 세 가지로 구성된다.

전세는 농토에 부과되는 세금이다. 조선시대는 토지 1결結당 전세로 곡식을 최고 20두에서 최저 4두를 거두었다. 전세를 정확하고 정당하게 부과하려면 전국적으로 세수를 거둬들이는 토지가 어느 지역에 어느 정도 존재하는지, 그리고 소유자와 경작자를 명확하게 파악해야 한다. 조선의 통치 규범인 『경국대전』에는 토지세의 공평한 부과 및 징수를 위해 20년마다 토지 조사, 즉 양전量田을 실시하여 양안量案이라는 토지 대장을 작성하도록 규정하고 있었다. 양전 규정은 15세기까지는 비교적 잘 준수되었으나 16세기 이후에는 거의 실시되지 않았다.

조선의 토지 경제가 붕괴된 것은 임진왜란 때문이다. 임진왜란 직전에 파악된 경지는 150만 결이었으나, 전쟁 후에는 50만 결로 무려 67퍼센트나 줄어들었다. 임진왜란이 종료된 1598년 인구는 임란 직전에 비해 200만 명이 감소했다. 조선은 끝내 임진왜란 이전 수준의 경제력을 회복하지 못하고 멸망했다(함재봉, 『한국사람 만들기 1』, 2017, 140, 359쪽).

조선 후기에는 행정력이 정상 작동되지 못해 오랜 기간 양전이 실시되지 못했다. 그 결과 토지 소유자나 해당 토지의 최근 생산성이 파악되지 않아 수십 년 전 기준으로 토지세를 부과했다. 이 과정에서 심각한 부정부패가 만연했다. 비옥한 토지는 지방 관리들이 조세 대상에서 누락시켰다. 중앙 정부 몰래 세금을 거둬 포탈하기 위한 것이다. 이처럼 숨겨진 토지를 은결隱結이라 했는데, 은결이 전국 곳곳에 광범위하게 존재했다.

군정과 환곡도 상황은 비슷했다. 공정한 군정을 부과하기 위해서는 16세부터 60세까지 병역에 동원되는 양인 남자가 몇 명인지 정확하게 파악하는 것이 급선무였다. 환곡도 정부 곡식을 빌려간 사람의 숫자가 몇 명인지 제대로 파악되어야 했다. 불행하게도 조선 조정은 후기로 갈수록 국가 운영의 기초에 해당하는 세수 파악 능력을 상실했다.

개인이 법률에 의거하여 제공하는 무상 노동인 역은 그 대상이 16~60세의 남성이었다. 역에는 국가의 토목 사업 등에 동원되는 요역徭役과, 국방을 담당하는 군역 등 두 가지가 있었다.

공납은 중앙 관청과 왕실의 운영·유지에 필요한 각 지방의 특산물을 바치는 세금이다. 조선 시대에는 각 고을 단위로 국가나 왕실에서 필요한 생산물을 그 지방 수령이 책임지고 거두어 바쳤다. 공납은 그 종류가 수백 종이 넘었고, 생산 현황을 고려하지 않고 일률적으로 현물로 내도록 규정되어 있었다. 그 결과 세월이 흘러 그 지방에서 더 이상 생산되지 않는 물건인데도 여전히 납부해야 하는 일도 발생했다. 수많은 폐단이 발생하자 특정 상인들이 이를 대신 납부하고 지방에서 그 값을 받는 방납防納이 성행했다. 정부에서도 공납제의 모순과 방납의 폐단을 시정해야 한다는 의론이 높아, 마침내 정부가 대동법을 시행했다.

대동법은 공납을 현물 대신 토지 1결당 미곡 12두씩을 징수하여 이것으로 정부에서 특정 상인 조직을 통해 필요한 물건을 구입하는 제도다. 정부는 대동법을 시행하면서 이전의 방납인들을 정부의 물자 조달인(공인)으로 편입시켰다. 대동법 시행으로 토지 없는 농민은 부담이 가

조선 중·후기의 합법적인 세금

세금 명칭	내용
전세(田稅)	조선의 기본적인 토지세
대동미(大同米)	대동법에 의해 걷은 세금
삼수미(三手米)	훈련도감의 포수·사수·살수 유지 위해 거둔 세미. 특별세였으나 갑오경장 때까지 수취
결작(結作)	논밭의 결에 따라 토지세로 내던 쌀

벼워졌으나 이후에도 진상進上이나 별공別貢은 그대로 시행되었다. 지방 관리들은 수시로 현물을 징수하여 농민들을 괴롭혔다.

안동 김씨·풍양 조씨 세도정치가 극성을 부린 조선 후기에는 통치 시스템이 붕괴되면서 부정부패가 만연했다. 특히 세수 체계인 삼정의 질서가 크게 흔들렸다.

관리들은 온갖 편법을 동원하여 백성들 쥐어짜기에 바빴다. 관리들이 수탈한 재물이 국가 재정으로 들어갔다면 국가의 재정 형편이 조금이나마 개선되었을 것이다. 하지만 비정상적인 방법을 통해 갈취한 재물은 어김없이 관리들 개인 호주머니로 직행했다.

조선 시대의 토지세는 수확량의 10분의 1 정도에 불과하여 주변국과 비교해 보면 과도한 수준이라고 보기 어렵다. 게다가 토지와 관련된 각종 세금은 토지 소유주가 내도록 제도화되어 있었다. 문제는 제도의 타락이었다.

앞에서 설명했듯이 조선의 관료 전체 숫자는 330명에 불과했다. 이 정도 관료가 1,000만 명이 넘는 인구를 효율적으로 통치하는 것은 불가능했다. 잠시 수령으로 머무는 관리가 해당 고을을 효과적으로 다스리

조선 관리들의 불법 수탈 사례

명칭	내용
가승미(加升米)	운송 도중 줄어드는 곡식의 양을 보충한다는 명목
곡상미(斛上米)	쥐나 새가 먹어 줄어들 것에 대비한 세금
이가미(二價米)	세금으로 거둔 쌀을 운반할 때 인부 두 사람에게 줄 몫으로 부과
인정미(人情米)	세금 담당 세무 관리에 제공하는 공식 뇌물
작지미(作紙米)	세무 관련 업무에 드는 종이값 명목
낙미(落米)	말질할 때 떨어져나갈 분량을 감안하여 부과
부가미(浮價米)	선박으로 운송할 때 뱃사공에게 주는 팁
치계미(雉鷄米)	고을 군수나 현감에게 상납하기 위해 부과하는 세금
쇄마미(刷馬米)	신임 혹은 이임하는 지방관에게 뇌물로 주기 위한 세금
걸복미(乞卜米)	세미 담당 관리의 급료를 보조하기 위한 명목의 세금
공인역가미(貢人役價米)	공인(貢人)의 보수 명목의 세금
경창역가미(京倉役價米)	서울 창고에서 일하는 인부들 노임 명목의 세금
하선입창미(下船入倉米)	배에서 하역 작업 하는 인부들 노임 명목의 세금
선가미(船價米)	곡식 운반 선박에 대한 요금 명목의 세금
가급미(加級米)	부가미에서 더 추가한 세금

려면 그 고을의 명망 있는 사대부와 선비, 향리와 아전들의 협조를 받아야 했다. 향리들은 중앙 정부로부터 연봉이나 월급을 받는 정식 관료가 아니었다. 그들은 스스로 알아서 먹고살아야 했기에, 뇌물과 부정부패가 구조화·만성화될 수밖에 없었다(김용섭, 『조선후기 농업사연구 1』, 13쪽).

세수 파악이 현실적으로 불가능해지자 중앙 조정에서는 총량 할당제

명칭	내용
별수미(別收米)	명나라 장군 모문룡 지원 위해 황해도에 부과한 세금. 모문룡 철수 후에도 계속 부과
호조작지미(戶曺作紙米)	호조 수납 업무에 쓰이는 종이값 명목의 세금
호방청전미(戶房廳傳米)	군현의 호방에게 주는 명목의 세금
서원고급조(書員考給組)	현지 실사 나온 서기들에게 줄 뇌물용 세금
방주인근수조(坊主人勤受租)	방 주인에게 줄 보수 명목의 세금
간색미(看色米)	곡식 품질 검사 명목의 세금
타석미(打石米)	곡식을 섬으로 만들 때 축이 날 수 있다며 보충 위해 거둔 세금
경주인역가미(京主人役價米)	수고비 명목의 세금
전세기선감리량미(田稅騎船監吏糧米)	전세를 수송하는 감독관 양식 명목의 세금
진상첨가미(進上添價米)	뇌물용으로 걷는 세금
신관쇄마가(新官刷馬價)	새로 오는 수령의 교통비 명목의 세금
신관아수리잡비전(新官衙修理雜費錢)	새로 오는 수령 환영 및 관아 수리 명목의 세금
구관쇄마가(舊官刷馬價)	물러나는 수령 교통비 명목의 세금
치계시탄가미(雉鷄柴炭價米)	수령의 식용 및 땔감 명목의 세금

를 실시했다. 조정이 거둬야 할 연간 세금을 각 도 면적에 따라 총액을 정한 다음 강제 할당하는 방식이었다. 한번 할당량이 정해지면 그 도의 토지 면적이나 군역을 부담해야 할 남자의 수에 변동이 생겨도 조정해 주지 않았다. 각 도마다 할당량이 강제로 정해진 결과, 이것을 각 도에서 누구에게 어느 정도 부과할 것인지는 지방 수령과 서리들의 재량이

었다. 지방에서 행세깨나 하는 토호 세력들은 지방 관리들과 공모하여 세금 부과 대상에서 빠져나갔다. 그들이 내야 할 세금은 힘없는 백성들에게 뒤집어씌웠다. 토지가 비옥한 전라·경상도 지방에서는 양반 지주들이 지방 아전들과 결탁하여 자신들이 부담해야 할 토지세를 소작농에게 강제로 떠넘겼다.

고종 시대 전라도에 부과된 토지세를 보면, 기본적인 토지세 이외에 지방 수령들이 이런저런 명목으로 부과하는 수십 가지 세금이 추가되었다.

조선 후기의 관리들은 헤아릴 수 없이 많은 명목으로 농민을 수탈했다. 소작농은 지주에게 땅을 빌려 빼 빠지게 1년 농사지어 지주에게 생산량의 60~70퍼센트를 상납하고, 갖가지 명목으로 세금을 이리저리 뜯긴다. 그들은 무엇으로 다음 추수기 때까지 생존한단 말인가?

전지 1결에 부과되는 세금을 다 합쳐 결가結價라고 했다. 결가는 호남 지역이 액수가 가장 많았다. 경기도와 비교하면 거의 5배 수준이었다. 원래 7~8냥이던 결가는 고종 때 50~60냥, 심지어 70~80냥으로 치솟았다. 결당 수확고가 전국에서 가장 많았던 경상도 진주에서는 100냥에 이르렀다(한우근, 『동학과 농민봉기』, 1997, 13쪽). 일반 백성들이나 소작농들은 정상적인 방법으로는 세금을 감당할 방법이 없었다.

군포제의 타락

조선 시대에는 16세에서 60세의 양인 남자들이 군에 입대하여 병역의 의무를 수행하거나, 군대를 경제적으로 지원하는 의무가 부과되었다. 이를 균역均役이라 했다. 15세기까지만 해도 균역은 '양인개병良人皆兵'과 '병농일치兵農一致'에 기반을 두고 있었다. 조선 초기의 신분 구조는 양천제였다. 노비가 아닌 모든 사람은 양인에 속했다. 양인은 납세자이자 병역 의무를 지는 계층이다.

양반 관료들도 모두 양인에 속했다. 관료로 벼슬을 살지 않는 양반들도 모두 국방의 의무(군역)를 수행해야 했다. 양반들은 갑사甲士·별시위別侍衛·친군위親軍衛 같은 부대의 장교 군역이 부과되었다. 갑사란 왕실 호위를 담당하는 특수 병종으로, 부유한 지배 계층의 자제 중에서 용모가 수려한 사람이 선발되었다.

별시위는 국왕의 측근 시위병으로, 양반 자제 등 지원자 중 엄격한 시험을 통해 선발되었다. 별시위는 말을 마련해야 하기 때문에, 노비를 소유하고 재산이 넉넉한 양반 자제들 위주로 구성되었다. 친군위는 태조의 고향인 함경도 주민을 우대하기 위해 설치한 부대였다.

조선은 개국 초에는 국민개병 원칙에 입각하여 진관鎭管 체제로 국토를 방어했다. 전국을 여러 개의 진관으로 나누어, 중요한 군현에는 거진巨鎭을 설치했고 거진 근처의 군현은 제진諸鎭으로 편성하여 거진 휘하에 두었다. 세조 이전까지는 바닷가 지역에만 진을 설치하고 군대를 주둔시켰다. 그런데 진이 설치되지 않은 내륙 지역의 방어가 허술하다는 문제점이 발견되어 1457년(세조 37) 10월, 내륙에도 거진을 설치했다.

진관 체제는 각 도의 육군 및 수군(해군) 책임자인 병마절도사나 수군절도사의 주진主鎭 휘하에 몇 개의 거진을 두고, 거진 지역의 지방관인 부윤·목사·부사가 절제사나 첨절제사僉節制使가 되어 관할하는 체제였다. 제진이 설치된 군현의 책임자인 군수·현령·현감 등은 동첨절제사同僉節制使·절제도위節制都尉 등을 겸했다. 또 군사적으로 중요한 지역에는 만호萬戶를 두었다.

세조 시절 진관 체제로 군대가 재편성되면서 중앙군의 위상이 크게 줄어들었다. 게다가 임진왜란을 겪는 과정에서 지방 행정관(문관)이 군사를 지휘하는 진관 체제의 한계가 적나라하게 드러났다.

6년여 계속된 임진·정유 왜란으로 인해 조선의 주력 산업인 농업 기반이 붕괴되었다. 논밭이 황폐화된 데다가 인구가 크게 줄었기 때문이다. 그 결과 세금이 제대로 걷히지 않아 국가 재정이 크게 악화되었다. 군대는 전쟁이 일어나면 전투를 담당하지만, 평화시에는 거대한 소비 집단이 된다.

조선은 재정이 궁핍해지면서 군대의 유지 운영조차 어렵게 되었다. 각 군영은 정기적으로 돌아가며 입대하는 농민군을 대신하여 직업 군인을 고용했다. 직업 군인 고용에 필요한 비용을 마련하기 위해 상민 남성을 군인으로 지정했다. 이들에게 현역 군복무를 면제해주는 대가로 면포를 내도록 했다.

임진왜란 이후에는 아예 병역 면제를 양성화하여 농민 장정이 1년에 면포 2필을 납부하는 포납제布納制를 시행했다. 이들이 낸 면포로 다른 사람을 군인으로 고용했다. 이를 고립제雇立制라 했다. 각 군영마다 이런 일들이 관행이 되면서 숱한 부작용이 발생했다.

이를 개선하기 위해 군현의 수령들은 양인들로부터 연간 2필씩 면포를 받아 중앙 정부에 바쳤다. 이것을 방군수포제放軍收布制, 줄여서 군포제라 했다. 군포제란 '입영 대상자가 징집되기 곤란한 사유가 있을 경우 국가에 군포를 납부하고 군역을 면제받는 제도'다.

군역을 대신하여 납부하는 연간 면포 2필은 벼 2석, 즉 답 1두락의 생산량과 비슷할 정도로 과중했다. 이미 많은 세금으로 허리가 휠 지경인 상태에서 군역 대신 면포 2필을 추가 부담시키자, 이를 감당하기 힘든 사람들이 농토를 버리고 도망하는 사례가 속출했다. 군포제는 결국 누구나 돈만 내면 병역을 면제받는 기피 수단으로 변질되었다.

군포제가 제대로 기능하지 못하면서 원성이 쌓이자 영조는 제도 개혁의 칼을 빼들었다. 영조 26년(1750), 장정 1인당 연간 2필씩 징수하던 군포를 절반인 1필로 감면했다. 모자라는 세수는 어업세·소금세·선박세·결작結作을 징수하는 방식으로 보충했다. 결작이란 군포를 보충하기 위해 도입한 토지 부가세다. 평안도와 함경도를 제외한 6개도道의 지주에게 토지 1결당 쌀 2두, 혹은 5전의 돈을 징수했다. 해안 지방은 쌀로, 내륙 지방은 동전으로 징수하다가 후에는 모두 동전으로 통일했다. 이것이 균역법均役法이다.

또 일반 백성에게만 징수하던 군포제를 신분에 관계없이 모든 호마다 부과하는 호포제戶布制로 개혁을 시도했다. 그동안 군포제 징수 대상에서 제외되었던 양반들에게도 군포를 징수하겠다고 선언한 것이다.

이 조치에 대해 귀족 양반들이 집단 반발하자, 양반들의 눈치를 보지 않을 수 없었던 영조는 호포제로의 개혁을 포기하고 "양반은 예전대로 군포 면제"라고 선언했다. 이때 시중에는 "조정은 당론 때문에 망하고, 백성들은 군역 때문에 망한다"는 말이 나돌았다.

균역법 실시에도 불구하고 한번 무너진 제도의 타락은 걷잡을 수 없었다. 일반 백성들이 무슨 죄를 지었다고 자기들만 가혹한 세금을 떠안는단 말인가?

양반의 증가와 병역의 문란

중세적 신분 제도가 붕괴되면서 일반 백성들 사이에 특권층으로의 신분 상승을 위해 기상천외한 편법들이 등장하기 시작했다. 재력을 축적한 백성들은 공명첩空名帖을 사서 양반 행세를 했다. 공명첩이란 나라의 재정을 보충하기 위해 돈이나 곡식을 받고 주는 명예직 관리 임명장이다.

또 쌀이나 동전 등을 관청에 바치고 '유학幼學'이라는 학생 직역을 받아 군역을 면제받았다(이헌창, 『한국경제통사』, 해남, 2012, 223쪽). 유학이란 학교에 재학하며 생원·진사시를 준비하는 유생들을 뜻한다.

이처럼 돈을 주고 산 양반들을 '모칭冒稱 양반'이라 불렀다. 수단 방법 가리지 않고 양반 신분을 취득하면 세금도 내지 않고, 병역의 의무도 피할 수 있다. 때문에 양반을 향한 신분 상승의 불타는 의지는 누구도 제어하기 힘들었다.

양반이 특권화하면서 양반과 상민 사이에 중서층中庶層이란 또 하나의

신분별 호수와 비율

시기	양반호 (천 호, %)		상민호 (천 호, %)		노비호 (천 호, %)		총수 (천 호, %)	
1기(1690)	290	9.2	1,694	53.7	1,172	37.1	3,156	100
2기(1729·32)	579	18.7	1,689	54.6	824	26.7	3,092	100
3기(1783·86·89)	1,055	37.5	1,616	57.5	140	5.0	2,811	100
4기(1858)	2,099	70.3	842	28.2	44	1.5	2,985	100

출처: 기시모토 미오·미야지마 히로시, 『조선과 명청』, 422쪽

신분별 인구수와 비율

시기	양반 (천 명, %)		상민 (천 명, %)		노비 (천 명, %)		총수 (천 명, %)	
1기(1690)	1,027	7.4	6,894	49.5	5,992	43.1	13,913	100
2기(1729·32)	2,260	14.8	8,066	52.8	4,940	32.4	15,266	100
3기(1783·86·89)	3,928	31.9	6,415	52.2	1,957	15.9	12,300	100
4기(1858)	6,410	48.6	2,659	20.1	4,126	31.3	13,195	100

출처: 위의 책, 423쪽

신분 계급이 탄생했다. 중서층이란 서울 일대에 거주하는 의관醫官·역관譯官 등 중인층을 비롯하여 양반의 서자, 상업으로 부를 쌓은 거상, 지방 향리 중 경제력을 확보한 사람들을 뜻한다. 경제력과 전문 지식을 갖추고 적극적인 신분 상승 욕구를 가진 중서층의 존재는 후에 개화당 핵심 세력을 형성하게 된다.

양반이 급격히 증가하면서, 조선 초기만 해도 60퍼센트에 달했던 세금 및 군역을 부담하는 백성들의 수가 조선 후기로 가면서 급격히 줄어들었다. 18세기 중엽, 전국의 양인호(양반+상민) 중에서 매년 군포를 부과하는 상민 신분 호는 50만 호에 불과했다. 세금을 부담하는 계층이 전국 총 호수의 60퍼센트에서 절반 아래로 축소된 것이다. 나머지는 유학·학생 등 양반 집안이거나, 이러저러한 이유로 군포 부담에서 제외되었다.

일본 학자 시가타 히로시四方博의 대구 지방 호적에 관한 연구에 의하면 양반 호는 1690년 9.2퍼센트였으나 1858년에는 70.3퍼센트로 폭증했다. 168년 동안 양반 호는 61퍼센트, 양반 인구수는 42퍼센트가 늘었다. 같은 시기 양인 호수는 53.7퍼센트에서 절반 수준인 28.2퍼센트로 급격히 줄었다. 전 인구의 양반화 현상이 진행되었다는 뜻이다.

1788년 경상도 영천군의 경우 총 3,283호 중 각종 부역을 면제받는 양반 호를 제외한 상민 호는 500여 호에 불과했다. 그런데 조정에서는 면포를 내야 할 젊은 남자의 숫자를 2,783명으로 정해주었다. 이것을 상민 호에 부담시키기 위해 기형 변태적인 방법이 총동원되었다. 이미 죽은 사람에게도 면포를 부과하는 백골징포白骨徵布, 장정 아닌 젖먹이에게까지 군포를 징수하는 황구첨정黃口簽丁이 대표적이다. 군포 부담을 이기지 못해 야반도주하는 집이 생기면 그 몫을 일가친척에 떠넘기는 족징族徵, 이웃 주민에게 대납시키는 인징隣徵도 횡행했다.

19세기 초 조선 조정은 국가 자원의 대부분을 장악한 양반 지배층에게 세금이나 군역을 부과할 능력을 상실했다. 조정은 사실상 양반 지배층의 사유물이 된 폭력 조직일 뿐, 외세로부터 나라와 백성을 보호할 능력을 상실했다. 정약용은 조선 말기 병역 제도의 문제점을 다음과 같이 지적했다(이삼성, 『동아시아의 전쟁과 평화 2』, 2017, 187-188).

> 첫째, 양반 자제는 병역 의무를 면제시켜 주었다. 돈푼이나 있는 평민들은 돈을 들여 양반 족보를 사거나, 양반 집안과 혼인하는 등 불법·탈법적 방법으로 병역에서 빠졌다.
>
> 둘째, 태어난 지 사흘밖에 안 된 핏덩이도 군적軍籍에 등록하여 세금을 뜯어갔다.
>
> 셋째, 60세가 넘으면 병역을 면제해줘야 하는데, 군역을 필한 사람의 나이를 억지로 내려 강제 징수하고(강년채降年債), 죽은 자의 경우 그 자손에게 징수했다.

미국의 중국학자 페어뱅크(John King Fairbank)는 청조 말의 중국을 '조직화된 총체적 부패 정부'라고 정의했다. 중국 못지않게 조직화된 부패가 판치는 나라가 조선이었다. 조선은 인간의 두뇌로 고안해낼 수 있는 온갖 방법을 총동원하여 백성들을 수탈했다. 오죽했으면 비숍(Isabella Bird Bishop) 여사는 "조선에는 착취하는 사람들과 착취당하는 사람들, 이렇게 두 계층만이 존재한다. 전자는 허가받은 흡혈귀라 할 수 있는 양반 계층으로 구성된 관리들이고, 후자는 전체 인구의 5분의 4를 차지하고 있는 하층민들로서, 하층민의 존재 이유는 흡혈귀들에게 피를 공급하는 것"이라고 했을까.

환정還政도 극도로 타락

조선은 화폐 제도가 발달하지 못해 조선 후기까지 세금을 곡물로 거두었다. 때문에 정부에는 세금으로 거둔 곡식을 보관하기 위한 거대한 창고 시설이 필요했다. 정부 창고에는 매년 세금으로 거둔 어마어마한 양의 곡식稅米이 쌓였다. 18세기, 조선 왕조는 전국 3,951개면에 평균 2,400석의 곡물을 저장할 수 있는 창고가 설치된 거대한 창고 국가였다. 조선 후기, 유라시아 대륙의 서쪽 끝자락에 위치한 영국에서는 산업혁명으로 급격한 근대화가 추진되었다. 반면에 동쪽 끝 조선에서는 전 세계 어디에도 유례가 없는 거대한 규모의 창고 경제가 운영되고 있었다(이영훈, 『한국경제사 1』, 일조각, 2016, 512쪽).

조선 전국에 있는 관청 창고에는 1,000만 석 가까운 곡식이 저장되어 있었다. 봄이 되면 그중 3분의 2를 각 농가에 빌려준 다음, 가을에 10퍼센트의 이자를 붙여 회수했다. 이러한 곡식의 저장과 재분배를 환곡還穀이라 했다.

삼정의 문란 중에서도 그 폐해가 가장 심했던 분야가 환곡이었다. 환곡이 일종의 고리대 행위로 강제되었기 때문이다. 각 지방 관청이 봄에 농민들에게 곡식을 빌려주는 것까지는 별문제가 아니었다. 그런데 가을 추수철이 되어 빌려준 곡식을 회수할 때, 10퍼센트로 규정된 이자율을 무시하고 더 많은 이자를 농민들로부터 뜯어냈다. 불법적으로 갈취한 이익금은 관청 운영비, 각종 연회비로 사용하거나 관리들이 착복했다.

농민들은 원하든 원치 않든 봄철이 되면 억지로 환곡을 할당받은 다음 가을 추수기가 되면 터무니없는 이자까지 착취당했다. 환곡 규모는 해마다 턱없이 늘어나 온갖 부정부패의 온상이 되었다.

환곡을 거두고 나눌 때, 환곡을 돈으로 바꿀 때, 묵은 곡식을 새 곡식으로 바꿀 때마다 지방 관리들은 허위 기재 등의 방식으로 정부 비축미를 빼돌렸다. 모자라는 부분은 농민들을 쥐어짜서 메꿨다. 이처럼 횡령과 착복이 반복되면서, 막상 흉년이 들면 환곡을 해줄 곡식이 부족하여 굶어 죽는 백성이 속출했다.

일반 백성들이 관청으로부터 환곡을 받은 후 제때 갚지 못하면 이자가 복리로 가산되어 상환 규모가 눈덩이처럼 불어났다. 관청의 상환 재촉이 극심해지면 견디다 못한 백성들은 야반도주한다. 관청에서는 도망간 사람의 몫을 친척이나 주변 사람에게 대신 부담시켜 피해가 이웃이나 친척에까지 미쳤다.

세도정치의 극성기인 철종 말년이 되면 삼정의 문란은 걷잡을 수 없는 지경에 이르렀다. 자연스럽게 전국 각지의 백성들이 이에 저항하여 폭동·반란이 빈발했다. 조정도 잘못된 제도를 바로잡기 위해 노력했다. 삼정이정청三政釐正廳 설치는 그러한 작업의 일환이었다. 하지만 이미 기둥이 썩어 무너지고 있는 집에 벽지 몇 장 바르는 식의 땜질 처방으로는 어떤 효과도 기대할 수 없었다.

조선의 관리는 큰 도적, 굶주린 솔개

조선의 국가 권력 기구는 척족 세도정치가들의 주구가 되어 백성 수탈 도구로 변했다. 숱한 백성들이 탐관오리들의 가렴주구를 피해 농토를 버리고 유민流民이 되었다. 그들은 생존을 위해 뜬구름처럼 정처 없이 떠돌며 도적질·강도질로 연명했다. 조선 후기 백성들의 삶이 얼마나 참혹하고 민심이 흉흉했는지 정약용의 기록을 들여다본다.

> 1810년 여름, 쇠파리가 크게 들끓어 방마다 가득 차는 변고가 발생했다. 집집마다 쇠파리를 잡느라 일대 소동이 벌어졌다. 대체 이 파리는 어디서 온 것일까?
>
> 1809년 큰 흉년이 들었다. 겨울은 몹시 추웠고 전염병이 기승을 부렸다. 끔찍한 난세에도 정부는 어김없이 세금을 정량대로 거두어갔다. 이때 전염병으로 사망한 백성들의 시체가 곳곳에 널려 있었다. 염도 하지 못하고 관도 미처 준비하지 못한 시체가 동네마다 가득했다. 날씨가 따뜻해지자 피부가 썩고 문드러져서 진물이 나왔다. 시체에 구더기가 들끓었고, 이것이 바닷가 모래알처럼 늘어나 날개가 생겨 인가로 날아들었다. 정약용은 "저 파리가 바로 우리나라 사람"이라고 탄식했다. (김윤희·이욱·홍준화, 『조선의 최후』, 2004, 111-112쪽)

병인박해 때 처형된 프랑스 선교사 안토니 다블뤼는 자신이 체험한 조선인들의 삶에 대해 "물리적인 힘이 유일한 법률이고, 범죄를 부끄러워하지 않는다. 이해관계에 따라서만 행동하며, 조국에 대한 사랑조차 알지 못하는 이 야만적인 나라에서 무슨 일이 일어나고 있는지를 판단하라. 조선인들은 반半야만 상태에 있기 때문에 성격이 매우 까다롭다. 이 나라에는 교육이란 것이 전혀 없다"고 편지를 써 보냈다.

큰 도적과 굶주린 솔개.

정약용이 『목민심서牧民心書』에서 아귀같이 백성을 수탈하는 지방 향리들에게 붙인 별명이다. 조선은 기존의 구조와 틀 안에서만 빙빙 돌 뿐, 앞으로 전진하지 못하는 인볼루션(involution)의 악순환 현상에 빠져버린 것이다.

이쯤 되면 농민들이 살 길은 두 가지다. 농토를 버리고 야반도주하여 도적이 되거나, 민란을 일으키는 것이다.

1811년 민심에 반란의 불길을 당긴 사나이가 평안도 용강 출신 홍경래였다. 1798년 소과에 합격했으나 조정은 평안도 출신들을 차별하여 벼슬에 등용하지 않았다. 관리의 길을 포기한 홍경래는 불평 양반, 명문가 서자, 부유한 상인층, 광산 노동자들을 끌어모아 반란을 일으켰다.

제4장

근대화를 향한 일본의 질주

조선이 삼정의 문란으로 전국 곳곳에서 폭동·반란으로 날을 지새우고 있을 무렵, 미국은 조용히 일본을 잠에서 깨웠다. 일본을 개국시킨 주인공은 당대의 패권국이었던 영국이 아니라 미국이었다. 영국이 제2차 아편 전쟁으로 중국에 매달려 있는 틈새를 노려 미국이 발 빠르게 움직인 결과가 페리 함대를 앞세운 일본 개항이었다(제1권 11장).

미국은 일본을 개방시켜 통상 관계를 수립하는 것이 1차적 목적이 아니었다. 미국의 주된 관심사는 '풍요로운 중국'을 향한 '징검다리 일본'이었다.

당시 미국은 세계 최대의 포경捕鯨 국가였다. 고래기름이 말 그대로 산업혁명의 윤활유 역할을 하면서 미국은 세계 최강의 고래잡이 선단을 갖춘다. 이때 필요했던 것이, 원양에서 작업하는 포경선이 난파할 경우 조난당한 선원들이 안전하게 구조받고 귀환될 수 있도록 약속하는 조약들을 조업 해역 인근 국가들과 맺는 것, 그리고 증기선 연료인 석탄을 보급받을 수 있도록 항구를 확보하는 것이었다(함재봉, 『한국사람 만들기 1』, 2017, 135쪽).

미국은 일본의 존재를 태평양 건너 중국으로 향하는 항로상에 위치한 중간 기항지, 혹은 미 해군의 석탄 보급 기지, 미국 포경선의 보급 및 피항지 정도로 인식하고 있었다(김기정, 『미국의 동아시아 개입의 역사적 원형과 20세기 초 한미 관계 연구』, 문학과지성사, 2003, 72쪽).

일본, 견미 사절단 파견

일본에서 일어난 정치 변동의 핵심은 반反외세·자주·존왕양이를 주창하던 수구 쇄국 세력이 일본 국가 권력의 중심으로 이동했고, 이들이 개국·개화·개항 추진의 중심이 되었다는 사실이다. 조선의 상황으로 바꿔 설명하면 위정척사衛正斥邪 세력이 문명 개화의 주역으로 변신했다는 뜻이다.

일본은 1858년 에도江戶(현재의 도쿄) 막부가 미국·영국·프랑스·러시아·네덜란드 5개국과 '안세이 5조약'을 체결했다. 이 조약으로 인해 중국의 광저우廣州항 하나만 개방했던 '캔톤 체제'와 비슷하게 나가사키 1개항을 통한 무역 제도라는 전통 방식에서 탈피하여 열강들과 국제법에 의한 조약 관계로 개편되었다. 이때부터 일본은 적극적 개국으로 질주해나갔다. 이제 동아시아 3국 중 유일하게 조선만이 전통적인 중국과의 책봉-조공 질서하에 놓인 '동방의 은자隱者'로 남게 되었다.

미국과 통상 조약을 체결한 막부는 비준서 교환 과정에서 일본 대표단이 직접 미국을 방문하여 미국 대통령에게 비준서를 교부하겠다고 제안했다. 미국이 이를 수용하여 1860년 1월 22일, 일본의 견미遣米 사절단이 요코하마를 출발하여 미국으로 향했다.

일본은 이미 1582년에 덴쇼天正 견구遣歐 소년 사절단을 유럽에 파견한 바 있고, 1613년 9월 15일에는 하세쿠라 쓰네나가支倉常長가 이끄는 게이초慶長 유럽 파견 사절단이 태평양을 건너 멕시코~스페인~로마를 거쳐 귀국한 바 있다(제1권 2장). 견미 사절단의 태평양 횡단은 하세쿠라의 게이초 사절단에 이어 247년 만의 도전이었다.

사절단은 정사에 신미 마사오키新見正興, 부사에 무라가키 노리마사村垣範正, 감독관에 오구리 다다마사小栗忠順가 임명되었다. 이들은 페리 제독의 기함인 포와탄(Powhatan)호를 이용하여 태평양을 건넜다. 이때 일본은 사절단을 호위하기 위해 가쓰 가이슈勝海舟가 함장으로 있는 일본 유일의 620톤급 목제 증기선 군함 간린마루咸臨丸를 함께 보냈다. 나가사키 해군전습소에서 교육받은 최초의 훈련생 130명 중의 한 명인 가쓰 가이슈가 간린마루 선장이 되어 태평양 횡단 항해를 지휘했다. 견미 사절단의 통역 및 안내역은 어부 출신으로 미국에 표류했던 나카하마 만지로中濱萬次郎가 담당했고, 간린마루에는 장차 '일본 근대화의 아버지'가 될 후쿠자와 유키치福澤諭吉가 타고 있었다.

견미 사절단은 호놀룰루에서 하와이 왕국의 카메하메하 4세(Kamehameha IV) 국왕을 만났고, 샌프란시스코와 파나마를 경유하여 1860년 5월 15일 워싱턴에 도착했다. 워싱턴에서 뷰캐넌(James Buchanan) 대통령을 접견하고 5월 23일 국무장관 루이스 캐스(Lewis Cass)와 비준서를 교환했다. 6월 16일 뉴욕에 도착한 사절단을 위해 뉴욕시는 50만 명의 인파가 참여한 대규모 퍼레이드를 준비했다. 사절단은 6월 29일 뉴욕을 출발, 대서양을 횡단하여 희망봉을 돈 다음 바타비아(자카르타)~홍콩을 거쳐 1860년 11월 9일 귀국했다.

조선소 건설 앞장선 오구리 다다마사

견미 사절단원 중 주목할 만한 인물이 감독관 오구리 다다마사와 간린마루 함장 가쓰 가이슈, 그리고 수행원으로 참여한 후쿠자와 유키치다.

오구리 다다마사는 귀국 후 조선소 건설 계획을 내놓았다(오구리 다다마사 관련 부분은 「미·일동맹의 상징 요코스카 기지」, 「산케이신문」 2014년 9월 23일자 참조). 1864년 막부는 주일 프랑스 공사 레옹 로슈에게 조선소와 제철소 건설을 의뢰한다. 프랑스 기술진은 요코스카橫須賀를 조선소와 제철소 건설 예정지로 확정하고 젊은 해군 기사 베르니(François Verny)를 비롯한 프랑스 기술진과 엔지니어가 일본에 와서 건설에 돌입했다.

요코스카에 건설된 조선소는 총 건설비 240만 달러, 부지 넓이 24만 6,000평방미터의 아시아 최대 규모였다. 자금은 화폐 발행과 프랑스 차관으로 해결했다. 오구리는 이 기회를 이용하여 프랑스와의 군사·경제 협력을 강화함으로써 기울어가는 막부 체제를 회생시킨다는 계획이었다. 또 주식회사를 설립하고, 일본 최초의 근대 호텔도 짓는다.

조선소 건설 중인 1868년 막부와 메이지 신정부군 간에 보신戊辰 전쟁이 발발한다. 막부에 대한 확신을 버리지 않았던 오구리는 천황에게 권력을 이양하는 데 반대하여 끝까지 항전하다가 신정부군에게 처형된다. 조선소는 메이지 신정부가 이어받아 1871년 완공하고 본격적인 군함 건조를 시작했다.

요코스카 조선소는 수많은 군함을 건조하여 러일전쟁, 제1차 세계대전, 제2차 세계대전의 일익을 담당한다. 러일전쟁의 쓰시마 해전에서 압도적인 승리를 거둔 후 도고 헤이하치로東郷平八郎 제독은 오구리의 유족을 초청한다. 이날 도고 제독은 "쓰시마 해전의 승리는 오구리가 만든 요코스카 조선소 덕분"이라고 감사의 인사를 전했다. 종전 후 조선소는 미군에 접수되어 현재는 미 제7함대 선박들이 기항하는 요코스카 기지의 선박 수리 시설로 기능하고 있다.

가쓰 가이슈와 후쿠자와 유키치

두 번째로 주목해야 할 인물은 간린마루 함장 가쓰 가이슈다. 막부가 나가사키에 설치한 해군전습소 감독과 막부 해군 총독을 역임하여 일본 해군의 아버지라 불리는 사나이다. 해군전습소 시절 사카모토 료마坂本龍馬를 해군에 끌어들여 일본 무역상사의 뿌리가 된 가이엔타이海援隊를 조직하도록 지도한 것도 가쓰 가이슈였다. 가쓰는 제자인 사카모토 료마를 혁명가로 이끌었고, 제자 사카모토는 스승 가쓰를 "일본 제일의 인물"이라고 칭송했다. 그 스승에 그 제자가 구체제를 부수고 신체제의 일본을 탄생시키는 결정적 역할을 하게 된다.

간린마루의 미국 파견이 가능하게 된 것은 네덜란드 덕분이다. 막부는 페리 함대의 내항 직후 나가사키의 네덜란드 상관장 돈켈 쿠르티스와 교섭하여 네덜란드에 증기선 군함과 장비를 주문했다. 크림 전쟁이 발발하여 다른 나라에 군함과 병기 양도가 금지되자, 네덜란드는 길이 50미터, 720톤의 목재 외륜 증기선 섬빙(Soembing)호를 나가사키에 파견하여 일본 청년들에게 선박 건조술과 항해술을 가르쳤다.

섬빙은 네덜란드가 식민 통치하고 있던 인도네시아의 화산 이름이다. 네덜란드 국왕 빌럼 3세는 1855년 섬빙호를 일본 막부 13대 쇼군 도쿠가와 이에사다德川家定에게 선물했다. 일본은 그에 대한 답례로 당대 최고의 어용 화가들이 그린 황금 병풍 10폭을 선물로 주었다. 막부는 이 선박의 이름을 간코마루觀光丸로 바꾸었다.

막부는 나가사키에 해군전습소를 설립하고 네덜란드 군사 교관단을 초빙하여 서양의 조선술과 항해술을 가르쳤다. 이때 교육생들을 가르치기 위해 해군 대령 파비우스(Gerhardus Fabius)가 나가사키에 파견되었다. 파비우스는 네덜란드 국왕이 제공한 선박의 항해법을 일본인들에게 가르쳤다.

1853년 막부가 네덜란드에 주문하여 건조한 스크루 증기선 야판호가 완성되어 1857년 일본에 인도되었다. 막부는 이 배의 이름을 간린마루로 바꾸고, 근대식 해군 장교 양성을 위해 신설된 나가사키 해군전습소에서 연습함으로 사용했다. 서양식 군함으로는 간코마루에 이어 두 번째였지만, 간코마루는 함선의 옆구리에 달린 외륜으로 추진되는 증기

막부 말기 증기선 군함 구입 내역

번	척수	번	척수
사쓰마	16	가가(加賀)	2
나가토(長門)	6	기이(紀伊)	2
히젠	4	우와지마	2
도사	4	마쓰야마(松山)	1
히고	3	고쿠라(小倉)	1
지쿠젠(筑前)	3	센다이(仙臺)	1
에치젠	3	쓰(津)	1
아키	3	오슈(大洲)	1
구루메(久留米)	3	가와나미(河波)	1
이즈모(出雲)	2	총계	59

출처: 坂本賢三, "幕末期輸入船とその主機", *Journal of the M.E.S*, vol. 18, No. 6, 1984, 조용준, 『메이지유신이 조선에 묻다』, 334쪽에서 재인용

선인 반면 간린마루는 최신식 스크루로 추진되는 증기선 군함이었다. 가쓰 가이슈는 바로 이 간린마루의 함장으로 태평양을 건넌 것이다.

일본은 페리 함대 내항 사건을 겪으면서 재력이 풍부한 각 번이 경쟁적으로 59척의 증기선 군함을 해외에서 구입했다. 도입 척수는 사쓰마 번이 가장 많고, 지역적으로는 규슈에 속한 번이 압도적으로 많았다. 이 시기에 막부도 군함 9척, 운송선 18척을 해외에서 구입했다.

세 번째 인물은 후쿠자와 유키치다.

후쿠자와는 1850년대 초부터 10여 년 난학蘭學(네덜란드 학문)에 심취했다. 1859년 요코하마 여행길에 그는 개항지 요코하마에서 네덜란드어가 아니라 영어가 통용되고 있는데 자신은 영어를 한 마디도 알아듣지 못하는 것에 큰 충격을 받았다. 앞으로는 영어의 시대가 될 것이라고 판단한 그는 독학으로 영어 공부에 매달렸다. 1860년 간린마루에 승선하여 태평양을 건넌 견미 사절단의 일원으로 선발된 것도 그의 영어 실력 덕분이었다. 후쿠자와는 견미 사절단 임무를 마치고 귀국하는 길에 영어 원서를 잔뜩 사가지고 왔다. 그는 미국에서 구해온 웹스터 영영사전을 3개월 만에 번역 출간했다.

막부와 번, 인재 해외 파견 러시

일본 막부는 견미 사절단의 파견에 이어 1862년부터 분큐文久 유럽 사절단(1862), 견불遣佛 사절단(1863), 견로遣露 사절단(1866)을 연속으로 파견하여 서양의 문물과 지식, 기술 도입에 전력투구했다.

재력이 있는 각 번도 경쟁적으로 인재를 해외로 유학 보냈다. 이들은 서양에서 대의 정치, 군사 제도, 전매 제도, 사회 보장 제도는 물론 의술, 병원 경영법, 각종 학교 운영법, 전신, 우편, 토목 기술, 부두, 보세 창고에 이르기까지 근대 서구 문명이 이룩한 모든 것을 탐구했다.

1862년 막부가 파견한 분큐 유럽 사절단은 서구 문물에 대한 탐색 활동이 조직적이고 철저했다. 후쿠자와 유키치는 견미 사절단으로 미국을 다녀온 후 번역 담당 요원으로 일하던 중 분큐 유럽 사절단원에도 선발되어 프랑스·영국·네덜란드·프로이센·러시아·포르투갈 등을 다녀왔다. 유럽 사절단은 하급 조사원들이 매일 탐구 활동 보고서를 제출하면 상급 서기관은 이 보고서를 토대로 『영국 탐험』 『프랑스 탐험』 『러시아 탐험』 등의 책자로 정리했다(하가 토오루, 손순옥 옮김, 『명치유신과 일본인』, 예하, 1989, 125-136쪽).

사절단원 중에서도 후쿠자와 유키치의 왕성한 활동이 빛났다. 동료들이 처음 본 기차에 크게 감탄하며 차량의 크기와 속도, 레일의 폭과 높이를 측정하여 일기에 기록할 때 그는 철도 회사의 구성과 경영법, 은행업, 영국과 프랑스의 이집트 철도 분할 지배 같은 정보를 수집했다.

이때의 경험을 바탕으로 후쿠자와는 1866년 서구 근대 문명의 구조를 체계적으로 기술하면서 새로운 국가 구상의 비전을 제시하는 저서를 냈다. 그것이 100만 부가 넘게 팔려 일본 초유의 베스트셀러가 된 『서양 사정』이다(허동현, 「19세기 한·일 양국의 근대 서구 문물 수용 양태 비교 분석: 조사시찰단과 이와쿠라 사절단을 중심으로」, 『동양고전연구』 제24호, 2006, 257-280쪽).

일본 지식인들은 후쿠자와의 『서양 사정』이 출간되기 10년 전에 일본에 도입된 위원魏源의 세계 백과사전인 『해국도지海國圖志』를 통해 세계 지리와 서양 사정을 이해했고, 세계 정세의 흐름을 파악하고 있었다. 조선에는 일본보다 빠른 1845년에 『해국도지』가 도입되었지만, 개화에 눈을 뜬 박규수·김정희·최한기 등 극소수 인사에게만 알려졌을 뿐 대

중화에는 실패했다. 조선에는 '출판업'이란 것 자체가 존재하지 않았기 때문이다.

일본 막부는 일찍이 1811년에 네덜란드어 번역청인 '번서화해어용蕃書和解御用'을 설립하여 네덜란드어로 된 서적들을 번역 출간하여 지식 혁명을 일으키고 있었다. 이 번역청이 후에 도쿄제국대학으로 발전하게 된다.

메이지유신이 단행된 1868년, 후쿠자와는 자기 집에서 운영하던 학교를 개편하여 게이오기주쿠慶應義塾를 출범시켰다. 서양 학문을 강의하던 이 학교는 후에 게이오대학으로 발전하여 수많은 일본 지도자를 배출하게 된다. 게이오기주쿠에서는 다양한 분야를 영어 원서로 강의했다. 후쿠자와는 힘을 앞세워 동아시아로 진출하는 서양 제국주의의 본질이 약육강식이란 사실을 꿰뚫어보고 "백 권의 『만국공법』은 대포만 못하고, 몇 장의 화친 조약은 한 광주리의 탄약만 못하다"고 설파했다.

후쿠자와는 『서양 사정』에 이어 1872년에는 『학문을 권함』이란 책을 발간했다. 이 책은 17편까지 발간되어 총 340만 부가 팔려나가는 슈퍼 베스트셀러가 되었다. 당시 일본 인구가 3,000만 명이었으니 국민 열 명 중 한 명꼴로 후쿠자와의 저서를 읽은 셈이다.

막부는 조슈가 다섯 명의 유학생('조슈 파이브')을 영국에 파견하기 전인 1862년 11월, 유학생 11명을 네덜란드에 보내 국제법과 항해술·의학 등을 공부하도록 했다. 이때 네덜란드로 파견되었던 유학생 니시 아마네西周는 칸트 철학·국제법·경제학을 공부하고 1865년 귀국하여 도쿠가와 요시노부의 자문역으로 활동했다(니시 아마네 관련 부분은 함재봉, 『한국사람 만들기 2』, 아산서원, 2017, 84-85쪽 참조).

니시 아마네는 메이지유신 후 후쿠자와 유키치와 함께 서양 철학을

1860~1868년 막부가 파견한 사절단 및 유학생

연도	명칭	목적·경유지	규모 및 주요 구성원
1860	미국 외교 사절단 (대표 신미 마사오키)	하와이, 샌프란시스코, 워싱턴, 볼티모어, 필라델피아, 뉴욕, 앙골라, 싱가포르, 홍콩	77명 (신미 마사오키, 무라가치 노리마사, 오구리 다다마사 등)
1862	유럽 1차 외교 사절단 (대표 다케우치 야스노리)	프랑스, 영국, 네덜란드, 프로이센, 러시아, 포르투갈	38명 (다케우치 야스노리, 마쓰다이라 야스나오, 교고쿠 다카아키, 후쿠자와 유키치 등)
1862	센제마루 무역 사절단	상하이	51명 (다카스키 신사쿠, 나카무라 구라노스케, 고다이 도모아쓰 등)
1864	유럽 2차 외교 사절단 (대표 이케다 나가오키)	파리	이케다 나가오키, 가와쓰 스케쿠니(조수) 등
1864	겐준마루 상하이 무역 사절단 (대표 야마구치 교초구)	상하이	야마구치 교초구 등
1865~66	프랑스 외교 사절단 (대표 시바타 다케나카)	파리	시바타 다케나카 등
1865~68	러시아 유학생	모스크바	6명 (오자와 세이지로, 야마모토 사쿠제몬, 오가타 조지로, 오쓰키 히코고로, 이치카와 분키치, 다나카 지로)
1867	미국 외교 사절단 (대표 오노 도모고로, 마쓰모토 주다유)	샌프란시스코	대표위원 2명 (오노, 마쓰모토)과 비서들, 통역사 등
1867	파리 만국 박람회	파리	도쿠가와 아키타케, 무코야마 가즈후미, 야마타카 이시켄주, 시부자와 에이치, 다나베 다이이치 등 (사쓰마번은 막부와 따로 참가, 대표 이와시타 마사히라)
1867~68	프랑스 외교 사절단 (대표 도쿠가와 아키타케)	파리	도쿠가와 아키타케 (도쿠가와 요시노부의 동생) 등
1867~68	영국 유학생 (대표 나카무라 마사나오, 가와지 다로)	런던	14명 (나카무라 마나사오, 가와지 다로, 나카무라 게이스케, 하야시 다다스, 기쿠치 다이로쿠 등)

출처: 함재봉, 『한국사람 만들기 2』, 85-86쪽.

일본에 소개하는 데 앞장섰다. 오늘날 우리가 사용하는 'art'를 예술로, 'reason'을 이성으로, 'science'를 과학으로, 'philosophy'를 철학으로 번역한 것이 니시와 후쿠자와였다.

도쿠가와 막부는 1868년 메이지유신으로 폐지될 때까지 다양한 사절단과 유학생을 해외로 파견하여 스스로의 개혁에 앞장섰다.

일본에서 베스트셀러가 된 『만국공법』

동양에 국제법을 소개한 인물은 1850년 중국 닝보寧波에 파송된 장로교 선교사 윌리엄 마틴(William A. Martin)이다. 그는 일생을 중국에서 보내면서 외국어와 서양 학술을 담당하는 베이징 동문관同文館을 총괄했다. 그는 1864년 미국의 헨리 휘튼(Henry Wheaton)이 쓴 국제법 교과서 『국제법 요강(The Elements of International Law)』을 중국인 조력자들의 도움을 받아 한역漢譯해 간행했다. 이 책의 제목을 『만국공법萬國公法』이라고 붙였다. 청조는 『만국공법』 초판 300부를 각 지방 관아에 배포했다.

총리아문의 지원을 받아 동문관에서 국제법 서적이 발간되었지만 중국 사회에 만국공법이 적극 수용되지는 않았다. 중국은 스스로 중화문명권의 기준을 제공하는 화華의 중심이라고 자부했다. 이런 상황에서 만국공법으로 상징되는 서구의 문명 기준을 수용할 경우 자신들이 이夷의 입장으로 전락하게 된다. 이민족들에게 수차례 정복당하면서도 수천 년간 문명의 중심을 지켜왔다고 자부하는 중국인들에게 이런 상황은 역사적 단절이자, 정체성의 근간을 뒤흔드는 일대 사건이었다(강상규, 『19세기 동아시아의 패러다임 변환과 제국 일본』, 논형, 2007, 47쪽).

반면에 일본은 국제법을 적극 수용했다. 서구의 근대 국제법에 대해 무지하기는 중국이나 일본이나 사정이 비슷했다. 국제법 지식이 전혀 없었던 막부는 주일 미국 영사 해리스(Townsend Harris)가 국서를 봉정하기 위해 에도에 왔을 때, 국가 간의 관계를 규율하는 법이란 무엇이며, 외교 사절을 외국에 주재시키는 목적, 외교 사절의 특권 등에 관해 질문했다.

국제법 불모지 일본에 마틴이 한역한 휘튼의 『만국공법』이 수입된 해는 1865년이다. 3년 후인 1868년, 마틴의 한역본 『만국공법』이 일본어로 중역되었다. 1868년 니시 아마네와 쓰다 마미치津田眞道·에노모토 다케아키榎本武揚 등은 네덜란드 레이던 대학에 유학하여 비세링(Simon Vissering) 교수의 강의를 듣고, 노트해 온 강의록을 역시 『만국공법』이란 제목으로 출간했다.

일본어로 번역된 휘튼의 『만국공법』은 후쿠자와 유키치의 『서양 사정』과 함께 막말幕末의 양대 베스트셀러가 되었다. 『만국공법』은 주권국가(sovereign state)라는 새로운 국가 형식과 함께 '조약 체제'라는 국가 간의 교제 및 교섭 방식을 다루었다. 휘튼은 세계 여러 나라를 ① 문명국, ② 반半미개국, ③ 미개국의 세 가지로 구분하고, 유럽 문명을 가진 나라를 뜻하는 문명국이 미개국을 선점할 경우 그들의 영토가 된다고 주장했다. 한마디로 19세기는 힘센 자들의 뜻대로 모든 것이 이루어지는 세상이었다. 독일의 철학자 슈펭글러(Oswald Spengler)가 설파한 '파우스트 정신(Faustian spirit)'의 발현이었다(김용구, 『거문도와 블라디보스토크』, 서강대 출판부, 2009, 17쪽).

일본의 지식 혁명, 중국과 조선으로 전파

란가쿠蘭學로 서양 학문을 익힌 나카무라 마사나오中村正直는 1866년 막부에서 파견한 영국 유학생 감독관으로 유럽에 파견되었다가 1868년 귀국했다. 이후 그는 영국의 주요 서적을 번역하여 서구 사상을 일본에 소개하는 선구자 역할을 했다. 그가 번역 소개한 대표작은 밀(J. S. Mill)의 『자유론(*On Liberty*)』과 새뮤얼 스마일스(Samuel Smiles)의 『자조론自助論(*Self Help*)』이다. 이 책을 일본에서 출간할 때는 제목을 『자유지리自由之理』 『서국입지편西國立志編』으로 바꿔 달았다.

나카무라 마사나오의 번역서는 일본 청년과 지식인의 필독서가 되었고, 자유 민권 운동에 깊은 영향을 주었다. 『자유지리』를 번역하는 과정에서 나카무라는 영어의 'freedom'과 'liberty'를 '자유'로 번역하여 이 개념이 동아시아에 처음 알려졌다. 영어로는 두 가지 뜻이 확연하게 다르다. 'liberty'는 구속에서 벗어난다는 뜻으로, 노예주가 노예를 속박에서 벗어나게 해주는 의미다. 반면에 'freedom'은 사랑과 우정이라는 뜻에서 유래한 말로, 하늘이 부여한 원초적 자유여서 누가 주거나 빼앗아 갈 수 없는 자유란 의미가 담겨 있다. 나카무라는 동양에 그에 부합하는 적당한 용어가 없어 두 단어 모두 '자유'로 번역한 것이다.

1867년 프랑스에 파견된 구리모토 조운栗本鋤雲은 『나폴레옹 대법전』을 일본어로 번역하고, 서구 신문명의 입문서라 불리는 『효창추록曉窓追錄』을 발간했다. 이 책에는 나폴레옹 법전의 내용을 비롯하여 도시 계획·철도·의회·공채·군대·집약 농업·교육 제도 등 구리모토가 공부한 서양 문물이 선명하게 묘사되어 있었다(하가 토오루, 『명치유신과 일본인』, 1989, 138-140쪽).

1874년에는 나가미네 히데키永峰秀樹가 프랑수아 기조(François Pierre Guillaume Guizot)의 『유럽 문명사』를, 1875년에는 오시마 사다마스가 헨리 버클(Henry Thomas Buckle)의 『영국 문명사』를 일본어로 번역 출간했다. 미쓰쿠리 린쇼箕作麟祥는 영국과 프랑스 역사를 바탕으로 『만국신사』를 간행했다.

사례에서 보듯 일본의 근대는 서양 서적 번역 붐으로 시작되었다. 이 시기에 가장 많이 번역된 서적은 서양이 어떻게 근대 제국이 되었는지 그 과정을 추적하기 위한 역사 분야였고, 전쟁과 군사 무기 제조에 필요한 화학·물리학·의학 서적이 뒤를 이었다. 이러한 책들이 서점을 통해 날개 돋친 듯 팔려나가면서 일본에서 지식 혁명이 일어나게 된다.

서양 문명을 수용하기 위한 일본의 번역 작업은 일본에만 영향을 미친 것이 아니라 조선·중국 등 동아시아에도 광범위한 영향을 미쳤다. '개화開化'란 단어는 후쿠자와 유키치가 『서양 사정』을 집필하는 과정에서 영어의 'civilization'을 '문명 개화文明開化'로 번역하여 대중적으로 정착시킨 용어다. 일본에서 유행하던 개화라는 용어가 조선에 수입된 시기는 1881년 일본에 파견됐던 조사시찰단(신사유람단)의 견문 보고를 통해서다.

「황성신문」은 1898년 9월 23일자 기사에서 개화라는 단어를 『주역周易』의 「계사전繫辭傳」에 나오는 '개물성무開物成務(사람이 알지 못하는 것을 개발하고 사람이 이루고자 하는 것을 이루게 함)'의 '개開'와, 『예기禮記』 「학기學記」에 나오는 '화민성속化民成俗(무지한 백성을 교화하여 미풍양속을 만듦)'의 '화化'로 풀이했다. 즉, '새로운 것을 개발하고 백성을 교화한다'는 의미였다. 일본이 번역해낸 용어들이 오늘날 우리에게까지 결정적인 영향을 미치고 있다는 사실을 우리는 알고나 있는 것일까.

깨어나는 사무라이

간린마루가 미국을 향해 출항한 지 두 달 후인 1860년 3월, 막부의 실력자 이이 나오스케井伊直弼가 에도성 입구인 사쿠라다문櫻田門에서 존왕양이파 소속 암살단에 의해 살해되었다.

일본인들은 자신들의 정체성을 일본인이 아니라 소속 번에 의거하여 사쓰마인·조슈인 등으로 인식했다. 말하자면 번이 곧 국가였던 셈이다. 그러나 존왕양이를 외치며 행동에 나선 사무라이들은 '쇼군가家'와 자기 번의 영주가 아니라 '천황가'와 '일본'을 새로운 충성의 대상으로 받아들이기 시작했다. 이로 인해 공의公議라고 불렸던 막부 정권은 사익을 추구하는 집단으로 매도되고, 천황가가 공의의 새로운 주체로 떠올랐다(마루야마 마사오, 김석근 옮김, 『일본정치사상사 연구』, 통나무, 1995, 484쪽). 천황이 분열된 일본을 통일시킬 수 있는 새로운 구심점으로 부상한 것이다. 이 와중에 명문가 출신인 이이 나오스케의 암살은 일본 사회에 큰 파장을 일으켰다.

이이 나오스케의 암살은 막부의 운명에 결정적인 타격을 가했다. 그의 사망 후 막부 내에서 과단성 있는 결단력을 바탕으로 개혁을 이끄는 리더의 맥이 끊어져 막부는 정국의 주도권을 놓치게 된다. 그로부터 7년 후, 막부는 왕정복고를 수용하고 해체 수순을 밟게 된다.

사무라이의 정신세계

일본이 개국을 거쳐 근대화로 질주하는 과정의 주인공이자 선두 그룹은 하급 사무라이들이었다.

도쿠가와 막부는 무사 계급인 사무라이가 지배하는 사회였다. 이것이 과거를 통해 선발된 붓잡이 선비文人들이 지배한 조선·중국과는 차별되는 특이점이다. 사무라이는 '가까이에서 주군을 모시는侍 사람'을 가리키는 용어였다. 봉건 시대에는 조정의 국사 전반을 담당했는데, 각각의 업무를 가업으로 계승했다. 후세에 이르러 무예를 직능으로 하는 칼잡이 무사武士를 칭하는 용어로 정착되었다.

사무라이의 세계는 조선의 글 읽는 선비 집단과는 가치관이나 세계관이 판이하게 다르다. 이들 세계관의 기초는 주군과 사무라이의 주종 관계다. 주군이 사무라이의 토지를 보호해주거나 나눠주며, 그 대가로 사무라이는 주군에게 충성을 바친다.

주군과 사무라이의 주종 관계는 주군이 사무라이에게 일방적인 시혜를 베푸는 관계가 아니다. 사무라이는 전장에서 용감하게 싸우고, 반드시 그에 대한 대가를 요구했다. 전공戰功에 따라 전리품이 배분되며, 전공이 큰 용사에게는 보상으로 막대한 영지가 주어졌다.

사무라이에게는 준수해야 할 도덕·관습이 엄격하게 존재했다. 그들은 용기·명예·개인적 충성을 목숨보다 소중한 가치로 여겼다. 때문에 불명예나 패배를 당했을 경우 할복을 택하는 것이 제도화되었다. 이러한 독특한 정신세계를 상징하는 용어가 무사도武士道다.

무예를 갈고 닦아 주군의 명령에 따라 전투를 하는 것이 사무라이 본연의 업무다. 전쟁에 참전하면 사무라이는 주군과 생사를 함께한다. 주종 간의 관계는 이해관계를 초월하여 엄숙한 경지에 이르고, 집단에 대한 강력한 충성심이 형성된다. 주군과 집단에 대한 충성심은 사무라이 사회의 가장 중요한 가치다. 사무라이는 자기 목숨을 바쳐 필사적으로 영주를 지키는 것이 불문율이다. 이것은 일본인들의 충성심이 강해서가 아니다. 영주가 패해서 죽으면 휘하 무사들은 떠돌이 낭인이 되어 비참하게 살아야 하기 때문이다.

하급 무사층의 불만

일본은 전국 시대를 거치면서 병영 국가가 되었다. 그런데 오다 노부나가와 도요토미 히데요시가 전국을 통일하면서 전쟁이 사라지고 평화가 찾아왔다. 따라서 전투를 업으로 하는 사무라이들의 직무도 변화가 불가피했다. 군대 조직으로 편성되어 칼을 차고 다니던 사무라이들은 가업을 이어받아 자잘한 업무를 수행하는 행정 실무 서리胥吏로 성격이 변질되었다.

막부는 사무라이들을 향촌에서 분리시켜 조카마치城下町(도시)에 거주하도록 했다. 도쿠가와 시대에는 이것이 더욱 철저히 시행되었다. 이를 병농兵農 분리라고 한다. 이로써 사무라이들은 주군인 다이묘가 거주하는 성 아래 형성된 조카마치에 거주하는 도시민으로 성격이 변했다(박훈, 『메이지유신은 어떻게 가능했는가』, 2017, 38쪽). 사무라이들이 도시에 거주하게 되자 이들에게 필요한 물품을 제공하기 위해 조닌町人(상인)들의 거주지가 형성되었다.

도쿠가와 시대에 사무라이 숫자는 전체 인구의 7퍼센트 내외였다. 19세기 전반 일본 인구가 3,500만 정도였으니, 사무라이는 250만으로 추산된다. 청나라 지배층인 신사紳士는 전 인구의 0.3퍼센트, 대혁명 직전 프랑스 귀족과 성직자의 합산 인구는 전체 인구의 0.5퍼센트였다. 이들과 비교하면 사무라이의 수는 압도적으로 높은 비율이다(박훈, 『메이지유신은 어떻게 가능했는가』, 2017, 39쪽). 특히 사쓰마번이 이례적으로 사무라이의 비율이 20퍼센트로 다른 번에 비해 상당히 높았다.

사쓰마번의 사무라이 비율이 높은 이유는 세키가하라關ヶ原 전투 때문

이다. 원래 사쓰마번의 영지는 규슈섬 전체였으나 세키가하라 전투에서 서군으로 참여했다가 패전하면서 영지를 거의 다 빼앗기고 남서쪽 일부만 유지하게 되었다. 섬 전체에 산재해 있던 시마즈 가문에 충성하는 사무라이들이 모두 축소된 영지로 이주한 결과 다른 번에 비해 사무라이 비율이 높아졌다.

막부 말기에 막부와 번은 재정 지출을 줄이기 위해 사무라이의 월급을 삭감했다. 이에 비해 상인들은 막대한 재산을 축적하여 여유 있는 생활을 했다. 군졸이나 연락원·서기 역할을 하던 하급 사무라이는 전체 가신단의 약 80퍼센트를 차지했다. 이들의 봉록(봉급)은 쌀 100석 미만으로 경제적으로 대단히 궁핍했다.

생활고에 시달리던 사무라이들의 불만은 개항 후 폭발했다. 외국과의 무역량이 늘면서 일본 경제는 세계 경제와 연동되었다. 1850년대 유럽에서 누엣병이 돌면서 제사업製絲業이 초토화되었다. 유럽에서 제사업과 견직업이 고도로 발달했던 프랑스도 1855년에는 생사의 61퍼센트를 수입에 의존해야 했다.

일본은 18세기 중엽까지 조선의 중계 무역을 통해 중국 생사를 수입했으나, 기술 개발로 이를 국산화하는 데 성공했다. 국산화한 일본 생사가 해외로 수출되기 시작했다. 유럽 누엣병의 여파로 세계 시장에서 일본 생사에 대한 수요가 급증하면서 일본 국내 생사 가격이 치솟았다. 이와 함께 다른 물가도 급등했다. 생사 수출이 몰고 온 물가 급등 현상으로 가장 큰 피해를 입은 계층은 도시에 거주하는 하급 사무라이들이었다.

개항에 이어 외국과의 통상이 자신들의 생계 위협으로 돌아오자 사무라이들은 정치가 잘못 돌아가고 있다며 불만이 쌓이기 시작했다. 이들이 개항 후 혁명의 최선봉에 대거 나서게 된 이유는 자신들의 목줄을 죄는 경제적 사정 때문이었다.

청나라나 조선의 경우 과거를 통해, 혹은 돈으로 벼슬을 사는 매관매직 방식으로 지배 신분 내에서 사회적 이동이 어느 정도는 가능했다. 반면 일본에는 과거제가 존재하지 않았다. 전국 시대처럼 전쟁이 일상화된 시대에는 신분이 낮은 사무라이도 전공을 세워 출세할 기회가 있었다. 하지만 도쿠가와 막부 체제하의 200년은 평화가 난만했다. 하급 사무라이들은 신분 상승의 기회가 박탈된 채 세습 신분 구조에 억눌려 고된 삶을 살아야 했다.

같은 사무라이 중에서도 중급 이상 사무라이와 하급 사무라이는 주택의 규모, 복장 등에서 큰 차이가 있었다. 도시 인구의 40퍼센트를 차지하는 하급 사무라이들이 불만 세력이 되어 한 지역에 밀집해 살고 있었다. 이들의 불만에 불이 붙으면 당장 폭발할 수 있는 여건이 갖춰졌다.

칼을 찬 사대부

1750년대부터 막부가 공립학교藩校를 설립하여 네덜란드 학문과 유학을 교육하면서 일본 사회에 유학이 급속히 보급되었다. 공립학교뿐만 아니라 개인이 세운 데라코야寺子屋(학교)도 폭발적으로 늘었다. 요시다 쇼인吉田松陰이 세운 쇼카손주쿠松下村塾도 그중 하나다.

사무라이들도 학교에 들어가 공부를 했는데, 주된 과목은 유학이었다. 무武는 여전히 중시되었지만, 문文의 중요성이 급속히 부상했다. 사무라이들이 공부를 시작하면서, 이전의 칼만 휘두를 줄 알던 전투 기계들과는 차원이 다른 새로운 사무라이 계급이 출현하게 된다. 문무文武를 동시에 익힌 '칼을 찬 사대부' '독서하는 사무라이' 계층이 대거 등장한 것이다(박훈, 『메이지유신은 어떻게 가능했는가』, 2017, 135쪽).

1830~1870년대에 이르기까지 약 40년 간 사대부와는 인연이 멀었던 칼잡이들이 공부를 통해 학문의 깊이가 깊어지면서 '칼을 찬 사대부'라는 의식을 갖게 되었다. 사대부는 국가 대사에 관심을 갖고, 정치 투쟁에 나서는 것을 당연한 의무이자 권리라고 생각한다. 때마침 서양 세력의 등장으로 위기의식이 팽배해지기 시작했다.

'칼을 찬 사대부'들은 각자 정치 조직을 결성하여 번의 정치에 참여하고, 국가를 위한 정치에 집단적으로 나섰다. 신분 상승의 기회가 봉쇄되어 기약 없는 미래에 절망했던 이들 집단이 기존 질서를 뒤엎는 혁명을 꿈꾸게 된다. 이것이 메이지유신의 동력원으로 표출되었다.

당시 일본 사회에는 통치 체제와 관련하여 존왕양이尊王攘夷파, 공무합체公武合體파, 공의정체公議政體파 등 세 갈래의 큰 흐름이 존재했다. 이들 3대 파벌은 천황을 국가의 중심에 세우고(존왕), 개항 및 외국과의 교역을 반대(양이)하기 위해 일어섰다.

그러나 시대의 흐름을 냉철하게 인식한 이들은 개방과 외국과의 교

막부 말 통치 체제에 대한 세 가지 입장

명칭	중심 세력	내용
존왕양이 (尊王攘夷)	야마구치(山口)현 중심으로 한 조슈번	– 200여 년 이어온 막부 체제는 수명이 다했다. – 막부를 하루빨리 종식시키고 왕정복고 통해 천황을 진정한 국가원수로 추대 – 260여 개의 번을 통합하여 부국강병 추진
공무합체 (公武合體)	규슈 남부 사쓰마번	막부 체제 유지하면서 교토의 천황과 막부 간 타협과 협력에 의해 일본 정신 굳건히 유지
공의정체 (公議政體)		존왕양이·공무합체 두 세력의 틈에서 막부 정체(政體)를 확고히 하고 막부–번 연합에 의한 정치 지향

류 통상이 대세임을 깨닫고 궤도를 수정한다. 그 결과 막부의 개방 정책에 반대하여 시작된 양이 운동이 천황의 친정을 주장하는 존왕양이 운동으로 발전되었다. 막부 지지파들이 존왕양이 운동을 탄압하여 정국이 혼란에 빠지자 그들은 양이 대신 막부를 타도하는 '존왕토막尊王討幕'의 깃발 아래 뭉쳤다. 이것이 메이지유신으로 향하는 거대한 에너지원이 되었다.

'조슈 파이브'의 영국 유학

장차 메이지유신을 이끌 세력 중의 하나인 조슈長州번에는 깨어 있는 선각자들이 많았다. 이들은 새 시대를 대비하기 위해 1863년, 일대 결단을 내린다. 조슈번은 막부의 허가 없이 이토 히로부미伊藤博文·야마오 요조山尾庸三·이노우에 마사루井上勝·이노우에 가오루井上馨·엔도 긴스케遠藤謹助 등 다섯 명의 젊은 인재를 선발하여 영국에 유학을 보냈다. 이들을 '조슈 파이브(5인방)'라고 부른다. 조슈번이 다섯 명의 유학생을 영국에 파견한 데 이어 사쓰마번도 1865년 15명의 유학생을 영국에 보냈다.

이때 두 번의 유학생들을 후원한 사람이 나가사키에서 글로버 상회를 운영하던 토머스 글로버(Thomas Blake Glover)다.

글로버는 24세 되던 1861년 일본의 개방 무역항인 나가사키에 자딘 매시선 상사(Jardine Matheson, 중국명 이화양행)의 나가사키 대리점을 열었다. 글로버는 일본 막부와 번에 선박과 무기를 팔아 거대한 부를 일구었다. 글로버는 일본 최초의 철도와 조선소, 기린맥주를 창립한 주인공이다. 조슈번 유학생들은 글로버를 통해 주일 영국 총영사 제임스 가워(Anthony James Gower)를 만났고, 가워의 알선으로 자딘 매시선 상회의 도움을 받았다.

'조슈 파이브'는 시모노세키의 조슈 포대가 미국 상선을 공격한 지 이틀 후인 5월 12일, 자딘 매시선 상회 소유의 선박으로 요코하마를 출발해 상하이로 향했다. 그들은 4개월의 긴 항해 끝에 영국에 도착했는데, 이토 히로부미는 영국까지 가는 선박 안에서 기본적인 영어 회화를 익혔다. 영국 유학을 위해 익힌 영어는 하급 사무라이 이토 히로부미의 인생을 변화시킨 기폭제였다.

런던에 도착한 조슈의 다섯 촌놈들은 고층 빌딩과 기차, 가스등이 즐비한 야경에 망치로 머리를 얻어맞는 것 같은 문명 충돌을 경험했다. 근대화된 선진 문명의 실상을 목격한 그들은 자기들 실력으로 서양 세력을 물리치겠다는 '양이'가 얼마나 허망하고 무모한 바보짓인지를 처절하게 깨달았다. 그 즉시 '조슈 파이브'는 존왕양이파 지사에서 개화의 선봉장으로 변신한다. 이후 그들은 메이지유신이라는 역사의 파도를 타고 탄탄대로를 달리게 된다.

다섯 명의 조슈 촌놈들은 런던의 유니버시티 칼리지(University College London) 등에서 공부할 때도 자딘 매시선 상회의 도움을 받았다. 그 결과 조슈 파이브 유학생들은 영국에서는 '매시선 상회가 돌보는 아이들'이란 뜻에서 '매시선 보이스(Matheson Boys)'라 불렸다.

자딘 매시선이 조슈 촌놈들을 후원하고 돌본 이유는 자비심이나 인류애 때문이 아니었다. 영국 유학을 온 청년들은 이후 조슈와 사쓰마의 중추 세력이 되었고, 일본 근대사의 주인공이 되었다. 메이지유신이라는 천하대란이 진행될 때 영국 유학파들은 자딘 매시선의 나가사키 지점장 쯤 되는 글로버를 통해 막대한 무기와 탄약, 군수 물자, 근대화를 위한 공장 설비 등을 구입했다. 자딘 매시선은 몇 년 후를 내다보고 '사람'에 투자를 한 것이다.

이토 히로부미와 이노우에 가오루

'조슈 파이브' 중 조선과 질긴 인연을 이어간 사람은 초대 조선 통감 이토 히로부미와, 이토 히로부미가 일본 총리 시절 주한 일본 공사로 부임하여 갑오개혁을 추진한 이노우에 가오루다.

조선과 악연을 맺게 되는 이토 히로부미는 1841년 9월 2일, 시모노세키와 가까운 스호노구니周防國(현재 야마구치현)에서 농민 하야시 주조林十藏와 어머니 고토코琴子 사이에서 장남으로 태어났다. 후에 아버지가 하기의 최하급 무사인 이토 나오에몬伊藤直右衛門의 양자로 들어가면서 신분이 하급 무사로 바뀌게 된다. 이름도 도시스케利助에서 슌스케俊輔로, 메이지 유신 후에는 히로부미로 바뀌었다.

이토는 조슈번의 하급 경비 무사로 일하면서 요시다 쇼인의 쇼카손주쿠에서 공부했다. 1862년 영국 공사관 습격 사건에 가담하는 등 철저한 존왕양이파 지사, 요즘 용어로 설명하면 수구 골통 사무라이였다. 이런 청년이 친구 이노우에 가오루 덕분에 영국 유학 기회를 잡은 것은 본인뿐만 아니라 일본이라는 나라에도 행운이었다.

이노우에 가오루도 영국 유학에서 돌아와 막부 타도 운동에 뛰어들었다. 운요호 사건의 뒤처리를 위해 1876년 구로다 기요타카黑田淸隆와 함께 조선에 와서 강화도 조약 체결 당시 부전권대표로 활약했다. 1884년에는 전권공사가 되어 갑신정변 쿠데타의 사후 처리를 위해 조선 조정과 한성 조약을 체결했다. 1885년 제1차 이토 내각의 외무대신, 구로다黑田 내각의 농상무대신, 1892년 제2차 이토 내각의 내무대신, 1894~95년 주한 일본 공사, 1898년 제3차 이토 내각의 대장대신 등을 역임하게 된다.

영국 유학을 마치고 귀국하여 '일본 철도의 아버지'로 불린 이노우에 마사루는 조선의 개혁파인 김옥균·서광범·윤치호·유길준 등이 일본에서 공부할 때 지원을 아끼지 않은 인물이다(조용준, 『메이지유신이 조선에 묻다: 일본이 감추고 싶은 비밀들』, 도도, 2019, 312쪽).

막번 체제하에서 막부의 허락 없이 해외로 나가는 행위는 사형에 해당하는 중죄였다. 이런 사실을 잘 알고 있던 조슈번 정부가 막부 허락도 받지 않고 '조슈 파이브'를 영국으로 유학 보낸 이유는 무엇이었을까?

조슈번은 양이를 실행하기 위해서는 영국을 배워야 한다는 생각에서, 그리고 막부에 뒤지기 싫어하는 경쟁 심리 때문에 결단을 내렸다.

사쓰마번도 1865년 무사 3명과 통역관 1명, 유학생 15명을 영국에 파견했다. 유학생 대표였던 하급 무사 고다이 도모아쓰五代友厚는 유럽 곳곳을 돌아본 후 교토~오사카 간 철도 및 전신 가설, 조선소와 총포 제조 시설 설치 계약을 체결했다. 그리고 런던에서 방적기와 소총 3,000정을 구입하여 사쓰마번으로 보냈다.

반면에 조선이 해외에 내보낸 인력은 1876년과 1880년 일본에 파견한 제1·2차 수신사가 전부였고, 국가 차원에서 유학생은 단 한 명도 내보내지 않았다.

막부가 주도한 개혁들

페리 함대가 에도만에 나타난 후 막부는 기민하게 대응했다. 막부는 1867년 통치권을 천황에게 반납하는 대정봉환大政奉還을 단행할 때까지 안세이安政 개혁, 분큐文久 개혁, 게이오慶應 개혁 등 지속적이고 열정적인 개혁들을 추진했다. 아베 마사히로의 주도하에 대포 주조와 총포 제작소 설립, 네덜란드에 총기 주문, 이시카와지마石川島 조선소 설치 등 군사 분야 근대화에 주력했다. 그 결과 철제 대포 국산화 등 무기 생산 분야에서 괄목할 만한 전진을 이루었다. 1862년에는 근대적 군대를 건설하기 위해 보병·포병·기병을 주축으로 한 육군을 창설했다.

서양 서적 번역, 항해술 교육, 제철소 건립 등 막부는 아편 전쟁 이후 30여 년을 시대의 흐름에 맞춰 끊임없는 자기 개혁을 추진했다. 게다가 반대 세력에 대항할 만한 충분한 힘을 보유하고 있었다. 하지만 그들은 결정적인 순간에 메이지유신 세력과 무력 충돌하지 않고 스스로 권력을 해체함으로써 내란을 피했다.

메이지 정부의 근대화 정책은 막부가 숱한 개혁을 통해 깔아놓은 레일이 있었기에 그 위를 힘차게 달릴 수 있었다. 이것이 조선 조정과 일본 막부가 근대화 과정에 대응한 차이였다.

막부 시대 군대는 전 국민의 7퍼센트를 차지하는 사무라이만을 대상으로 병력을 충원하는 구조였다. 당시는 병사들의 주력 무기가 칼이나 창, 활과 화승총에서 근대식 소총·기관총·대포로 바뀌는 전환기였다.

막부 주도 개혁들

명칭	기간	주요내용
안세이(安政) 개혁	1854~59	– 이즈의 니라야마에 반사로 설치하여 대포 제작 – 에도만 수비 위해 시나가와(品川)에 포대 설치 – 1855년 나가사키에 해군전습소 개소 – 조선소 설치
분큐(文久) 개혁	1861~63	– 1862년 보병·기병·포병으로 이루어진 육군 창설 – 나마무기 사건과 사쓰마·영국 전쟁 등을 보고 영·불의 요코하마 주둔을 인정하여 군제 배우기 시작
게이오(慶應) 개혁	1865~68	– 로주(老中)급의 관직인 육군총재직 신설 – 공병대·전습대(프랑스 군사고문단 훈련)·어료병(막부 직할지 농민으로 구성) 편성 – 1867년 48개 대대 2만 4,000명의 막부 육군 탄생

아무리 무예가 뛰어난 고수도 원거리에서 발사하는 소총과 대적할 수는 없었다.

조슈번의 선각자들은 자신들의 군대가 서양 세력과의 전쟁에서 승리하기 위해서는 서양 열강 군대처럼 근대식 총포로 무장해야 한다는 사실을 깨달았다. 이를 위해 전근대식 무기로 무장한 '사무라이 군대'가 아니라, 서양식 소총과 대포·기관총으로 무장한 '평민의 군대(국민군)'를 조직해야 했다. 전체 인구의 93퍼센트에 이르는 평민 중에서 징병할 경우 단기간에 대규모 군대를 편성할 수 있는 이점이 있었다.

일본 전통 사회에서 칼을 차고 말을 타는 것은 사무라이들만의 특권이었다. 이러한 사무라이의 특권이 메이지유신과 더불어 서서히 축소되었다. 1871년 8월, 평민도 말 타는 것이 허용되었고, 사무라이가 무례를 저지르는 평민을 즉결처분할 수 있는 참사어면斬捨御免도 폐지되었다.

어느 사회나 특권 계층이 기득권을 포기하기란 말처럼 쉬운 일이 아니다. 그것은 사생결단의 투쟁이나, 강력한 물리적 억제를 통해서만 가능했다. 그러한 사생결단의 기회가 의외로 쉽게 찾아왔다.

사쓰마와 조슈

메이지유신의 지사를 다수 배출한 지역은 조슈와 사쓰마번이다. '메이지유신 3걸' 중 사이고 다카모리西鄕隆盛와 오쿠보 도시미치大久保利通가 사쓰마번 출신, 기도 다카요시木戸孝允는 조슈번 출신이다.

왕정복고 쿠데타를 일으켜 막부를 무너뜨리고 천황 중심의 정치 제체를 출범시키는 데 큰 역할을 한 사이고 다카모리는 일본 최남단 가고

가고시마 가지야초 출신 메이지유신 주역들

이름	생몰년	주요 경력	비고
사이고 다카모리 (西鄕隆盛)	1828~1877	유신 3걸, 육군 대장	세이난 전쟁 패배하여 할복
오쿠보 도시미치 (大久保利通)	1830~1878	유신 3걸, 초·3·5대 내무대신	1878년 암살
오야마 이와오 (大山巖)	1842~1916	육군대신, 육군 대장	러일전쟁 당시 만주군 총사령관
사이고 쓰구미치 (西鄕從道)	1843~1902	해군대신, 해군 대장	사이고 다카모리의 동생. 타이완 침략 지휘관
이노우에 요시카 (井上良馨)	1845~1929	해군대장	강화도 포격 사건 일으킨 운요호 함장
도고 헤이하치로 (東鄕平八郞)	1848~1934	해군 대장, 연합 함대 사령관	러일전쟁 당시 쓰시마 해전 승리
구로키 다메모토 (黑木爲楨)	1844~1923	육군 대장	러일전쟁 봉천 회전 당시 1군 사령관
구로다 기요타카 (黑田淸隆)	1840~1900	육군 중장, 개척장관, 총리대신	강화도 조약 체결 당시 전권변리대신
무라타 신파치 (村田新八)	1836~1877	포병대장, 궁내대승	세이난 전쟁 때 사이고 다카모리 측 가담하여 전사
야마모토 곤노효에 (山本權兵衛)	1852~1933	해군 대장, 16·22대 총리대신	도고 헤이하치로를 연합 함대 사령관으로 발탁
시노하라 구니모토 (篠原國幹)	1837~1877	육군 소장, 근위장관	세이난 전쟁 때 사이고 다카모리 측 가담하여 전사
야마모토 에이스케 (山本英輔)	1876~1962	해군 대장, 연합 함대 사령관	일본 해군 항공대의 아버지
이와시타 미치하라 (岩下方平)	1827~1900	교토부 지사	
가바야마 스케노리 (樺山資紀)	1837~1922	해군 대장, 초대 대만 총독, 내무대신	청일전쟁 때 압록강 해전·웨이하이 해전 지휘
마키노 노부아키 (牧野伸顯)	1861~1949	외무대신, 이바라키·후쿠이현 지사	이와쿠라 사절단 요원
다시로 안테이 (田代安定)	1857~1928	대만 총독부 관리, 식물학자	
요시이 도모자네 (吉井友實)	1828~1891	원로원 참의관, 일본철도 사장	
요시다 기요히데 (吉田淸英)	1840~1918	사이타마현 지사	

출처: 조용준, 『메이지유신이 조선에 묻다』, 385쪽

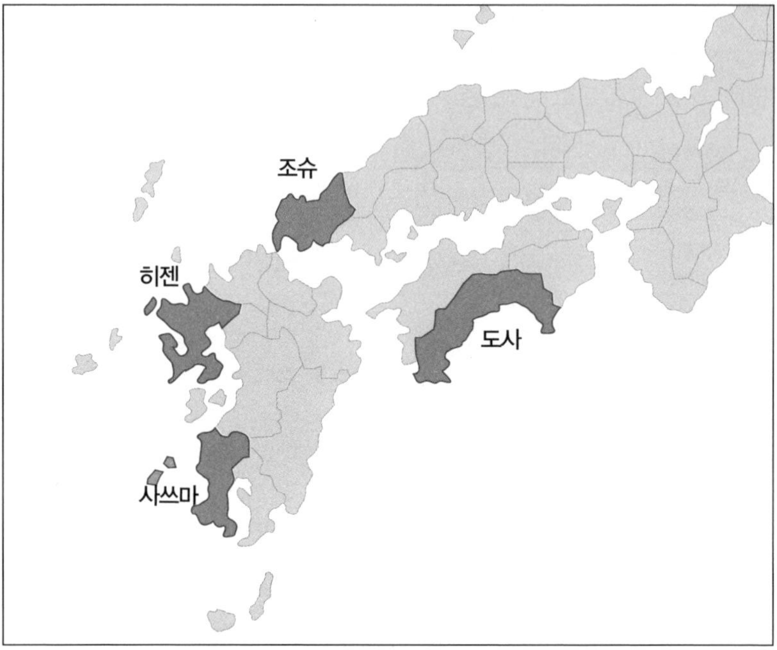

사쓰마·조슈·도사·히젠(사가)

시마의 하층민들이 살던 대장장이 마을 가지야초加治屋町 출신이다. 그와 함께 메이지유신을 이끌며 일본에 근대 관료 시스템을 도입한 오쿠보 도시미치, 러일전쟁 당시 일본 육군 총사령관을 역임한 오야마 이와오大山巖 원수, 쓰시마 해전에서 러시아의 발틱 함대를 궤멸시킨 도고 헤이하치로東鄕平八郎도 사이고의 이웃 마을 출신이다. 사쓰마의 대장장이 마을에서 유신 3걸 중 2명, 총리대신 2명, 육군 대장 3명, 해군 대장 6명이 배출되었다. 사쓰마 출신 장군·제독들이 청일·러일전쟁에서 일본을 승리로 이끈 주역이 되었다.

이런 사실을 보면 메이지유신과 일본 근대화는 왕정복고 쿠데타에 참여한 사쓰마·조슈·도사·히젠(사가) 등 4개 번, 그중에서도 조슈번의 하기와 사쓰마번의 가지야 마을 출신들이 이끌었다 해도 과언이 아니다. 그래서 일본에서는 "하기에서는 발에 차이는 것이 육군 대장이요, 가고시마에서는 발에 차이는 것이 해군 대장"이라는 말이 나돌 정도다.

쓴 약이 된 영국과의 전투

옛 조슈인 야마구치山口 사람은 하기를 '메이지유신의 발상지'라고 하고, 사쓰마 가고시마 사람은 자신의 지역을 '메이지유신의 고향'이라 부른다.

조슈번은 메이지유신 진행 과정에서 기병대 조직을 평민에게 개방하여 신분이 낮은 사람들의 참여를 광범위하게 이끌어냈다. 반면 사쓰마번은 같은 사무라이라도 성안에 거주하는 신분이 높은 사무라이城下士와, 성 바깥에 거주하는 신분이 낮은 사무라이外城士로 엄격하게 계급이 구분되어 있었다. 성 바깥의 사무라이는 관직에 오를 수 없을 정도로 차별이 심했다. 결국 사쓰마는 성하(성안) 사무라이 계급 중심으로 메이지유신을 이끌어갔다. 이러한 신분상의 차별이 후에 세이난西南 전쟁으로 사쓰마 사무라이들이 몰락하는 원인이 된다.

1837년 7월 10일, 사쓰마 남부 야마가와山川에 미국 함선 모리슨(Morrison)호가 접근했다. 사쓰마 포대는 "해안으로 접근하는 외국 선박은 무조건 포격을 가해 내쫓는다"는 막부의 이국선타불령異國船打拂令 방침에 따라 수백 발의 대포를 발사했다. 그러나 그중 겨우 한 발만 명중했을 뿐 나머지는 모두 빗나갔다. 자신들의 대포 성능이 형편없다는 사실이 밝혀지자 사쓰마 번주는 나가사키에서 나폴레옹식 화포를 구입하여 군제 개혁에 나섰다. 1843년에는 서구식 소총 부대를 조직했고,

1852년에는 프랑스식 기병대를 조직했다.

당시 일본 내 266개 번 가운데 경제력이 가장 강한 번이 봉록 100만 석의 사쓰마였다. 중앙 정부인 막부는 만만치 않은 저력을 가진 영주들은 되도록 에도에서 멀리 두었다. 그리고 영주의 어머니나 아내·자식을 에도에 인질로 잡아두었다. 영주는 에도에 1년, 자신의 영지에 1년씩 교대로 근무하도록 하는 참근교대제를 시행했다.

사쓰마번의 영주 시마즈 히사미쓰島津久光는 참근교대제에 따라 에도에 머물다가 자신의 영지로 돌아가기 위해 1862년 8월 요코하마로 이동하던 중 나마무기生麥 마을에 이르렀다. 이때 요코하마에서 비단 도매상을 운영하고 있던 윌리엄 마셜과 그의 여동생, 상사 직원 등 영국인들이 말을 타고 길을 가다 영주 행렬에 끼어들었다.

영주 행렬이 지나가면 평민들은 땅바닥에 엎드려 예를 표하게 되어 있었다. 이런 예절을 알 까닭이 없는 영국인들은 유유히 말을 타고 지나갔다. 평민들이 영주의 행차를 방해하거나 불편을 끼칠 경우 호위 무사들이 가차 없이 응징하는 것이 당시의 법도였다. 영주의 호위 무사가 칼을 휘둘러 맨 앞에서 말을 타고 가던 리처드슨의 허리를 쳤다. 리처드슨은 즉석에서 절명했고, 두 명이 부상을 당하는 나마무기 사건이 발생했다.

비무장 민간인 살상 행위에 분노한 영국 대리공사 닐(Edward St. John Neale)은 막부에 정식 사과와 함께 사건의 범인 및 사쓰마 영주 시마즈 히사미쓰를 영국인 입회하에 처형할 것, 막부에 배상금 10만 파운드 지불, 사쓰마번에는 살해된 유족의 양육비 2만 5,000파운드를 요구했다. 영국은 이 요구 조건에 대해 20일 이내에 회답해야 하며, 기한 내에 요구 사항을 이행하지 않을 경우 영국 함대가 오사카·나가사키·하코다

테와 에도를 공격하겠다고 선언했다. 영국이 요구한 배상금 10만 파운드는 막부 연간 세입의 3분의 1에 해당하는 거액이었다.

막부는 영국의 요구에 굴복하여 배상금 10만 파운드를 지불했다. 일본 은화로 환산하면 45만 냥, 한 상자에 2,000냥씩 담긴 은화 225상자가 수십 대의 짐수레에 실려 영국 공사관으로 반입되었다. 배상금이 완납된 다음날인 1863년 5월 10일, 영국 해병대가 군악대를 앞세워 요코하마 시가지를 행진했다.

막부는 영국 압력에 굴복했지만, 자존심 강한 사쓰마는 양육비 배상 및 사건 범인인 사쓰마 영주의 처형을 거부했다. 영국 함대는 요코하마를 떠나 사쓰마번의 중심인 가고시마로 향했다. 기함 유리아스호를 비롯한 7척의 함대에는 병력 1,000명이 승선했고, 함포 89문이 탑재되어 있었다.

가고시마에 비상이 걸렸다. 오야마 이와오·이토 스케유키伊東祐亨·사이고 쓰구미치西鄉從道 등 훗날 청일전쟁·러일전쟁을 이끄는 핵심 지휘관이 될 인물들이 가고시마 포대에 배치되었다. 사쓰마번도 사가번의 번주 나베시마 나오마사鍋島直正의 개혁 정책에 자극받아 근대식 산업 단지인 슈세이칸集成館에서 대포와 무기를 제작하여 해안 곳곳에 배치했다. 다만, 사쓰마 군대가 제작한 일본산 대포의 최대 사거리는 2,800미터로, 4,000~5,000미터에 달하는 영국 함포의 위력에는 미치지 못했다.

7월 2일, 영국 함대가 가고시마만 깊숙이 전진하여 불을 뿜었다. 함포탄이 아름드리 소나무를 관통하자 사쓰마 병사들은 크게 놀랐다. 그들은 전력의 열세에도 불구하고 용감하게 저항했다. 격렬한 포격전이 전개되는 와중에 가고시마 포대에서 날아온 포탄 한 발이 기함 유리아스호에 명중했다. 함장 조슬린 대령과 부함장 월모트 소령이 즉사하는 등

13명이 전사하고 50명이 부상했다.

세 시간 반에 걸친 포격전으로 가고시마 포대는 쑥대밭이 되었고, 시내에 화재가 발생하여 민가 500호가 불탔다. 사쓰마번은 영국의 무력에 굴복하여 2만 5,000파운드 배상을 약속했다. 이것이 사쓰마번과 영국 간에 벌어진 사쓰에이薩英 전쟁이다.

영국은 전력 열세에도 불구하고 용맹분투한 사쓰마군에 감명을 받았다. 사쓰마번은 영국에 지불할 배상금이 없어 도쿠가와 막부로부터 돈을 빌렸다. 하지만 막부가 1868년 천황에게 통치권을 돌려주는 대정봉환을 선언함으로써 이를 갚지 않아도 되었다.

사쓰에이 전쟁을 계기로 서양 함대의 위력을 실감한 사쓰마번은 적극적인 군제 개혁에 나섰다. 1866년 육군방·해군방을 설치하고 대대·소대 등 서양식 군사 편제와 소총 부대를 근간으로 하는 신군을 창설했다. 이때 사쓰마번은 글로버를 통해 1만 6,015자루의 속사 가능한 최신형 연사식 스펜서 소총을 구입했다.

글로버는 사쓰마번에 개틀링 기관총을 비롯하여 최고 성능의 소총과 화약을 공급했다. 개틀링 기관총은 총열을 여러 개 붙여놓고 사용자가 손잡이를 돌려 총열이 회전하면서 총알을 퍼붓는 신무기였다. 1884년 자동으로 장전되는 맥심 기관총이 개발되기 전까지 전장에서 막강한 화력을 자랑한 기관총이다.

사쓰마번은 일본에서 가장 먼저 해군을 창설했다. 일본 최초의 서양식 군함 쇼헤이마루昇平丸를 건조한 곳이 사쓰마번이다. 1598년 11월 정유재란의 마지막 전투였던 노량해전에서 이순신 함대에 대패하여 500척의 전함 중 450척을 잃고 50척만 간신히 수습하여 도주한 사람이 사쓰마 가문의 18대 당주 시마즈 요시히로島津義弘다. 이순신 장군은 한 척의 배라도 더 격침시키기 위해 패주하는 요시히로의 뒤를 쫓다가 왜군이 쏜 철포에 맞아 전사했다.

요시히로는 남원성에서 납치한 도공 박평의와 심당길, 진해 웅천 등지의 사기장 80여 명을 끌고 고향으로 가서 도자기 산업을 일으켰다. 조선 도공들이 제작한 도자기를 유럽으로 수출하여 번 돈으로 근대화에 필요한 투자를 아낌없이 했다.

오야마 이와오와 이토 스케유키 등 7~8명은 사쓰마번 유학생으로 선발되어 에도로 갔다. 이들은 에도의 에가와주쿠江川塾에서 근대식 보병·포병·축성·화약·총포 제조 등 최신 병법을 배웠다. 사쓰마번에서 온 청년 장교들은 에도에서 가쓰 가이슈와 그의 제자 사카모토 료마와 어울렸다.

'새로운 일본' 건설 앞장선 조슈

시모노세키는 혼슈本州의 남쪽 끝자락에 위치하고 있다. 여기서 바다를 통해 규슈九州와 갈라진다. 혼슈와 규슈 사이를 가르는 바닷길이 간몬關門 해협이다. 조슈번은 간몬 해협 방어를 위해 시모노세키에 단노우라壇之浦 포대·가메야마龜山 포대를 설치하고 범선 군함 헤이신마루丙辰丸·고신마루庚申丸, 증기선 군함인 진주쓰마루壬戌丸·기가이마루癸亥丸를 배치했다. 증기선 군함은 말이 군함일 뿐, 사실은 영국제 상선을 구입하여 갑판에 포를 설치한 것이다.

1863년 3월, 제14대 쇼군 도쿠가와 이에모치德川慶福(재임 1858~1866)가 쇼군으로서는 사상 최초로 천황이 거주하는 교토로 행차했다. 이 사건은 고메이孝明 천황이 미일 통상조약 체결에 대한 칙허를 거부함으로써 야기된 천황과 막부의 정치적 대립에서 천황이 승리했음을 의미하는 일대 사건이었다.

쇼군의 교토 행차 소식을 접한 존왕양이파 무사들은 이 기회에 막부의 통치권을 천황에게 반납하라고 압력을 가했다. 존왕양이파의 압력이 거세지자 도쿠가와 이에모치는 1863년 5월 10일, 천황에게 통치권 반납을 약속했다. 이것은 쇼군의 본심이 아니라, 위기 타개를 위한 정치적 쇼였다.

약속한 날이 되어도 이에모치는 통치권을 반납하지 않았다. 상황이 묘하게 돌아가자 조슈의 존왕양이파 지도자 구사카 겐즈이久坂玄瑞는 조슈번이라도 양이에 대한 결연한 의지를 보여줄 필요가 있다고 판단했다. 그는 이에모치가 통치권 반납을 거부한 1863년 5월 10일을 '양이의 날'로 선포하고 간몬 해협을 통과하는 외국 배들을 가차 없이 공격하라고 명했다.

이날 요코하마를 출항하여 상하이로 가기 위해 간몬 해협을 통과하던 미국 상선 펨브록(Pembroke)호가 조슈번 해군과 시모노세키 포대의 공격을 받아 대파되었고, 5월 22일에는 프랑스 연락선 키엔창(Kien Chang)호, 26일에는 네덜란드 군함 메두사(Medusa)호가 차례로 포탄 세례를 받았다.

영문도 모른 채 공격을 당해 피해를 입은 서양 열강들이 발끈했다. 6월 1일 미국 군함 와이오밍(Wyoming)호가 간몬 해협에 나타났다. 와이오밍호는 조슈 함선을 공격하여 진주쓰마루와 고신마루 2척을 격침시키고 기가이마루를 대파했다.

6월 5일에는 최신형 암스트롱포 35문을 장착한 프랑스 전함 세미라미스(Sémiramis)호와 탕크레드(Tancrède)호가 단노우라 포대를 집중 난타했다. 이어 프랑스 해병대가 상륙하여 조슈번의 포대를 파괴하고 민가에 방화했다.

난리의 와중에 막부는 사쓰마·아이즈會津번(현재 후쿠시마현 서부 지역)과 손잡고 불온한 존왕양이 사상을 퍼트리는 조슈 세력을 천황 근거지인 교토에서 몰아냈다. 이것이 8·18 정변이다.

분개한 조슈 과격파들이 정국의 주도권을 되찾겠다면서 교토로 쳐들어갔다. 하지만 사쓰마·아이즈 연합군과 교토 황궁 앞에서 대포까지 동원하여 격돌한 금문禁門의 전투에서 조슈번은 패퇴했다. 조슈 군대가 무엄하게도 황궁 앞에서 총격전을 벌인 사건으로 인해 천황은 조슈를 '조정의 적'으로 낙인찍었다.

조슈도 서양 열강에 참패

주일 영국 공사 앨콕(Sir Rutherford Alcock)은 1864년 1월, 시모노세키 포대로부터 공격당한 미국·프랑스·네덜란드 대표와 회동했다. 이 회동에서 서양 열강은 양이의 기운이 가장 강한 조슈번을 따끔하게 손봐주기 위해 4개국이 연합 함대를 편성하여 무력행사에 나서기로 결정했다.

영국에서 유학하고 있던 '조슈 파이브' 유학생들은 영국이 조슈번과 전쟁을 준비 중이라는 뉴스를 듣고 큰 충격을 받았다. 영국과의 전쟁은 자살 행위나 다름없다고 판단한 이토 히로부미와 이노우에 가오루는 무모한 전쟁을 막기 위해 학업을 중도 포기하고 급거 귀국했다.

발각될 경우 '허가받지 않고 해외로 나간 죄'로 처형당할 수도 있는 위험을 감수하고 귀국한 두 사람은 6월 10일 요코하마 도착 즉시 주일 영국 공사 앨콕을 찾아갔다. 두 사람은 앨콕에게 "조슈번을 설득할 기회를 달라"고 요청했다. 이들은 앨콕의 주선으로 영국 군함을 타고 조슈번으로 가서 번의 지도자와 면담했다. 이들의 간곡한 설득에도 불구하고 강경론자들을 돌려세우는 데 실패했다.

1864년 8월 4일, 영국의 쿠퍼(Augustus Leopold Kuper) 제독이 지휘하는 영·미·불·네덜란드 연합 함대 17척과 5,000명 병력이 시모노세키 앞바다에 나타났다. 연합 함대의 무차별 포격으로 시모노세키 수비대는 한 시간 만에 전멸했다. 연합군 해병대는 상륙하여 포대를 점거하고 모두 파괴했다. 이것이 바칸馬關 전쟁인데, 사쓰마번에 이어 조슈번마저 서양 열강의 위력에 무릎을 꿇은 것이다.

조슈번은 다카스키 신사쿠高杉晉作를 강화 사절, 이토 히로부미를 통역으로 임명하여 영국의 쿠퍼 제독과 협상에 나섰다. 쿠퍼 제독은 배상금 대신 시모노세키 앞바다의 히코시마彦島 조차를 요구했다. 홍콩 할양과 비슷한 조건으로 일본에 영국 근거지를 만들려는 시도였다.

다카스키 신사쿠는 "나는 전쟁에서 패하여 항복하러 온 항복 사절이 아니다. 포대가 파괴됐고 대포를 빼앗겼다고 해서 우리가 전쟁에서 패한 것은 아니다. 우리는 여전히 수만 명의 사무라이를 동원할 수 있다. 영국은 3,000명의 육전대밖에 없다. 그런 병력으로는 우리를 제압할 수 없다"면서 강력 반발했다.

영국이 연합 함대를 구성하여 시모노세키를 공격한 목적은 간몬 해협의 자유 통행권 보장과 시모노세키 개항이었다. 다카스키 신사쿠라는 청년이 대차게 나오자 무리할 필요가 없다고 판단한 쿠퍼 제독은 히코시마 조차 요구를 철회했다.

다카스키는 제1권에서 소개한 것처럼 1862년 막부가 파견한 지토세마루千歲丸호를 타고 태평천국의 난으로 혼란에 빠진 중국에 대한 정세 파악을 위해 상하이를 방문하여 두 달 간 체류한 일이 있다. 상하이에 도착하자마자 태평천국의 난을 진압하기 위해 외국군 장교가 지휘하는 군대의 포성을 들었다.

자국 농민 반란을 자국 군대가 아닌 외국군이 진압하는 모습에 그는 깊은 충격을 받았다. 상하이는 중국 땅임에도 불구하고 조계지에서 외국인이 중국인을 노예처럼 부리고 있었다. 또 영국인이 다리를 만들어 통행료를 받고, 공자묘廟에 영국군이 병영을 구축한 모습을 그는 『유청오록遊淸五錄』이라는 일기에 상세히 기록으로 남겼다. 어떤 일이 있어도 자국 영토를 외국에 양보해서는 안 된다는 확신은 이때 생긴 것이다. 만약 다카스키 신사쿠가 영국의 위세에 눌려 히코시마를 조차지로 내주었다면, 일본에도 홍콩과 같은 식민지가 탄생했을 것이다.

8월 14일, 조슈번은 영·미·불·네덜란드 4개국과 시모노세키 조약을 체결했다. 주요 내용은 외국 선박의 간몬 해협 자유 통항, 석탄·물·식량 등 물품 보급, 시모노세키항 개방이었다. 이때부터 조슈번과 서양 열강 간 교역이 본격화되면서 시모노세키가 자유무역항이 되었다.

"잘 진 게 잘못 이긴 것보다 낫다"

서양 함대의 시모노세키 공격, 8·18 정변, 금문의 전투 등 연이은 패배로 조슈번은 존망의 기로에 서게 되었다. 위기를 기회로 만들기 위해 조슈번의 리더들은 존왕양이를 버리고 존왕도막尊王倒幕, 즉 막부를 타도하고 천황을 세워 근대화로 향하는 '새로운 일본' 건설에 앞장섰다.

4개국 연합 함대와 치른 바칸 전쟁은 존왕양이론의 본거지 조슈에 큰 깨달음을 주었다. 그들은 자신들의 실력으로는 양이가 불가능하다는 사실을 현실로 받아들이고 근대화로의 질주를 시작했다.

사쓰마의 사쓰에이 전쟁(1862)과 조슈의 바칸 전쟁(1864), 앞으로 벌어지게 될 조선군의 병인양요(1866)·신미양요(1871)를 비교해 보면 "잘

진 것은 잘못 이긴 것보다 낫다"는 격언을 떠올리게 한다.

'조슈 파이브' 가운데 급거 귀국한 이토 히로부미와 이노우에 가오루를 제외한 나머지 세 명은 영국에 남아 공부를 계속했다. 야마오 요조는 글래스고에서 공학을 전공한 후 귀국했다. 그는 도쿄제국대학 공학부를 창설하여 '일본 공학의 아버지'가 되었다.

엔도 긴스케는 귀국 후 조폐국장으로 재직하며 일본 조폐술의 개척자가 되었다. 이노우에 마사루는 철도 기술을 전공하고 귀국했다. 1872년 도쿄 신바시新橋와 요코하마 간 일본 최초의 철도 건설은 그의 주도로 진행되었다.

바칸 전쟁으로 서양 열강 군사력의 위력을 경험한 조슈번은 군제 개혁을 단행했다. 조슈번은 다카스키 신사쿠에게 새로운 군대 조직을 맡겼다. 그는 1865년 일본에서 징병제를 최초로 주장한 '근대 일본군의 아버지' 오무라 마스지로大村益次郎의 지도를 받아 사무라이 병제를 폐지하고 국민군 조직에 나섰다. "신분과 가문에 관계없이 오로지 실력 있는 자는 귀하게 된다"는 슬로건 하에 하급 무사와 농민, 서민으로 구성된 '기병대奇兵隊'라는 민병대를 조직한 것이다.

기병대의 창시자 다카스키 신사쿠는 "모든 병사를 차별 없이 대하며, 오로지 능력만을 존중한다"고 선언했다. 그동안 사용해온 화승총과 갑옷은 매각하여 신식 소총 구입 자금으로 썼다.

일본 역사상 최초로 평민을 참여시켜 군대를 조직한 것은 파격이었고 혁명이었다. 이때 기병대에 입대한 병사 중에는 일본 근대사의 주인공이 되는 이토 히로부미와 야마가타 아리토모가 있었다.

조슈번의 기병대는 메이지유신 과정에서 혁혁한 전공을 세웠고, 후에 일본 육군의 모태가 된다. 기병대를 통해 제도권에 진입한 야먀가타 아리토모는 다카스키 신사쿠에 이어 기병대 총독에 올랐다. 오무라 마스지로의 지도를 받아 본격적인 국민군을 출범시킨 사람은 야마가타 아리토모다. 메이지유신이 성공한 후 야마가타는 일본제국 초대 육군참모본부장으로 군권을 장악하게 된다.

조슈번도 나가사키의 거상巨商 글로버를 통해 군비 증강에 필요한 무기를 서양으로부터 구입했다. 글로버는 조슈번에 무기를 판매하여 엄청난 부를 쌓았고, 나가사키의 명물이 된 '글로버 가든'을 지었다. 푸치니의 오페라 〈나비 부인〉은 나가사키의 글로버 가든을 무대로 한 작품이다.

징병제는 사무라이들의 세습적 군사 특권을 파괴하는 혁명적 아이디어였다. 하지만 혁명은 늘 부작용과 반발을 수반하기 마련이다. 전투를 하는 군인이란 오직 사무라이들만의 특권이었다. 그런데 평민 누구나 군에 입대하여 철포를 쏘아대는 시대가 열리면서 특권이 사라진 사무라이들의 불만이 폭발했다. 징병제가 본격 실시되자 징병제의 원조로 몰린 오무라 마스지로는 조슈번 사무라이들에게 '공공의 적敵'으로 낙인찍혀 1869년 10월 암살당했다.

일본에서 내각제가 시행되며 초대 총리 이토 히로부미가 취임한 1885년 12월 22일 이래 1912년 메이지 천황이 죽을 때까지 7명이 14대에 걸쳐 총리를 지냈다. 조슈번 출신으로는 이토 히로부미가 4회(1·5·7·10대), 야마가타 아리토모 2회(3·9대), 가쓰라 다로가 2회(11·13대) 총리를 역임했다. 서남 해안의 궁벽한 마을인 하기가 배출한 세 명이 8대에 걸쳐 20년간 메이지 일본을 이끌었다는 뜻이다.

사쓰마 출신으로는 구로다 기요타카가 1회(2대), 마쓰카타 마사요시가 2회(4·6대) 역임했고, 사가번 출신으로는 오쿠마 시게노부大隈重信가

메이지 시대 일본 총리

대	이름	생몰년	재임 기간	출신지
1	이토 히로부미(伊藤博文)	1841~1909	1885. 12~1888. 4	조슈
2	구로다 기요타카(黒田清隆)	1840~1900	1888. 4~1889. 10	사쓰마
3	야마가타 아리토모(山縣有朋)	1838~1922	1889. 12~1891. 5	조슈
4	마쓰카타 마사요시(宋方正義)	1835~1924	1891. 5~1892. 8	사쓰마
5	이토 히로부미	1841~1909	1892. 8~1896. 8	조슈
6	마쓰카타 마사요시	1835~1924	1896. 8~1898. 1	사쓰마
7	이토 히로부미	1841~1909	1898. 1~6	조슈
8	오쿠마 시게노부(大隈重信)	1838~1922	1898. 6~11	사가
9	야마가타 아리토모	1838~1922	1898. 11~1900. 10	조슈
10	이토 히로부미	1841~1909	1900. 10~1901. 5	조슈
11	가쓰라 다로(桂太郎)	1848~1913	1901. 5~1906. 1	조슈
12	사이온지 긴모치(西園寺公望)	1849~1940	1906. 1~1908. 7	교토(화족)
13	가쓰라 다로	1848~1913	1908. 7~1911. 8	조슈
14	사이온지 긴모치	1849~1940	1911. 8~1912. 12	교토

1회(8대) 총리를 역임했다. 교토의 화족 출신인 12·14대 사이온지 긴모치西園寺公望만 빼고 조슈와 사쓰마 두 번이 37년 중 34년 동안 총리를 독점한 것이다(성희엽, 『조용한 혁명: 메이지유신과 일본의 건국』, 소명출판, 2016, 707쪽).

'일본 육군의 교황'이라 불리는 야마가타 아리토모는 가쓰라 다로(대장·총리)·데라우치 마사타케寺内正毅(육군대신·조선 총독)·하세가와 요시미치長谷川好道(육군 원수·조선 총독) 등을 후진으로 키웠는데, 이들 모두가 조슈번 출신이었다. 한일합방 무렵 자료에 따르면 군의 최고위직인 원수 7명 중 3명, 대장 24명 중 8명, 중장 83명 중 25명, 소장 119명 중 28명이 조슈번 출신이었다. 당시 일본 전체 인구의 60분의 1에 불과했던 조슈번 출신이 전체 장성의 27퍼센트를 차지했다(이광훈, 『조선을 탐한 사무라이』, 포북, 2016, 35쪽).

일본에서 극적인 변화가 일어나고 있던 1863년, 조선에서는 대원군의 둘째 아들이 즉위했다. 그가 고종이다.

제5장

위로부터의 혁명, 메이지유신

틈만 생기면 막부의 권위에 반기를 드는 데다가 교토 황궁 앞에서 금문의 전투로 난리를 친 책임을 묻기 위해 막부는 조슈번을 응징하기로 결정했다. 1864년 7월, 막부는 36개 번에 동원령을 내려 15만 명의 조슈 토벌군을 편성했다. 막부는 프랑스 군사 고문단을 초빙하여 사무라이 군대를 서양 무기로 무장시켰다.

막부의 대군이 침략해오자 서양 4개국 연합군과 바칸 전쟁으로 재정이 바닥난 조슈번은 전투 한 번 해보지 못하고 무조건 항복했다. 막부는 항복 조건으로 금문의 전투 때 조슈 군대를 이끌고 교토로 난입한 조슈 중신 세 명의 목을 잘라 바치고, 현장을 지휘한 참모 4명은 할복시킬 것을 요구했다. 조슈번이 이 요구를 수용함으로써 막부군은 철수했다.

이후 조슈번은 존왕도막파가 실각하고 친막부 보수파가 정권을 장악했다. 이때부터 막부의 정책을 무조건 지지하는 정책이 추진되었다.

조슈번이 허망하게 항복하자 그해 12월 다카스키 신사쿠가 80명의 기병대를 이끌고 시모노세키의 고잔지功山寺라는 사찰에서 쿠데타를 일으켰다. 이때의 쿠데타를 '회천回天(가이텐)'이라 한다. 거사에 앞장선 인물은 이토 히로부미와, 나중 민 왕후 시해(1895) 당시 조선 주재 공사를 지내는 미우라 고로三浦梧樓, 야마가타 아리토모였다.

회천 쿠데타로 반反막부파가 권력을 장악한 후 조슈번은 겉으로는 막부에 복종하는 척하면서 무력을 계속 키워나갔다. 이 사실이 발각되어 막부는 1865년 5월 16일, 제2차 조슈 정벌에 나섰다.

당시 조슈번과 사쓰마번은 라이벌 의식으로 사사건건 부딪쳤다. 일본을 대표하는 두 세력의 적대감이 절정에 달했을 때, 두 세력을 하나로 묶어 '삿초薩長 동맹'이란 꽃을 피운 주인공이 사카모토 료마다.

원수가 동맹으로: 삿초 동맹

제2차 조슈 정벌이 코앞에 닥치자 외세들이 긴박하게 움직였다. 이때 외세의 개입 움직임을 예의주시한 인물은 사카모토 료마였다. 그는 사쓰마번의 상징 인물 사이고 다카모리에게 "막부가 조슈번을 치기 위해 외세를 끌어들이면 일본은 서구 열강의 먹이로 전락할 것"이라고 설득했다. 이를 계기로 사카모토 료마는 사쓰마번의 신임을 얻었다. 그는 사쓰마로부터 자금과 선박을 빌려서 나가사키에 일본 최초의 근대적 해운 회사인 가메야마사추龜山社中를 설립했다.

사이고 다카모리를 설득한 또 한 사람은 사카모토 료마를 키운 막부의 해군 총독 가쓰 가이슈였다. 그는 막부군 소속 지휘관이었다. 하지만 일본이 막부와 266개의 번으로 쪼개져 있는 구체제 시스템으로는 격변하는 제국주의 시대에 생존이 불가능하다는 사실을 냉철하게 꿰뚫어보았다. 그는 사이고 다카모리에게 "막부 체제로는 미래가 없다. 일본이 서구 열강에 대항하기 위해서는 막부 체제를 대체할 새로운 통치 구조, 즉 통일된 강력한 중앙 집권제 국가를 만들어야 한다"고 설득했다.

조슈번은 막부와의 전쟁에 대비하여 군비 확충이 시급한 상황이었다. 이를 간파한 사카모토 료마는 조슈와 사쓰마번을 중재하여 회담을 열었다. 그동안 사사건건 대립했던 두 번이었기에 양쪽 모두 상대방을 신뢰하지 않았다. 회담은 타협점을 도출하지 못한 채 표류했다.

이때 사카모토가 사이고 다카모리에게 기발한 중재안을 내놓았다. 사쓰마 명의로 군함과 소총을 구입하여 조슈번에 제공하자는 아이디어였다. 당시는 미국에서 남북전쟁이 끝나 미국에서 흘러나온 최신형 소총이 상하이 항구에 산더미처럼 쌓여 있었다. 무기상들은 남아도는 무기를 처치할 방도에 골치를 앓고 있었다. 나가사키의 네덜란드 상관을 통해 관련 정보를 입수한 사카모토 료마는 사이고 다카모리에게 사쓰마번이 이 무기를 구입하여 조슈번에 제공하자는 파격적인 제안을 내놓은 것이다.

소총 제공에 대한 답례로 조슈번은 흉년이 들어 식량난에 처한 사쓰마에 쌀을 공급하는 것으로 합의안이 마련되었다. 자존심 강한 양측 모두의 권위를 세워주고, 명분과 실리를 함께 추구하는 유쾌한 협상이 이루어진 것이다.

협상 결과 조슈번의 이토 히로부미와 이노우에 가오루가 비밀리에 나가사키에 파견되었다. 두 사람은 사카모토 료마의 주선으로 글로버와 만났다. 글로버는 조슈번을 위해 영국제 증기선 군함 잇초마루乙丑丸와 최신식 미니에 소총 4,000정을 구입해 주었다. 덤으로 구식 게벨 총 3,000정도 공짜로 제공했다.

글로버가 제공한 무기는 조슈번 소속 정규군 전체 병력을 무장시킬 수 있는 엄청난 양이었다. 무기 구입 비용은 조슈가 제공하되, 구입자 명의는 사쓰마였다. 무기의 운반 및 구입 창구는 사카모토 료마가 설립한 가메야마사추가 맡았다. 일련의 모든 계약 과정에 사카모토 료마가 보증을 섰다.

당시 막부를 비롯한 대부분의 번은 구식 게벨 소총을 장비하고 있었다. 이 소총은 장전할 때 화약과 원형 탄환을 총구 앞쪽에서 밀어넣고 막대로 다진 후 발사하는 전장前裝식이어서 사격 속도가 느리고 명중률도 낮았다. 반면에 조슈번이 글로버를 통해 구입한 미니에 소총은 현재 일반화된 소총처럼 뒤에서 장전하는 후장後裝(breech-loading)식이어서 발사 속도가 대단히 빨랐다.

미국 남북전쟁에서 주력 무기로 사용된 미니에 소총은 프랑스군 장교 클라우드 에틴 미니에가 개발한 것이다. 총신에 나선형 강선이 파여 있어 총탄이 회전하며 날아가므로 명중률이 뛰어나고 사거리도 늘어났다. 총탄도 원추형이어서 파괴력이 강했다. 게다가 장전 속도가 빠르고 조작이 간편하여 사격 속도가 게벨 소총보다 10배나 빠른 것이 특징이었다. 실전에서는 미니에 소총 1정이 게벨 소총 10정에 맞먹는 위력을 발휘했다. 조슈번의 병력은 4,000여 명에 불과했으나 최신식 미니에 소총으로 무장한 결과 4만 명의 전력을 보유한 것이나 다름없었다.

이토 히로부미가 무기상 글로버로부터 소총을 구입한 대금은 일본 은화 총 9만 2,400만 냥이었다. 자금은 도자기를 팔아서 번 돈으로 지불했다. 조슈번의 영주 모리 데루모토는 임진왜란 당시 병력 3만으로 제7군을 조직하여 조선 침략에 참여했다. 그는 경남 진주 근처에서 도공 이작광·이경 형제를 납치해왔다. 이들이 조슈의 도자기 산업을 일으켜 일본 최고의 명품 찻사발로 꼽히는 이치라쿠一樂·니하기二萩·산가라

쓰三唐津의 '하기야키'를 빚어냈다.

제2차 조슈 전쟁이 시작되자 막부는 사쓰마 군대에 "조슈의 도읍지 하기를 공격하라"고 명령했다. 이미 조슈와 비밀 동맹을 체결한 사쓰마 군은 막부의 명령에도 불구하고 움직이지 않았다. 막부의 15만 대군은 최신형 미니에 소총으로 무장한 조슈의 4,000명 결사대에게 대패했다. 패배의 충격으로 쇼군 도쿠가와 이에모치가 오사카성에서 급사했고, 1866년 12월 도쿠가와 막부의 마지막 쇼군 도쿠가와 요시노부德川慶喜가 취임했다. 1867년 1월 23일 토벌군이 공식 해산되면서 제2차 조슈 정벌은 허망하게 끝났다.

막부의 제2차 조슈 정벌이 실패한 이유는 영국이 무기상 글로버를 통해 조슈와 사쓰마번을 적극 후원했기 때문이다. 영국이 막부가 아닌 유력 번을 밀어준 배경에는 막부 독점의 틀을 깨고 자유 무역을 실시하려는 정책이 배경에 깔려 있었다. 이런 의미에서 볼 때 삿초 동맹의 주인공은 사카모토 료마로 알려졌지만, 사실상 영국 정부가 배후 조종자 역할을 했다고 봐야 한다. 사카모토는 막부를 쓰러뜨리고 자유 무역을 원하는 영국 정부의 계획대로 움직인 하수인이나 다름없었다(조용준, 『메이지유신이 조선에 묻다』, 2019, 321쪽).

통치권을 천황에게

막부의 마지막 쇼군이 된 도쿠가와 요시노부는 전임자들에 비해 뛰어난 정치력을 가진 리더였다. 하지만 그는 막부가 서양의 위협에 안이하게 대처한다면서 과격하게 비판하여 막부와 불편한 관계였던 미토水戶

(현재 이바라키현 중북부)번주 도쿠가와 나리아키德川齊昭의 아들이었다. 때문에 막부 핵심 인물들의 지지를 받지 못해 뛰어난 리더십에도 불구하고 정치적 기반은 허약했다.

요시노부가 취임한 직후 고메이 천황이 창궐하던 천연두로 36세의 젊은 나이에 급사하고, 15세 된 그의 아들 메이지明治가 즉위하면서 메이지 시대가 개막됐다. 다음해인 1867년, 도쿠가와 요시노부가 메이지 천황에게 통치권을 반납하고 쇼군에서 물러나도록 하는 공작이 진행되었다.

대정봉환의 설계자 사카모토 료마

막부의 자발적인 통치권 반납 프로그램의 구상자는 사카모토 료마였다. 그는 막부 체제가 해체되는 과정에서 유혈 충돌이 벌어지면 외세가 개입할 수 있다고 우려했다. 이렇게 되면 일본은 중국처럼 외세에 휘둘릴 것이 분명했다. 최악의 사태를 막기 위해서는 쇼군이 자발적으로 통치권을 반납하여 평화적인 천황제 통치 시스템이 출범하도록 유도해야 한다.

사카모토 료마는 1867년 에도로 향하는 유가오마루石顔丸 선상에서 일본이 나아가야 할 방향을 8가지로 정리하여 막부에 보냈다. 선상에서 구상한 정책이라 하여 '선중팔책船中八策'이라 불리는 신국가 체제의 비전은 서양에서 도입된 '헌법' 개념을 일본에 적용한 것이다. 그 내용은 다음과 같다.

① 천하의 정권을 조정에 봉환하고, 새 정령을 조정에서 세운다.
② 상·하 의정국上下議政局(상·하 양원 의회)을 설치하고 의원을 뽑아 만기를 공의로 결정한다.

③ 유능한 공경제후公卿諸侯와 천하의 인재를 고문으로 삼아 관작을 내리고 유명무실한 관직을 폐지한다.

④ 외국과의 교류를 확대하고 새롭고 지당한 규약을 세운다.

⑤ 옛 율령을 폐지하고, 새롭고 무궁한 대전을 제정한다.

⑥ 해군을 확장한다.

⑦ 어친병御親兵(근위 부대)을 설치하여 제도帝都를 수비하게 한다.

⑧ 금·은의 시세를 외국과 균형을 맞추는 법을 제정한다.

11월 9일, 도사土佐(현재 시고쿠 남부 고치현)번주 야마노우치 도요시게山內豊信가 이 내용을 쇼군 도쿠가와 요시노부에게 올렸다. 사카모토의 '선중팔책'에 공감한 도쿠가와 요시노부는 통치권을 천황에게 자진 반납하겠다는 상주문을 올렸다. 메이지 천황은 이를 수용했다.

요시노부는 자신의 권력을 완전히 내려놓기 위해 대정봉환 상주문을 올린 것이 아니다. 그는 천황을 비롯하여 조정이 일본을 이끌어갈 만한 준비가 안 되어 있다고 판단했다. 따라서 잠시 쇼군 직을 내려놓았다가 새 정부가 출범하여 혼란이 발생하면 자신이 다시 권력을 장악하기 위해 통치권 반납 쇼를 카드로 내놓은 것이다. 요시노부의 의도를 간파한 조슈·사쓰마번의 주인공들은 쇼군을 정치 일선에서 완전히 배제시켰다. 그 결과 구체제는 급속도로 붕괴되었다.

일촉즉발의 전운 속에서 삿초 동맹 결성과 대정봉환이라는 역사의 물줄기를 만들어낸 사나이가 사카모토 료마였다. 그러나 하늘은 신일본을 창조한 영웅이 느긋하게 천수를 누리는 것을 허락지 않았다. 대정봉환이 결정된 후 사카모토는 동지이자 삿초 동맹의 숨은 공신인 나카오카 신타로中岡愼太郎와 함께 교토의 오미야近江屋 여관에서 신정부 강령을 작성하던 중 자객의 습격을 받아 암살되었다. 1867년 11월 15일 오후 8시, 그의 나이 30세였다.

외국에 가본 적이 전혀 없으면서도 만국공법을 익히고 개국의 필요성을 절감한 인물, 외국과의 무역을 위한 종합 상사가 필요하다 하여 이를 설립한 인물, 막부를 타도하고 천황을 옹립하여 미국과 같은 민주 국가를 만들어야 한다고 주장한 인물이 혁명의 소용돌이 속에서 쓰러진 것이다. 사카모토 암살은 막부에 반대하는 자들을 처단하는 신센구미新選組 소행설, 막부 소행설 등이 떠돌 뿐 아직까지 그 실체가 정확하게 밝혀지지 않았다.

일본 소프트뱅크 창업자인 손정의(마사요시 손) 회장이 가장 존경하는 인물이 사카모토 료마다. 손 회장은 자신이 창업한 소프트뱅크의 로고에 사카모토 료마가 설립한 일본 최초의 주식회사 가이엔타이의 로고를 그대로 물려받았다.

무혈로 에도성 내준 막부군

1867년 12월 9일 조슈·사쓰마 연합군이 교토 황궁을 포위한 가운데 메이지 천황이 신정부 수립을 선언하고 왕정복고 대호령을 발표했다. 이날 쇼군의 관위와 영지가 몰수되었다. 이로써 천황을 정점으로 하는 신정부가 수립되었다. 역사는 이 사건을 메이지유신明治維新이라고 명명했다.

메이지유신이 단행되었어도 친막부파 세력 전체가 일사불란하게 이를 수용하고 순순히 백기 투항한 것은 아니다. 막부는 고도로 훈련되고 서양식 무기로 무장한 3만 정예 부대와 상당한 해군 전력을 보유하고 있었다. 사카모토 료마의 암살로 평화적 정권 인수를 추진하던 핵심 동력원이 사라지자 권력을 빼앗긴 친親막부파 영주와 천황 지지파 영주들 사이에 갈등이 폭발했다.

1868년 1월 2일, 아이즈번을 중심으로 친막부 성향의 동북 지역 31개 번이 오우열번奥羽列藩 동맹을 맺고 동북 자치 정부를 수립했다. 이들이 메이지 신정부에 반기를 들며 보신 전쟁이 발발했다. 그러나 친막부군은 교토에서 오사카로, 오사카에서 에도로 밀렸다.

신정부군이 에도성을 포위하자 막부군의 육군 총재 가쓰 가이슈는 쇼군 도쿠가와 요시노부를 알현했다. 그는 "막부군이 끝까지 저항할 수는 있다. 이렇게 되면 내전의 상처가 깊어져 서양 열강의 식민지로 전락할 위험이 있다. 막부의 정치적 생명은 다했다. 깨끗이 정권을 반납하고 스스로 물러나는 것이 일본을 구하는 길"이라고 쇼군을 설득했다.

가쓰 가이슈의 논리정연한 설득이 쇼군의 마음을 움직였다. 가쓰는 신정부군 총사령관 사이고 다카모리와 회동했다. 사이고는 "에도 성문을 열고, 도시를 넘겨주기 바란다"고 요구했다. 가쓰는 에도 성문을 열고 무기를 반납했다. 신정부군은 인구 100만의 에도에 무혈 입성하여 파괴와 살육을 면했다. 1869년 4월 5일과 6일 이틀간 벌어진 일이다. 이로써 에도는 도쿄로 명칭이 바뀌었고, 교토에 있던 메이지 천황이 도쿄의 도쿠가와 막부가 사용하던 성으로 거처를 옮겼다.

에도를 상실한 친막부군은 동북 지방인 아이즈·센다이로 쫓겨났다. 이때 네덜란드에 유학하여 항해술과 포술을 공부하고 돌아온 에노모토 다케아키榎本武揚가 친막부군에 합류했다. 그들은 홋카이도로 거점을 옮겨 에조蝦夷 공화국을 수립했다. 그를 따른 인물 중에 후에 주한 일본 공사로서 청일전쟁 개전 임무를 수행하고 경복궁 점령, 김홍집 내각 설립, 갑오경장을 주도한 오토리 게이스케大鳥圭介가 있었다.

그들은 자신들의 힘만으로는 전세를 역전시키기 어렵다고 판단하고 프로이센의 비스마르크(Otto Eduard Leopold von Bismarck)에게 홋카이도의 땅을 넘겨주는 조건으로 군사적 원조를 요청했다. 비스마르크는 이 제안을 거절했다.

5월, 하코다테函館 전투가 마지막 결전장이었다. 친막부군이 조슈·사쓰마의 정예 병력을 앞세운 신정부군에게 대패하여 보신 전쟁은 5개월 만에 막을 내렸다.

위로부터의 '조용한 혁명'

'유신'이라는 단어의 출처는 중국 고전 『시경詩經』 「대아大雅·문왕文王」의 "주수구방, 기명유신周雖舊邦, 其命維新(주나라는 비록 오래되었으나 그 천명은 오히려 새롭다)"이다. 메이지유신은 1858년 이후 막부가 외교·국방은 물론 내정에서 제 역할을 수행하지 못하자 그동안 천황이 쇼군에게 위임했던 통치권을 회수하여 직접 행사하겠다고 나선 정치적 격변이다. 엄밀하게 따지면 조슈·사쓰마번의 하급 사무라이들이 일으킨 쿠데타였다.

메이지유신의 주인공은 '독서하는 사무라이' '칼을 찬 사대부' 같은 신흥 계급들이었다. 이들은 서양의 침략으로부터 일본을 지켜야 한다는 시대정신을 자각한 집단이었다. 이들이 일본의 자주독립을 위해 266개의 번과 막부로 구성된 봉건 체제를 해체하고 근대 국가를 수립하겠다고 선언한 것이 메이지유신이다.

'독서하는 사무라이'들은 일본이 서양 열강처럼 강대국으로 올라서려면 일본 천황이 강한 지도자가 되어야 한다고 주장했다. 주장은 그렇게 하면서도 실제로는 성인식도 치르지 못한 15세 소년을 천황으로 옹립했다.

천황 중심의 새로운 일본을 꿈꾸던 메이지유신 세력이 자신의 앞가림도 못하는 애송이를 새 일본을 이끄는 자리에 앉힌 이유는 무엇이었을까? 그들은 천황의 정통성은 나이나 인품, 정치적 능력이 아니라 만세일계萬世一系의 황통에서 나온다고 믿었기 때문이다.

그보다 더 중요한 이유가 있었다. 아직도 강력한 봉건 체제의 신분 제도가 작동하고 있는 상황에서 신분이 낮은 사무라이 출신들이 정국을 주도할 수는 없었다. 그들은 기존의 막부 체제를 대체할 통치 제도를 만들기 위해 천황을 전면에 내세워 번을 통합하고 새로운 권력 창출의 동력원으로 삼은 것이다.

대부분의 나라는 구체제 변혁 과정에서 기득권을 유지하려는 세력과 기득권을 분쇄하려는 세력 간에 내전이 벌어져 파괴·혼돈·유혈 충돌로 적지 않은 사회적 비용이 지불되는 것이 일반적 현상이다. 반면 일본은 내전·암살·정변 등 물리적 충돌이 벌어졌지만 비교적 조용히 혁명이 완수되었다.

일본이 '조용한 혁명'에 성공한 이유는 프랑스 혁명처럼 민중에 의한 사회 변혁이 아니라, 지배 계층 일부의 자기 혁신을 통해 이루어졌기 때문이다. 메이지유신은 일반 백성들의 폭동·반란·혁명으로 인한 '아래로부터의 변화'가 아니라, 위로부터의 '질서 있는 혁명'이었다.

메이지유신의 근원은 1600년의 세키가하라 전투로 거슬러올라간다. 세키가하라는 임진왜란 당시 도요토미 히데요시를 도와 조선에 출병한 고니시 유키나가, 조슈의 모리 데루모토 등 도요토미에 끝까지 충성한 서군과, 조선에 출병하지 않았고 도요토미 가문으로부터 권력을 빼앗으려는 도쿠가와 이에야스의 동군 간의 전투였다. 메이지유신을 일으킨 조슈와 사쓰마는 임진왜란 때 조선 침략의 선봉에 섰고, 메이지유신에 성공한 직후 정한론이 불거졌을 때도 그에 앞장선 세력이다.

만약 막부의 마지막 쇼군 도쿠가와 요시노부가 순순히 통치권을 반납하지 않고 반反막부 세력과 정면대결을 선택했다면 일본은 1600년 세키가하라 전투보다 더 격렬한 내전이 벌어졌을 가능성이 높다. 대정봉환이란 명분하에 스스로 권력을 내려놓은 쇼군의 일대 결단이 일본을 내전 위기에서 구해낸 것이다.

반면에 조선 왕실과 집권층은 서양 열강과 일본의 도전에 직면하자 권력 유지를 위해 외세를 동원하여 최후까지 권력에 집착하는 모습을 보였다. 이것이 구한말 변혁기에 한일 지도부가 보여준 리더십의 차이였다.

일본제국의 탄생

1869년 여름, 각 번의 영주들이 다스리던 영토版와 주민籍을 조정에 바치는 판적봉환版籍奉還이 단행됐다. 판적봉환 조치로 각 번의 영주들은 자신들이 다스리던 토지와 주민을 중앙 정부에 바치고 번 지사에 임명됐다. 사쓰마번은 가고시마번으로, 조슈번은 야마구치번으로 명칭이 바뀌었다.

이어 신분 제도 철폐를 위한 화족령이 공포되어 모든 일본인은 화족華族·사족士族·평민平民으로 구분되었다. 이때부터 공경公卿·제후 칭호가 폐지되고 5등급 작위(공작·후작·백작·자작·남작)로 구성된 화족 제도가 시행되었다. 화족에 선정된 509개 가문은 대부분 황족·공경·영주 등 세습 귀족 가문이다. 화족령에 따라 각 번의 사무라이는 사족으로 편성되었다.

메이지 신정부는 사무라이 출신들을 대거 경찰과 군에 채용했다. 경찰은 사쓰마 출신들의 독무대가 되었다. 일본 근대 경찰의 아버지라 불리는 인물이 사쓰마 출신의 가와지 도시요시川路利良다. 1874년 가와지가 경시청을 창설하여 초대 경시총감에 취임한 이래 1912년까지 19명의 경시총감 중 15명이 사쓰마 출신이다.

이어 '도쿄 초혼사招魂社'라는 이름으로 야스쿠니 신사靖國神社가 문을 열었다. 야스쿠니 신사의 맨 윗자리에는 쇼카손주쿠를 열어 메이지유신을 이끈 지사를 다수 배출한 요시다 쇼인과 다카스키 신사쿠의 위패가 봉안되었다.

지배 계층의 사회적 자살

1871년 8월 29일, 막번 제도의 유물인 번을 폐지하고 군현 제도를 실시하는 폐번치현廢藩置縣을 단행했다. 새로 설치된 현에는 정부가 임명한 지현사知縣事(후에 현령縣令)를 임명하여 봉건 체제를 해체하고 중앙 집권화를 추진했다.

폐번치현은 왕정복고에 이어 두 번째 쿠데타로 불릴 정도로 중대한 개혁 조치였다. 칙령 하나로 수백 년 이어져온 번이 하루아침에 폐지되는 모습을 지켜본 해리 파크스(Harry Smith Parkes) 주일 영국 공사는 "유럽에서는 수년간 내전을 치르고 나서야 이룰 수 있는 일"이라며 놀라워했다.

이 무렵 일본에 체류하면서 격렬한 정치 체제 변화를 생생하게 목격한 프랑스 의사 사바티에(Ludovic Savatier)도 1871년 12월 25일 지인에게 "지난 2년간 일본이 겪은 변혁이 어떤 것인지 당신은 상상할 수 없을 것이다. 이 사람들은 우리가 지난 200년간 이룬 것보다 더 많은 발전을 이루었다. 20년 내에 유럽인이 유럽인인 것을 자랑스러워하는 것보다 일본인이 일본인인 것을 더 자랑스러워할 날이 올 것"(이윤섭, 『일본 100년: 문호개방에서 55년 체제까지 일본제국주의 흥망사』, 아이필드, 2016, 42쪽) 이라는 편지를 보냈다.

판적봉환과 폐번치현은 각 번을 다스리던 구체제 지배자들이 스스로 자신들의 봉권적 특권을 내려놓은 일대 결단이었다. 이러한 특권의 포기를 일컬어 '지배 계급의 사회적 자살'이라고 표현한다. 메이지유신과 근대화 과정이 서구에 비해 비교적 조용하고 평화적으로 진행된 것은 이처럼 구체제 지배자들이 '사회적 자살'을 택한 결과였다.

메이지 정부는 '사회적 자살'을 택한 도쿠가와 요시노부를 비롯한 260여 명의 영주들에게 피의 복수 대신 두둑한 경제적 보상을 해주었다. 마지막 쇼군 요시노부는 에도성을 헌납한 후 시즈오카静岡에서 사진과 바둑 등 취미 생활을 즐기면서 우아한 삶을 살았다.

일본 국민군 창설

메이지 정부 출범 직후에는 정부군이 존재하지 않아 사쓰마와 조슈의 번군이 천황과 유신 정부를 지켰다. 최초의 정부군인 신군新軍은 사쓰마·조슈 군대를 주력으로 하여 4개 번의 병력을 모아 구성했다(성희엽, 『조용한 혁명』, 2016, 712쪽).

1873년, 사무라이로 구성된 군대가 완전 폐지되고 평민을 징집하여 국민군이 조직되었다. 세습직이자 종신직이었던 사무라이와는 달리 징병제에서는 일정 연령에 달한 성인 남자는 신분에 관계없이 상비병(3년간 현역 복무)·후비병(징집에서 해제된 예비 병력)·국민병(4년간 보충역)에 소속되도록 되었다. 징병령 공포 당시 일본 총인구는 3,000만~3,500만 명이었다. 그중 "남자 20살로서 신체 건강한 자"를 대상으로 징병이 이루어질 경우 상비 병력은 수십만에 이르게 된다. 메이지 정부는 징병 대상자 중 예외를 폭넓게 인정하여 총 병력 3만 1,680명 수준을 유지했다.

전쟁 기계나 다름없는 사무라이가 아닌 평민 징집병으로 군대를 조직하는 과정에서 다양한 시행착오가 발생했다. 군 수뇌부는 이들을 지휘 통솔하기 위해 「군인 훈계」(1878)·「군인 칙유」(1882)를 제정하여 정신 교육을 실시했다.

개혁 작업은 순조롭게 진행되었다. 1886년 학교령이 공포되어 국민 보통 교육이 실시되었다. 그 결과 1890년대에는 취학률이 90퍼센트까지 높아져 국민의 지적 수준이 급상승했다. 일본에 군사 혁명에 이어 보통 교육을 통한 문맹 퇴치, 지식 혁명을 일으킨 주인공은 이토 히로부미였다.

'유신 3걸'의 퇴장

엄격하게 말하면 메이지유신은 사쓰마·조슈의 경제력과 군사력, 그리고 인재들이 변혁을 주도했다. 이후 두 번 출신들이 행정부와 군부·경찰 등 국가 요직을 독점하고 번벌藩閥 독재를 시행했다.

일본의 구체제 권력자들이 '사회적 자살'을 택함으로써 조용한 혁명이 진행된 것은 사실이다. 하지만 구체제 해체 과정이 순탄치만은 않았다. 거듭된 내전과 암살, 신정부 수뇌부의 갈등에 더하여 정한론, 타이완 침공 등 중대한 사건 사고가 연속으로 발생했다.

유신 3걸로 불리는 기도 다카요시·사이고 다카모리·오쿠보 도시미치의 인생도 질풍노도 그 자체였다.

메이지유신 이후 정국을 주도한 기도 다카요시는 세이난 전쟁에서 사쓰마의 반란군과 정부군 전투가 절정에 달했을 때 병으로 사망했다.

사이고 다카모리는 세이난 전쟁을 일으켰으나 정부군에게 패해 할복자살로 삶을 마감했다.

오쿠보 도시미치는 유신 진행 과정에서 여러 차례 암살 위기를 넘겼다. 한번은 자객이 던진 다이너마이트에 폭사할 뻔한 사건이 발생했다. 가벼운 부상을 입고 간신히 위기를 모면한 오쿠보는 "칼 같은 낡은 도구가 아니라, 진보적인 서양 발명품에 부상당한 것이 기쁘다"고 말했다. 1878년 5월 14일, 오쿠보는 도쿄의 기오이자카紀尾伊坂에서 사이고 다카모리를 추종하는 시미다 이치로島田一郎 일당에게 암살당했다. 이것이 '기오이자카의 변變'이다.

유신 3걸 모두 병사病死·할복·암살로 요절하면서 살아남은 이토 히로부미와 오쿠마 시게노부에게 기회가 왔다. 이토는 1878년 오쿠보가 암살된 후 내무경을 이어받아 실권을 장악했다. 기오이자카의 변을 계기로 일본 정계에서 사쓰마 파벌이 물러나고 조슈 파벌이 권력을 장악하게 된다.

이토 히로부미의 헌법 구상

체제 정비를 위한 마지막 과업은 헌법 제정이었다. 1875년 4월 14일, 메이지 천황은 삼권분립에 입각한 입헌군주정 체제를 세우겠다고 선포했다. 군주가 마음대로 통치하는 제도가 아니라, 군주가 헌법이 정한 제한된 권력을 가지고 다스리는 정치 체제를 도입하겠다는 선언이었다. 게다가 행정권은 군주가 아니라 민의를 대변하는 의회에서 선출한 총리가 행사하는 제도를 도입하겠다고 약속했다. 군주제 하에서 수천 년을 살아온 동아시아에서 삼권분립과 입헌정 선언은 가히 혁명이나 다름없었다.

일본의 천황이 직접 나서서 입헌정 선언을 한 배경이 있다.

어느 나라나 격렬한 혁명 과정에서 손해를 보거나 낙오하는 세력이 발생하기 마련이다. 메이지유신으로 사쓰마·조슈번 중심의 번벌 독재가 시행되면서 260여 개에 달하는 나머지 번 출신 지사들은 권력에서 철저히 소외되었다.

통상적인 경우라면 의회가 먼저 개설되어 의회에서 헌법을 제정하는 것이 순리다. 일본은 통상적이며 일반적인 방식이 아니라, 천황 주도하에 헌법 제정이 추진되었다. 1876년 9월 7일, 메이지 천황은 원로원 의장인 다루히토 친왕熾仁親王에게 헌법 초안 작성을 명령했다. 조정 수뇌들은 갑자기 의회를 개설할 경우 국가 안보에 위협이 될 수 있다는 이유로 10년을 유예 기간으로 설정했다.

새 헌법 제정 책임은 이와쿠라 도모미岩倉具視가 맡았다. 이와쿠라는 프로이센주의자인 이노우에 고와시井上毅를 실무 책임자로 선정했다. 이노우에는 의회 권한을 축소하고 행정권이 우위에 있는 프로이센 헌법을 모델로 한 헌법을 천황이 제정하는 방안을 제안했다. 즉, 일본 헌법은 천황 단독 의사로 제정하여 국민에게 하사하는 흠정欽定 헌법 노선을 채택한 것이다.

1883년 이와쿠라가 사망하자 메이지 천황은 헌법 제정의 전권을 이토 히로부미에게 위임했다. 이토 히로부미는 1882년 3월, 9명의 수행원과 함께 1년 5개월에 걸쳐 베를린·빈·파리·런던 등을 돌며 유럽 각국의 헌법과 입헌 제도를 조사 중이었다. 이토 히로부미도 이노우에 고와시를 중용하여 흠정 헌법 노선을 수용했다.

이토 히로부미의 해외 유학 경력은 화려했다. 1861년 5월 조슈번의 비밀 유학생(조슈 파이브)으로 런던에서 공부했고, 유신 직후인 1871년에는 선진국 화폐 제도를 조사하기 위해 미국에서 공부했다. 1872년에는 이와쿠라 사절단으로 구미 12개국을 순방했다. 이번에는 헌법 제정을 위해 유럽 각국에 파견되었다. 이토는 일본 정계의 대표적인 해외 유학파이자, 메이지 신정부에서 해외 사정에 정통한 문명개화론자로 부상했다.

이토는 빈에서 로렌츠 폰 슈타인(Lorenz von Stein) 빈 대학 교수의 특강을 들으며 일본 헌법의 청사진을 구상했다(성희엽, 『조용한 혁명』, 2016, 629-631쪽). 그가 구상한 일본 헌법은 '황실의 기초를 튼튼히 하고, 대권을 잃지 않는 헌법'이었다. 이토는 서양의 정당 내각제나 공화주의 입헌 제도를 맹목적으로 신봉하여 일본에 도입하려는 자들에 대항하여, 천황과 황실의 기초를 튼튼하게 뿌리내리는 제도를 만들고자 했다.

이토가 추구한 정체政體는 영·미·프랑스식 공화주의도 아니고 독일식 전제 정치도 아닌, 일본의 역사와 전통·문화에 적합한 입헌군주제였다. 즉, 군주 대권과 행정권을 분리한 바탕 위에서 군주·행정·의회 세 기관이 균형을 이루는 입헌군주제였다. 공부를 마친 이토는 귀국하여 헌법 조사국을 설치하고 헌법 초안 기초 작업에 돌입했다.

1885년 12월, 관제 개혁이 선포되었다. 일본에 사상 최초로 내각 제도가 도입되어, 국무를 총괄하는 최고 국가기관이었던 태정관太政官 및 참의 제도가 폐지되었다. 국정 최고 책임자가 태정대신에서 총리대신(수상)으로, 각 부서(성) 장관은 경卿에서 대신大臣으로 호칭이 바뀌었다.

태정관 제도하에서 태정대신은 화족만이 임명될 수 있었다. 반면에 내각제에서는 출신 가문에 상관없이 능력만 있으면 누구나 총리대신에 오를 수 있게 되었다. 이것은 일본의 전통적 신분 제도로 볼 때 충격적인 사건이었다(이윤섭, 『일본 100년』, 2016, 64쪽).

관제 개혁의 결과 메이지유신 이전에는 무사 계급 중 최하급 신분이었던 이토 히로부미가 초대 총리대신에 올랐다. 초대 내각의 외무대신은 이노우에 가오루, 내무대신은 야마가타 아리토모, 육군대신은 오야마 이와오, 해군대신은 사이고 쓰구미치로 구성되었다. 9명의 대신 중 사쓰마·조슈번 출신이 7명을 차지한 번벌 내각이었다.

내각제 도입은 헌법이 아직 제정되지 않고 의회 제도가 성립되지 않은 상황에서 천황의 명령으로 이루어졌다. 말하자면 천황제 전제 독재 정부가 탄생한 것이다. 그 결과 천황 아래에서 내각 총리대신이 수상이 되고, 각 성의 행정 책임자가 대신이 되어 천황을 보필하는 특이한 정부가 출범했다. 이런 방식으로 정부를 먼저 구성한 후, 이토 히로부미는 일본제국 헌법 제정에 본격 착수했다.

이토는 프로이센 헌법보다 입헌적 요소가 훨씬 희박한 바이에른(Bayern)과 뷔르템베르크(Württemberg) 등 남부 독일 국가들의 헌법을 모델로 하여 헌법 제정 작업을 진행했다. 1887년 엄중한 경계 속에서 비밀리에 헌법 초안이 완성되었다. 신설된 추밀원에서 헌법 초안 심의가 이루어졌고, 1889년 2월 11일 대일본제국 헌법이 공포되었다.

천황이 통치하는 나라

대일본제국 헌법은 군주가 국민에게 하사하는 흠정 헌법이었다. 따라서 군주인 천황과 행정부의 권한이 강하게 구성된 헌법을 하늘(천황)이 내리는 방식으로 국민들에게 강요했다(이에나가 사부로·이노 겐지, 「근대사상의 탄생과 좌절」, 이에나가 사부로 엮음, 연구공간 '수유+너머' 일본근대사상사팀 옮김, 『근대일본사상사』, 소명출판, 2006, 71-72쪽).

제국 헌법 제1장 제1조는 "대일본제국은 만세일계의 천황이 통치한다"고 규정함으로써 천황의 통치권을 명시했다. 또 천황에게 국회 해산권, 군 통수권까지 부여하여 천황은 신성불가침의 지위와 절대적 대권을 가진 초월적 존재가 되었다.

특히 천황의 긴급칙령권은 법률과 동등한 권한을 갖고 있어 의회 없이도 국가의 법률적 기능이 가동될 수 있는 구조였다. 이것은 천황의 권위나 명의를 도용하여 정부가 얼마든지 합헌적 권력을 행사할 수 있음을 의미한다(서민교, 「1890년대 중일전쟁기 일본의 국내 정치와 외교」, 강성학 편저, 『용과 사무라이의 결투: 중(청)일전쟁의 국제정치와 군사전략』, 리북, 2006, 290쪽).

일본 지식층은 근대 민족 국가를 창조하는 데 필요한 정치적 충성을 동원하는 일에 천황을 내세우기 위해 의도적이고 인위적으로 천황제를 구축했다. 신화로 치장된 천황제를 현실 정치 무대에 등장시켜 일본을 혁명적으로 전환시킨 것이다.

막상 근대식 의회가 출범했지만, 의회 정치가 일본의 전통과는 관련 없는 서구식 제도였기에 민의의 반영은 제대로 이루어지지 않았다. 일본 국가 지도부는 입헌 정치 체제를 도입하면서도 국민 참정권을 최소한으로 억제하기 위해 고심했다. 시대의 흐름에 따라 의회 설치는 어쩔 수 없는 일이지만, 국민의 정치 참여를 최소화하기 위해 다양한 방안을 강구했다. 대표적인 예가 양원제 의회다.

제국의회는 천황이 임명하는 귀족원(상원)과, 국민의 선거에 의해 선출되는 중의원衆議院(하원)으로 구성되도록 규정했다. 임명직인 귀족원이 국민 대표인 중의원을 견제하기 위해 1884년 귀족 제도를 화족 제도로 정비하여 화족을 계속 배출하도록 만들었다.

서양식 작위 제도를 도입하여 유력자 집안 출신 인재들에게 공작·후작·백작·자작·남작 작위를 부여했다. 또 기존의 화족 외에 유신에 공훈을 세운 29개 가문도 화족으로 선정되어 국가로부터 작위를 받았다. 이들 거의 대부분이 사쓰마·조슈번 출신이었다. 이는 의회를 상·하 양원으로 나누고 귀족원을 구성할 근거를 마련하기 위한 조치였다(서민교, 「1890년대 중일전쟁기 일본의 국내 정치와 외교」, 2006, 289-290쪽). 화족들은 제국 헌법에 따라 귀족원 의원이 되어 중의원 의원과 함께 제국의회를 구성했다.

국민 참정권도 소수에게 제한적으로 부여하기 위해 선거권은 재산세 15엔 이상을 납부하는 25세 이상 남자에게만 주어졌다. 대지주나 도시 상공업자 등 유산 계급에게만 참정권이 부여되는 제한 선거제가 실시된 것이다.

1890년 실시된 제1회 중의원 총선거 당시 선거권자는 45만 명, 당시 일본 인구의 1.1퍼센트에 불과했다. 메이지 헌법 체제 출발 당시 일본에서는 겨우 1.1퍼센트의 민주주의가 이루어진 것이다. 엄격한 재산 제한 선거였기에 중의원 의원의 반 이상이 지주나 지방 명망가 출신이었다.

1890년 11월, 일본 역사상 최초로 제1회 제국의회가 소집되었다. 11월 29일 도쿄 히비야의 의사당에 300명의 중의원 의원이 모여 역사적인 첫 의회가 개원되었다. 일본은 메이지유신으로 신정부를 수립한 지 21년 만에 동아시아에서 가장 근대적인 입헌 국가를 수립했다. 이어서 제국의회는 민법과 상법, 형사소송법과 민사소송법을 제정했다.

제1회 의회 개원의 날, 제3대 총리 야마가타 아리토모는 의회에 출석하여 유명한 주권선(국가 고유의 영토)·이익선(주권선의 안위와 관련된 인접 지역) 연설을 했다. 그로부터 4년 후, 일본은 청일전쟁을 일으켜 동아시아 패권 쟁탈의 신호탄을 쏘아 올린다.

일본은 조선의 지도부처럼 타국(중국)에 의지하여 안보를 지켜내려 한 것이 아니라 스스로의 노력으로 막부 정권을 무너뜨리고 헌법 제정, 의회 제도 도입으로 중앙 집권적 입헌군주제 국가로 변신하는 데 성공했다.

서구에서는 부르주아지가 근대적 정치 변혁을 주도했다. 반면에, 일본은 막번 체제의 실무를 담당했던 중하층 사무라이들이 그 역할을 맡았다. 이들은 유신 후 신정부의 요직을 맡아 근대화의 중심 역할을 했다(성희엽, 『조용한 혁명』, 2016, 37쪽).

메이지유신 이전까지만 해도 교토에 유폐되어 있던 천황은 그림자 같은 존재였다. 실제로 일본 통치는 천황으로부터 권한을 위임받은 막부의 쇼군이 행사했다. 경제 면에서는 260여 개의 지방 영주들이 자기 영지를 다스리는 열국지 세상이었다. 일본의 근대화 선각자들은 이처럼 기형적인 봉건 국가 체제로는 서양 열강들의 동아시아 침략으로부터 국가를 지킬 수 없다고 판단했다.

메이지유신을 성공시킨 일본 국가 지도부는 천황가를 일반 법률의 저촉을 받지 않는 초법적 존재로 신격화하기 위해 1889년 2월 11일, 헌법 공포와 동시에 「황실 전범皇室典範」을 제정했다. 이 전범을 통해 천황의 황위 계승, 즉위식 등의 제도가 제정되었다. 이때 천황의 일부일처제, 장자 계승 원칙 등이 제도적으로 정비되어 근대적 천황제의 기본이 마련되었다(서민교, 「1890년대 중일전쟁기 일본의 국내 정치와 외교」, 2006, 291쪽).

탈아입구

메이지유신은 조슈와 사쓰마번 하급 무사들이 주도한 근대화 과정이었다. 때문에 메이지 신정부 형성 과정에서 조슈·사쓰마번 출신들이 거의 대부분의 국가 요직을 독차지했고, 나머지 260여 개 번 출신들은 철저히 소외되었다. 이처럼 특정 소수 번 출신들이 약진하고 거의 대부분의 번 출신들이 몰락하거나 소외되는 상황은 정치적 격변의 요인이 된다.

정한파 주전론자였던 이타가키 다이스케板垣退助는 도사번 출신이다. 그는 자신이 주장한 정한론이 거부당하자 관직에서 물러나 일본 최초의 전국적 정치 조직인 애국사愛國社를 결성했다. 강한 리더십과 대중 연설로 인기가 높았던 이타가키는 1878년 민주 정치의 원리를 가르치는 학교를 세워 자유 민권 운동을 발전시켰다. 이런 활동에 힘입어 그는 '일본의 루소'로 불렸다.

이타가키와 소에지마 다네오미副島種臣 등 도사·히젠(사가)번 출신 지사들은 또 애국공당愛國公黨이라는 동아시아 최초의 정당을 조직했다. 이들은 신문을 발행하여 사쓰마·조슈 번벌 독재를 견제하면서 자유 민권 운동의 뿌리 역할을 했다.

이타가키 등이 시작한 정당 활동은 의회 설립 운동으로 이어졌다. 1880년 12월 15일 이타가키 다이스케는 여러 정치 결사체들을 통합하여 자유당을 결성했다. 자유당은 지방의 사족 계급과 부농을 중심으로 혁신적 사상을 지향했다. 1882년 오쿠마 시게노부가 설립한 입헌개진당立憲改進黨은 도시 상공업자들을 기반으로 영국식 입헌주의 사상으로 출발했다.

해외 침략 앞장선 '민권' 야당

흠정 제국 헌법으로 구성된 초대 의회는 재적 300명 중 자유당 의원 130명, 입헌개진당 의원 41명으로 자유 민권 운동 계열이 과반 의석을 점유했다. 두 정당은 정당 내각의 실현과 정치 비용 절감, 민력 휴양民力休養을 구호로 내걸었다. 반정부 노선을 지향한 두 정당을 언론에서는 '민당民黨'이라고 칭했다. '이당吏黨'이라 불린 정부 여당 당선자는 소수에 불과했다.

출범부터 여소야대라는 위기 상태에 처한 번벌 정부는 "불편부당의 공정한 마음으로 인민을 위한다"면서 정당 내각제를 부정하는 초연주의를 선언했다. 이로써 일본 의회 정치는 파란 속에서 시작되었다.

제국 헌법은 중의원의 입법권 행사는 귀족원에 의해 대부분 제한되도록 시스템이 짜여 있었다. 중의원의 유일한 법률적 권한은 예산 심의권뿐이었다. 정부는 예산에 관한 동의를 중의원에서 얻어야 했는데, 여당(이당) 의석이 과반을 넘지 못해 정부 예산안은 야당(민당)에 의해 번번이 제동이 걸렸다. 정당과 헌법의 운용에 따라 의회의 정치적 영향력이 점차 확대되면서 정부와 의회의 대립 구도가 심화되었다.

일본의 근대화 시기에 태동한 자유 민권 운동은 서구 사회처럼 개인의 자유와 인권의 확장을 통해 다수의 사람이 평등하게 정치에 참여하기 위한 목적이 아니었다. 자유당의 창시자 이타가키 다이스케는 대표적인 정한론 주창자였다. 이처럼 자유당이나 개진당도 거슬러올라가면 그 뿌리가 정한론에 닿아 있는 모습이 발견된다.

그들의 의도는 강력한 국가 건설과 국력의 해외 팽창이었다. 1880년대부터 메이지 정부가 중앙 집권화 정책을 추진하면서 민권 운동을 억누르자 활동 영역을 상실한 민권 운동가들은 국권론자로 변신하여 대륙을 향한 국력 팽창의 길로 나아가게 된다(한상일, 『아시아연대와 일본제국주의: 대륙낭인과 대륙팽창』, 오름, 2002, 23-24쪽).

제국의회가 출범하면서 다수 야당을 형성한 민권 세력들은 대외 정책에서 팽창주의의 선봉에 섰다. 주변국과 분쟁이 일어날 경우 야당은 내각 구성원들보다 더 과격하게 침략을 주장했다. 그 결과 일본은 정부에 대한 견제 장치, 제동 장치가 사라져 전쟁 국가로 나갈 수밖에 없는 한계를 안고 있었다.

일본에 신경 쓸 겨를이 없었던 서양 세력

사무라이는 일본 봉건 지배 계급의 일원이자, 그 체제를 수호하는 전위 세력이었다. 19세기 중반 서양 세력이 일본으로 밀려오자 사무라이들은 봉건적 의리에서 벗어나 천황 중심의 통일 정부 수립이라는 대의를 찾아냈다. 이들의 자기희생적 노력도 가상했지만, 한편에선 운도 많이 따랐다.

일본과 화친 조약을 체결했던 서양 5개국은 모두 전쟁과 내란에 휘말렸다. 영국·프랑스·러시아는 1853년부터 1856년까지 크림 전쟁을 치르느라 일본에 신경을 쓸 여유가 없었다. 크림 전쟁이 끝나자 이번에는 중국 시장을 확대하기 위해 제2차 아편 전쟁(1856~1860)을 치르느라 정신이 없었다.

영국은 인도와 중국에 군사적으로 개입하면서 세포이의 반란(1857), 태평천국의 난(1851~1861) 등 저항에 부딪쳤다. 일본을 개국(1854)시키고 통상 조약으로 개항(1858)시킨 미국은 남북전쟁(1861~65)에 휩싸여, 어렵게 문호를 개방시켜 놓고도 일본에 적극 진출할 여력이 없었다. 네덜란드는 일본의 개국 이후 유럽에서 소국으로 전락했다. 그 틈을 이용하여 일본은 막말 봉건 체제에서 근대화의 길로 나가는 힘을 축적할 수 있었다.

큰 틀에서 보면 메이지유신은 영국의 지원을 받은 사쓰마·조슈·사가번이 프랑스의 후원을 받은 막부에 승리한 것이다. 왕정복고 쿠데타를 전후한 시기에 영국과 프랑스는 이해관계가 서로 달랐다. 영국의 동아시아 외교를 담당했던 능수능란한 외교관은 앨콕과 파크스였다. 영국은 일본을 개국시키기 위해서는 각 번의 영주들이 막부 독점의 틀을 깨고 자유 무역을 해야 한다는 입장이었다. 영국은 서남 지역의 세 번(조슈·사쓰마·사가)을 지원하여 일본 내에 새로운 통일 정권을 세우고, 이를 영국의 영향 아래 두려 했다.

조슈번이 제2차 조슈 전쟁을 준비하는 과정에서 영국은 글로버를 통해 신식 무기와 군함을 조슈에 제공했다. 보신 전쟁이 벌어지자 영국은 메이지 신정부가 승리할 수 있도록 하기 위해 서구 열강들에게 엄정 중립을 지키도록 압력을 가했다.

반면에 프랑스는 막부 우호 세력이었다. 막부는 프랑스와 손잡고 서남 지역의 유력 번들을 견제했다. 주일 프랑스 공사 레옹 로슈는 막부 쇼군 도쿠가와 요시노부에게 사쓰마·조슈번의 군대를 진압하기 위해 프랑스군을 지원하겠다고 제안했다.

막부의 프랑스 우호 정책에 따라 1867년 1월 샤누안 대위를 비롯한 19명의 프랑스 군사 고문단이 일본에 초빙되어 프랑스식 훈련을 실시했다. 1872년 4월에는 마르크리 중령을 비롯하여 16명의 제2차 프랑스 군사고문단이 일본에 도착했다.

일본 육군 최초의 본격적인 교범은 1870년 11월 육군병학료에서 발간한 『육군일전陸軍日典』이다. 이것은 프랑스의 군대 교범을 번역한 것이다. 또 작전 행동 규범을 제시한 『프랑스 진중 교범』이 1873년 육군문고에서 번역 출간됐다(후지와라 아키라, 서영식 옮김, 『일본군사사(상)』, 제이앤씨, 2013, 62-63쪽).

막부는 프랑스와 일본 합자회사를 만들어 무역을 독점케 하고, 철도 건설 이권을 주려 했다. 만약 막부의 이 계획이 계속 추진되었다면 일본은 프랑스의 반半식민지가 되었을지도 모른다(조용준, 『메이지유신이 조선에 묻다』, 2019, 454-463쪽).

프랑스는 보불 전쟁(1870~71)에서 유럽의 새로운 강자로 떠오른 프로이센에 패하여 파리를 점령당했다. 1871년 파리에서는 사회주의자들이 바리케이드를 치고 인류 최초의 사회주의 자치 정부인 파리 코뮌을 선포했다. 파리 코뮌은 70일간 존속하다 정부군에게 진압됐는데, 이런 충격파로 인해 프랑스는 지구 반대편의 일본에 신경을 쓸 여유가 없었다.

서양 열강들이 욕심을 내서 쟁패전을 벌였다면 일본도 중국처럼 갈가리 찢어질 가능성도 배제할 수 없는 상황이었다. 그러나 일본과 수교한 서양 열강들은 자국의 이해관계에 따라 분열(영국·프랑스)하거나 전쟁에 휘말렸고(영·불 연합군, 러시아), 내전에 휩싸였다(미국 남북전쟁). 그래서 일본에 가해진 서양 세력의 외압의 강도는 제1·2차 아편 전쟁으로 청이 직면했던 것보다 훨씬 약했다.

개항 초기부터 메이지유신이 진행되는 동안 숱한 정치 세력 사이의 갈등과 내전에 시달리던 일본은 외세의 간섭이 약해진 틈을 이용하여 내부 전열을 정비할 시간을 벌었다. 서양 열강의 복잡한 사정으로 인해 일본은 '숨 쉴 공간(breathing space)'을 확보할 수 있었던 것이다.

일본은 이러한 열강들의 휴지기를 이용하여 국내적인 정치 통합(political incorporation)을 이루었다. 다른 동아시아 국가들이 전통 질서의 악순환이라는 '정치적 인볼루션(퇴화)'의 굴레에서 벗어나지 못하는 동안, 일본은 제국주의 열강으로 발돋움할 토대를 이때 마련했다(이삼성, 『동아시아의 전쟁과 평화 2』, 2017, 209-210쪽).

하필 이 시기에 서양 열강들의 압력이 약해진 것은 일본에겐 축복이었다. 이처럼 운이 따라주었기에 일본의 근대화는 자국 주도하에 자신들의 개혁 프로그램대로 진행될 수 있었다.

동양도 서양도 아닌

일본은 새로운 질서에 순응하기 위해 동아시아적 질서라는 '과거'를 내팽개치고 '탈아입구脫亞入歐'라는 생소한 길로 질주했다. 일본인에게 문명 개화는 단순히 풍속 개량이나 생활 양식의 서구화 차원이 아니라, 서양식의 계몽된 문명 상태에 도달하는 것이었다. 따라서 일본의 근대 역사는 서양의 모방이었다. 일본은 아시아에 위치하고 있지만, 아시아가 아닌 상태를 원했다.

서양의 근대화는 절대 왕권에 대한 민권의 반발이 그 동력원이었다. 반면에 일본의 탈아입구형 근대화는 서양과 크게 다르다. 일본의 조슈·사쓰마 파벌은 오랜 기간 통치권을 행사하지 않아 정치적 영향력이나 실질적 권력과 멀어진 '잊혀진 존재'인 천황을 업어다가 권좌에 앉혔다. 그리고 강력한 권한을 억지춘향식으로 부여했다.

메이지유신 후 신정부는 백성들이 그 존재를 기억조차 못하는 천황의 존엄을 인위적으로 창조해내기 위해 무진 공을 들였다. 천황을 가마에 태우고 전국 각지를 순방하는 이벤트까지 마련했다. 이때부터 천황제가 일본의 신흥 종교로 자리 잡기 시작했다.

일본은 맹목적인 서구화로의 진격과 전근대적이고 복고적이며 신화적인 천황제의 도입이라는, 도무지 합치되기 힘든 요소들이 어우러진 나라가 되었다. 그 결과 일본은 동양도 아니요 서양도 아닌, 정체성이 모호한 '잡종의 나라', 마치 프랑켄슈타인 같은 괴물로 돌연변이를 일으키기 시작했다.

제6장

홍선대원군

1863년 12월 8일, 철종이 33세의 나이로 승하했다. 그는 아들 넷을 두었으나 모두 일찍 죽었다. 왕세자가 없는 상태에서 국왕이 사망함으로써 복잡한 후계자 선정 문제가 제기되었다. 후임 국왕 선정의 권한은 전례에 따라 왕실의 최고령자인 대왕대비 조씨趙大妃(순조 아들 효명세자 부인 신정왕후)에게 위임되었다.

이때 오래전부터 숨죽이고 있던 흥선군 이하응이 역사 무대에 등장한다. 그는 조대비의 조카 조성하를 통해 비밀리에 궁중 최고 어른인 조대비와 접촉했다. 조성하는 앞에서 소개한 것처럼 풍양 조씨 세도정치의 몸통이었던 조만영의 손자다. 두 사람 사이에 어떤 대화가 오갔는지는 확실치 않으나, 이후 조선 왕조에 정치적 격랑이 일었다. 누구도 예상치 못한 인물이 왕위에 올랐기 때문이다.

조대비가 후임 국왕으로 낙점한 인물은 흥선군의 열두 살 먹은 둘째 아들 이재황이었다. 그가 말 많고 탈 많았던 조선의 26대 국왕 고종이다. 1864년 1월 16일, 이재황은 종로구 운니동 자택에서 가마를 타고 창덕궁으로 가서 즉위했다.

왕족 종가의 적통이 아닌 인물이 왕위에 오를 때는 생가에서 나와 왕족 종가의 양자로 입적되는 형식을 밟는다. 이재황은 핏줄로는 흥선군 이하응의 둘째 아들이나 관례에 따라 익종(효명세자)과 대왕대비 조씨의 양자로 입적되어 공적公的 신분으로는 익종과 조대비의 양자가 되었다. 이재황은 익성군翼成君이란 봉호를 받고, 익종의 아들 신분으로 왕위에 올랐다.

풍양 조씨인 조대비는 흥선군과 결탁하여 누구도 예상치 못했던 의외의 인물을 왕위에 올렸다. 목적은 60여 년 조선을 말아먹은 안동 김씨 세도정치의 고리를 끊어내기 위해서였다. 정치적 의미로 보면 고종의 즉위는 1862년 진주민란을 비롯해 전국을 휩쓴 농민들의 저항에 놀란 안동 김씨 세도 정권이 잠시 권력을 양보하여 뒷전에 물러앉은 결과일 수도 있다.

'동아시아 3걸'

새 국왕의 아버지 흥선군은 아들의 즉위와 함께 흥선대원군, 부인은 여흥부대부인驪興府大夫人에 봉해졌다. 대원군이란 국왕이 형제나 자손 등 후사後嗣 없이 사망하여 종친 중에서 왕위를 계승할 경우, 새 국왕의 살아 있는 친아버지(생부)에게 내리는 봉호다.

조선 왕조에서 대원군은 네 사람이 있었다. 그중 선조 생부 덕흥대원군, 인조 생부 정원대원군, 철종 생부 전계대원군은 아버지가 돌아간 후 국왕이 즉위한 상황에서 추존推尊한 일종의 정치적 쇼였다. 국왕의 생부가 살아 있는 상황에서 봉해진 진짜 대원군은 흥선대원군이 처음이자

마지막이었다. 때문에 흥선대원군의 예우를 어떤 수준으로 할 것인가가 중대한 정치 현안으로 떠올랐다.

흥선군은 1820년 남연군南延君 이구李球의 넷째 아들로 태어났다. 왕족 종가로부터 멀리 갈라져 나온 방계 출신의 흥선군은 파란만장한 삶을 살았다. '상갓집 개'라는 모욕을 당해가며 안동 김씨 세도가 김병기의 집을 들락거렸고, 부랑배들과 어울려 방탕한 생활을 하는 등 행실이 그다지 바르고 아름답지 못했던 것으로 알려졌다.

'근세 한국사 가장 인상 깊은 기인'

그러나 당대 사료를 엄밀히 들여다보면 '파락호破落戶 난봉꾼' 흥선군과는 완연히 다른 모습이 발견된다.

흥선군 이하응이 처음 관직에 나간 것은 15세 되던 1834년(순조 34)이다. 그는 왕실에 필요한 식품을 준비하고 음식을 만드는 일을 담당하는 주원廚院, 의약 관련 부서인 전의감典醫監, 왕이 참여하는 큰 행사를 주관하는 전설사典設司, 종이를 제조하는 조지서造紙署에 근무하며 능력을 인정받았다.

1843년(헌종 9) 군君에 봉해졌고, 1846년 정1품에 올랐다. 1847년 베이징에 파견되는 동지사에 임명됐으나 중국에 가지는 못했다. 대원군이 그때 제1차 아편 전쟁으로 아수라장이 된 중국을 방문했다면, 후에 권력 실세로 활동하면서 그토록 완고한 쇄국 정책을 고집하지 않았을지도 모를 일이다.

흥선군은 1847년, 군君에 봉작된 사람들을 관할하는 종친부 책임자有司堂上에 임명되어 오랜 기간 근무했다. 부인은 여흥 민씨인 민치구의 딸이었다. 훗날 고종의 부인 민 왕후(민비, 후에 명성황후 추존)도 여흥 민씨다. 흥선군의 부인과 아들 고종의 부인은 같은 씨족 집안사람이었다.

흥선군은 부인 민씨와의 사이에 장남 재면, 차남 재황(고종)과 두 딸을 두었다. 서자로 재선과 딸 하나가 있었는데, 이재선은 후에 고종을 축출하는 쿠데타에 연루되어 사약을 받고 죽었다. 서출 딸은 이윤용에게 시집갔는데, 시동생(이윤용의 남동생)이 훗날 을사 오적으로 낙인찍히는 이완용이다. 흥선대원군은 위로 세 명의 형이 있었는데 이창응(흥녕군)·이정응(흥완군)은 일찍 죽고 이최응(흥인군)만 생존했다.

풍양 조씨와의 결탁에 의해 쇠락해가던 왕족 방계 혈통의 인물이 왕위에 오르면서, 국왕의 아버지인 43세 흥선군은 일약 난세의 권력자로 급부상하며 격렬한 권력의 소용돌이에 휩싸이게 된다.

황현이 『매천야록』에서 "그의 분부 한마디에 산천초목이 떨었다"고 할 정도로 대원군의 위세는 하늘을 찌를 듯했다. 당시 조선에서 근무하던 외교관들은 동아시아의 3걸三傑로 청나라의 즈리直隸 총독 북양대신 이홍장李鴻章, 일본의 이토 히로부미와 함께 대원군을 꼽았다.

미국 감리교회 선교사로 파송되어 육영공원에서 영어를 가르쳤던 헐버트(Homer Bezaleel Hulbert)는 대원군에 대해 "위압적 인품과 불굴의 의지를 가진 인물로서 근세 한국사상 가장 인상 깊은 기인奇人이었다"고 기록했다. 헐버트는 "뭇사람들은 그를 미워하면서도 동시에 존경했다. 그는 어떤 어려움과 맞닥뜨리더라도 자신의 의지를 관철시키는 불굴의 투지를 가진 사람이었다"는 평을 남겼다.

김옥균도 대원군의 인품에 대해 "성격이 완고하지만 공명정대하다. 관리를 임명하고 면직시키는 데 아주 정대하다"는 긍정적인 평을 남겼다. 박은식도 『한국통사』에서 "대원군은 용맹 과감하며 번개와 같고 변통에 능한, 정치사상 대혁명가였다"고 극찬했다.

반면에 천주교를 극심하게 탄압한 조선과 원수지간이 된 프랑스 신부는 "대원군의 몸은 과히 크지 아니하고 파리하나 원기가 있고, 그 눈은 항상 번득번득하여 보기에 무서우며, 성품은 조급하고 탐욕스럽다. 새 조정을 다스리는 대원군이 비록 모든 폐단을 고치고 없애겠다 하지만, 흉악한 일을 마음대로 행하고 사람을 무수히 죽여도 어떻게 무슨 일로 죽이는지 도대체 알 수 없으니 악독한 사람"(김윤희·이욱·홍준화, 『조선의 최후』, 2004, 49-50쪽)이라고 악평했다.

호불호를 떠나 여러 가지 사료를 참고할 때, 대원군이 비범한 인물이었던 것만은 분명해 보인다. 이러한 난세의 걸물이 아들을 등에 업고 권력의 전면에 혜성처럼 등장하면서 조선 정가에 일대 파란이 일었다.

가장 지위가 높은 신하

고종이 12세의 어린 나이에 즉위하여 정사를 주관하기 어렵자 조대비가 수렴청정을 했다. 고종이 즉위할 무렵 조정은 안동 김씨가 압도적인 세력을 형성하여 세도정치를 행하고 있었다. 풍양 조씨 일족인 조대비는 수렴청정을 이끌어갈 만한 정치적 기반이 취약했다.

조선 왕조의 공식적인 의사 결정 기구는 묘당廟堂이다. 묘당 참석자는 2품 이상 전·현직 관리인 시·원임 대신, 당상堂上이라 불리는 고위 관료 30~50여 명(육조의 장관에 해당하는 판서, 각 군영의 장, 서울시장에 해당하는 한성부 판윤, 의정을 보좌하는 좌참찬·우참찬 등)이다.

모든 국가 정책은 묘당에서 끊임없는 논쟁을 통해, 또 협의를 통해 결정되었다. 국왕 혼자서 독자적으로 결정할 수 있는 사안은 거의 없었다. 조대비는 묘당에 참석하여 자신을 정치적으로 후원해줄 인물이 필요했다. 그 적임자가 대원군이었다.

대원군은 국왕의 친아버지라는 것을 제외하면 정식 관직은 아무것도 없었다. 이런 상황에서 조대비는 느닷없이 대원군을 '가장 지위가 높은 신하'로 위상을 결정했다. 그 결과 묘당의 최고 의사 결정권자는 수렴청정을 하고 있는 조대비, 다음 순위는 '가장 지위가 높은 신하'인 대원군으로 정리되었다(기무라 간, 김세덕 옮김, 『대한제국의 패망과 그림자』, 제이앤씨, 2017, 61쪽). 즉, 대원군의 권력은 왕조의 공적 제도나 명확한 근거를 통해 형성된 것이 아니라 수렴청정을 하던 조대비와 원로 대신의 양해하에 정사에 대한 권한을 위임받는 형식으로 만들어진 특이한 것이었다.

이런 한계에도 불구하고 대원군은 능란한 정치력을 발휘하여 안동 김씨의 세도정치를 봉쇄했다. 그로부터 10여 년, 대원군은 막강한 권력을 휘두르는 조선 최고의 권력자로 군림했다. 안동 김씨·풍양 조씨 세도정치가 하루아침에 대원군의 세도정치로 성격이 바뀐 것이다.

조대비는 고종 즉위 2년 후인 1866년 3월 29일, 통치권을 국왕에게 돌려주는 철렴환정撤簾還政을 선언했다. 이날부터 모든 국가 통치는 국왕인 고종 친정 체제로 환원되었다. 하지만 대원군은 권력을 아들에게 쉽게 넘겨줄 호락호락한 인물이 결코 아니었다. 대원군은 아들 고종과 함께 국가를 이끄는 이중 통치 구조의 묘수를 발휘했다. 아들은 그저 왕위에 앉아 있는 존재에 불과했고, '가장 높은 지위의 신하'라는 권위를 토대로 국왕의 생부가 '어명'을 앞세워 정치를 주도했다.

아이러니하게도 대원군이 국정 전반에 걸쳐 강력한 권한을 행사할 수 있었던 것은 60여 년 지속된 세도정치 관행 덕분이었다. 국왕을 대신하여 비변사의 요직을 차지한 일부 가문이 권력을 농단하던 자리에 대원군이 대신 들어앉은 것이다.

묘당은 철종까지는 비변사備邊司라는 기관에 두었다. 비변사는 조선 중기까지는 국방 관련 업무를 담당하던 기관이었으나, 임진왜란 이후 정무까지 담당했다. 대원군은 아들이 왕위에 오르자마자 비변사를 폐지하고 정무 중심 기관인 의정부의 권능을 회복했다. 이것은 조선 왕조 창건 당시의 통치 시스템으로 복귀를 뜻하는 것이었다. 이런 방식으로 문무 관료 세력을 분리시켜 왕권 강화를 꾀했다.

양반 증가로 국가 세수 급감

19세기 후반은 서세동점으로 인한 위기의 시대이자, 인도의 카스트 제도나 다름없는 신분제가 동요하는 혼란의 시대였다. 상민이나 노비 출신들 중에 재산을 모은 사람들이 생겨나고, 몇 대에 걸쳐 과거 급제자를 내지 못한 양반 집안은 경제적으로 몰락했다.

세도정치로 국가 주요 관직은 서울과 경기 지역을 기반으로 한 일부 가문에 독점되었다. 다른 지역 양반들은 중앙 정치 무대에서 대거 탈락한 결과 조선 왕조는 지방에 대한 통제력과 영향력을 급격히 상실했다.

조선의 양반 계급은 제도를 악용하여 병역과 조세를 비롯한 각종 의무를 면제받는 특권 계급이었다. 이런 특권을 마다할 사람이 어디 있겠는가. 어느 정도 재력을 확보한 상민들은 수단 방법 가리지 않고 신분 세탁을 하여 양반으로 편입되었다. 이러한 '자칭 양반'이 증가할수록 왕조의 세수는 크게 줄어 재정이 붕괴 위기에 빠졌다.

조정은 부족한 세수를 일반 백성들에게 부담시키는 방식으로 해결하려 했다. 농민들에 대한 과세를 강화하자 세금의 질곡에서 헤어날 길이 없는 농민들이 저항하여 민란이 폭발했다. 수십 년 권력의 단물을 빨던 세도 정권 당사자들은 난세를 돌파할 뚜렷한 대안을 제시하지 못한 채

허둥댔다.

어느 시대, 어느 사회를 막론하고 말세가 도래하면 힘없는 민초들은 초인超人이 혜성처럼 나타나 도탄에 빠진 백성을 구원해줄 것이라는 메시아 사상에 현혹되기 마련이다. 내우외환의 조선이 언제 붕괴되어도 전혀 이상할 것이 없는 말세의 극단에 다다랐을 때 혜성처럼 나타난 이가 흥선대원군이다.

그는 국왕의 아버지로서, 왕을 앉혀놓고 자신이 나서서 강력한 추진력으로 박력 넘치게 국정을 리드해나갔다. 조정의 관료들은 정조 사후 64년 만에 철권 리더십을 보유한 이 인물을 새로운 권력의 중심으로 인식하게 되었다. 이런 요인들이 대원군 통치에 감히 저항하지 못하게 하는 요인이 되었다.

혼란의 시대

1862년 경남 진주에서 시작된 임술민란은 들불처럼 전국으로 번져 조선 왕조 최대의 민란으로 발전했다. 이대로 가면 왕조 자체가 붕괴될 수도 있는 위기감이 팽배했다. 중국에서는 영국이 애로호 사건으로 촉발한 제2차 아편 전쟁으로 엄청난 이권이 서양 열강에 넘어갔다. 이 와중에 태평천국의 난이 막바지로 접어들면서 이들을 진압하느라 양쯔강 곡창 지대가 쑥대밭이 되었다. 일본은 개항과 메이지유신을 향한 회오리로 동아시아에서 일대 지각 변동이 일어나고 있었다.

제2차 아편 전쟁으로 청나라 황제가 피난을 떠나고 영불 연합군이 베이징을 약탈하는 난리 소식이 서울에 전해진 것은 1859~60년이다. 이때 조선에 콜레라 대재앙이 닥쳐 수많은 사람들이 쓰러져 시체가 되었다. 당시 조선을 강타한 콜레라는 중국이 진원지였다. 콜레라가 유행하는 지역에 기항했던 미국 군함이 나가사키에 입항하여 병균을 퍼트렸고, 이것이 조선에까지 전파된 것이다. 일본도 콜레라로 인해 에도에서만 사망자가 3만~4만 명에 이를 정도로 맹위를 떨쳤다.

오염된 식수를 통해 전파되는 콜레라는 중국에서 후례라虎列刺라 불렸으나 조선에서는 '호랑이가 물어뜯는 고통스러운 병'이란 뜻에서 호열자虎列刺라 했다. 헐버트 선교사는 1886년 여름 콜레라가 서울을 덮쳤을 때 7월 26일 하루에 보고된 서울의 시체 수는 920명, 27일에는 842명으로, 18시간 동안 1,762명이 장례를 치렀다고 한다. 전염성이 강한 호열자가 쓰나미처럼 덮칠 때 조선 조정이 할 수 있는 일이라고는 "시체를 내다 버릴 수 있는 두 개의 문에 관리를 파견하여 시체의 숫자를 세는 일"이 전부였다고 헐버트는 기록하고 있다(헐버트, 「조선의 콜레라 재앙」, 「리퍼블리컨*The Republican*」 1886. 7. 29). 그 밖에 민심 선무를 위해 공물 내려 보내기, 화난 귀신을 달래기 위한 푸닥거리, 죽은 자들의 혼령을 위로하는 위령제 정도가 고작이었다.

제2차 아편 전쟁의 충격파는 조선에까지 파장을 미쳤다. 청나라가 힘한번 써보지 못하고 서양 열강에게 능욕당했다는 소문이 장안에 널리 퍼졌다. 서양 세력이 당장 조선도 침략할 것이라며 지레 겁을 먹은 조정 관리와 백성들이 피난을 떠나는 등 일대 혼란이 발생했다.

제2차 아편 전쟁은 참으로 희한한 전쟁이었다. 전쟁은 영불 연합군이 치렀지만, 청으로부터 가장 큰 이권은 러시아가 뜯어갔다. 1860년 러청 베이징 조약으로 러시아는 청나라로부터 연해주 일대의, 프랑스와 독일을 합친 면적만큼의 영토를 탈취하는 데 성공했다. 그 결과 러시아 군인과 군함이 두만강 일대 국경 지역에 자주 출몰했다. 시중에는 러시아가 조선을 침략할지도 모른다는 뜬소문이 걷잡을 수 없이 퍼져나갔다.

'조선 점령' 주장한 프랑스 신부

대원군이 권력의 정점에 오르기 7년 전인 1857년 10월 15일, 조선에서 활동하던 메스트르 신부가 주청 프랑스 공사 부르불롱(A. de Bourboulon)에게 '건의문'을 보냈다. 그는 건의문 서두에서 크림 전쟁이 종결되어 동양에 프랑스 함대가 증강된 것을 축하한 후 "1858년에는 프랑스가 해군을 동원하여 조선을 점령하여 자비와 구원을 내려달라"고 기원했다. 조선을 하루빨리 프랑스의 식민지로 만들어달라는 내용이었다.

메스트르 신부는 1846년 세실 제독이 지휘하는 프랑스 극동 함대가 조선 해역에 출동할 때 통역관으로 동행했던 인물이다. 그는 조선 천주교 역사를 정리할 때 빼놓을 수 없는 인물이다. 중국에서 조선 청년 김대건과 최양업에게 신학을 가르친 스승이고, 조선에 파송된 선교사 중 최연장자, 1855년 충북 제천에 국내 최초의 신학교를 세운 인물이기 때문이다. 온화하고 양순한 성품으로 교우들로부터 존경과 사랑을 받았던 메스트르였지만, 조선에서 선교의 자유를 쟁취하기 위해 서양인 특유의 '파우스트 정신'을 유감없이 발휘한 것이다.

메스트르 신부는 프랑스 함대의 침략을 돕기 위해 조선의 수도 서울에 이르는 한강의 지세를 자세하게 설명했다. 또 서울을 지키는 군사는 활과 화승총으로 무장한 병졸 5,000~6,000명에 불과하며, 프랑스 1개 대대 병력 정도로 충분히 서울을 점령할 수 있다는 사실, 서울이 함락되면 더 이상 저항은 없을 것이란 점 등, 조선의 1급 군사 정보들을 통째로 주청 프랑스 공사에게 제공했다.

주 상하이 프랑스 영사 몽티니도 1858년 1월 프랑스 외무장관에게 프랑스군의 조선 원정을 요청했다. 몽티니는 1861년 3월 16일에는 프랑스 황제 나폴레옹 3세에게 조선 원정을 건의하면서 "조선에는 금은이 풍부해서 원정 비용을 충당할 수 있고, 조선과 조약을 체결하여 선교 활동을 보장받을 수 있다"고 강조했다.

조선에서 은밀하게 선교 활동을 하던 프랑스 신부들이나 일부 개화 의식에 눈을 뜬 양반 천주교 신자들은 베이징 조약을 통해 조선과 국경을 접하게 된 러시아의 움직임에 촉각을 곤두세웠다. 그들은 영토에 대한 야욕이 강한 러시아가 남하하여 조선을 식민지로 삼을지도 모른다고 우려했다. 이를 예방하기 위해서는 조선이 영국이나 프랑스와 동맹을 맺고 그들의 보호를 받아 러시아의 남진을 막아야 한다는 방아론防俄論으로 사고가 발전했다.

조선에 진출하여 활동 중이던 프랑스 신부들은 만약 조선 조정이 프랑스와 동맹을 원할 경우 자신들이 메신저 역할을 하겠다고 나섰다. 프랑스 신부들이 정치적 행위에 앞장선 이유는 조선에서 선교의 자유를 얻기 위해서였다. 천주교인들을 비롯하여 프랑스 신부들이 조선에서 선교를 위해 많은 피를 흘렸기 때문이다.

프랑스와 제휴 모색한 대원군

프랑스 신부들이 조선 조정과의 접촉을 낙관적으로 판단한 이유가 있다. 조선의 권력 실세로 떠오른 흥선대원군의 부인(여흥부대부인)과 딸, 국왕 고종의 유모 박씨(세례명 마르타)가 세례를 받은 독실한 천주교 신자였기 때문이다. 고종의 유모 박마르타를 통해 천주교를 접한 대원군 부인 민씨는 베르뇌 주교에게 자신의 아들이 왕위에 오르도록 기도

해줄 것을 의뢰한 일도 있었다(다보하시 기요시, 『근대 일선관계의 연구(상)』, 2013, 92쪽).

1896년 10월 뮈텔 주교에게 세례를 받고 마리아라는 세례명을 받은 대원군 부인은 그 후 여러 차례 국가 융성과 평화를 위해 미사를 봉헌했다. 뮈텔 주교의 일기에는 "1896년 10월 11일 왕의 어머니가 세례를 청했다. 부인은 나에게밖에 희망을 둘 곳이 없다고 말했다. 나는 우리의 유일한 의탁처는 오직 천주님뿐이라고 말했다"고 기록되어 있다(오륜대 한국순교자박물관, 『병인년 횃불』, '조선 왕조와 천주교' 특별전 도록).

1865년 겨울, 프랑스 신부들은 서울의 생원 홍봉주 자택을 거점으로 포교 활동을 하고 있었다. 이 무렵 두만강을 경계로 국경을 접하게 된 러시아가 수시로 국경을 침범하여 통상을 요구하는 사건이 발생하여 정국이 요동을 쳤다. 베르뇌 주교는 홍봉주에게 "조선은 국가의 안위를 위해 프랑스와 손잡는 게 필요하다"고 설명했다. 이 말에 감동한 홍봉주는 자신이 그 일을 위한 밀알이 되기로 작정했다.

홍봉주는 베르뇌 주교의 설명을 확대 해석하여 조선·영국·프랑스 3국 동맹을 바탕으로 러시아의 남진을 막는다는 내용의 「방아책防俄策 건의문」을 작성했다. 이 건의문에는 '3국 동맹'이라는 중요한 외교 전략적 의미가 담겨 있었다. 하지만 이 건의문은 베르뇌 주교와 사전 협의 없이 작성되었다. 조선 천주교 신자들의 희망 사항을 담은 내용에 불과했다는 뜻이다.

홍봉주는 이 문서를 대원군의 사돈인 조기진을 통해 대원군에게 전달했다. 대원군이 자신의 방아책에 별다른 반응을 보이지 않자 홍봉주는 천주교 신자로서 고위 관직을 역임한 남종삼에게 도움을 요청했다. 남종삼은 26세 때 과거에 급제하여 철종 시절 왕명의 출납을 담당하는 정

3품 당상관인 승지에 올랐고, 고종이 즉위한 후 좌승지로 발탁되어 국왕 앞에서 경서를 논했다. 그는 종묘 제사 문제로 고민하다가 관직을 버리고 야인 생활을 하던 중이었다.

홍봉주의 요청을 받은 남종삼은 격식을 갖춘 새 건의문을 작성하여 대원군을 알현했다. 그는 대원군에게 "조선이 영국·프랑스와 3국 동맹을 체결하여 러시아의 남진을 견제해야 한다. 조선에 와있는 프랑스 신부들을 통해 프랑스 정부와 수교 협상에 대한 도움을 받을 수 있다. 이것이 이이제이以夷制夷의 방아책"이라고 설득했다.

남종삼의 논리정연한 설득에 대원군의 마음이 움직였다. 대원군은 프랑스의 도움으로 러시아를 물리칠 수 있다면 종교의 자유를 허락하겠다고 약속했다. 그리고 베르뇌 주교와의 면담을 위해 "지방 순회 중인 프랑스 주교를 하루속히 상경시켜 방아책을 상의하라"고 명했다. 천주교 신자들은 대원군의 긍정적인 반응에 고무되어 서울에 대규모 성당 건설 계획까지 구상했다.

대원군은 이때까지만 해도 천주교에 부정적인 생각을 가지고 있지도 않았고, 위정척사 쇄국론자도 아니었다. 대원군은 집권 초기인 1864년부터 리델(Félix Clair Ridel, 제6대 조선 교구장) 신부 등과 접촉하여 러시아의 위협을 견제하기 위해 프랑스 세력과 손을 잡으려 했다.

병인대박해: 천주교를 희생양으로

어느 시대, 어느 나라를 막론하고 개혁 드라이브가 걸리면 그에 반발하는 세력이 존재하기 마련이다. 대원군의 개혁에 불만이 폭발한 안동 김씨를 중심으로 한 노론 사림 세력은 대원군을 손봐줄 기회를 엿보고 있었다. 이 와중에 대원군 집안에 천주학쟁이들이 드나드는 모습을 발견하자 이를 빌미로 정치적 역공을 개시했다. 1801년 신유사옥, 1839년의 기해사옥 때와 마찬가지로 조정 내부의 권력 투쟁이 천주교 탄압으로 비화할 필요충분조건이 갖춰진 것이다.

천주교에 비교적 관대했던 대원군의 입장이 180도로 돌변한 것은 1866년 초다. '병인대박해'로 명명된 천주교 탄압은 여러 가지 이유가 복합되어 폭발한 비극이었다.

우선, 조선 천주교 지도자들의 월권 행위다. 천주교 지도자들은 자신들이 프랑스 신부를 움직여 조선·프랑스·영국 3국 동맹을 성사시킬 수 있다고 믿었다. 그 대가로 대원군으로부터 포교의 자유, 신앙의 자유를 얻어낸다는 전략이었다. 하지만 이처럼 고도의 외교적 사안을 조선 교구장을 맡고 있는 베르뇌 주교와 사전 협의 없이 작성하여 대원군에게 제출했다.

막상 일이 크게 확대되자 베르뇌 주교는 눈앞이 캄캄했다. 3국 동맹안은 자신의 힘으로는 성사 불가능한 고도의 정치 외교적 사안이었기 때문이다. 베르뇌 주교는 "정치와 종교는 별개의 문제다. 나는 프랑스를 움직여 러시아를 막을 능력이 없다"면서 소극적으로 대응했다(김원모, 『개화기 한미교섭관계사』, 2003, 27쪽).

그는 곧바로 주중 프랑스 전권공사 베르트미(Jules François Gustave Berthemy)에게 상황을 알리고, 자신이 대원군의 제안을 거절했기 때문에 새로운 박해가 일어날 수도 있으니 이에 대비하여 군함을 보내줄 것을 요청했다. 베르트미 공사는 조선 조정이 천주교를 암묵적으로 용인하고 있는 상황에서 군함을 보내면 오히려 조선을 자극할 것이라고 본국에 보고하고 베르뇌 주교의 요청을 거절했다.

대원군이 천주교를 숙적으로 삼은 이유가 있다. 대원군 치세 동안 여러 가지 긍정적인 개혁에도 불구하고 특권 양반층과 유생들은 강력 저항했다. 경복궁 중건은 신권臣權이 아닌 왕권 강화책이요, 지방 양반·선비들의 권력의 근원인 서원 철폐와 양반들에게 호포 부과는 양반 기득권을 무너뜨리는 중대한 도전이었다.

대원군의 거듭된 개혁 드라이브로 인해 코너에 몰린 양반·선비·유생 집단은 대원군이 프랑스 신부들과 가깝게 지낸다는 소문에 편승하여 대원군을 공격했다. 대원군의 실정을 규탄하기 위해 떼를 지어 상소하고, 대궐 앞에서 농성과 항의 시위로 날을 지새웠다. "운현궁에 천주학쟁이가 출입한다"는 소문이 퍼져나가면서 대궐 앞 농성 참여자들이 폭발적으로 늘었다.

정치적 위기감이 고조되는 와중에, 함경도 국경 지역에서 불온한 움직임을 보이던 러시아 선박과 병사들이 국경 너머로 자진 철수했다. 러시아에 대한 위협이 제거되자 대원군은 정치적 탈출구를 위해 천주교를 희생양으로 삼기로 했다.

천주교는 소중화의 나라 조선에서 조상 제사를 거부하고, "노비건 상놈이건 양반이건 모든 인간은 하나님 앞에서 평등하다"고 가르쳤다. 성리학 근본주의자들 시각으로 볼 때 천주교는 단순히 영혼의 안식이나 삶의 위안을 얻기 위한 종교가 아니라, 체제 변혁을 외치는 이단 사상으로 해석됐다.

대원군은 성리학 근본주의자들인 양반 선비와 유생들의 구미를 적당히 맞추기 위해 천주교 박해의 슬로건으로 '위정척사'를 내걸었다. 소중화의 나라에서 성리학적 질서를 수호하고衛正, 성리학 이외의 서양 종교와 사상을 배척斥邪한다는 뜻이다.

그가 천주교를 희생양으로 삼은 이유는 '서학'에 대한 강력한 경고의 의미 외에, 천주교 신자들로부터 몰수한 재산으로 경복궁 재건 비용을 충당한다는 현실적 이유도 있었다. 나름대로 계산이 서자 대원군은 천주교에 대한 희대의 박해 사건을 일으켰다.

1866년(고종 3) 2월 25일, 포도청이 프랑스 신부를 체포하면서 조선 최대의 천주교 박해라는 병인박해의 막이 올랐다. 이것이 1차 병인박해다. 2차 박해는 1866년 가을부터 겨울까지, 3차 박해는 1868년, 4차 박해는 1871년까지, 총 네 차례에 걸쳐 8,000명 이상의 순교자가 발생했다.

1866년 2월 25일자 『고종실록』은 "이달 9일 수상한 놈을 체포했는데, 키는 7~8척쯤이고 50여 세쯤 되었으며 눈은 우묵하게 들어가고 콧마루는 덩실 높았습니다. 우리말도 잘했습니다. 엄하게 심문한 결과 '프랑스 사람으로서 병진년(1856)에 조선에 와서 생원 홍봉주의 집에 거주하면서 천주교 전파를 위해 수도와 시골을 많이 왕래했다'고 자백했습니다"라고 기록하고 있다.

포도청이 체포한 '수상한 프랑스 놈'은 조선 선교의 사령탑 베르뇌 주

병인대박해 경과

차수	시기	원인	주요내용
1차	1866. 2~6월		9명의 프랑스 신부 처형
2차	1866 가을~겨울	병인양요 침략 응징	"양이의 발자국으로 더럽혀진 땅은 그들과 통하는 무리의 피로 씻어내야 한다"면서 서울과 해안 지방 천주교 신자 처형
3차	1868 (무진사옥)	오페르트(Oppert)의 남연군 묘 도굴 사건	내포 지방을 중심으로 천주교 신자 대량 학살
4차	1871 (신미사옥)	신미양요 침략 응징	전국에 척화비 세우고 쇄국양이의 국시 발표, 잔존해 있는 천주교인 색출 처형

교, 다불뤼 신부 등 프랑스 신부 9명, 이들과 내통한 홍봉주, 베르뇌 주교의 하인 이선이 등이었다. 고문 끝에 이선이가 배교하여 천주교 신자 다수를 고발하는 바람에 신부와 신자들이 줄줄이 체포되었다.

베르뇌 주교는 체포된 후 발목과 무릎을 조여 주리를 틀고, 나무 걸상 형틀 뒤로 두 팔을 매어놓고 큰 곤장대로 매질을 가하는 등 참혹한 고문끝에 3월 7일 새남터에서 군문효수형을 당해 순교했다. 군문효수형이란 다수의 군중이 지켜보는 가운데 사형수의 죄상과 판결문을 낭독한 후 양쪽 귀에 화살촉을 위로 가게 꿴 다음 사형수의 윗옷을 벗기고 목을 잘라 다른 이들에게 경고하는 의미에서 그 목을 군문에 높이 매달아놓는 참혹한 형벌이다.

당시 군인으로서 베르뇌 주교의 순교 장면을 목격한 박베드로는 "주교와 세 신부의 옷을 벗겼다. 이어 사형선고문의 낭독이 있었다. 그러나 그들은 아무 말이 없었다. 그들은 형벌을 받는 동안 즐거워 보였다. 마침내 망나니의 두 번째 칼날에 당년 52세인 장 주교(베르뇌)의 목은 땅에 떨어졌다"고 증언했다.

베르뇌 주교의 시신은 5월 27일 왜고개에 매장되었다. 왜고개는 조선 500여 년간 기와와 벽돌을 공급하던 와서瓦署가 있던 곳이다. 천주교 박해 때 순교자들의 시신이 이곳에 임시 매장되었다. 김대건 신부도 처형된 후 시신이 경기도 안성의 미리내로 이장되기 전 잠시 이곳에 모셔졌다. 현재의 서울시 용산구 한강대로 40길 46(용산동 5가)에 위치하고 있다.

이때 조선에서 활동하던 12명의 신부 중 9명, 그리고 '방아책'의 원조인 홍봉주도 함께 체포되었다. 남종삼은 일이 잘못되어가고 있음을 깨닫고 배론 신학당에서 푸르티에 신부·프티니콜라 신부로부터 성사를 받은 후 한양으로 향했다. 이미 체포령이 내려져 있던 그는 고양 잔버

1차 병인박해 당시 순교한 프랑스 신부

이름	순교일	처형장소
베르뇌 시몬 주교	1866년 3월 7일	새남터
드 브르트니에르 유스토 (Simon Marie Antoine Just Ranfer de Bretenières) 신부	3월 7일	새남터
도리 헨리코(Pierre-Henri Dorie) 신부	3월 7일	새남터
볼리외 루도비코(Bernard Louis Beaulieu) 신부	3월 7일	새남터
프티니콜라 미카엘 신부	3월 11일	새남터
푸르티에 안토니오 신부	3월 11일	새남터
다블뤼 안토니오 주교(제5대 조선 교구장)	3월 30일	갈매못(충남 보령)
위앵 마르티노 루카(Martin Luc Huin) 신부	3월 30일	갈매못(충남 보령)
오메트르 베드로(Pierre Aumaître) 신부	3월 30일	갈매못(충남 보령)

들마을에서 체포되어 의금부로 끌려갔다. 그도 3월 7일 서소문 밖 네거리에서 참수되었다.

수렴청정을 하면서 대원군에게 정책 결정권을 맡겨놓고 있던 조대비는 3월 10일 "관리나 백성들 가운데 천주교 신자를 고발하는 자는 공로를 표창하고, 숨겨주는 자는 코를 베어 죽일 것"이라는 내용의 사교邪敎 금지 교서를 반포했다.

조선에 대한 선교 사업을 담당했던 파리 외방전교회의 집계에 의하면 병인박해로 목숨을 잃은 조선인 신자는 무려 8,000여 명이었다. 그 끔찍했던 살육 장면은 『근세조선정감』이라는 책에 다음과 같이 기록되어 있다.

이때 나라 안을 크게 수색하니 포승에 결박된 죄인이 길에서 서로 바라보일 정도였다. 포청옥이 만원되어서 이루 재결할 수 없었다. 그중에는 어리석은 백성, 어리석은 아낙, 어린아이들 등 무식자가 많았다. 포장捕將이 민망히 여겨 천주교를 배반한다는背教 맹세를 하도록 설득했으나 신도들은 듣지 아니했다.

이에 형장刑杖으로 때려서 기어코 회개시키고자 하니, 피부가 낭자하게 터지고 피가 청 위에까지 튀어올랐다. 신도들이 환호하기를 "혈화血花가 몸에서 나니 장차 천당에 오르겠다" 하였다. 포장도 어떻게 할 수가 없어서 죄인을 묶어 옥에 가두어놓고 차례대로 목 졸라 죽였다.

죽일 때마다 "배교할 수 있겠는가"라고 신문하면, 비록 어린아이들이라도 그들 부모를 따라 천당에 오르기를 원했다. 대원군이 듣고서 다 죽이도록 명하고 어린아이들만 살려주었다. 시체를 수구문 밖에다 버려서 산같이 쌓이니 백성들이 벌벌 떨며 위명威命을 더욱 두려워했다. (박제경, 이익성 옮김, 『근세조선정감』, 탐구당, 1981, 56-57, 154쪽)

병인박해 당시 의금부의 다음과 같은 보고를 보면 당시 조선 지도부가 천주교를 어떤 관점에서 바라보는지를 잘 이해할 수 있다.

이른바 양학洋學은 아버지도 모르고 임금도 모르는 불순한 학문인데 남종삼은 높은 관리 반열에 있으면서 오랫동안 유혹되어 있었습니다. 심지어 러시아에 변고가 있다는 설과 프랑스에서 조약을 맺을 계책이 있다는 요언妖言을 지어내 여러 사람을 현혹시켰으며, 나라 팔아먹을 계책을 꾸미면서 외적을 끌어들일 음모를 했습니다. 그의 죄상은 만 번 죽여도 오히려 가볍습니다. 홍봉주는 대를 이어 고약한 행동을 하면서 멀리 강남(중국)까지 건너가 서양사람 장경일(베르뇌 주교)을 데려다 한집에 살면서 불순한 책을 익히고 불순한 교인들을 끌어들였습니다.

조선에서 활동하던 프랑스 신부 중 체포되지 않은 사람은 페롱(Stanislas Féron)·칼레(Adolphe Nicolas Calais)·리델 신부 등 세 명뿐이었다. 이들은 경상도에서 교인들의 보호하에 지하에 숨어들어가 살육의 광풍이 지나가기를 기다렸다. 얼마 후 한자리에 모인 신부들은 자기들 중 한 명이 탈출하여 청나라 주재 프랑스 영사관에 조선에서의 박해 소식을 전하기로 했다.

논의 끝에 리델 신부가 선정되어 조선을 탈출했고, 페롱 신부와 칼레 신부도 1866년 조선을 탈출하여 중국 즈푸芝罘(현재 옌타이煙臺)로 피신했다. 즈푸는 19세기 말 서양인들이 거주하며 교역지로 삼은 곳이다. 중국으로 탈출하여 조선 재입국을 시도하던 페롱 신부는 1868년 5월 독일계 유대 상인 오페르트(Ernst Jacob Oppert) 일행과 동행하여 대원군의 부친 남연군 묘를 파헤치는 만행에 가담하게 된다.

『정감록』 유행과 동학 창도

대원군이 병인박해를 단행한 시기는 중국에서 터진 제2차 아편 전쟁(1856~60)의 후유증으로 동아시아가 파란과 격동에 휩싸여 있을 때다. 이 무렵 조선 후기 사회는 거듭된 흉년과 콜레라 창궐, 신분제 해체 등으로 종말론적 분위기가 지배적이었다. 이 와중에 곧 종말이 도래하고 참된 도를 깨달은 진인眞人이 나타나 세상을 구제한다는 『정감록』 신앙이 급속히 퍼져나갔다.

영불 연합군이 베이징을 점령한 1860년 5월, 최제우가 동학東學을 일으켜 포교를 시작했다. 최제우는 조선 말기의 신분제 해체에 부응하여 평등사상을 토속 신앙과 결부시켜 서학에 대항하는 동학을 탄생시켰다. 그는 유교·불교·도교 세 종교를 통합하여 '천심天心이 곧 인심'이라는 슬로건을 앞세웠고, 후천개벽後天開闢의 원리에 따라 지상 천국이 실현된다고 주장했다. 진인이 나타나기를 기다릴 것도 없이, 스스로가 진인이 될 수 있다는 믿음은 순식간에 백성들의 마음을 사로잡았다.

'소중화' 의식으로 똘똘 뭉친 주자 성리학의 유토피아가 조선이었다. 어떤 이유로건 주자 성리학 유토피아를 부정하는 종교는, 그것이 서양 종교이건 동양 종교이건 지극히 위험한 이단으로 몰릴 수밖에 없는 완벽한 근본주의·원리주의가 판을 치던 시기였다. 최제우는 1864년 4월 체포되어 '백성을 미혹한 죄'로 처형되었다.

개혁가 대원군

대원군이 이루고자 한 목표는 15세기와 같이 강력한 왕권 확보, 이를 기반으로 한 안정된 왕조의 재건이었다. 왕권 강화를 위해서는 왕권에 도전하는 양반 세도 가문과 지방 토호들의 힘을 약화시켜야 했다. 대원군은 사색당파를 고루 등용하는 인사 개혁을 통해 특정 당파나 가문이 관직을 독점하고 권력을 행사하던 관행의 싹을 잘랐다. 또 지방 토호 세력들의 부정부패를 발본색원하기 위해 암행어사를 수시로 파견하여 감시 체제를 강화했다. 대원군은 영세 상인인 행상을 국가적으로 조직하여 보부청을 설치했다. 이들의 전국 네트워크를 통해 지방관이나 지방 양반들의 부정을 감시·폭로하도록 유도했다.

황현의 『매천야록』에 의하면 대원군은 탐관오리들을 잡아다 본보기로 종로 한복판에서 장형杖刑에 처했다. 장형이란 죄인을 큰 형장으로 치는 형벌로서, 범죄 행위에 따라 최소 60회에서 최대 100회까지 5등급으로 시행했다. 이보다 가벼운 죄를 범한 경우엔 작고 가는 가시나무 회초리로 죄인의 볼기를 치는 태형笞刑에 처했다. 태형은 10회에서 50회까지 5등급으로 시행했다. 종로 한복판에서 탐관오리들을 징치한 후 지방관들의 착취와 수탈이 크게 줄어들었다고 한다.

만동묘 혁파

대원군은 조선의 세 가지 큰 폐단으로 서원, 충청도 양반, 전주의 아전吏胥(지방의 하급 관원)을 꼽았다. 대원군이 추진한 개혁의 백미는 지방 양반 토호들의 근거지로서 온갖 폐단의 온상이었던 서원書院을 없애버린 것이었다.

대원군은 서원 철폐에 앞서 1865년(고종 2) 만동묘부터 때려부쉈다.

만동묘는 조선의 권력을 휘어잡은 노론의 거두 송시열의 유언에 따라 충북 괴산군 청천면에 지은 사당이다. 만동묘는 임진왜란 당시 조선을 원조해주었던 명나라 황제 신종(만력제)과 명의 마지막 황제 의종(숭정제)을 제사 지내기 위해 지어진 사당이다. 화양동서원의 맨 위쪽에 위치한 만동묘는 조선 소중화 사상의 '정신적 고향'이라는 상징적 의미가 집약되어 있는 곳이었다. 만동萬東이란 황하 물이 만 구비를 꺾어 흘러도 마지막에는 동해로 들어간다는 '만절필동萬折必東', 즉 '충신 조선'은 영원히 '천자 중화'를 섬긴다는 존명 의식을 표현한 말이다.

조선 시대 사당이나 서원은 햇볕이 잘 드는 남·동·동남향으로 세우는 것이 원칙이다. 그러나 화양동서원과 만동묘는 중국을 우러르기 위해 일부러 북향으로 지었다. 화양동서원은 권력을 독점한 노론 세력이 서원을 앞세워 자행한 횡포의 끝판왕이었다.

그들은 해마다 성현에게 올리는 제사 비용을 근처 백성들에게 강제 부담시켰다. 지정한 금액을 내지 않으면 잡아다 곤장을 쳤다. 서원의 위세가 관청을 압도한 것이다. 관청이 아닌 일개 민간 서원이 주민을 수탈하는 행위가 수백 년 반복되었다. 그럼에도 불구하고 역대 어느 국왕·대신을 막론하고 노론과 송시열이라는 위세에 눌려 이 문제를 시비하지 못했다.

만동묘 입구에는 길 양쪽에 하마비下馬碑가 세워져 있었다. 명나라 황제와 노론의 큰 어른 송시열 선생을 모신 곳이니 말에서 내려 걸어가라는 뜻이다. 흥선군 이하응이 대원군에 오르기 전, 화양동에 사는 이준령이란 사람을 만나러 왔다가 이곳을 지나게 되었다. 흥선군이 무심코 말을 타고 지나치려 하자 하마비 앞을 지키던 사람이 그를 끌어내리고는 "만동묘 앞을 무엄하게 말을 타고 지나가려 했으니 엎드려 절을 하고 지나가라"고 호통을 쳤다.

만동묘에 오르는 계단은 대단히 좁고 가파르다. 명나라의 두 황제를 모신 곳이니 옆걸음으로 조심스럽게, 경건한 마음으로 오르라고 일부러 가파르게 만든 것이다. 흥선군은 계단이 너무 좁고 가파르자 하인의 부축을 받으며 계단을 올랐다. 이를 목격한 만동묘지기가 "대명 황제묘 앞에서 감히 부축하여 올라가다니!" 하고 고성을 지르며 대원군을 발로 차 계단 아래로 굴러떨어지게 만들었다. 왕족의 후예가 만동묘 앞에서 두 차례나 심한 봉변을 당한 것이다.

이런 시대상을 빗대어 조선 시대 아이들이 부르며 놀던 노래 중에 "원님 위에 감사, 감사 위에 참판, 참판 위에 판서, 판서 위에 삼정승, 삼정승 위에 만동묘지기"라는 게 유행할 정도였다.

조선 후기 정치사는 송시열의 후예인 노론의, 노론에 의한, 노론을 위한 전성시대였다. 대원군이 만동묘를 가장 먼저 철폐한 이유는 만동묘가 대대로 기득권을 누려온 노론 세력의 정치적 구심점이었기 때문이다. 이항로를 필두로 한 주자 성리학 근본주의자들은 만동묘 폐지 반대 상소를 올리며 극렬 저항했다.

일본은 부국강병, 조선은 궁궐 건축에 올인

만동묘 철폐 소용돌이의 한복판에서 대원군은 경복궁 중건 사업에 착수했다. 이 거창한 프로젝트는 1865년 4월 26일, 조대비가 경복궁 중건을 명하고 그 책임자로 대원군을 임명하면서 시작되었다. 대원군은 경복궁 중건과 함께 조선 왕조의 최고 행정기관인 의정부를 부활시켰다. 또 80년 만에 왕조의 법전인 『대전회통大典會通』과 시행세칙인 『육전조례六典條例』 편찬에 착수했다.

1395년 창건된 경복궁은 1553년에 화재가 발생하여 대대로 전해오던 진귀한 보물들이 상당수 불에 탔다. 1554년 9월에 중건되었고, 1592년 임진왜란 때 선조가 피난을 떠나자 서울의 노비와 백성들이 방화하여 그 후 273년간 폐허로 방치되어 있었다. 왕궁의 기능은 창덕궁으로 옮겨졌다. 순조 말엽에 효명세자가 중건을 계획하던 중 일찍 사망하는 바람에 시행되지 못했다. 헌종 때도 계획은 세웠으나 막대한 공사비 마련에 실패하여 무위에 그쳤다.

고종 재위 초기의 민생이나 국제 정세, 국가 안보, 조정의 재정 상태를 감안할 때 경복궁 중건은 좀처럼 이해가 가지 않는 초대형 프로젝트였다. 하지만 왕권 강화라는 상징성 차원에서는 이처럼 선명한 사업도 찾아보기 힘들었다. 경복궁 중건은 신권을 누르고 왕권을 되찾는다는 정치적 목적이 분명한 사업이었다. 왕권이 크게 강화되었던 조선 초기 모습의 부활이라는 의미가 있는 대역사였다.

경복궁 중건을 위해 대규모 노동력이 동원되었다. 1865년(고종 2) 5월 공사가 시작될 때는 3만 6,000명의 인력이 자발적으로 참여했다. 박력 넘치는 개혁을 통해 양반들의 특권을 박살 내는 대원군의 정책에 백성들 마음이 움직인 덕분이다. 이 공사를 총지휘한 것은 대원군이 권력을 장악하는 계기가 되었다.

목재는 강원도 지평과 양평·가평에서 벌채하여 한강 수로로 운반해 왔다. 석재는 동대문 밖 창신동 일대의 돌산과 북한산에서 채석했다. 한참 공사가 진행되어 궁성과 내전 구역의 주요 건물들이 모습을 갖추어 가던 1866년 3월, 화재가 발생하여 막대한 추가 비용이 들어갔다.

1866년 봄 천주교 신자들에 대한 병인대박해가 일어났고, 그해 여름 제너럴 셔먼호 사건, 10월에는 프랑스군의 강화도 침공(병인양요), 1868년 4월에는 오페르트 일행의 남연군 묘 도굴 사건 등 외세와 충돌이 연이어 벌어졌다. 그 혼란의 와중에도 공사는 순조롭게 진행되어 1868년 7월 2일, 고종이 완공된 경복궁으로 옮겨가면서 대역사가 일단락되었다.

대원군의 경복궁 중건은 단순히 옛 모습을 재현하는 공사가 아니었다. 본래 390칸이었던 궁궐 규모를 7,225칸으로 무려 20배나 더 넓게 확대하는 대공사였다. 이처럼 거창한 중건 및 확장 사업은 빈약했던 조선 후기의 국가 재정 상황으로 볼 때 너무나 무리한 사업이었다. 국고가 텅 비다시피 한 상황에서 그 많은 재건 비용과 노동력을 무슨 수로 감당한단 말인가.

대원군의 생각은 달랐다. 60여 년 세도정치로 왕권이 초토화된 상태를 방치할 경우 국가 해체의 길로 질주할 우려가 있다고 판단했다. 경복궁 중건은 왕권 강화를 위해 어떤 희생을 무릅쓰더라도 성공시켜야 하는, 자신과 일족의 정치 생명이 걸린 야심찬 프로젝트였다.

재정 악화로 국고가 바닥이 나자 대원군은 경복궁 중건 비용 마련을 위해 세 가지 방식을 동원했다.

첫째, 반강제적으로 원납전願納錢이라는 기부금을 거둬들였다. 원납전은 왕족으로부터 지방수령에 이르기까지 능력에 따라 돈을 내게 한 제도다. 명목상으로는 자발적으로 내는 기부금이었으나, 실제로는 강제적으로 뜯어내는 세금이었다. 황현은 "원해서 내는 돈이 아니라 원성을 납부한다 하여 '원납怨納'이라고 했다"고 기록할 정도였다. 또 서울을 출입하는 성문에는 출입자들에게 일종의 통과세인 문세門稅를 부과했다.

둘째, 원납전으로 재건 비용이 해결되지 않자 통용 화폐인 상평통보의 100배 가치를 가진 당백전當百錢을 발행했다. 당백전은 상평통보에 비해 소재 가치는 5~6배에 불과했으나 액면 가치는 100배로 표시된 악화惡貨였다. 대원군은 6개월 동안 1,600만 냥의 당백전을 소나기 식으로 발행했다. 단기간에 대량의 화폐가 시중에 풀리면서 인플레가 만연했다. 시중의 곡물과 생필품 가격이 폭등하여 민생 전반에 대혼란이 발생했다. 당백전의 발행 주체인 정부는 당백전을 물품 구입의 수단으로만 사용했을 뿐 세금을 거둘 때는 이 화폐를 받지 않아 공신력을 추락시키는 일등공신 역할을 했다. 그 결과 상평통보를 가진 자는 당백전과의 교환을 기피했고, 시중에서는 상인들이 당백전의 사용을 꺼려 물물 교환 형태의 원시 경제로 후퇴하는 현상마저 벌어졌다.

결국 당백전은 불과 6개월 만에 주조와 유통이 금지되었다. 폐지된 당백전 1,600만 냥을 회수할 때는 중국 동전인 청전 1냥 혹은 상평통보 1냥으로 교환을 해주었고, 회수된 당백전은 녹여서 철로 만들었다.

셋째, 노동력은 경기도 주민을 징발하여 부역으로 충당했다. 이것으로 해결이 안 되자 전국 각지에서 백성들을 동원해 공사판으로 내몰았다. 가혹한 노동에 시달리던 백성들 사이에 대원군에 대한 원성이 자자했다. 건축 자재는 양반들을 쥐어짜서 마련했다. 건물 기둥으로 사용될 대형 목재는 양반들의 묘지 주변에서 강제로 베어다 사용했다.

경복궁 중건은 왕실의 권위와 위엄을 세우기 위해 기획된 회심의 프로젝트였다. 하지만 원납전·당백전·부역 등이 강제되면서 양반 지배층은 물론 일반 백성들의 민심도 싸늘하게 돌아섰다. 일본이 근대화를 위한 부국강병에 올인하여 나라를 근본적으로 개혁하고 있을 때, 대원군은 '왕권 강화'를 위해 왕궁 중건에 국고를 들이부은 것이다.

서원 철폐

대원군은 만동묘 철폐에 이어 3년 후인 1868년, "서원은 망국의 근원"이라면서 서원 철폐에 나섰다. 대원군의 엄명에 의해 1871년까지 전국 650개 서원 중 소수서원·도산서원 등 47개의 사액 서원을 제외한 전국의 모든 서원을 때려부쉈다.

서원에 소속되어 있던 토지도 몰수했다. 탕평을 부르짖었던 영조와 정조도 감히 꿈꾸지 못했던 일대 거사였다. 서원 철폐는 서원을 기반으로 한 지방 양반 토호들의 세력을 꺾어 지방에 대한 통제권을 되찾으려는 대원군의 특단의 조치였고, 노론 이데올로기인 존명배청尊明排淸 사상을 전면 부정하는 신호탄이었다.

하지만 개혁은 반동을 부르기 마련이다. 공자와 주자의 나라보다 더 근본주의적으로 교조화된 주자 성리학의 철갑을 두른 양반 토호 세력들은 자신들의 정신적·물질적 기둥이었던 서원이 철폐되자 격렬하게 저항했다. 검은 두건과 가죽 허리띠를 두른 1만여 명의 지방 선비들이 전국 각지에서 광화문 앞으로 몰려왔다. 그들은 밤새 "대원군은 동방의 진시황제" "서원 철폐 반대" 구호를 외쳤다. 광화문 앞에서 조선 시대판 '촛불 시위'가 벌어진 것이다.

경복궁 중건으로 인한 민심 이반과 서원 철폐로 인한 양반 선비 유생들의 반발, 이것은 후에 대원군이 그토록 고심하여 간택한 며느리 민왕후에게 정권을 빼앗기는 빌미가 되고 만다.

군포·환곡 개혁

대원군은 극도로 문란해진 군역의 폐단을 바로잡기 위해 개혁의 칼을 빼들었다.

대원군 집권 전까지는 남자가 군역을 대신하여 매년 베 두 필을 군포로 내도록 되어 있었다. 이렇게 수취한 군포로 직업 군인 제도를 운영했다. 지체 높은 양반 집안은 이러저러한 연줄을 동원하여 과세 대상에서 빠져나가고 힘없는 일반 백성들이 양반들의 몫까지 모두 부담할 수밖에 없었다. 게다가 마을에 한번 정해진 군포 할당량은 인구가 줄어도 변하지 않고 매년 그대로 부과되었다.

1871년(고종 8) 대원군은 일반 백성들만 부담하던 군포를 가구 단위로 납부하도록 제도를 바꾸었다. 이것이 동포제洞布制, 일명 호포제戶布制

다. 동포제는 영조·정조도 실시하려 했으나 그때마다 양반 세력들의 강력한 반발로 실시되지 못했던 제도였다.

동포제가 도입되자 양반들은 "양반 가문 이름이 상놈과 함께 납부자 명단에 오르는 것은 신분 질서의 문란이어서 절대로 받아들일 수 없다"면서 조직적으로 저항했다. 양반들이 교묘한 방법으로 동포 납부 대상에서 빠져나가자 대원군은 1871년(고종 8), 양반 집안의 군납자를 그 집안 노비 이름으로 바꾼 다음 이를 호포戶布라고 하여 징수했다. 이로써 호포법이 시행되었다.

군포를 양반·상민 구별 없이 호 단위로 징수하는 호포제 도입으로, 군역이 면제됐던 양반들이나 천민들에게도 연간 2냥씩 군포세 징수가 가능해졌다. 대원군의 군제 개혁은 그동안 세금을 부담하지 않았던 계층에게도 세금을 거둠으로써 조선 신분제 역사상 혁명에 가까운 사건으로 기록되었다.

호포제 시행에도 불구하고 양반 집안은 군포 또는 군전軍錢 납부를 거부했다. 권세 있는 집안은 호적에서 이름을 누락시켜 호포 부담자 명단에서 빠져나갔다(한우근, 『동학과 농민봉기』, 1997, 18쪽).

대원군의 연이은 국가 개혁의 핵심은 환곡이었다. 1872년 대원군은 백성들을 상대로 온갖 농단을 부리던 환곡제를 폐지하고, 농민들이 자체적으로 관리하는 사창제로 개혁했다. 관청이 아닌 민간이 환곡 제도를 운영토록 함으로써 관의 착취를 줄이자는 의도였다. 미국의 한국역사학자 제임스 팔레(James Bernard Palais)는 대원군의 환곡 개혁은 한계가 있었다고 지적한다. 곡식을 대출해주고 이자를 받는 시스템 자체는 존속시켰기 때문이다.

무인을 우대한 대원군

대원군 개혁의 핵심은 부국강병이었다. 이것은 그가 주자 성리학적인 왕도 정치 세계관과는 전혀 다른, 법가적法家的 가치에 의거한 패도 정치를 추구하는 인물이었음을 시사한다.

대원군은 군軍의 근대화를 위해 군대를 장교와 하사관으로 구분하고, 장교 계급을 위관·영관·장성에 해당하는 참·중·정으로 3등분했다. 그동안 홀대받던 무관의 지위를 문관과 동일하게 끌어올려 무관의 사기를 진작시키기 위해 고군분투했다. 안동 김씨 세도정치가 진행되는 동안 각 군영 대장들은 외척 가문 및 그 가문의 후원을 받는 문관들이 장악하고 있었다. 대원군은 이들을 모두 무관으로 갈아치웠다.

군영 대장의 품계도 병조판서와 동일하게 정2품으로 승급시켰다. 지방 군영 대장인 통제사統制使와 진무사鎭撫使도 중앙의 군영 대장인 등단登壇과 동급의 외등단外登壇으로 올려주었다. 이로써 중앙 4군영의 대장과 외등단 등 총 6명의 무장武將들은 6조 판서와 대등한 위상을 갖게 되었다(연갑수, 『고종대 정치변동 연구』, 일지사, 2008, 43쪽).

대원군 집권기 동안 무신들의 권한 강화 조처는 계속 이어졌다. 대원군은 외척을 비롯한 유력 가문들이 장악하고 있던 비변사를 폐지하여 의정부 산하 기구로 개편했다. 한편 세 개의 군사 관련 기관을 하나의 지붕 아래 모아 의정부와 동일한 지위를 갖는 삼군부를 창설하고, 군사 관련 기능을 삼군부에 넘겨주었다.

이로써 문신 중심의 권력 체계를 문신과 무신이 대등하게 병립하는 방식으로 정비했다. 문치를 숭상하던 조선 왕조 통치 체제의 기본 방향을 대원군 정권이 근본적으로 재설계하고자 한 것이다(연갑수, 『고종대 정치변동 연구』, 2008, 44쪽).

한편에선 직업군인제 도입을 추진했다. 조선군의 기본 편제인 삼수병 체제에서 소총으로 무장한 포수는 전체의 5분의 1에 불과했다. 1866년 병인양요 때 서양 무기의 위력을 확인한 대원군은 소총으로 무장한 포수 중심으로 군대를 재편하고 월급을 받는 상비병을 증강했다. 전국 각 지방별로 3만여 명의 소총 부대(포군)를 창설하고, 전함 건조, 수뢰포(수중 시한폭탄) 제작, 각종 화포류 개발을 추진했다. 1867~69년 훈련대장을 역임한 신헌은 대원군의 명을 받아 신무기 12종을 제조했다.

1873년 12월, 대원군 실각 후 고종이 친정을 개시하면서 조선군의 체계는 엉망이 되었다. 대원군의 군사력 강화 노력은 아들 고종이 친정을 시작하면서 무참히 짓밟혔다. 고종은 궁궐을 수비하고 왕실을 보호하는 국왕 친위 부대만 열심히 조직했을 뿐, 국토를 방위하고 백성을 보호하는 근대적인 군대 양성에는 관심조차 없었다(최병옥, 『개화기의 군사정책연구』, 경인문화사, 2000, 260-261쪽). 게다가 조선에 영향을 미치는 외세의 강도에 따라 일본→청→미국→일본→러시아 군제를 차례로 받아들였다. 여러 나라의 군사 교관을 초빙하여 그 나라 방식대로 훈련시키는 바람에 조선군은 큰 혼란을 겪어야 했다.

제7장

프랑스와 격돌, 병인양요

1860~70년대 조선은 선교사 살해 및 무역선 격침 사건으로 인해 프랑스·미국군과 강화도에서 두 차례 전투를 벌인다. 병인양요(1866)와 신미양요(1871)다. 당대의 패권국 영국이나 패권 도전국 러시아가 아니라 프랑스·미국이 조선에 등장한 이유는 무엇일까?

영국과 러시아는 크림 전쟁·아편 전쟁 이후 1860~1880년까지 잠시 휴지기를 가질 필요가 있었다. 이 기간 동안 서로가 상대를 의식하여 조선에 대한 진출을 자제한 것이다. 양국의 '신중과 자제'가 견제 작용을 하는 바람에 조선에서 힘의 공백 상태가 발생했다. 영국과 러시아의 힘의 공백 상태를 틈타 프랑스·미국·독일이 조선에 통상을 요구했다. 영국과 러시아를 자국의 한반도 진출의 걸림돌로 인식하고 있던 일본도 절호의 기회를 맞게 되었다(최문형, 『명성황후 시해의 진실을 밝힌다』, 지식산업사, 2001, 43-44쪽).

프랑스군의 강화도 침략

와인과 샹송, 예술의 나라, 에펠탑, 그리고 자유·평등·박애의 프랑스 혁명.

프랑스 하면 언뜻 떠오르는 감성적 이미지들은 동경의 대상이 되기도 한다. 그런데 시곗바늘을 한 세기 반 전으로 돌리면 전혀 다른 모습으로 다가오는 나라가 프랑스다.

프랑스와 조선은 1866년 이전까지만 해도 천주교 신부들이 조선에 잠입하여 포교 활동을 벌인 사례 외에 별다른 인연이 발견되지 않는다. 하물며 조선과 전쟁까지 벌여야 할 이유는 더더욱 없었다. 그런데 조선 조정이 천주교를 박해하는 과정에서 프랑스 선교사를 처형하면서 악연惡緣을 맺게 된다.

병인대박해로 프랑스 신부 9명이 처형당한 시기는 1866년 3월이었다. 폐쇄된 은둔의 왕국 조선에서 발생한 일이었기에 프랑스 정부는 사건 발생 4개월이 지나도록 이 사실을 까맣게 몰랐다. 자국 신부 9명이 처형되고 수많은 천주교 신자들이 박해를 당하고 있다는 사실을 프랑스 정부가 알게 된 것은 1866년 7월 10일이었다.

박해를 피해 지하에 숨어 있던 리델 신부가 충청도 용당포에서 몰래 배를 타고 탈출, 1866년 7월 7일 산둥반도의 즈푸에 도착했다. 리델 신부는 즉시 배를 갈아타고 톈진으로 가서 프랑스 극동 함대 사령관 로즈(Pierre Gustave Roze) 제독을 만났다. 로즈 제독은 리델 신부를 통해 프랑스 선교사 9명이 조선에서 처형당했으며, 두 명의 신부가 박해를 피해 숨어 있다는 사실을 알게 되었다. 로즈 제독은 조선에 숨어 있는 페롱·칼레 신부를 구출하기 위해 조선 원정을 약속하고, 사지에서 탈출해온 리델 신부를 위로했다.

하지만 로즈 제독은 즉각 조선 원정에 나서지 못했다. 코친차이나(Cochinchina)라 불리는 베트남 남부 지역에서 소요 사태가 발생했기 때문이다. 로즈 제독은 리델 신부와 면담한 다음날 프랑스 극동 함대 소속 군함과 군대를 지휘하여 사이공으로 급히 떠났다.

프랑스 공사와 함대 제독의 독자 행동

코친차이나 사태가 진정되자 프랑스 극동 함대는 톈진으로 귀환하고, 로즈 제독은 8월 20일 이후 본격적인 조선 원정 준비에 나섰다. 로즈 제독은 코친차이나 소요 사태를 진압하기 위해 사이공에 체류하는 동안 사이공의 프랑스 행정 당국으로부터 조선 원정에 필요한 소총과 탄약 등 군수 물자를 보급받았다.

로즈 제독이 사이공에 체류하고 있던 시기에 주청 프랑스 대리공사 벨로네(Henri de Bellonet)가 발 빠르게 움직였다. 벨로네는 청 함풍제咸豊帝(재위 1851~61)의 동생으로서 청나라 외교 총괄 기구인 총리아문 대표 공친왕恭親王에게 조선에서 자국 신부 9명이 학살된 소식을 전했다. 벨로네는 "청이 조선에 대한 종주권을 행사하여 이 사건에 개입해 달라"고 요구하는 외교 서한을 보냈다. 공친왕은 "조선에서 프랑스 신부의 처형이 이루어지게 된 원인 규명을 위한 조사 작업이 선행되어야 한다"고 회신했다.

청나라 총리아문은 프랑스로부터 요청받은 내용을 확인하기 위해 조선에 외교 서한을 보냈다. 이에 대해 조선 조정은 "프랑스 신부들이 간사하게 변장하고 밀입국하여 국법에 금지되어 있는 전도 활동을 벌였다. 불법으로 국경을 넘어와 반역을 꾀한 자들을 국법에 따라 사형에 처한 것이므로, 이 조치는 정당하다"는 내용으로 회신했다. 그러나 청 총리아문이 조선 조정의 회신 내용을 주청 프랑스 공사관에 알린 것은 그해 11월 28일, 프랑스군의 조선 원정이 실패한 다음이었다.

1866년 7월 13일, 벨로네는 본국 정부의 훈령도 없는 상황에서 공친왕에게 "프랑스 군대가 며칠 안에 조선을 정복하러 진군할 것이며, 이제부터 조선에 대한 청국 정부의 어떠한 권위도 인정하지 않겠다"는 '대對조선 선전 포고' 조회문을 전달했다. 조회문에는 "프랑스 황제의 정부는 피로 물든 이런 모독을 징벌하지 않을 수 없다. 조선 국왕이 우리의 불행한 동포들을 학살한 바로 그날이 통치의 마지막 날이다. 조선 국왕은 그의 멸망을 스스로 선언했다고 본인은 오늘 엄숙하게 선언한다. 며칠 후 우리 군대는 조선을 정복하러 갈 것이며, 우리의 존엄한 황제만이 조선과 주인이 없는 그 왕좌를 처분할 권리와 권한을 갖는다"라는 내용이 적혀 있었다. 말미에는 조선에 다시 세워질 군주는 기독교 신앙을 고백해야 한다는 말까지 덧붙였다.

벨로네는 주청 프랑스 공관 정문에 선전 포고문을 붙여놓고, 청국 총리아문과의 외교 협상을 중단했다. 같은 날 벨로네는 "조선에서 프랑스 선교사들과 조선인 신자들에 대한 대량 학살이 이루어짐. 로즈 제독이 현장으로 출동. 항전은 없을 듯함"이라는 전문을 프랑스 외무부에 발송했다. 이어 로즈 제독에게 서한을 보내 "조선에서의 모독 행위에 대한 응징을 늦추면 청국에서 선교 활동을 하고 있는 500명의 선교사들이 위험해질 것"이라고 주장했다.

벨로네는 이 서한에서 조선 국왕의 폐위를 선언하고, "폐위된 국왕과 죽은 전 국왕의 모친이 본인의 수중으로 인도될 때까지 조선의 누구와도 교섭하지 말고, 그 누구의 권위도 인정하지 말기 바란다"고 전했다.

그는 프랑스 정부의 훈령이 없는 상태에서 대리공사인 자신의 책임 하에 이번 테러 행위에 대한 보복 임무를 로즈 제독에게 맡겼다. 7월 30일에는 프랑스 외무장관에게 "열강에 개방되지 않은 조선을 개국시키면 무역이 늘고 관세가 증가되어 조선 점령에 따르는 비용을 충당할 수 있다"면서 "야만국을 응징하기 위해 중국의 중재를 거부하겠다"고 보고했다. 벨로네의 행위는 유럽 문명권 인사들이 공통으로 가지고 있었던 '파우스트 정신'의 전형을 보여주는 사례다.

로즈 제독은 벨로네의 월권 행위에 크게 기분이 상했다. 조선에 대한 군사적 원정은 외교관인 벨로네가 아니라 군사 지휘관인 자신의 소관 사항이었기 때문이다. 로즈 제독은 해군부장관에게 서한을 보내 "벨로네 공사가 개인적인 권한으로 조선에 전쟁을 선포하고 나에게 출전을 명령한 사실은 용인할 수 없는 행위"라고 비난했다.

로즈 제독의 서한을 통해 조선에서 프랑스 선교사 9명의 처형 사실을 보고받은 프랑스 해군부장관은 9월 8일, 로즈 사령관에게 조선 원정을 허가한다는 답신을 보냈다. 로즈 제독이 이 답신을 접수했을 때 그의 함대는 이미 톈진을 떠나 조선으로 향하고 있었다. 전후좌우 상황을 종합하면, 벨로네 대리공사와 로즈 제독은 본국 정부의 훈령이나 명령이 없는 상태에서 조선 원정을 개시한 것이 된다.

프랑스 함대가 서울을 공격 점령하려면 한강 수로를 통해 서울에 접근해야 했다. 로즈 제독은 본격적인 원정에 앞서 한강 일대의 수로 정찰을 위한 분견대를 파견하기로 했다. 9월 12일, 프랑스 군함이 즈푸 앞바다에 집결했다. 함대는 사령관 로즈 제독이 승선한 기함인 순양함 프리모게(Primauguet), 리시 함장이 지휘하는 통보함 데룰레드(Déroulède), 샤누안 함장이 이끄는 포함 타르디프(Tardif)호 등 세 척으로 편성되었다.

군수품을 보급받은 세 척의 군함은 9월 18일 조선을 향해 출항했다. 조선의 신부 학살 사실을 신고한 리델 신부와 조선인 천주교 신자 세 명이 통역 겸 수로 안내인으로 동승했다. 로즈 제독은 아산만·덕적도를 거쳐 물치도(현재의 작약도)·강화도를 정찰한 후 9월 20일 데룰레드호에게 한강 입구에 대한 정찰을 명령했다.

9월 21일, 영종방어사가 "이양선 한 척이 부평 경계에까지 굴러들어 왔다"고 보고했다.

양화진에 나타난 프랑스 군함

프랑스 함대의 기함 프리모게호는 인천 앞바다의 엄청난 조수간만의 차를 알지 못했다. 덕분에 작약도 앞바다에서 썰물 때 배가 뻘에 얹히는 사건이 발생했다. 승조원들은 밀물 때까지 배가 전복되지 않도록 하기 위해 무진 고생을 해야 했다.

프리모게호가 작약도 앞바다에 정박하고 있을 때 연로하여 허리가 굽은 조선의 관리 한 명과 동네 주민 40여 명을 태운 범선 한 척이 포리모게호에 접근했다. 프랑스는 조선에 선전 포고를 하지 않은 상태였기 때문에 승조원들은 범선에 타고 있던 조선 사람들에게 승선을 허락했다.

주민들은 호기심에 찬 표정으로 함내에 설치된 대포와 밧줄·나침반 등을 살펴보고, 마스트의 굵기에 넋을 잃었다. 프리모게호에는 불어가 가능한 중국인 요리사가 타고 있었다. 이 사람이 조선 관리와 필담한 내용을 함장에게 불어로 전달하는 방식으로 대화가 진행되었다.

조선 관리는 프랑스 군함이 조선 해안에 나타난 이유를 물었다. 함장은 "며칠 후 진행될 월식 관측을 위해서"라고 둘러댔다. 조선 관리는 배에 설치되어 있는 증기 기관과 대포, 수많은 기계들에 큰 호기심을 보였다. 그는 "이 기계를 돌리려면 몇 명이나 필요한가?" 하고 물었다. 조선 관리는 파도 높이를 측량하기 위해 사용하는 기구들을 호기심에 차서 만져보는 등 두려움과 선망 어린 시선으로 군함의 곳곳을 관찰했다.

다음날 다시 나타난 조선 관리는 프랑스 군인들에게 부채와 부식으로 쓸 황소 한 마리를 선물했다. 프리모게호 선원들은 무거운 황소를 갑판으로 끌어올리느라 무진 고생을 했다. 그들은 황소 가격을 지불하려 했으나 조선 관리는 단호히 거부했다. 먼 곳에서 온 손님을 친절히 대접한다는 유원지도柔遠之道의 유교식 예절로 선물한 것이니 사례금을 받아서는 안 된다는 생각이었을 것이다.

데룰레드·타르디프호 두 척은 9월 23일 한강을 거슬러 항진하여 9월 24일, 현재의 양화대교 부근 절두산 앞에 그 모습을 드러냈다. 조선 건국 이래 최초로 정체불명의 이양선이 한강을 거슬러올라와 수도 코앞에서 검은 연기를 뿜어댄 것이다.

조선 조정이 발칵 뒤집혔다. 소형 선박 몇 척이 프랑스 군함의 진로를 방해하기 위해 출몰하자 프랑스 군함이 함포를 발사하여 쫓아버렸다. 이때 조선의 관리 한 사람이 공문을 소지하고 데룰레드호 선상에 올라왔다. 그가 가져온 공문에는 "그대들이 보잘것없는 소국의 강산을 보았으니 부디 돌아가주시오. 그리하면 온 백성이 기뻐할 것이오. 그대들이 우리에게서 눈길을 돌려주기만 한다면, 그래서 우리 마음속에 품고 있는 모든 의심과 의혹들을 몰아내준다면 그것으로 그대들은 우리를 더없이 행복하게 해주는 것이외다. 감히 천 번 만 번을 청하는 바이오니, 그대들이 우리의 청을 들어주리라 믿겠소이다"라는 내용이 한문으로 적혀 있었다(H. 쥐베르·Ch. 마르탱, 유소연 옮김, 『프랑스 군인 쥐베르가 기록한 병인양요』, 살림, 2010, 34쪽).

대원군은 외적의 침략 사실을 보고받자 기병과 보병 부대를 출동시켰다. 하지만 한강에 유유히 떠있는 군함을 기병·보병으로 어찌 공격할 수 있었겠는가. 난감해진 대원군은 "더러운 무리들이 한강까지 침입하여 거리낌 없이 행동하는 것은 몹시 분통한 일이다. 대신과 장수들이 저들을 소멸할 방법을 마련하여 며칠 내로 승전보를 올려 백성들이 편안한 생활을 누리도록 하라"고 지시했다.

이에 대해 판돈녕부사 이경재는 "서양 배 두 척이 한강에까지 침입해 왔으니 소멸시키는 것은 어려움이 없지만, 먼저 공격하는 것은 멀리 있는 나라 사람을 너그럽게 대하는 도리에 어긋날 것 같다. 동정을 살피다가 계기에 따라 대응하는 것이 상책"이라고 했다.

데룰레드·타르디프호는 서강(한강 마포~양화진 일대)에서 하루를 머문 후 다음날 유유히 사라졌다. 두 군함은 강화도 가까이 접근했다가 조선군으로부터 총격을 받았다. 그들은 9월 30일 작약도 앞바다에서 프리모게호와 합류했다. 프랑스 함대는 한강 일대 및 강화도 주변 해역 정찰과 주변 지형 숙지, 항로와 수로를 측정하여 지도 세 장을 작성한 후 10월 3일 철수했다. 톈진으로 돌아간 프랑스 함대는 본격적인 조선 침략을 위한 준비에 돌입했다.

조선군, 병사 절반이 노약자

전후 사정을 알 수 없었던 대원군은 이양선이 철수했다는 보고를 받자 서양 오랑캐를 물리친 것으로 착각했다. 프랑스 군함이 물러간 다음날 대원군은 "저 하찮고 추악한 무리들이 우리나라 군사 위력에 대해 알지 못하면서 무엄하게 경강京江(뚝섬에서 양화도에 이르는 한강 일대)까지 침입해 왔다. 비록 멀리 있는 나라 사람들을 너그럽게 대하는 의리로 목숨을 붙여 가게 했지만, 우리 군사들이 노숙하며 고통을 겪고 있는 것이 몹시 걱정스럽다"고 위로했다.

말은 점잖게 했지만, 대원군도 수도 서울의 턱밑까지 외국 군함이 출몰한 사건에 어지간히 충격을 받았던 모양이다. 대원군은 국왕 고종의 이름으로 내탕전(임금의 개인 용도로 사용되는 자금)을 내려 전선戰船을 수리하고 군사를 동원하는 등 군비를 강화했다.

대원군 집권 당시 중앙군은 훈련도감·어영청·금위영의 3군영이었다. 이밖에 국왕 호위군인 용호영과 수도 외곽을 방어하는 수어청·총융청이 있었다. 부대 이름은 그럴듯했으나 중앙군 가운데 상비군인 장번병長番兵은 훈련도감에 3,000여 명, 어영청과 금위영에 200명 등 3,200여 명에 불과했다. 이마저도 거의 절반이 노약자였으며, 부대 훈련이 거의 이루어지지 않아 병장기가 녹슬고 군율은 극도로 해이한 상태였다.

조선의 군사력은 후기 들어 완전 피폐되어 어디서부터 손을 대야 할지 모르는 절망적인 상황이었다. 프랑스군이 나타났을 때 중앙 각 군영의 기마 부대馬軍와 초군 가운데 상당수는 말이 없거나, 군사로서의 자질이 부족한 사람을 숫자만 채워둔 상황이었다(배항섭, 『19세기 조선의 군사제도 연구』, 국학자료원, 2002, 39-40쪽).

그나마 대오를 제대로 갖춘 부대는 수도 서울을 방어하는 부대와 국왕을 호위하는 궁궐 수비대였다. 일본인 호소이 하지메細井肇는 『국태공의 눈초리』에서 당시 조선의 정예군으로 평가되는 궁궐 수비대를 다음과 같이 소개했다.

> 멀리서 보면 장관임에 틀림없으나 가까이 가보면 창은 녹이 슬어 광채가 없고, 깃발은 낡고 남루한 누더기 조각으로밖에 볼 수가

> 없다. 게다가 의장 군졸들은 어쩌면 그렇게도 너절해 보이는지. 몇 년이고 몇십 년이고 벌레 먹고 빨지도 않은 너덜너덜한 군복에 군모는 쭈그렁 깡통 같고, 기괴하기 짝이 없는 행렬이었다.

대원군은 군대 현황을 파악한 후 "오랫동안 안일하게 지내 백성들은 싸움을 모르고, 배들은 이름만 남아 있는 것이 불을 보듯 명백하다. 지금은 목이 말라 우물을 파는 격이라 해도 과언이 아니다"라고 탄식했다. 경기감사 유치선도 "해변가 백성들은 고기 그물이나 엮고 고기잡이만 하니 포를 발사하고 활 쏘는 것을 어떻게 하는지 모릅니다. 아무리 무기가 있다 해도 사용할 사람이 없습니다" 하고 한탄했다.

병자호란 후 230년 만의 외국군 침략

로즈 제독은 처음에는 조선 원정의 목표를 왕궁이 위치하고 있는 서울 점령으로 계획했다. 서울 점령을 위해서는 소총으로 무장한 1,900명의 상륙 부대가 필요할 것으로 판단, 필요한 병력을 해군부장관에게 요청했다. 그런데 선발대가 항로 측량 및 한강 수로를 탐사한 결과 한강의 수심이 낮아서 대형 선박의 항행이 불가능하다는 사실이 밝혀졌다.

현실 여건상 프랑스 신부 처형에 대한 응징 작전은 서울 점령을 포기하고 첫째, 강화도를 점령하여 가능한 한 혹독한 군사적 타격을 가함으로써 조선 정부에 공포감을 안겨준다, 둘째, 한강 하류를 해상 봉쇄하여 조선의 물류를 마비시켜 항복을 이끌어낸다는 쪽으로 수정했다.

프랑스 함대가 또 다시 조선 근해에 출몰한 것은 선발대가 귀환한 지 열흘 후인 10월 13일이었다. 조선 원정의 목표인 "강화도를 점령하여 가능한 한 혹독한 군사적 타격"을 가하기 위해 프랑스는 동양 함대

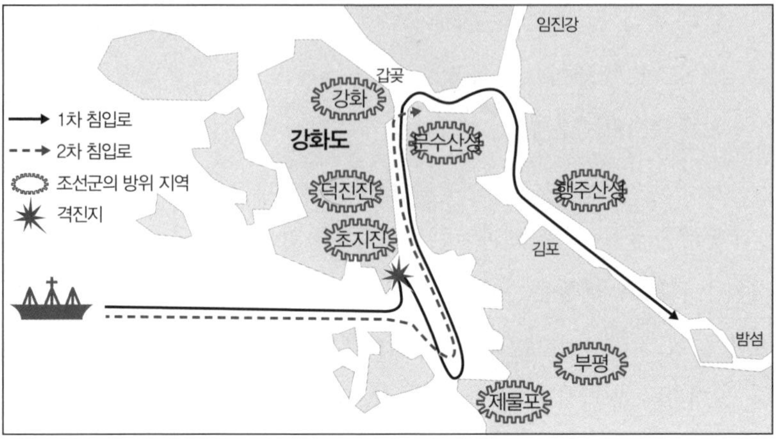

병인양요(1866)

의 전 함정과 병력에다 요코하마에 주둔하고 있던 프랑스군까지 총동원했다. 함대는 수로 조사 및 정찰에 참여했던 세 척의 군함을 비롯하여 돛대 3개의 전함 게리에(Guerrier), 순양함 라플라스, 포함 르브르통(Le Brethon), 통보함 키앵샹(Kien-Chan) 등 네 척이 추가되어 총 일곱 척으로 늘었다.

각 함정에는 일본 요코하마에 주둔 중이던 해군 육전대(해병대) 800여 명, 장교와 부사관 및 수병 725명 등이 승선했다. 이번에도 수로 안내원과 통역으로 조선에서 탈출해 온 리델 신부와 조선인 천주교 신자 최선일·최인서·심순녀 등이 동승했다. 총 규모는 군함 7척, 해군 병력 1,520명, 함재 대포 66문이었다(김원모, 『개화기 한미교섭관계사』, 2003, 34쪽).

병인양요는 1636년 병자호란 이후 230년 만의 외국군 침략이다. 10월 14일 새벽 6시, 로즈 제독은 대형 군함 게리에·라플라스·프리모게 등 세 척을 작약도 앞바다에 정박시키고, 타르디프·데룰레드·르브르통·키앵샹 등 해병대원이 승선한 함정을 이끌고 강화도 갑곶진으로 향했다. 게리에호 함장 올리비에(Olivier) 대령이 지휘하는 육전대가 팔미도를 지나 강화도에 상륙, 갑곶을 점령했다.

프랑스 함대는 한강 어귀를 봉쇄해 한강으로 들어오는 수운을 차단했다. 전라도와 충청도에서 수운을 통해 올라오던 식량과 생필품 공급이 끊기자 서울에서 대혼란이 시작되었다.

"신부 9명 살해 응징하러 왔다"

조선 왕조는 수도 방위를 위해 한성부 주변의 행정적·군사적으로 중요 지역에 일반 행정 체계와는 별도로 특수 행정 체계인 유수부留守府를 설치 운영했다. 조선 전기에는 고려의 수도 개성과 전주에 유수부를 두었고, 임진왜란과 병자호란을 겪으면서 방위 체계를 강화할 필요를 절감하여 한성부와 인접한 수원과 광주廣州, 해협을 끼고 있어 천혜의 요새인 강화부를 유수부로 승격시켰다. 이곳에 종2품 유수를 임명하여 방어 책임을 맡겼다.

10월 15일, 도세리 해군 중령은 강화부를 정찰하고 강화부성에 대한 공격을 준비했다. 수도에서 불과 100여 리 떨어진 강화도에서 전운이 감돌고 있던 10월 17일, 조선 국왕 고종은 이양선 출몰과 관련하여 다음과 같은 포고문을 발표했다.

"우리나라는 동쪽에 위치하고 있으므로 지구 서쪽 끝머리와 몇만 리나 떨어져 있다. 국경 문제로 서로 싸운 일도 없으며 나쁜 관계를 맺은 일도 없다. 그런데 넓은 바다를 건너고 사나운 풍파를 헤치면서 왜 우리나라 땅을 침범하는가? 이는 틀림없이 우리나라의 간악하고 하찮은 무리들이 나라에 원망을 품었거나 죄를 받을까 두려워 망명해서 그들과 결탁하여 먼 곳 사람들을 끌어들여 반역 음모를 꾸민 것이다."

고종이 포고문을 발표한 그날 오전, 프랑스 군함 한 척이 월곶진에 닻을 내리고 함포를 발사하며 위력 시위에 나섰다. 상륙한 해병대원은 갑곶진의 큰길을 따라 남쪽 문을 공격했고, 성벽을 타고넘어와 조선군을 공격했다. 프랑스 함정들이 함포를 쏘아 해병대의 공격을 지원했다.

프랑스군의 공격이 시작되자 조선 군사들은 제대로 싸워보지도 못하고 뿔뿔이 흩어져 달아났다. 강화 유수 이인기가 국왕 어진御眞을 모셔다 자신의 집으로 옮긴다는 핑계로 달아나는 바람에 프랑스군은 손쉽게 강화부성을 점거했다.

위정척사 사상의 뿌리

이날 조정은 주자 성리학의 정통 계보를 잇는 이항로를 동부승지(승정원 정3품)에 임명했다. 조정에서는 이항로에게 1840년부터 벼슬을 내렸지만 그는 관직을 거부하고 있었다. 1866년 프랑스 함대가 강화도를 공격하자 그는 '주자 성리학의 나라 조선'이 위기 상황임을 인식하고 세상으로 나왔다. 동부승지에 임명되었을 때 그는 75세 병든 노구였다.

이항로는 "서양 여러 나라들이 교역을 하려는 것은 조선에서 서양 물건을 사용하기 때문이니, 임금이 스스로 결단하여 모든 복식 가운데 하나라도 서양 물건이 끼어 있으면 모두 색출해 대궐 마당에서 태워버려야 한다. 서양 물건이 소용없어지면 교역이 끊어지고, 교역이 끊어지면 저들의 기이하고 음란한 기기들이 판칠 수 없게 된다"는 상소를 올렸다.

이항로가 인식한 서구는 우리의 고유 질서를 파괴하려는 적이기 때문에 물리쳐야만 하는 존재였다. 따라서 그의 주장은 서양 물건을 불사르고, 서양 물건을 쓰는 자들을 잡아다 목을 베어야 한다는 것으로 집약된다. 심지어 그는 자신의 문집인 『화서집華西集』에서 "북쪽 오랑캐(북로北虜)는 이적夷狄인지라 오히려 말할 수나 있지만 서양은 짐승인지라 말할 수도 없는 것"이라고 쓰기도 했다.

고종은 이항로의 상소에 따라 서양 물건을 사용하지 말 것, 이를 어기는 자는 효수하라는 어명을 내렸다. 이항로의 상소는 대원군이 전국 각지에 척화비를 세우는 이론적 뒷받침이 되었고, 조선 쇄국 정책의 근거가 되었다. 그것은 병자호란 이후 송시열 등이 구축한 친명반청 이념과 소중화 사상이 새로운 시대 상황에 맞춰 위정척사로 구현되기 시작했음을 알리는 신호탄이었다.

조선에서 교조화된 주자 성리학

위정척사의 계보를 이해하기 위해서는 주자 성리학의 조선 유입과, 중국에서 명·청 교체를 거치며 주자 성리학이 조선에서 교조화되어가는 과정을 살펴봐야 한다.

고려말~조선 초 중국에서 전래된 주자 성리학은 당시만 해도 놀라울 정도의 선진 학문이었다. 세종은 주자 성리학 이념의 보급과 제도 정착을 위해 집현전이라는 국가 정책 싱크 탱크를 설치하여 인재를 모았다. 이러한 인재들을 통해 고도로 발달한 강남 농법을 비롯한 중국의 첨단 기술 도입에 앞장섰다(함재봉, 『한국사람 만들기 1』, 2017, 104-129쪽).

집현전에서 쏟아내는 새로운 제도와 예법을 널리 반포하여 하루빨리 정착시키기 위해 세종은 금속 활자와 인쇄술을 발전시켜 대규모 편찬 사업을 추진한다. 일반 백성들에게 새로운 제도와 예법을 보급하기 위해 발명한 것이 훈민정음이다. 국가 차원에서 총력을 기울인 결과 성종 시절 주자 성리학이 사대부들 사이에 어느 정도 정착되었다.

주자 성리학의 경제적 기반인 강남 농법도 조선에 뿌리를 내렸다. 그 결과 농업 생산성이 크게 증가하면서 사림 세력이 탄생한다. 사림이란 학문을 닦았지만 관직으로 나가는 데 실패한 집단이다. 과거를 통해 관직을 얻는 것이 낙타가 바늘귀 통과하듯 어렵다 보니 관직으로 나가는 것을 포기하고 지방에 은거하면서 학문에 몰두하며 후세를 교육하는 사람들의 집단이 형성되었다.

석기·청동기 시대를 이상향으로

자신이 스스로 땀 흘려 일을 하지 않아도 먹고살 만한 사람들이 열심히 공부해서 과거에 응시해도, 극소수만이 관직에 임명된다. 그 결과 과거에 낙방한 사람들은 지방에 틀어박혀 일정한 세력을 형성했다. 낙방자들은 자신들의 처지를 위로하고 자위하기 위해 변명거리를 찾아냈다. 즉, 관직에 나가는 것보다 학문을 숭상하는 것이 더 가치 있는 일이며, 권력(패도)보다는 도덕(왕도)이 더 중요한 의미를 갖는다고 우긴다. 급기야 공부는 과거 급제를 위한 것이 아니라 수신修身, 즉 자기 수양과 인격·도덕성 완성이 목표가 된다(함재봉, 『한국사람 만들기 1』, 2017, 35쪽).

과거에 급제하지 못해 관직을 받지 못한 선비들은 아무리 경제력이 있고 공부를 많이 했어도 나라에서 정한 예법에서 제외된 인물군이었다. 조상에 대한 제사를 일 년에 몇 번 드려야 하는지, 제사상에는 어떤 음식을 몇 가지 올려야 하는지, 몇 대 조상까지 제사를 드려야 하는지…….

이런 것들은 원래 황실과 귀족·권문세가·고관들이나 따지던 고매한 예법이었다. 선비 집단은 관직에 입신하지 못한 존재들이므로 고차원적인 예법을 신경 쓸 필요가 없었다. 하지만 엄숙하고도 감동적인 예법을 갖추는 것은 집안의 명예를 지키고, 친족 간의 유대를 강화하고, 강력한 공동체를 형성할 수 있는 훌륭한 소재라는 것을 그들은 꿰뚫어보고 있었다.

스스로 논밭에 나가 노동을 하지 않아도 먹고사는 데 지장이 없는 이들은 삼삼오오 모여앉아 종법 제도의 부활을 연구하기 시작했다. 자신들만을 위한 예법, 특히 조상에 대한 제사를 새롭게 해석하고 만들기 시작한 것이다.

이 작업에 앞장선 인물이 남송의 주희를 필두로 한 성리학자들이었다. 그들은 오랜 연구 고민 끝에 석기시대(요·순 시대)·청동기시대(주나라)·철기시대(전국 시대)의 종법을 부활시켰다. 그들의 이상향은 바로 공자가 그토록 흠모했던 요·순과 주공周公의 시대였다. 인류 발전 단계로 따지면 석기시대와 청동기시대다.

그들은 올바른 예법과 가족 제도를 통해 자신들이 추구하는 윤리와 도덕이 회복된 사회를 건설할 수 있다고 생각했다. 그들에게 예법과 종법은 곧 우주 질서의 통합된 원리인 리理를 실현하는 방법이었다. 남송 시절 주희는 공자와 맹자의 평범한 실천논리를 도道·리·기氣 같은 용어를 동원하여 인간과 우주와 자연을 설명하는 철학으로 재해석했다. 주자 성리학의 탄생이다.

이로써 선비들은 과거에 낙방하여 정부 관직이 없어도 자신들의 지위를 유지할 수 있는 제도적 토대를 마련했다. 공부하는 사람, 즉 학인學人으로서 집안家의 대표를 뛰어넘어 가문宗의 대표로서 지역 사회의 유지 역할이 부여된 것이다. 그들은 평민들도 손쉽게 예법을 이해하고 실천할 수 있도록 하기 위해 관련 내용을 책으로 출간했다. 『주자가례朱子家禮』의 탄생이다.

인조 정권의 시대착오

16세기 조선에서 사림이 정치 권력을 획득하면서 이황·조식·기대승·이이 등의 인물이 등장한다. 이들은 주자 성리학을 새롭고 독창적으로 해석하여 조선 특유의 사상을 창조했다. 그 결과 17세기 무렵 조선은 세계에서 가장 완벽한 주자 성리학의 유토피아로 변모한다.

주자 성리학의 토착화에 성공한 조선은 사상적·문명적으로 명나라와 대등한 관계라고 자부하기 시작했다. 조선의 사림 선비들은 석기시대나 청동기시대를 이상향이라고 외치는 중국 책을 달달 외워 입신양명의 길을 질주했고, 조선 국왕은 의무적으로 하루 세 번 대신들과 주자 성리학 서적을 공부해야 했다.

조선의 드높은 이상이 붕괴된 것은 아이러니하게도 조선이 "문명이 무엇인지 모르는 야만인"이라 그토록 비하하던 북쪽의 여진족, 남쪽의 왜(일본)에게 침략을 당하면서부터다. 임진왜란이 일어나자 조선은 명으로부터 원군을 지원받아 간신히 일본의 침략을 물리친다. 그 결과 조선의 양반 지도부는 재조지은再造之恩을 입었다면서 명나라를 더더욱 떠받드는 모화사상 중독증에 빠져든다.

임진왜란은 동아시아 정세에 격변을 몰고오는 방아쇠 역할을 했다. 조선과 명이 일본과 싸우느라 국력이 총동원되고 있는 공백기를 이용하여 만주에서 여진족이 세력을 대대적으로 확장했다. 광해군 치세는 명·청 교체의 전조가 시작된 난세의 초입이었다.

중원의 패자 명나라가 말기적 증세를 보이자 북쪽 오랑캐 여진족은 임진왜란이 끝난 지 30년도 안 된 1627년 청나라를 세웠다. 그들은 정묘호란(1627)·병자호란(1636)에 이어 1644년 명나라를 쓰러뜨리고 중국 대륙을 차지한다. 일본은 1600년 세키가하라 전투를 계기로 도쿠가와 막부가 출범했고, 베트남은 스스로 황제로 칭하고 독립을 선언했다. 오로지 조선만이 미몽을 헤맸다.

광해군은 조선의 역대 국왕 중 지극히 예외적으로 현실적이고 실용적이며 유연한 외교의 달인이었다. 명·청 대립이라는 난세의 폭풍을 능란한 외교술로 피해가며 안전 운항에 성공한 군주 광해군이 반정 쿠데타로 쫓겨나고 인조 정권이 들어섰다.

주자 성리학 원리주의 국가에서 그 어떤 철학과 명분도 압도하는 가치관은 나라와 군주에 대한 충, 부모에 대한 효다. 인조 정권은 자신들의 집권의 정당성을 충효에서 찾았다. 광해군이 명나라에는 비밀로 한 채 오랑캐 두목 누르하치와 화친을 도모한 것은 불충이 된다. 게다가 광해군이 친아버지의 부인(광해군에게는 계모) 인목대비를 핍박하고 배다른 아우 영창대군을 살해한 사건을 인륜을 거스른 불효로 해석했다.

새로 집권한 인조 정권은 광해군을 불충·불효한 패륜아로 낙인찍는 동시에, 자신들은 명에 절대 충성하는 존명사대尊明事大·배청복명排清復明을 슬로건으로 삼았다. 명·청 교체기라는 난세에 명은 낙조가 드리는 '지는 해'요, 청을 세운 여진족은 '떠오르는 태양'이었다. 반정 세력들은 그러한 국제 정세를 정면에서 거스르고 망하는 나라 쪽에 줄을 섰다.

놀라운 개방성으로 중국 대륙 석권한 만주족

병자호란을 맞아 남한산성에서 농성에 들어간 인조는 청군을 철수시키기 위해 왕자와 재상을 청나라에 인질로 보냈다. 그런데 처음에 청군

진영에 보낸 사람은 '능봉군'이라는 가짜 왕자였고, 재상이 아니라 형조판서 심집이었다. 이것이 탄로나 인조는 남한산성에서 농성 59일 만에 항복한다.

청군은 처음에는 항복 의식으로 조선 국왕의 두 손을 묶은 다음 죽은 사람처럼 구슬을 입에 물고 빈 관과 함께 장례를 치르는 반함飯含을 요구했다. 간신히 타협 끝에 2월 24일 남한산성에서 나온 인조는 삼전도에 나가 청 태종 홍타이지(숭덕제)에게 세 번 머리를 조아리고 이마를 아홉 번 땅에 찧는 삼궤구고두례三跪九叩頭禮로 항복 의식을 거행했다.

『인조실록』은 국왕이 오랑캐에게 항복한 것은 체면이 서지 않는 장면이므로 항복이란 표현을 삭제했다. 대신 정축년에 남한산성에서 내려왔다는 의미에서 '정축하성丁丑下城'이라고 용어를 순화했다.

1644년, 조선의 양반 사대부들이 그토록 흠모하던 명나라가 멸망하고 청이 중원 대륙을 차지했다. 조선의 '정신적 아버지' 명을 멸망시키고 등장한 청은 조선 지도부가 야만인·오랑캐로 멸시하던 여진족(만주족)의 나라였다.

만주족이 중원 대륙을 차지한 비결로 세 가지를 들 수 있다.

첫째는 경제력이다. 만주족은 중국인들이 귀하게 여기던 약재인 인삼 독점권을 확보하여 막대한 부를 축적했다. 제1권에서 소개했듯이 누르하치는 젊은 시절부터 인삼 무역에 뛰어들었다. 그는 1만 명의 심마니를 거느리고 백두산 일대에서 채취한 인삼을 독점 무역했다. 그 결과 명나라 은의 25퍼센트가 누르하치에게 흘러갔다.

둘째는 놀라운 개방성이다. 여진족은 투항해오는 여진의 다른 부족은 물론이요, 몽골족·조선인·한족 등 만리장성 밖의 잡다한 종족을 '만주족'으로 끌어들여 다민족 국가 대제국을 형성했다. 누르하치는 "투항해

오는 사람들은 만주인들과 똑같이 대하라"는 정책을 엄중히 시행했다.

그들은 1619년 사르후薩爾滸 전투에서 집단 투항해온 강홍립을 비롯한 조선 장수와 병사들을 극진히 대접하여 만주에 정착시켰다. 17세기 초 후금의 수도 허투아라赫圖阿拉(현재 랴오닝성 푸순시의 신빈만족자치현 서부)에서는 수백 명에 이르는 한족·조선족 기술자들이 활과 화살·철기구·갑옷 등을 생산했다. 이들 모두 투항해온 사람을 귀하게 여기는 누르하치의 정책 덕분에 새 삶과 직장을 얻은 사례다.

누르하치는 카라친 몽골족이 귀순해오자 이들을 팔기군에 배속시켰다. 투항해오는 몽골족이 점점 늘자 1626~27년에는 각 기旗에 몽골족으로 구성된 5개 '니루'를 배치했다. 1635년 홍타이지는 몽골족 니루가 80개로 늘어나자 몽골족만으로 구성된 팔기군 부대를 따로 만들었다. 한족으로만 구성된 팔기군도 만들었다. 이처럼 다른 민족을 수용하는 놀라운 개방성이 중국 대륙을 석권하는 힘이 되었다.

셋째는 팔기군이라는 군사력과 서양 무기를 이용한 신전술의 채택이다. 서양 대포 홍이포는 1620년대 마카오에서 예수회 신부들에 의해 중국에 소개되었다. 홍이포는 역사상 최초로 장전과 구경, 포격하고자 하는 벽의 두께 등을 계산하여 제작한 당대 최고의 과학적인 신무기였다. 누르하치는 팔기군 제도와 당대 최신예 서양 대포인 홍이포와 이를 이용한 신전술로 세계 최강의 전투력을 갖추는 데 성공했다.

천붕지해天崩地解의 시대

1644년 명나라가 무너진 데 이어, 1662년 명나라의 황족과 일부 관료들이 남쪽 지방에 세운 남명南明이 완전 타도되었다. 이때부터 청나라는 인류사에서 유례를 찾아보기 힘들 정도로 빛나는 성장을 구가하기 시작했다. 중국 지식인들 입장에서 볼 때 중국이 '동쪽 오랑캐' 만주족의 통치를 받는다는 것은 하늘이 무너지고 땅이 꺼지는 천붕지해天崩地解의 사건이었다.

중국 대륙을 석권한 만주족의 초기 인구는 불과 40만~50만에 불과했다. 이들 중 실제로 군사로 동원할 수 있는 인구는 15만 명. 중국인들이 보기에 만주 한구석의 좁쌀만 한 부족이 조선을 무너뜨리고, 인구가 300배가 넘는 명나라를 무너뜨렸다.

중국 지식인들은 명나라 멸망의 원인을 치열하게 분석했다. 그 결과 명의 주류 사상이었던 주자 성리학에서 단서를 찾아냈다. 명대 지식인들이 개인의 수양만 강조하고 마음에 대한 연구를 강조하는 이학理學과 심학心學에 매몰되어 현실 문제를 소홀히 한 것이 명나라 멸망의 원인이라고 분석했다. 그 결과 주자 성리학을 버리고 주자의 해석에 매달리지 않는 고증학파, 실천을 강조하는 경세치용 학파가 태동한다(함재봉, 『한국사람 만들기 1』, 2017, 170쪽).

주자 성리학에 대한 중국인들의 비판은 백성들의 삶에 도움이 될 수 있는 실사구시의 전문 지식과 기술 개발로 이어진다. 강희제는 이처럼 실사구시를 주장하는 학자들을 대대적으로 끌어들여 우대하고 중용했다.

병자호란 때 조선을 침략한 청 태종 홍타이지는 조선을 굴복시킨 후 소현세자와 봉림대군(후의 효종)을 인질로 잡아갔다. 소현세자는 선양·연경燕京(베이징)에서 인질 생활을 했다. 그가 인질 생활을 하던 기간은 청이 만리장성을 돌파하여 명나라를 무너뜨리고 중원 대륙을 차지하는 격동기였다. 소현세자는 명나라의 명장 오삼계吳三桂 장군이 산해관 성문을 열 때 청나라 원정군에 참여했고, 청군과 함께 베이징 점령에 참여하여 그 역사적 현장을 함께했다. 그는 홍타이지를 비롯하여 그의 이복

동생 도르곤多爾袞 등 청나라 최고 수뇌와도 가깝게 지낸 인물이었다.

소현세자는 베이징에 있을 때 독일에서 파송되어온 예수회 소속 천주교 신부 아담 샬(Adam Schall von Bell)과 가깝게 지냈다. 그는 1645년(인조 23) 귀국할 때 천주교와 관련된 서적과 천주상 등을 가지고 왔다. 인조는 청나라에 인질로 붙잡혀간 후 너무나 큰 세상을 보고 온 아들 소현세자를 정적政敵으로서 두려워했다.

소현세자는 7년여 청에서 볼모 생활을 하는 동안 일개 부족에 불과했던 오랑캐 여진족이 중원 대륙을 차지하는 장면, 세계가 어떻게 돌아가는지, 서구 문명의 근원은 무엇인지 등 역사의 대전환을 현장에서 체험한 인물이었다. 소현세자가 인조의 뒤를 이어 정상적으로 왕위를 이었다면 조선은 청의 선진 문물을 받아들이고 개방·통상으로 나아갈 수 있는 마지막 불꽃을 피워올릴 수도 있었을 것이다.

그러나 소현세자는 귀국한 지 얼마 후 의문의 독살을 당한다. 『인조실록』(23년 6월 27일)에는 그의 죽음과 관련하여 "세자는 귀국 후 얼마 안 되어 병을 얻었고, 병을 얻은 지 수일 만에 죽었는데 온몸이 전부 검은빛이었고, 이목구비의 일곱 구멍에서 선혈이 흘러나와 검은 멱목으로 얼굴 반쪽만 덮어놓았다. 곁에 있는 사람도 그 얼굴빛을 분별할 수 없어 마치 약물에 중독되어 죽은 사람과 같았다"고 기록하고 있다.

상복 문제로 몇 년간 싸움

소현세자를 독살한 사람은 아버지 인조일 가능성이 높은 것으로 지목되고 있다. 심지어 세자빈도 사약을 내려 죽였고, 소현세자의 세 아들 중 두 명을 죽도록 방치한다. 소현세자가 죽은 뒤 그 맏아들 석철이 세손으로서 왕위를 잇는 것이 정상이었으나, 인조는 신하들의 거센 반대를 물리치고 소현세자의 동생 봉림대군을 세자에 책봉함으로써 훗날 예송禮訟의 원인을 제공하게 된다.

소현세자가 독살당한 후 조선의 분위기는 중국과는 완전히 딴판이었다. 함재봉은 조선의 지식인들도 '천붕지해의 시대'를 맞아 치열하게 고민하고 자아비판을 한 결과물이 예송 논쟁이었다고 한다.

예송은 주로 왕이 죽었을 때 왕의 생모 또는 계모가 상복을 몇 년 입을 것인가 하는 의례를 둘러싼 논쟁을 말한다.

예송 논쟁의 제1 라운드는 1659년 효종이 승하한 후 벌어졌다. 이때 인조의 왕비이자 효종의 어머니인 조대비가 상복을 몇 년간 입어야 하는지를 두고 치열한 권력 투쟁이 벌어진다. 『주자가례』에 의하면 어머니보다 장남이 먼저 죽으면 어머니는 3년 상복을, 차남부터는 1년 상복을 입는 것으로 규정되어 있었다. 그런데 효종이 아버지 인조에게 독살당한 소현세자의 동생이었던 것이 문제의 발단이었다. 남인들은 효종이 둘째 아들이더라도 왕위를 계승했으니 장남과 마찬가지로 3년 동안 상복을 입어야 한다는 입장인 반면, 송시열을 비롯한 서인 세력은 효종이 엄연히 인조의 둘째 아들이니 1년간 상복을 입어야 한다고 주장했다. 당시의 권력 투쟁에서 서인이 승리하여 조대비는 서인의 주장대로 1년간 상복을 입었다.

예송 논쟁의 제2 라운드는 1674년 효종비가 사망하면서 또다시 불거졌다. 그때까지 생존해 있던 조대비가 상복을 얼마 동안 입어야 하는지가 또 문제가 되었다. 『주자가례』에 의하면 첫째 며느리의 경우 1년, 둘째 이하의 며느리일 경우는 9개월간 상복을 입도록 규정되어 있었다. 남인 세력은 효종비를 첫째 며느리로 간주하여 조대비가 1년간 상복을 입어야 한다고 주장한 반면, 서인 세력은 효종비를 둘째 며느리로 보아

9개월간 상복을 입어야 한다고 외쳤다. 이때는 남인의 의견이 받아들여져 조대비는 아들 효종이 죽었을 때나, 며느리가 죽었을 때나 똑같이 1년 동안 상복을 입었다. 이 논쟁에서 승리한 남인이 정국을 주도하게 되었다.

겉모습만 보면 예송은 상복을 몇 년 입느냐의 논쟁으로 보이지만, 실질은 명나라가 사라진 세상에서 조선 왕실의 정통성을 어디서 찾아야 하는가 하는 국체國體 논쟁이었다. 즉, 예송은 명·청 교체기라는 난세에 국가의 이념적 좌표를 새롭게 잡고 국가 정체성을 재수립하기 위한 치열한 사상적 성찰과 지적 반성에서 비롯된 대논쟁이었다(함재봉, 『한국사람 만들기 1』, 2017, 185쪽).

북벌론은 현실성 결여된 환각의 전투

조선의 지식인들이 예송 논쟁을 통해 내린 결론은 중국 지식인들이 내린 결론과는 정반대였다는 것이 불행의 출발점이었다. 서인 세력의 거두 송시열의 눈으로 볼 때 이상적인 문명의 모습을 담아낸 사상은 주자 성리학이었다. 따라서 명나라 멸망 후 조선의 정체성은 주자 성리학은 물론, 그것을 가장 완벽하게 체현했다고 생각한 명나라에 근거를 두어야 한다고 믿었다. 중국 지식인들이 명나라 멸망의 원인을 주자 성리학에서 찾은 반면, 송시열을 필두로 한 조선의 지식인들은 주자 성리학을 철저하게 실현하는 것만이 난세를 극복하는 길이라는 정반대의 결론에 도달했다.

조선 국왕이 삼전도에서 군부君父인 명나라를 공격한 원수 앞에 나가 이마를 땅에 찧는 항복을 한 행위는 명에 대한 충효의 가치를 스스로 짓밟은 꼴이 된다. 그렇다고 이 행위를 "청군의 월등한 무력 때문에 불가피했다"는 상황 논리로 얼버무릴 수도 없었다. 그런 논리를 인정하는 순간, 소작농이나 노비들도 같은 논리를 내세워 더 이상 양반 지주나 주인에게 복종하지 않을 가능성이 있다. 이렇게 되면 성리학적 지배 구조의 바탕 위에 서있는 조선 왕조가 붕괴된다.

효종은 즉위하자마자 노론의 우두머리 송시열과 함께 선명한 북벌론을 들고나와 정치적 주도권을 잡는 데 성공했다. 당시 청은 인구 1억 5,000만 명, 국력은 조선의 수천 배 규모였다. 3대 황제 순치제부터 강희-옹정-건륭제에 이르는 150년 황금기를 구가했다. 건륭제 시절 중앙정부 금고에는 8,000만 냥(약 3,000톤)이나 되는 은이 축적되어 있었다. 이런 세계 강국을 정벌하겠다고 덤빈 나라가 조선이었다.

조선이 북벌을 위해 강화했다는 군사력은 병력이 고작 1만여 명에 불과했다. 병력 1만 명으로 압록강 건너 베이징으로 쳐들어가 청나라 오랑캐를 정벌할 수 있다고 믿는 사람은 없었다. 게다가 효종 시절 강화한 군대는 적군과 전투를 하는 야전 부대가 아니라 왕실 호위 부대였다. 선명한 명분을 앞세워 북벌을 외치면서 실제로는 왕실 경호를 위한 병력만 늘린 것이다. 조정 대신들은 이런 모습을 보면서 효종이 북벌을 앞세워 왕권을 강화하려는 의도를 눈치챘다.

삼전도에서 치욕스런 항복을 한 후 조선의 민심은 자못 불온했다. 50만 가까운 백성이 포로로 끌려갔으니 그 정황이 어떠했겠는가. "백성과 나라의 안녕을 지켜주지 못한 왕조를 타도하자"라는 선동 한 방이면 민심이 폭발하여 왕조가 와르르 무너질 수도 있었다. 동요하는 민심을 '조선 왕조'라는 깃발 아래 묶어둘 강력한 선동 무기가 필요했다.

효종과 송시열은 이 점을 주목했다. 효종 시대를 풍미했던 북벌론은 청나라를 정벌하는 것이 진짜 목적이 아니었다. 실제로는 병자호란 패배에 대한 책임 회피용이었다. 호란 이후 닥칠지 모르는 정치·경제적 위기를 퉁치고 자신들의 지배력을 유지하기 위한 고도의 프로파간다였다. 북벌론은 애초부터 현실성이 완전 결여된 '환각의 전투'였다.

'소중화의 나라' 선포

강희제는 각종 반란을 완전 진압한 다음 확고한 국제 질서를 정착시켰다. 청은 티베트·타이완·중앙아시아를 아우르는 강력한 대제국으로 부상했다. 청은 전통적인 중화 질서인 책봉-조공 체제를 그대로 유지했다. 소국은 대국을 섬기고 대국은 소국을 사랑으로 어루만지는 '사대자소事大字小' 정책을 계승한 것이다.

강희제는 옆구리에 붙어 있는 좁쌀만 한 국력의 조선은 더 이상 청의 위협이 될 수 없다고 판단하여 조선에 대한 간섭을 크게 줄이고 실질적인 자율성을 허용했다. 그 결과 청에 대한 복수는 현실 불가능한 과제가 되었다.

조선 지도부 인사들의 희망과 달리 청은 점점 더 강대국이 되어갔다. 북벌의 대의에 동의했던 조선 지식인들도 북벌은 현실 가능성이 전혀 없는 미몽이란 사실을 깨달았다. 현실과 이상의 참담한 괴리를 겪은 조선 지배층은 정서적 공허함을 달래기 위해 상상의 나래를 활짝 펼친다.

급기야 이들의 무력감은 정신적 질병으로 발전했다. 이미 멸망하여 사라진 명나라에 의리를 지킨다는 배청복명·존명사대 등 비이성적이고 비현실적인 판타지의 세계로 도피한 것이다.

그들은 임진왜란 때 원군을 보내 조선을 구해준 명나라의 존재를 선명하게 부각시켰다. 조선은 사회 전체가 충효라는 수직적 지배 구조로 구성되어 있다. 명은 부모의 나라이니 충의 대상인 동시에 효의 대상이다. 이미 망해 지구상에서 사라진 명나라에 대한 충효 질서를 유지하기 위해 조선은 외부 세계로부터 스스로를 고립시켰다. 그리고 청을 부모의 원수로 부각시켰다. 명·청 교체기 청나라에 항복한 책임으로 인한 왕조 붕괴의 위기를 이런 방식으로 무마해 통치력을 유지한 것이다.

조선은 이제 전 세계가 오랑캐, 즉 야만의 지배를 받는 시대에 외롭게 남은 중화 문명의 외딴섬이었다. 명이 사라진 세계에서 조선의 새로운 국가 목표와 부여된 역할은 유일하게 남은 문명의 중심으로서 문명이 더 이상 야만에 의해 오염되지 않도록 철저하게 지켜내는 것이었다(함재봉, 『한국사람 만들기 1』, 2017, 185쪽).

명이 멸망한 후 중국은 주자 성리학을 버린 반면, 조선은 오히려 주자 성리학을 더 강화하는 길로 치달았다. 그 결과 조선은 청나라보다 우월한 정신과 중화 문명을 보유하고 있는 나라로 스스로 포지셔닝했다.

송시열은 조선을 '소중화의 나라'라고 불렀다. 소중화의 문명을 지키기 위해 사문난적斯文亂賊과 싸워야 하며, 이를 위해 국경을 닫고 약속을 끊으며, 이름을 바꾸고 이치를 밝혀 의리를 지켜야 한다고 주장했다. 쇄국이 시작된 것이다.

조선이 소중화의 나라가 되었다는 것은 명나라가 공식적으로 패망하고 조선이 그 후계자가 되었음을 알리는 선언이었다. 조선의 양반 지식인들은 명의 중화 문명은 오랑캐가 세운 청이 아니라 조선으로 이어졌다고 그럴듯한 논리를 창작해 냈다. 조선이 명의 후계가 되어 중화의 정통성을 이어받았으니 무리수를 두어가며 북벌을 해야 할 이유가 없었다. 조선은 정신적으로 대승을 거둔 것이다(박종인, 『대한민국 징비록』, 와이즈맵, 2019, 166쪽).

중화 문명의 유일한 계승자인 조선이 언젠가 중원 대륙에 들어설 가

상의 중화 국가와 함께 중화 세계를 재건한다는 발상이 등장한 것은 17세기다. 이 비전에는 '적대적 타자'인 청이라는 전제가 있었다. 청은 중국이 아니라, 중원 대륙을 차지한 오랑캐이며 문명의 파괴자다. 중국은 어디까지나 중원 대륙의 중화 문명 국가여야 한다. 이러한 현실 인식에서 청과 군신 관계를 맺을 수밖에 없는 정치적 현실은 철저히 무시되었다(배우성, 『조선과 중화』, 돌베개, 2014, 93쪽).

그들은 소중화 의지를 실천하기 위해 왕궁 깊숙한 곳에 '대보단大報壇' 이라는 사당을 지었다. 청나라의 존재가 시퍼렇게 살아 있는 상황에서, 그들에게 멸망당한 명나라의 세 황제를 기리기 위해 사당을 지었으니 이것의 존재는 비밀이어야 했다.

조선 조정은 대보단의 존재를 청나라에 숨기기 위해 오늘날의 관보官報에 해당하는 「조보朝報」에 싣지 않았고, 담당 관청도 설치하지 않았다. 조선의 국왕·세자·문무백관은 청나라 감시의 눈을 피해 깊은 밤에 몰래 대보단에 모여 이미 죽어 유령이 된 명나라 황제에게 도둑 제사를 올렸다. 조선 왕조는 대보단 제사를 통해 집단적 판타지의 세계에 확실하게 중독되었다.

강력한 쇄국주의 체제, 이념적으로는 소중화. 비록 무력을 앞세운 청에게 정복당했지만 정신적·문화적으로는 명나라의 문명을 이어받은 조선이 우월한 나라라는 확고한 자존 의식. 이렇게 형성된 자아관·국가관·세계관이 조선 후기 이항로를 통해 '위정척사'라는 모습으로 또 다시 등장한 것이다.

프랑스 침략을 물리치다

1866년 10월 17일, 프랑스군이 강화도 광성진을 습격하여 무기를 탈취하고 화약고에 불을 지른 뒤 돌아갔다.

1866년 10월 18일, 영종첨사(경기도 영종진에 배치된 수군첨절제사로서 종3품 무관직) 심영규가 프랑스 군함에 접근하여 프랑스 측과 대화를 했다.

이날 자 『고종실록』에 의하면 프랑스군이 조선을 침략한 목적은 자국 신부 9명의 살해에 대한 응징이라는 사실을 다음과 같이 밝히고 있다.

심영규 당신들은 어느 나라 사람이며 이름과 나이는?

통역 청국 사람인데 성은 서徐가이고 이름은 복창福昌이며 16세다.

심영규 선주 이름은 무엇인가?

통역 프랑스 사람인데 이름은 모른다.

심영규 무엇 때문에 여기까지 왔으며, 언제 돌아가는가?

통역 정벌하러 왔다.

심영규 당신들과 우리는 원망을 품은 일이 없는데 무엇 때문에 정벌하려 하며, 정벌하려는 곳은 어딘가?

통역 수도를 정벌하려 한다. 당신들이 우리 사람 아홉 명을 살해했기 때문에 9,000명을 죽이려 한다.

심영규 우리나라에서 당신네 사람 아홉 명을 죽이지 않았는데 대체 무슨 말인가?

통역 우리는 이미 알고 있다. 당신은 우리를 속이고 있다.

10월 19일, 선봉 부대 중군中軍(군영의 부사령관) 이용희가 이틀 전 프랑스군 50여 명이 총칼로 무장하고 통진마을에 나타나 소와 가축, 의복과 재물을 약탈해갔다고 보고했다. 프랑스군의 공격에 놀란 관청의 아전들을 비롯하여 마을 주민들이 모두 도망가는 바람에 마을과 거리는 텅 비었다.

프랑스군, 강화도 점령

이날 조정은 조선 국왕의 외교 서한을 프랑스 군함의 함장에게 전했다. 국왕은 프랑스 함대에 보낸 공문에서 프랑스군의 강화도 상륙 사건을 접한 조선 지도부의 심기와 세계정세에 대한 안목을 다음과 같이 표현하고 있다.

> 우리나라 경내에 다른 배들이 표류해오면 옛 친구를 만난 듯 영접해 먹을 것이 없으면 음식을 주고, 추우면 옷을 주었으며, 병을 앓고 있으면 약을 지어 치료해주었다. 돌아가겠다고 하면 식량까지 싸서 보냈다. 이것이 우리가 대대로 지켜오는 규례이기 때문에 우리나라를 '예의의 나라'라고 부르고 있다.
>
> 그러나 우리나라에 몰래 들어와 옷을 바꿔 입고 우리말을 배워서 예의와 풍속을 어지럽히는 자는 나라에 법이 있는 만큼 반드시 처단한다. 우리가 떳떳한 법을 적용했는데 너희가 무엇 때문에 화를 내는가? 일전에 너희 배가 우리 한강 일대에 들어왔을 때 소나 닭 같은 것을 요구하면 그때마다 주었다. 그런데 우리가 물어보면 먹을 것은 받으면서 대화는 하지 않았으니, 너희가 우리를 저버린 것이지 어떻게 우리가 너희를 저버린 것인가?

우리가 지극히 인자하고 훌륭한 덕이 있다 해도 제멋대로 난동을 부리게 내버려둘 수는 없다. 때문에 수만 명의 군사를 거느리고 하늘의 의사를 받들어 토벌하려 한다. 어느 군사가 옳고 그른가, 누가 이기는가 패하는가 판가름하자. 너희는 달아나지 말고 머리를 수그리고 우리의 지시를 들으라.

선전 포고나 다름없는 공한을 받은 프랑스 측도 강경한 내용의 답신을 보냈다. 그들은 "아무 죄도 없는 프랑스 선교사를 죽인 조선을 징벌하러 왔다"고 주장했다.

선교사는 매우 어질고 의로운 사람으로서 털끝만치도 범죄를 저지르지 않았을 것이다. 너희가 그를 죽인 죄악은 용납할 수 없다는 것은 물어보지 않아도 알 수 있다. 중국에서 지난 몇 해째 마구 고약한 행위를 했다가 우리 대국(프랑스)에서 징벌을 가하여 머리를 수그리고 우리 지시를 존중하게 된 사실을 듣지 못했는가? 어질지도 못하고 의리도 없는 조선을 징벌하러 왔으니 우리 지시를 듣지 않으면 용서받지 못할 것이다.

강화도를 점령한 프랑스군은 민가를 차지하고 그곳에서 숙식을 했다. 점령군의 일원으로 강화에 상륙한 프랑스군 장교 앙리 쥐베르는 자신들이 점령한 서민들의 민가 상태를 다음과 같이 소개하고 있다.

우리가 차지하고 들어간 집들은 처음에는 상상을 초월할 정도로 더러웠다. 그토록 더러운 집들을 어느 정도 사람이 살 만하게 치우면서 우리는 고전에 나오는 헤라클레스가 아우게이아스의 외양간을 청소할 때 이렇지 않았겠나 하는 생각을 했다. 그러나 조선인들에게 빌붙어 살고 있던 끝도 없이 많은 기생충(이·벼룩 같은 해충을 말하는 듯)들을 단번에 몰아낼 방도는 없었다. 우리가 마을에서 보내는 처음 며칠 동안 이 난공불락의 해충들은 놈들의 합법적인 집주인들을 대신해서 우리에게 복수를 해왔다. (쥐베르·마르탱, 『프랑스 군인 쥐베르가 기록한 병인양요』, 2010, 47-48쪽)

상점이 없는 나라 조선

프랑스군은 강화부성을 점령한 후 관청 창고를 접수했다. 그곳에는 포신 뒤에 화약을 넣어 발포하는 대포, 화승총과 창·도끼·활·갑옷 등의 무기와 화약·초·인두, 그리고 수많은 책들과 어마어마한 양의 종이가 비축되어 있었다.

쥐베르는 강화도에 상점이 없었다는 점, 강화에는 이렇다 할 산업이 아무것도 없다는 사실, 창고에 있는 어마어마한 양의 생필품들을 보면서 "이 나라에서는 정부가 으뜸가는 대상大商 노릇을 하는구나" 하고 놀랐다. 모든 물건은 정부가 독점하고, 상점이 존재하지 않는다면 일반 백성들은 일상생활을 어떻게 영위할 수 있었을까? 조선은 19세기 말까지 물물 교환 경제, 자급자족 경제 상태였다는 프랑스 해군 장교의 기록이 가슴을 아프게 한다.

일반 백성들의 거주지와 완벽한 대비를 이루는 것이 정부 관리들의 사택이었다. 쥐베르가 '조선 관리의 사택'을 묘사한 장면을 소개한다.

높은 언덕 위에 세워진 그 집의 훌륭한 입지 조건과 내부의 호사

스러움은 나의 주목을 끌었다. 비단과 모피를 비롯하여 칠기와 청동으로 된 물건들과 도자기들, 한마디로 유럽인들이 그토록 동경하는 모든 물건들이 그 집 안을 가득 채우고 있었으니, 이는 서민들의 한결같이 초라한 초가집들과 대조를 이루어 보는 이의 마음을 씁쓸하게 했다. 이러한 대조적인 풍경으로부터 우리는 평범한 조선인에게는 부富에 대한 권리 혹은 최소한의 가능성마저 없다고 결론지어야만 하는 것인가?' (쥐베르·마르탱, 『프랑스 군인 쥐베르가 기록한 병인양요』, 2010, 65-66쪽)

전투에 놀라 겁을 먹고 산으로 도망쳤던 주민들은 사태가 차츰 안정되자 하나 둘 자기 집으로 돌아왔다. 프랑스군이 민가 앞을 지나면 주민들은 프랑스군에게 넙죽 절을 했다. 프랑스 군인들이 민가에 들어오면 집주인은 지나칠 정도로 예우하면서 감과 시원한 냉수를 내놓았다.

10월 21일, 강화 유수 이인기가 프랑스 군함에 승선하여 필담을 나누었다. 프랑스 군함에는 한복을 차려입은 통역관이 있었는데, 그는 프랑스어가 가능한 중국 청년이었다. 이인기가 붓을 들어 "당신들은 수만리 풍파를 헤치고 왔는데 앓는 사람은 없는가?" 하고 묻자 "없다"고 답했다. 이번에는 통역관이 "올봄에 무엇 때문에 서양 사람 아홉 명을 죽였는가?" 하고 물었다. 이인기는 "당신네 나라 사람이 수도에 잠복하여 여인을 강간하고 재물과 돈을 빼앗고 반역 음모를 꾸몄으므로 법에 의해 처형한 것"이라고 답했다.

피난 가기 바쁜 양반들

10월 26일, 프랑스군이 강화의 갑곶진과 마주보고 있는 문수산성(김포시 월곶면)을 공격 점령했다. 근대식 총포로 무장한 프랑스군은 문수산성 전투에서 조선군을 압도했다. 문수산성은 서울로 나가는 길목이어서 프랑스군이 서울을 침공하려는 것 아닌가 하여 비상이 걸렸다. 프랑스군은 문수산성 점령 하루 만에 철수했을 뿐 서울을 향해 진격하지는 않았다.

조정에서는 격문을 띄우고 의병 궐기를 촉구했지만, 의병 궐기는커녕 프랑스군이 서울로 쳐들어올지 모른다는 소문이 돌면서 서울 사람들은 지방으로 피난 가기에 바빴다. 특히 고관대작들이 앞을 다투어 가족을 먼저 피신시키는 등 일대 소동이 벌어졌다.

걷잡을 수 없이 민심이 동요하자 고종은 10월 31일, "지금 양이들이 강화도를 차지한 지 10여 일이 지났는데도 의로운 기개를 떨쳐 군사 모집에 응하는 사람이 없다. 팔도에 의리 있고 지략 있는 선비들이 진짜 없어서 그런가, 아니면 나에게 덕이 없고 허물이 있어 그런가? 그저 자기 몸이나 보전하고 처자나 보호할 생각이나 하면서 가족들을 떠나보내는 사람들이 있는가 하면, 무지한 백성들은 수도 사람들이 동요하는 데 따라 맞장구치며 소란스럽게 굴고 있다. 지금 성안은 텅 비었다고 하니 몹시 슬픈 일이다"라는 성명을 발표했다.

대원군도 고위 관료들에게 결사항전을 독려하는 편지를 보냈다. 대원군은 "고통을 참지 못해 화친을 허용하면 매국이고, 교역을 허용하면 망국이다. 적이 경성을 핍박한다고 하여 도주하면 위국危國이고, 귀신을 부르는 술책이 있어 적을 뿌리친다 해도 그 폐해는 사학邪學보다 더 심할 것"이라면서 전국 각지에 척화비를 세울 것을 명했다.

척화비의 비문은 "서양 오랑캐가 침범하는데 싸우지 아니하면 화친하는 것이고, 화친을 주장하는 것은 나라를 파는 것이다洋夷侵犯, 非戰則和, 主和賣國"였다. 대원군이 붓을 들어 직접 지은 것이다.

대원군은 호랑이·멧돼지·늑대를 사냥하는 포수 동원령을 내렸다. 평안도와 함경도에서 각각 1,000명씩, 함경도 남병영에서 500명의 포수가 동원되었다. 하지만 이들은 이동 거리가 너무 멀어 프랑스군과의 전투에는 투입되지 못했다. 프랑스군과의 마지막 격돌이었던 정족산성 전투에 투입된 포수들은 대부분 경기·강원도에서 동원된 포수들이었다(연갑수, 『고종대 정치변동 연구』, 2008, 184-186쪽).

멧돼지 잡는 포수들이 프랑스군 격퇴

11월 1일, 프랑스군이 강화도의 호남고戶南庫(강화도 남쪽의 곡식 저장고)에 방화하여 불길이 치솟았다. 11월 2일에는 프랑스 군함이 교동의 경기수영에 포격을 가하고 선박 다섯 척에 불을 질렀다. 경기 수군 사령관 정운익은 "서양 군함의 속도가 나는 듯 빨라서 제대로 방비하지 못했다"고 보고했다.

프랑스의 근대식 함포와 무기에 비해 조선군의 무기는 보잘것없었다. 앙리 쥐베르는 "조선군이 화승총으로 무장하고 있었지만, 거총하기엔 개머리판이 너무 작아서 다루기 힘들었다"고 기록하고 있다. 또 "조선의 야포는 두려운 무기가 아니며, 어쩌다 포탄이 목표물에 적중하는 것은 순전히 우연에 의한 것"이라고 기록하고 있다.

조선 병사들 가운데 몇 명은 갑옷을 입고 있었지만 총알이나 화살을 막아내기에는 너무나 엉성했다. 이처럼 보잘것없는 무기로 무장한 조선군에 기적이 일어났다.

조정에서는 순무영巡撫營(강화도 지역의 방어를 담당하는 지방 군영)을 설치하고 대장에 이경하, 중군에 이용희, 천총千總(부대장. 각 군영의 정3품 무관직)에 제주목사 출신의 양헌수를 임명했다.

양헌수는 천총에 임명되자 600여 명의 병력을 이끌고 와서 통진에 진을 치고 강화도 수복을 위한 작전 계획을 수립했다. 재래식 화승총으로 무장한 조선군은 프랑스군의 공격을 당해낼 재간이 없었다. 강화도에서 벌어진 전투 상황을 분석한 양헌수는 화력에서 절대 열세인 조선군이 취할 수 있는 전술은 매복과 기습이라고 결론 내렸다.

양헌수 부대는 달빛이 없는 그믐을 이용하여 비밀리에 덕포에서 강화 해협을 건너 바다 맞은편의 정족산성에 침투했다. 11월 7일, 양헌수는 남문에 포수 161명, 동문에 150명, 서문과 북문에 157명의 군사를 매복시켰다. 대부분이 대원군이 동원령을 내린 포수들었다.

로즈 제독은 조선군이 야음을 틈타 강화 해협을 건너 정족산성에서 농성하고 있다는 보고를 받았다. 그 즉시 올리비에 대령에게 정족산성 공격을 명령했다. 올리비에 대령은 160명의 해병대를 지휘하여 정족산성 공략에 나섰다.

11월 9일, 정족산성에서 조선군과 프랑스군 간에 전투가 벌어졌다. 연이은 승리로 조선군을 우습게 본 올리비에 대령은 총 몇 발만 쏘면 조선군들이 놀라 도망갈 것으로 생각했다. 그는 대포도 없이 경무장한 해병대 160명을 이끌고 공격에 나섰다. 매복해 있던 조선 군사들은 프랑스군이 다가오자 일제히 기습 공격을 가했다.

세 시간에 걸친 치열한 전투에서 프랑스군 6명이 전사하고 60여 명이 부상했다. 조선군의 피해는 전사 1명, 부상 4명이었다. 올리비에가 지휘하는 병력의 절반이 사상을 당했다. 이것이 우리 근대사에서 병인양요로 명명된 조선군과 프랑스군의 격돌이었다.

프랑스군의 패퇴와 관련하여 주의 깊게 관찰해야 할 부분은 역관 오경석의 역할이다. 조선 조정은 청나라를 통해 프랑스가 조선 침공을 준비 중이라는 정보를 입수했다. 조선은 유후조를 정사正使로 하는 주청사奏請使를 베이징에 급파했다. 이때 역관으로 함께 베이징에 간 오경석은 현지에서 친교를 맺은 청 조정의 관료들과 접촉하여 고급 정보를 수집했다.

이 과정에서 프랑스 함대가 프랑스 무역상들로부터 군비를 차입한 사실, 함대의 군량을 3개월분밖에 준비하지 못한 사실 등을 알게 되었다. 오경석은 대원군에게 프랑스 함대는 재정 부족으로 상인으로부터 자금을 빌려 보급품을 마련했으며, 군량이 부족하고 대규모 병력을 동원하지 못했다면서 "지구전을 전개하면 프랑스 함대는 오래 버티지 못할 것"이란 보고서를 제출했다(신용하, 『초기 개화사상과 갑신정변 연구』, 지식산업사, 2000, 39쪽).

프랑스군의 강화도 약탈

열강의 한 축을 이루던 프랑스군이 동아시아의 이름조차 생소한 나라에 원정을 갔다가 정식 군대도 아닌 생계형 포수로 구성된 무장 부대에 패퇴했다. 정족산성 전투의 패전으로 프랑스군은 사기가 크게 꺾였다. 그들은 이날 패전을 계기로 강화도 점령을 통해 조선을 굴복시키는 것은 현실적으로 무리라는 사실을 절실히 깨달았다.

11월 22일, 프랑스 함대는 조선에서 완전 철수했고, 각 군함은 중국과 일본의 소속 기지로 귀항했다.

리델 신부는 영광의 프랑스군이 동양의 이름 없는 군대에 패해 철수하는 모습을 지켜보며 처연한 상념을 지우기 힘들었던 모양이다. 그는 형에게 "로즈 제독이 도즐리 분견대에 강화읍 전체를 불사르고 군함으로 돌아오라는 명을 내렸다는 사실을 알고 아연실색했다. 도주가 시작됐다. 우리는 패배했다. 프랑스가 조선에 의해 패주하다니. 힘도 없고 교활하지도 않은 보잘것없는 민족에 의해 프랑스 국기가 모욕당하고 수치스럽게 내몰려 진흙 바닥에 굴러다니는 꼴을 보아야 했다"고 철수 과정의 상황을 적어 보냈다.

이 사건으로 인해 '영광의 프랑스군'은 톡톡히 망신을 당했다. 강화도에서 벌어진 조선군과 프랑스군의 전투는 근대 유럽 군대가 비유럽 지역에서 재래식 동아시아 군대와의 싸움에서 패배한 역사상 희귀한 사례였다. 패장이 된 사령관 로즈 제독은 엉뚱한 곳에다가 분풀이를 했다.

강화도에는 조선 조정이 위기시 임시 궁궐로 사용하기 위해 행궁을 건설해 놓았다. 프랑스군은 행궁을 비롯한 주요 관청 건물을 대부분 파괴하고 방화했다. 『고종실록』(3년 10월 6일)에 의하면 장녕전長寧殿과 만녕전萬寧殿·객사가 불탔고 아정당衙政堂은 세 칸만 남았다. 민가의 절반이 불타 없어졌으며, 남문은 문짝과 현판·성곽이 모두 파괴되었다. 외성의 훈련원과 어영청의 두 창고도 불타 사라졌다.

당시 강화도 외규장각에는 1,042종 6,130책의 문서가 소장되어 있었다. 로즈 제독은 10월 22일 "우리는 고古문서고를 발견했는데 조선의 역사·전설·문학에 관해 많은 신비를 설명할 수 있는 대단히 신기한 책들을 확인했다. 본인은 규정에 따라 그 목록을 작성케 했으며 이 신기한 수집물을 보내겠다"고 본국에 보고했다. 순양함장 해군 중령 주앙과 경리담당 라비에유는 이날 노획한 물건 목록을 작성하여 본국 정부로 보냈다.

프랑스군은 철수할 때 조선의 고서古書 큰 책(대책) 300책, 작은 책(소책) 40책을 비롯하여 지도와 비문, 족자 7폭을 약탈해갔다. 프랑스군이 약탈해간 서적은 대부분 왕실이나 국가의 주요 행사를 기록한 의궤가 주를 이룬다. 이 책들은 오랫동안 베르사유의 도서관 별관에 방치되었다가 이후 프랑스 국립중앙도서관으로 옮겨졌다. 외규장각 도서는 145년 후인 2011년 5월 26일 우리 정부에 반환(형식은 영구 임대)되어 현재 국립중앙박물관에 소장되어 있다.

또 외규장각에는 은괴도 보관 중이었는데, 프랑스군은 19만 7,000프랑에 해당하는 은괴 19상자도 가져갔다. 그들은 규장각에 보관되어 있던 보물 중 군함에 싣기 어려운 많은 물건들은 내버렸다. 커다란 종도

프랑스군이 외규장각에서 약탈한 물건

물건	수량
큰 장정 서적	300책
작은 장정 서적	9책
작은 서적(흰 박스에 보관)	13책
작은 서적	10책
작은 서적	8책
중국·조선과 일본 지도	1장
한자로 된 평면 천체도	1장
여러 글들이 있는 두루마리	7개
한자로 쓰인 회색 대리석 판	3개
구리 경첩을 단 흰 대리석 판으로 둘려 있는 상자	3개
투구와 갑옷	3개
탈	1개

출처: 김용구, 『약탈제국주의와 한반도』, 도서출판 원, 2013, 49–50쪽

해변까지 끌고왔으나 내팽개치고 철수했다. 이것이 오늘날 문화 선진국이라 자처하는 프랑스의 150여 년 전 모습이다.

그나마 약탈품이 이 정도에 그친 것은 조선 시대 국왕과 왕비의 어필 등을 보관하던 선원각璿源閣의 직원 조희영 등 7명이 땅굴을 파고 귀중한 책자와 보물들을 숨겼기 때문이다.

프랑스군의 안내 역할을 맡았던 리델 신부는 1866년 12월 친형인 루이 리델에게 병인양요 당시 프랑스군이 저지른 만행과 약탈을 적나라하게 고발하는 편지를 보냈다. 그의 편지에 의하면 프랑스군은 비단 천에 싸여 붉은색과 금빛 상자에 들어 있는 왕실의 기록서와 유학 서적, 의학 서적, 조선 역사책의 뛰어난 인쇄술과 제본술에 감탄했다.

앙리 쥐베르도 유럽 국가들이 힘없는 동양 나라에서 자행한 야만적인 폭력성을 질타했다. 그는 "유럽 국가들이 처음 접촉하는 이국의 국민들에게 폭력을 드러내고 횡포한 요구를 주장하는 일이 너무 빈번하다"면서 "그 나라가 전신기를 갖지 못했고 그들 문명의 본원이 우리와 다르면, 우리는 그들이 입는 폐해를 감안하지도 않고 주민들의 모든 권리를 침해하는 것이 마치 우리에게 허락된 줄로 생각한다"(쥐베르·마르탱, 『프랑스 군인 쥐베르가 기록한 병인양요』, 2010, 124쪽)고 자성의 목소리를 남겼다.

실패한 원정

40일간 강화도를 점령했다가 철수한 로즈 제독은 "선교사 학살에 대한 응징적 보복이 성공적으로 수행되었다"고 허풍을 쳤다. 하지만 베이징 주재 프랑스 공사 벨로네를 비롯한 모든 외교관들은 로즈 사령관의 원정을 '실패한 작전'이라고 혹평했다. 이유는 세 가지였다.

첫째, 수교 관계가 없는 조선에 가서 원정에 성공했다면 조선을 개항시키기 위한 수교 조약을 체결했어야 한다. 로즈 제독은 조선 정부와 협상조차 하지 못하고 빈손으로 돌아왔다.

둘째, 정족산성 전투에서 패배한 후 함대를 철수했다. 이것은 응징 보복에 성공한 것이 아니라 패전이나 다름없는 철수다.

셋째, 종교적 차원에서 보면 조선 원정의 목표는 선교사 학살에 대한 응징 보복 및 재발 방지다. 그런데 보복은커녕 대원군의 천주교 박해와 쇄국 정책을 강화시키는 결과를 초래했다.

앙리 쥐베르도 자신들의 원정이 "기대했던 성과를 조금도 얻지 못했으며, 조선에 체류하는 동안 그곳에서 환영받지 못한 실패작"이라고 실토했다(쥐베르·마르탱, 『프랑스 군인 쥐베르가 기록한 병인양요』, 2010, 78쪽). 프랑스 함대의 퇴각과 동시에 조선에서 천주교 신자들에 대한 박해가 더 심해졌고, 조선 조정은 유럽 국가의 침입을 비롯한 타협 일체를 격퇴하고 규탄한다는 선언문을 발표했기 때문이다.

극동 함대 소속 해군 장교로 근무하다 제대한 쥐베르는 1868년 화가 모네(Claude Monet)와 르누아르(Auguste Renoir)의 스승인 샤를 글레르(Charles Gleyre)의 제자가 되어 화가의 길을 걸었다. 후에 그는 자연주의 풍경화가로 이름을 날렸다.

프랑스 극동 함대가 조선군에 패퇴하여 철수했다는 소식이 전해지자 중국인들이 기뻐 날뛰었다. 중국인들에게 프랑스는 제2차 아편 전쟁 때 영국군과 함께 중국을 침략하여 황제의 여름 별장인 원명원을 파괴하고 베이징을 약탈한 '서양 귀신洋鬼'이었다. 그들은 강압적인 조약을 강제로 체결하고 중국의 이권을 탈취해갔다. 속방인 조선 군대가 자기들의 원수를 대신 갚아주었으니 얼마나 속이 시원했겠는가.

당시 주청 프랑스 공사관 소속 의사 마르탱은 「1866년 조선 원정」이라는 글에서 프랑스군이 조선에서 패전한 이후 상황에 대해 "우리 군부의 명예는 비참한 후유증을 겪어야 했다. 예전에 승승장구하며 베이징에 입성했던(제2차 아편 전쟁 때 베이징 점령) 우리의 병사들이 서울의 성문 앞에서 무너지다니! 청국의 온 나라에서 사람들이 저마다 프랑스의 패전에 대한 쾌감과 프랑스에 대한 증오를 섞어 자신의 견해를 만들어내느라 여념이 없었다"(쥐베르·마르탱, 『프랑스 군인 쥐베르가 기록한 병인양요』, 2010, 109쪽)고 전했다.

병인양요의 진행 과정을 복기해보자. 벨로네 대리공사와 로즈 제독은 본국 정부의 훈령도 없는 상태에서 군사 행동에 돌입했다. 무티에(Marquis de Moustier) 프랑스 외무장관은 1866년 11월 10일 명백한 월권 행위를 저지른 벨로네 대리공사에게 강력한 경고 서한을 보냈다. 이 서한에서 무티에는 벨로네가 개인 권한으로 조선 국왕의 폐위를 선언하고 조선에 전쟁을 선포한 사실, 해군 사령관에게 전투를 지시한 사실은 경악할 만한 월권 행위로서 원천 무효라고 지적했다. 프랑스 정부는 두 사람에 대한 조사를 벌여 벨로네는 본국 소환 및 징계, 로즈 제독은 직권 정지 처분을 결정했다.

그런데 조선에서 제멋대로 군사 행동을 일으킨 사건에 대해 프랑스 의회가 문제를 제기했다. 자칫 잘못하다간 이 사건이 정부에 대한 비판으로 이어질 수도 있다고 판단한 프랑스 정부는 "조선 원정은 대단한 성공"이라고 역선전을 할 수밖에 없었다. 덕분에 징계 위기에 처했던 벨로네는 주 스웨덴 공사로 영전했고, 로즈 제독도 인도차이나 총독서리, 지중해 함대 사령관 등 요직에 임명되었다. 국내 정치적 위기를 무마하기 위해 처벌받아야 할 인물들에게 상을 내린 셈이다.

벨로네의 후임은 랄망(Comte de Lallemand) 공사였다. 랄망은 1867년 5월 27일 부임하자마자 "프랑스 선교사에게 저지른 범죄에 대한 응징" 차원에서 본국 외무부에 또 다시 조선 침략을 요청했다. 랄망은 현재 아시아 함대 병력으로 조선 침략은 충분히 성공할 수 있으며, 원정 시기는 1868년 3월경이 좋다는 의견을 덧붙였다. 하지만 프랑스 정부는 "조선 문제에 관해 귀하는 완전한 회피의 태도를 견지하라. 우리 동포의 보호 문제에 관해서는 분쟁을 일으킬 만한 모든 일을 피하라"는 훈령을 내렸다.

이 무렵 미국 정부는 후술할 제너럴 셔먼호 격침 사건에 대한 보복을 위해 조선 원정을 구상하면서 프랑스와 연합군 구성을 제안했다. 프랑스 정부는 이 제안을 거절하고 조선 문제에서 깨끗이 손을 뗐다.

병인양요 직후 대원군은 "강화의 관문을 굳게 지킬 것이며, 외국 배는 통과할 수 없다海門防守, 他國船愼勿過"라는 비석을 덕진돈대 앞에 세웠다. 그의 쇄국 의지는 철옹성처럼 굳어졌고, 천주교 박해는 논리적 타당성을 얻었다. 이것이 병인양요가 우리에게 준 역사적 선물이다. 선물치고는 너무나 참혹한 선물이었다. 병인양요는 조선을 쇄국으로 더욱 움츠러들게 만들었고, 그 결과 조선은 세계 정치의 미아로 전락하게 된다.

러시아군도 강화도 공격

프랑스 함대의 조선 침략에 민감한 반응을 보인 나라는 러시아였다. 동시베리아 총독 코르사코프(M. S. Korsakov)는 프랑스 함대가 조선을 공격한 사실을 급보로 러시아 정부에 보고했다. 러시아 정부는 주청 러시아 공사 블랑갈리(A. G. Vlangali)에게 정황 파악을 지시했다. 블랑갈리는 포함 소볼(Sobol)호를 조선 서해안에 파견하여 진상 파악에 나섰다.

소볼호 함장 우소프(Usov) 대위는 본국 정부로부터 "조선 항구에 닻을 내리지 말고, 조선인들과 접촉을 피하라. 만약 조선인과 상봉하게 될 경우 평화적 의도를 가지고 있음을 보여주고 그들의 요구를 들어주라"는 지시를 받았다.

조선 서해안으로 항행한 소볼호는 본국 정부의 지시를 무시하고 강화도 남쪽 6마일에 위치한 섬에 병사를 상륙시켰다. 1867년 4월 29일 오전 9시, 해군 소위 말초프가 해병 한 명과 섬에 상륙하던 중 30여 명의 조선군과 조우했다. 조선 수비대가 러시아 군인에게 발포하자 소볼호는 함포로 요새를 포격한 후 텐진으로 철수했다.

러시아 정부가 병인양요의 소용돌이로 어수선한 조선 해역에 소볼호를 파견한 이유가 있었다. 러시아는 조선 조정에 "우리는 당신들 나라를 무력으로 개방시키려는 유럽 열강과는 다른 나라이며, 조선과 선린 관계를 유지하고 싶다"는 메시지를 전하고자 했다. 하지만 우소프 함장의 돌출 행동으로 인해 계획이 크게 엇나갔다. 소볼호를 조선 해역에 파견하여 조선과 우호 관계를 유지하려던 러시아 정부의 의도와는 달리 조선은 러시아에 불신과 적대감을 품게 되었다.

제8장

미국과 격돌, 신미양요

프랑스군이 철수하자 대원군은 기가 살아났다. 기고만장한 대원군은 프랑스 함대가 철수하자마자 즉각 보복 조치에 나섰다. 그는 서양목西洋木이라 불리는 서양 면제품에 대해 수입 금지령을 내렸다. 서양목은 영국산 면직물로, 인도와 중국을 거쳐 조선에 수입되었다. 프랑스와는 아무 관련 없는 제품에 화풀이를 한 것이다.

당시 조선 경제의 중요한 무역 구조는 중국에 홍삼을 수출하고 서양목을 수입하는 홍삼-서양목 교환 체제였다. 조선은 청과의 무역에 관세를 부과하여 중앙 정부의 재정으로 사용했다. 이를 포삼세包蔘稅라 불렀다(연갑수, 『고종대 정치변동 연구』, 2008, 19쪽).

1866년 대원군이 서양목 수입을 전면 금지하자 청과의 교역량이 크게 줄었다. 그 즉시 조선의 주요 수출품에 부과하는 포삼세도 함께 줄어 세입이 크게 감소했다. 프랑스에 대한 보복 조치가 엉뚱한 부메랑 효과를 일으켜 조선 경제에 심각한 타격을 입힌 것이다.

재정 압박을 견디다 못한 조정은 서양목 대신 청전淸錢이라는 청나라 동전을 대량 수입했다. 청나라 시중에서 퇴장당한 악화惡貨인 청전을 유철鍮鐵(놋쇠) 명목으로 수입하여 조선에서 통용시킨 것이다.

조선 후기에는 경제 활동의 근간이 되는 화폐가 크게 부족하여 청나라를 다녀온 사신이나 역관, 그들을 수행한 상인들을 통해 가경통보嘉慶通寶·도광통보道光通寶·동치통보同治通寶 등 청나라 동전이 상당량 수입되었다. 조선에서는 오랑캐들이 사용하는 동전이라 하여 호전胡錢 혹은 청전이라 불렀다. 화폐가 워낙 부족하여 이 동전이 일반 화폐처럼 시중에 유통되었다.

1867년 이후 서양목 대체품으로 중국에서 수입되어 조선에서 유통된 청전은 총 2,400만 냥 이상으로 추정된다. 청전 수입 덕분에 홍삼 수출도 회복되어 포삼세가 정상적으로 징수되었다.

문제는 청전의 실질 가치가 상평통보의 3분의 1에 불과했다는 사실이다. 조정은 청전을 수입하여 상평통보와 동일한 명목 가치로 유통시켰다. 청전 유통으로 인한 시세 차익은 왕실과 조정이 가져갔다. 실질 가치와 명목 가치가 차이 나는 화폐가 통용되면 필연적으로 경제적 혼란과 인플레가 발생하기 마련이다. 이러한 피해는 고스란히 일반 백성들에게 전가되었다.

제너럴 셔먼호 사건

조선 경제가 청전 유통으로 혼란을 겪고 있을 무렵에도 세계정세는 숨 가쁘게 돌아갔다. 영국과 러시아가 동아시아에서 잠시 주춤하는 사이, 프랑스 황제 나폴레옹 3세는 "프랑스 영광의 재현"을 외치며 적극적인 식민지 확대 정책을 추진했다.

나폴레옹 3세의 목표는 나폴레옹 1세가 워털루에서 패전한 후 프랑스에 치욕을 안겨준 1815년 빈 회의의 결과로 탄생한 유럽 체제를 깨뜨리는 것이었다. 그는 프랑스를 다시 강대국으로 만들기 위해 모험을 서슴지 않았다. 영국과 손잡고 청나라를 침략하여 제2차 아편 전쟁을 치렀다. 베트남을 압박하여 인도차이나반도의 남부 지역을 점령했다. 베트남의 남부 메콩강 삼각주 중심지인 코친차이나를 프랑스가 완전하게 자신의 영토로 만든 것은 1867년이다. 1869년 지중해 포트사이드로부터 남쪽 수에즈만까지 192킬로미터를 연결하는 수에즈 운하 건설도 지원했다.

그러나 조선에서의 패전이라는 악몽을 잊을 수 없었다. 프랑스는 병인양요 후 조선과 정식 외교 관계를 수립하는 1886년까지 20년 동안 한반도에 철저한 무관심 정책을 일관되게 유지했다.

대동강에 나타난 미국 배

1866년은 쇄국의 잠에서 깨어나지 못한 조선이 미국에 이어 프랑스와 충돌한 해였다. 훗날 역사에 신미양요로 기록되는 미국과의 충돌을 야기한 소규모 충돌은 그보다 두 달쯤 앞선 제너럴 셔먼호로 인해 발생했다.

그 14년 전인 1852년 12월 21일, 일본 홋카이도 부근에서 고래잡이를 하던 미국 포경선 한 척이 폭풍에 휩쓸려 동래부 용당포(부산) 앞바다에 표류해온 일이 있다. 동래부의 관리들이 선원들과 접촉했으나 말이 통하지 않아 기록을 남기지 않았다. 이 배는 폭풍이 잠잠해지자 열흘 뒤 다시 떠났다. 이 미국 포경선은 사우스 아메리카(South America)호로, 당시로서는 대형인 616톤의 선박이었다.

4년 후에는 미국 포경선 선원 네 명이 선장의 학대를 피해 보트를 타고 탈출, 강원도 통천 앞바다에 표류해온 사건이 발생했다. 현지 조선인들은 미국 선원들을 따뜻하게 보살펴주었고, 조선 조정은 그들을 베이징으로 호송했다.

1866년 5월, 중국을 출항하여 오키나와로 향하던 미국 상선 서프라이즈(Surprise)호가 풍랑을 만나 평안도 철산에 표류해왔다. 이때 철산부사 백낙연은 멀리서 온 자들을 너그럽게 대한다는 유원지도에 따라 음식과 의류를 제공했다. 백낙연은 선원들의 뜻에 따라 그들을 의주를 거쳐 베이징으로 송환했다.

석 달 후인 8월, 프랑스 함대의 1차 내습 사건이 발생하기 두 달 전의 일이다. 정체불명의 외국 선박 한 척이 사전 통고 없이 대동강을 거슬러올라왔다. 선박 이름은 제너럴 셔먼호. 미국 남북전쟁 당시 북군의 맹장이었던 윌리엄 셔먼(William Tecumseh Sherman)의 이름을 딴 선박이었다. 셔먼 장군은 남북전쟁 때 남부의 물자와 시설을 최대한 타격하는 전면전을 실전에서 활용함으로써 현대전의 창시자라고 불린다. 남북전쟁 후에는 서부 개척과 원주민 토벌에 앞장섰다. 미 육군 M4 전차도 셔먼의 이름을 따 셔먼 전차로 명명했다.

제너럴 셔먼호의 톤수는 187톤. 증기로 작동하는 외륜을 달고 있는 이 선박은 12파운드 대포 2문을 탑재하고, 선원들은 총기로 무장하고 있었다. 최고 속도는 11노트로 당시로서는 속력이 상당히 빠른 선박이었다. 원래 이 배는 미국 남군의 군함이었으나 북군에게 탈취되어 북군 소속이 되었고, 남북전쟁 후 미국 정부가 중국 항로에 투입했다. 이 배는 중국에서 활약한 미국 용병 버지빈(Henry A. Burgevine)의 수중으로 넘어갔다. 버지빈은 상승군常勝軍 부사령관으로 프레드릭 워드(Frederic

Townsend Ward)의 지휘를 받다가, 워드가 전사한 후 잠시 상승군을 지휘했다.

우여곡절 끝에 선박의 소유권은 보스턴 출신의 미국 상인으로서 동남아와 중국 해역에서 해적질을 일삼던 프레스턴(W. B. Preston)에게 넘어갔다. 프레스턴은 톈진에서 영국 메도스 상사(Meadows and Company)로부터 비단과 유리 그릇·망원경·자명종 등의 상품을 구입하여 적재한 후 옌타이를 향해 출항했다.

무역선인가 해적선인가

셔먼호에는 선주 프레스턴을 비롯하여 덴마크 선장 페이지(Page), 1등 항해사 윌킨슨(Wilkinson), 통역관으로 영국 런던 선교회 소속 선교사 로버트 토머스(Robert Jemain Thomas), 화물 관리인이자 메도스 상회 사원 조지 호가스(George Hogarth) 등 서양인 5명과 중국인 13명, 흑인 2명, 말레이시아인 3명 등 23명이 승선하고 있었다. 선주는 미국인이고, 배를 빌려 조선과 무역을 시도한 것은 영국 상사였다.

대포 2문을 포함하여 중무장한 상선 셔먼호가 조선에 온 목적은 무엇이었을까? 황금 보물이 묻혀 있다는 왕릉 도굴을 위한 해적선이었을까, 아니면 선교와 무역을 목적으로 한 순수 상선이었을까? 아직도 의혹이 명쾌하게 풀리지 않은 선박이 제너럴 셔먼호다.

특기할 만한 사실은 메도스 상사 소속의 중국인 금은金銀 감식가가 이 배에 승선하고 있었다는 것이다. 이 감식가는 화물 관리인 호가스의 요청에 의해 항해에 참여했다. 이런 사실로 미루어 볼 때 셔먼호가 조선에 나타난 목적은 통상이 아니라, 실제로는 평양 근처 왕릉의 도굴을 목적으로 한 항해였던 것으로 판단된다(김용구, 『세계관 충돌과 한말 외교사,

1866~1882』, 2001, 106쪽).

조선 조정은 이 배가 어느 나라 선박인지 확인하지 못해 국적 미상의 배를 가리키는 '이양선'으로 기록했다. 이 배가 미국 상선이란 사실을 알게 된 것은 격침 사건 발생 후 주청 미국 대리공사 윌리엄스(Samuel W. Williams)의 항의 각서를 받은 후였다.

의혹투성이 선박에 통역관으로 동승한 사람이 토머스 선교사다. 영국인 토머스는 14세 때 옥스퍼드 지저스 칼리지의 장학생으로 선발되었고, 런던대 뉴 칼리지 신학과를 졸업한 후 런던 선교회가 파송한 기독교 선교사로 중국에 부임했다. 그는 오래전부터 조선에 대한 선교를 꿈꿔오던 중 1865년 9월 초 조선인 김자평과 중국인 우문태于文泰의 안내로 백령도 근처의 섬에 몰래 상륙했다.

토머스 선교사는 두 달 반 동안 조선 사람과 접촉하여 한글을 배웠다. 이때 토머스 선교사는 한문으로 된 200여 권의 성경을 주민들에게 나눠주며 선교를 한 후 다음해 1월 중국으로 돌아갔다. 그는 조선에 기독교를 포교하기 위해 제너럴 셔먼호의 조선어 통역으로 승선하게 되었다. 하지만 토머스의 조선어 실력이 형편없어 중국인 이팔항李八行과 조반량趙半良이 필담 담당 통역으로 따라왔다.

셔먼호는 1866년 8월 9일 산둥반도의 즈푸항을 출항했다. 백령도와 초도를 거쳐 평안도 돛섬에서 중국인 정크선 선장 우문태와 합류했다. 토머스 선교사는 1년 전 자신을 백령도까지 안내해준 우문태에게 평양으로 가는 길잡이 역할을 부탁했다. 우문태는 셔먼호의 항해 계획을 듣고는 너무 위험하다고 판단했다. 그는 대동강 입구에서 길잡이를 포기하고 중국으로 떠났다. 훗날 그는 슈펠트(후술)를 만나 제너럴 셔먼호에 대한 관련 정보를 전달하는 역할을 하게 된다. 셔먼호는 수로 안내인

없이 단독으로 항해를 결정했다.

이 무렵 서울 장안에는 대원군이 프랑스 신부를 처형한 것에 대한 보복으로 프랑스 함대가 쳐들어올 것이라는 소문이 널리 퍼져 있었다. 셔먼호는 방문 시기를 잘못 택한 셈이다.

셔먼호 대동강 거슬러 올라와

셔먼호가 대동강 하구에 들어섰을 때 마침 상류 지방에 폭우가 내려 대동강 수위가 크게 올라가 있었다. 선장 페이지는 그것을 평상시의 수위로 착각하여 상류로 거슬러 올라갔다. 중무장한 서양 상선이 당국의 허가도 받지 않고 강을 거슬러 올라왔으니 국제법상 영토 침략 및 주권 침해 행위를 저지른 것이다.

『고종실록』에 셔먼호가 처음 등장한 것은 1866년(고종 3년) 8월 24일(음 7월 15일)이다. 이날 황해감사 박승휘가 이양선을 검문한 후 "배에 올라 글로 써서 어느 나라 사람이며 무슨 일로 여기까지 왔는가 물었더니 서면으로 답하기를 '우리는 서양의 세 나라 사람이다. 윗자리에 앉은 최난헌(선교사 토머스)과 하갈특(화물 관리인 호가스)은 영국 사람이며 보래둔(선주 프레스톤)은 미국 사람, 파사(선장 페이지)는 덴마크 사람'이라고 답했습니다"라고 보고했다. 황해감사는 이들의 생김새를 "눈은 우묵하게 들어갔고 콧마루는 덩실 높았으며, 눈알은 시퍼렇고 머리칼은 샛노란 사람"이라고 보고했다. 통역관 토머스에 대해서는 "중국 말을 잘 알고 우리나라 말도 어지간히 알아들었다"고 평했다.

이들이 조선 해안에 출몰한 이유는 무엇이었을까? 다시 황해감사의 보고서로 돌아가 보자.

> 덴마크의 위치를 물으니 "서양에 있으며, 두 나라의 거리는 1,500리인데 7월 1일(음력) 산동을 출발하여 백령도 초도곶, 석도를 거쳐 평양으로 가는 길이다. 우리 배가 모양은 전선戰船 같지만, 실상은 상품을 무역하려 한다. 당신네 나라에서 종이와 쌀, 금과 인삼 등으로 우리가 가지고 온 서양 옷감, 그릇과 바꾸면 해로움이 없을 것이다. 물품 교환이 일찍 끝나면 곧장 뱃머리를 돌리겠지만, 그렇지 않으면 서울에 올라가서라도 상품을 바꾼 다음 돌아가겠다"라고 했습니다.

셔먼호 선원들이 쌀과 고기, 계란과 땔감을 요구하자 8월 27일 평안병마절도사(각 지방의 육군을 통솔하는 종2품 무관직) 이용상이 물품을 제공했다. 셔먼호는 상류 지방의 호우로 불어난 강물 덕분에 만경대 아래까지 무사히 항해했다. 하지만 비가 그치면서 수위가 낮아지자 더 이상 운항하기 어려워 평양 두로도에 정박했다.

사건은 8월 27일 발생했다. 셔먼호 선원들은 조선 관리의 경고를 무시하고 단정短艇을 내려 상류로 거슬러 올라가려고 시도했다. 이들을 감시하던 군영 대장 이현익이 저지하자 셔먼호 선원들이 이현익을 납치했다. 선원들은 이현익을 배에 가두고 "쌀 5,000석과 금·은·인삼을 제공하면 석방하겠다"고 위협했다. 음식물 제공이 중단되자 셔먼호는 대포를 발사하여 공포감을 조성했다.

서양 선박이 조선 군인을 납치했다는 소식이 퍼져나가자 흥분한 평양 주민들이 강변으로 몰려나왔다. 셔먼호가 뱃머리를 하류로 돌려 도주하려 하자 전직 장교 박춘권이 셔먼호에 돌입하여 납치당했던 이현익을 구출하는 데 성공했다.

화공 작전으로 격침

다음날인 8월 28일. 크게 불어난 평양 군민들이 대동강변에서 활과 총을 난사하고 돌을 집어던졌다. 폭우로 불어났던 대동강 물이 빠지면서 셔먼호는 양각도 서쪽 모래톱에 선체가 걸려 8월 29일부터 31일까지 양각도 서쪽 강변에 반半 좌초 상태로 멈춰섰다.

8월 31일, 평안도관찰사 박규수는 강변에 나가 제너럴 셔먼호를 공격하라는 명령을 내리고 전투를 지휘했다. 셔먼호는 교묘하게 선박을 조종하여 공격을 피했다. 위기감을 느낀 셔먼호 선원들이 주민을 향해 소총과 함포 사격을 가하여 조선 군민 7명이 사망하고 5명이 부상을 당했다.

9월 2일. 탈진한 셔먼호를 향해 화공火攻 작전이 전개됐다. 상류에서 작은 배 여러 척을 연결하고 그 위에 나무를 쌓아 불을 붙인 배를 셔먼호에 접근시켰다. 셔먼호에 불이 크게 번지자 선원들은 강물로 뛰어내려 헤엄쳐 나왔다. 대기하고 있던 병졸들이 뭍에 오르는 선원들을 칼로 쳐 죽였다.

박규수의 보고에 의하면 선원들은 백기를 내걸고 뱃머리에서 강물로 뛰어내렸다. 이들은 군인들에게 붙잡혀 참살되었다. 선주 프레스턴과 선장 페이지 이하 승조원 전원도 본선과 운명을 같이했다.

박규수는 대동강에 가라앉은 제너설 셔먼호의 선체와 기계 장치·무기들을 건져올려 평양감영의 무기고에 보관했다. 『고종실록』에 의하면 건져올린 장치와 무기의 내역은 대포 2문, 소포 2문, 대포 탄환 3개, 철정 2개, 서양철 1,300근 등이었다.

평양 군민들은 셔먼호의 대포 2문은 선화당에, 닻이 달린 쇠사슬은 평양 대동문의 네 기둥에 감아 전승을 기념했다. 박규수는 대동강에 가라앉은 셔먼호의 선체와 엔진을 끌어올려 서울로 보내서 『해국도지』의 설명대로 증기선 실험을 하도록 대원군에게 권고했다(신용하, 『초기 개화 사상과 갑신정변 연구』, 2000, 28쪽).

통역관으로 배에 타고 있던 토머스 선교사는 불바다가 된 셔먼호 위에서 백기를 들고 화염을 헤치며 사력을 다해 강가로 성경을 던졌다. 마지막 남은 한 권의 성경을 가슴에 품은 토머스는 강물에 뛰어들었다. 그는 조선군에게 체포되어 참수당했다.

토머스 선교사를 처형한 조선 군사는 박춘권이었다. 토머스 선교사는 가슴에 품고 있던 성경을 그에게 주고 기도를 올렸다. 박춘권은 전투 상황이 종료된 후 토머스 선교사가 준 성경을 집으로 가져갔다. 틈틈이 성경을 읽은 그는 후에 독실한 신자가 되어 평양교회를 설립하고 장로가 된다.

군중 속에 있던 최치량이란 열두 살 된 소년도 토머스 목사의 성경을 한 권 가지고 갔다. 소년은 성경을 박영식이란 하급 관리에게 주었는데, 박영식은 성경을 한 장씩 뜯어 벽지로 사용했다. 후에 박영식은 기독교 신자가 되었고, 그의 집터에 평양 최초의 교회인 널다리교회가 세워졌다. 널다리교회는 후에 평양 장대현교회로 바뀌었다. 이 장대현교회에서 1907년 정초에 개신교 역사상 기적이라 할 수 있는 대부흥 운동이 일어났다. 외가가 유명한 기독교 집안이었던 김일성은 장대현교회를 밀어버리고 그 자리에 어마어마한 크기의 자기 동상을 세웠다. 평양을 방문하는 사람들이 정중히 찾아가 머리를 조아리는 바로 그 동상이다.

토머스 목사를 살해한 박춘권의 조카 이영태가 박영식의 집에 놀러 갔다가 벽지로 바른 성경을 읽고 교인이 되었다. 그는 후에 평양 숭실학교를 졸업하고 미국 남장로교회 선교사 레널즈(W. Reynolds)를 도와 성경의 한글 번역에 앞장섰다.

미국의 심상치 않은 움직임

제너럴 셔먼호 격침 사건은 로즈 제독이 프랑스 함대를 이끌고 양화진으로 정찰을 떠나기 보름 전에 대동강에서 발생한 참극이었다.

사건은 조용히 잊혀가는 듯했다. 그런데 프랑스 함대의 1차 내습으로 사건이 복잡해졌다. 당시 작약도 정박지에 머물던 프리모게호에 승선해 있던 리델 신부는 조선인 천주교 신자로부터 정체불명의 서양 선박이 대동강에서 공격을 받아 불에 타고 선원들이 살해된 사건을 전해 들었다. 그가 중국으로 돌아가 소문을 내는 바람에 셔먼호 격침 사건이 서방 세계에 알려졌다.

셔먼호 용선 계약 기간 동안의 법률적 책임은 영국 정부에 있다. 그런데 셔먼호 격침 사건에 대해 영국은 소극적인 반응을 보였다. 반면, 미국 정부는 셔먼호 선주가 미국인이라는 이유로 적극 대응했다. 셔먼호 격침 소식을 접한 주청 미국 공사 벌링게임(Anson Burlingame)은 국무부에 "개명한 서방 국민의 눈으로 볼 때 통상 교역을 위해 코리아를 방문한 한 상선을 파괴한 이 나라 정부의 행동은 정당하지 않다"고 보고했다. 미 국무부는 아시아 함대 사령관 벨(Henry Haywood Bell) 제독(해군 소장)에게 즉각 관련 사항에 대한 조사를 의뢰했다.

1866년 12월 14일, 벨 제독은 웰스(Gideon Welles) 해군장관에게 "캘리포니아로부터 증원군을 파견하여 거문도에 주둔시켜 서울을 점령하고 조선 정부에 강력한 보복 조치를 취해야 한다"고 건의했다. 그는 이 군사 작전을 통해 일본과 중국으로 하여금 미국의 견해와 이익을 존중하도록 하고, 태평양의 주인이 누구인가를 온 세상에 알려야 한다고 주장했다.

12월 27일, 벨 제독은 미국 아시아 함대 소속 와추세트(Wachushett)호의 함장 슈펠트(Robert W. Shufeldt)에게 "조선에 가서 제너럴 셔먼호 사건의 진상을 파악하고 생존자를 구출하고, 중국으로 귀환하는 길에 거문도를 방문하여 그곳 상황을 조사하라"고 지시했다. 슈펠트 함장은 그로부터 16년 후인 1882년, 조선과 미국의 수교 과정에서 특명전권공사로 활약하게 된다.

슈펠트 함장, 제너럴 셔먼호 사건 진상 조사

슈펠트 함장은 1867년 1월 21일 즈푸를 출항하여 조선 해안에 나타나 제너럴 셔먼호 사건과 관련하여 탐문을 했다. 그 결과 사건의 원인을 다음과 같이 보고했다(김원모, 『개화기 한미교섭관계사』, 2003, 81쪽).

> 첫째, 문제의 선박 제너럴 셔먼호가 평양까지 침입해서 노골적인 약탈 의도를 보였기 때문에 평양 군민은 이를 '양이洋夷를 동반한 중국 해적선'으로 오인하여 공격했다.
>
> 둘째, 셔먼호는 조선 당국으로부터 구휼을 세 차례나 받았음에도 불구하고 살인·약탈 등 도발 행위를 감행했기 때문에 화를 당했다.

슈펠트가 본국 정부에 보고한 사건 분석 내용을 보면 셔먼호가 화를 자초한 것이다. 슈펠트는 이 사건이 발생한 이유는 조선과 수교 관계가 없기 때문이라고 판단했다.

슈펠트 함장이 조선으로 출동할 때 와추세트호에 미 해군장관이 파견한 박물학자 비치모어(A. S. Bichmore)가 동승했다. 비치모어는 한반도에 대한 과학적 탐사를 벌인 결과 평안도 지방에 황금이 풍부하게 매장되어 있다는 사실을 확인했다. 비치모어는 조선에 매장량이 풍부한 금광이 존재하고 있음에도 불구하고 개광하지 않은 이유는 근대적 장비가 없기 때문이라고 분석했다. 따라서 근대식 장비와 기술만 갖추면 금광 개발은 경제성이 있다고 전망했다.

슈펠트와 비치모어의 탐문 항해 이후 1880년 봄 미국인 코완(Frank Cowan) 박사가 원산을 방문하여 금광 개발 가능성을 타진했다. 이러한 금광의 존재가 미국으로 하여금 1882년 조미 수호통상조약을 체결하는 요인을 제공하게 된다.

1883년 4월 초대 주한 미국 공사로 부임한 푸트(Lucius Harwood Foote)는 한반도에 매장된 광물 자원에 특별한 관심을 표명했다. 이러한 관심이 선교사 겸 외교관 앨런(Herace Newton Allen)의 주선에 의해 1890년대에 미국 자본에 의한 평북 운산의 금광 개발로 이어지게 되었다.

셔먼호 사건 관련 탐문을 마친 슈펠트는 벨 제독의 명령대로 거문도를 방문하여 거문도의 전략적 위치와 장래성, 그리고 집중적인 과학 탐사를 실시했다. 슈펠트는 거문도의 지정학적 가치를 단숨에 이해하고 지중해 입구의 지브롤터에 비유하며 훌륭한 해군 기지가 될 것으로 판단했다.

미 해군은 이때부터 한반도 남해 중앙 요충지에 천혜의 조건을 갖춘 거문도에 해군 기지 설치 문제를 검토하기 시작했다. 슈펠트는 벨 사령관에게 "셔먼호 사건에 대한 응징으로 거문도를 점령해야 한다"면서 "우리는 이런 장소를 원하고 있으며, 귀하는 매우 좋은 명분이 있다. 이곳으로부터 조선 정부가 최소한 외국인에 대한 책임을 인정하지 않을 수 없을 때까지 조선의 남해안 연안으로 작전을 개시하는 것이 좋다"고 건의했다. 영국·러시아에 이어 미국도 거문도의 전략적 중요성에 눈을 뜬 것이다.

이때의 항해를 통해 슈펠트는 "기회가 주어지면 직접 조선을 다시 방문해서 조선과 최초의 조약 체결을 위한 교섭을 하기로 결심했다"고 고백했다.

셔먼호 선원 살아 있다는 가짜 뉴스

미국 정부는 미국 단독으로 조선에 실력 행사를 하는 것보다는, 조선과 싸워본 경험이 있는 프랑스와의 연합 작전이 위험 요소를 줄일 수 있을 것이라 판단했다.

1867년 3월 2일, 수어드(William Henry Seward) 미 국무장관은 주미 프랑스 공사 베르트미에게 "두 나라가 연합하여 조선에 군함을 파견하자"고 요청했다. 베르트미 공사의 보고를 받은 프랑스 정부는 "미국의 제안을 정중히 거절하라"는 훈령을 보냈다. 프랑스 해군장관 리고 드 주누이(Charles Rigault de Genouilly) 제독은 "프랑스는 조선에 대한 새로운 원정은 사양한다"고 통지하고, 그 대신 병인양요 당시 프랑스 해군이 작성한 강화도 및 한강 일대 지도를 미국 측에 제공했다.

조선에 제너럴 셔먼호의 생존자가 있다는 소문이 떠돌자 미 해군부는 진위를 파악하기 위해 미 해군 중령 존 페비거(John C. Febiger) 함장이 지휘하는 군함 셰넌도어(Shenandoah)호를 조선에 파견했다. 셰넌도어호는 1868년 4월 8일 황해도와 평안도 접경 해역에 나타나 평양에 억류되어 있는 셔먼호 생존 선원들을 데려가겠다면서 송환을 요구했다.

셔먼호 선원 생존설은 잘못 알려진 '가짜 뉴스'였다. 그럼에도 불구하고 셰넌도어호는 40일 동안 조선 해상에 체류하면서 조선 관원과 접촉하고, 조선 국왕에게 보내는 조회 등 외교 문서를 주고받았다.

1868년 4월 25일, 삼화방어사 이기조가 셰넌도어호를 검문한 후 "그들 배의 길이는 40여 파把, 너비는 10장丈쯤 되며 높이는 두 길이나 되었고 세 개의 돛대를 늘여 세웠다. 배 안에 데리고 들어가 잎담배와 말린 흰떡, 달콤한 냉이 등을 대접했으며, 누른 빛깔의 술(위스키인 듯)을 권했다. 배 위에는 대완구(대형 대포) 1문, 중완구 8문이 탑재되어 있었다"고 보고했다.

셔먼호 사건을 둘러싸고 미국 해군 장교 두 명이 현장 조사를 한 결과 정반대 의견이 제출됐다. 슈펠트는 온건한 포함 외교를 주장한 반면, 페비거는 셔먼호 격침 사건에 대한 보복을 위해 무력행사를 통한 강경한 포함 외교를 강조했다. 고심 끝에 미국은 페비거의 강경론을 채택했다.

페롱 신부, 남연군 묘 도굴 앞장

셰넌도어호가 조선 관리들과 협상과 대화를 진행하고 있을 때 충청도 덕산군 일대에서는 서양인들이 대원군 부친 남연군의 묘를 도굴하려다 실패하는 충격적인 사건이 발생했다. 이른바 '남연군 묘 도굴 사건'이다.

사건의 주인공인 에른스트 오페르트는 중국 상하이를 근거로 활동하던 독일 함부르크 출신의 유대인 상인 겸 여행가이자 인종학자다. 동양의 인종에 대해 누구보다 해박한 인류학적 지식을 가졌고, 쇄국으로 세계 대세를 외면하는 조선의 지배자에 대해 깊은 연민을 가졌던 오페르트는 조선과의 통상로 개척에 많은 노력을 기울였다.

오페르트는 1866년 2월 영국 상선 로나호에 승선하여 충청도 해미에 나타나 통상을 요구했으나 강제 퇴거당했다. 프랑스 함대가 조선에 나타나기 직전인 1866년 8월 20일에는 엠페러호를 타고 강화도에 나타나 통상을 요구했으나 또다시 거절당해 상하이로 돌아갔다.

오페르트가 상하이에 머물고 있을 때, 병인박해로 지하로 잠적했다가 중국으로 탈출한 페롱 신부가 나타났다. 페롱 신부는 로즈 제독의 프랑스 함대가 강화도에서 패전하여 철수한 후 베이징 주재 프랑스 공사 랄망에게 "조선에 원정군을 파견하여 동료 신부를 처형한 데 대한 복수"를 주장했으나 본국 정부는 이를 거절했다.

복수심에 사로잡혀 분별력을 상실한 페롱 신부는 두 차례나 조선에서 쫓겨난 전력이 있는 오페르트에게 접근했다. 페롱 신부는 오페르트에게 조선 사람들은 조상의 묘를 대단히 신성하게 여긴다는 점을 설명했다. 그리고 흥선대원군의 부친 남연군 묘를 도굴하여 시신과 부장품을 탈취한 후 대원군과 통상 문제를 흥정하면 좋은 결과가 나올 것이라고 선동했다. "내가 남연군 묘의 정확한 위치를 알고 있으며, 왕족의 묘에는 상당한 보물과 귀중품이 함께 묻혀 있다"는 페롱 신부의 말에 오페르트는 귀가 번쩍 뜨였다.

페롱 신부가 남연군의 유골을 탈취하려 한 이유는 대원군의 명령으로 살해당한 동료 신부들에 대한 배상금을 받아내기 위한 목적이었다. 또 무덤에서 파낸 보물은 이 일에 참여하는 대원들의 보수로 사용키로 했다. 그리하여 상하이에서 '남연군 유골 탈취단'이 조직되었다.

페롱 신부로부터 남연군 묘 도굴과 관련된 작전 계획을 설명 들은 랄망 공사는 페롱의 정신 상태를 의심했다. 큰 충격을 받은 랄망 공사는 "당신의 계획은 지대하고 심각한 외교적 문제를 초래할 수 있다"고 설명하면서 극구 만류했다. 하지만 자신의 동료들을 끔찍하게 처형한 조선 조정에 대한 복수심에 불타는 페롱 신부의 마음을 돌릴 수는 없었다.

남연군 묘 도굴 사건의 기획자는 천주교 신부 페롱이었다. 동료들이 처형되어 이성을 상실한 심리 상태를 감안한다 해도, 사리 분별력이 있는 천주교 신부가 남의 나라 최고 권력자의 부친 묘를 파헤쳐 유골을 탈취한 다음 흥정의 대상으로 삼겠다는 범죄 행위를 어떤 시각으로 이해할 수 있을까?

그러거나 말거나 꿈에 그리던 조선과의 통상, 노다지나 다름없는 매장 보물 이야기에 사로잡힌 오페르트는 즉시 거사에 필요한 자금과 선박, 행동대 조직에 나섰다. 이때 상하이 주재 미국 영사관의 통역으로서 중국어에 능통한 미국인 젠킨스(F. Jenkins)가 자금책으로 등장했다. 그는 '유골 탈취단' 일행을 조선까지 태우고 갈 680톤급 증기선 차이나(China)호와, 강줄기를 따라 올라갈 때 예인해줄 소형 증기선 그레타(Greta)호 등 두 척의 선박을 제공했다.

선단의 운항 책임은 독일인 선장 묄러(Moeller)가 맡았다. 현지 안내 및 조선어 통역은 페롱 신부와 조선인 모리배 두 명, 그리고 유럽인과 말레이시아인, 중국인 선원 등 총 140여 명의 국제 도굴단이 조직됐다.

오페르트 일행은 차이나호와 그레타호를 타고 상하이를 출발, 나가사키로 가서 머스킷 소총과 도굴용 도구를 구입한 다음 조선으로 향했다.

1868년 5월 10일, 충청도 덕산군 구만포에 상륙한 일행은 자신들을 '러시아 군사'라고 속이고 남연군 묘를 향해 행군했다. 도굴단은 행군 도중에 덕산군청을 습격하고 민가를 약탈하는 과정에서 발포하여 여러 사람에게 부상을 입혔다. 또 주민들과 충돌하여 도굴단원 한 명이 사망했다.

페롱 신부의 안내로 남연군 묘에 도착하여 도굴 작업을 벌였으나 예상했던 것보다 묘역이 훨씬 견고하게 구축되어 있었다. 자신들이 준비해온 도구로 관곽棺槨을 깨뜨리는 데 실패하자 도굴단은 도굴을 포기하고 구만포로 철수하여 배에 올랐다.

오페르트는 빈손으로 돌아가는 것이 너무 억울했던지 영종도에 무장 선원들과 함께 상륙했다. 이번에는 자신을 '프랑스 제독 알리망'이라고 소개하며 "덕산 묘소를 범하게 된 것은 예의에 어긋나는 행위이나, 무기를 사용하지 않고 보복하려는 과정에서 발생한 일이니 우리와 협상하기 바란다"는 서한을 대원군에게 전할 것을 요구하며 난동을 부렸다. 영종첨사의 반격으로 오페르트 일행 두 명이 사망했다. 그들은 동료의 시신을 팽개치고 도주했다.

서양 선교사 일당이 부친의 묘를 파헤치고 유골을 탈취하려다 미수에 그친 사건을 보고받은 대원군은 시쳇말로 '뚜껑'이 열렸다. 강화에서 프랑스 군대를 물리쳤고, 해적선이나 다름없는 제너럴 셔먼호를 불태워버린 대원군 아니던가.

서양 선교사 및 무역상의 유골 탈취 미수 범죄 행위에 분노한 대원군은 "우리의 강물이 서양 오랑캐 선박에 의해 더럽혀졌으니 천주교 신자들의 피로 정화해야 한다"면서 양화진(현재의 절두산 성당 부근)에 새 형장을 만들고 천주교 신자들을 체포하여 목을 잘랐다. 그는 "양이들의 앞잡이 노릇을 하는 천주교도는 여자와 어린아이 가릴 것 없이 최후의 한 놈까지 모조리 죽여 씨를 말려라"라고 엄명했다. 이 사건으로 조선은 쇄국의 담을 더욱 높고 튼튼하게 쌓아올렸다.

상하이 주재 미국 총영사는 조지 수어드(George F. Seward)였다. 그는 국무장관 윌리엄 수어드의 조카로, 아시아 외교 경험이 풍부한 베테랑이었다. 수어드는 유골 탈취단의 자금책 젠킨스를 영사 재판에 회부했다. 젠킨스는 조선 영해 무단 침범 및 관청 습격, 민가 약탈 및 파괴, 조선 관헌과 민간인을 향한 발포 등 야만적인 범죄 행위로 기소됐다. 그러나 재판정에서 유죄를 입증할 증거가 없다는 명목으로 무죄 방면되었다. 주범 오페르트는 재판 관할권이 없다는 이유로 면죄부를 받았고, 기획자 페롱 신부는 프랑스 당국에 의해 본국으로 송환되었으나 사제 생활을 계속했다.

“세계에서 가장 가난한 나라”

오페르트는 1880년 독일에서 『금단의 나라 조선』이라는 책을 출간했다. 오랜 기간 조선과 장사를 하기 위해 서해안을 답사하고 조선 곳곳의 주민을 만나 미지의 나라를 연구한 오페르트는 “조선이 가난한 이유는 정부의 억압적이고 폐쇄적인 정치 체제 때문”으로 분석했다. 그는 조선에서는 국왕이 절대 권력을 가지고 지배하며, 부패한 관리들이 강도처럼 백성들을 약탈 착취한다고 비판했다.

오페르트는 조선의 산업 기술과 생산력, 근로 의욕이 아시아의 다른 나라들에 비해 형편없이 뒤진 이유는 조선 정부가 산업 발달에 무관심할 뿐만 아니라 그것을 억제했기 때문이라고 분석했다. 그는 책에서 프랑스 신부로부터 들은 사례 하나를 소개하고 있다. 손목시계가 고장 나서 조선의 기술자에게 수리를 맡겼는데, 그 조선인은 손목시계를 한 번도 본 적이 없는 사람이었다. 그럼에도 불구하고 그는 고장 난 시계를 잠시 살펴보더니 부품을 정확하게 재조립하여 바로 고쳤다.

오페르트는 이처럼 재능 있는 백성들이 찢어지게 가난한 이유는 억압적인 제도로 인해 개개인이 가진 재능과 역량을 제대로 발휘하지 못하기 때문임을 통렬하게 지적했다.

그의 눈에 비친 조선은 극도로 가난한 나라, 관리들이 백성을 쥐어짜는 나라였다. 조선이 가난한 것은 백성들의 문제가 아니라 정부의 제도 때문이며, 조선이 제대로 된 제도를 시행하면 충분히 경제를 성장시킬 수 있다고 오페르트는 꿰뚫어보았다.

비슷한 시기에 조선을 다녀간 서양인·중국인·일본인들의 견해도 오페르트와 비슷했다. 청나라 말기의 학자 왕석기王錫祺가 1891년에 편찬한 세계 지리 총서 『소방호재여지총초小方壺齋輿地叢鈔』의 조선편에는 중국인들이 바라본 조선의 모습이 소개되어 있다. 아편 전쟁으로 서양 세력에 참혹하게 당한 중국 지식인들의 눈에 비친 조선은 "세계 여러 나라 가운데 이만큼 빈약한 국가는 없을 것" "문사文士만을 중시하고 소금과 제철 등 이익을 얻는 분야에는 전혀 관심을 갖고 있지 않은 나라"였다.

청국 관료 마건충馬建忠은 프랑스에 유학하여 법률을 전공하고 파리에서 변호사 자격을 취득한 개화파다. 이홍장과 함께 청일전쟁 강화를 위한 시모노세키 조약 체결 당시 강화 회담 대표단으로 참여했고, 1882년 임오군란 때 청나라 군대를 이끌고 조선에 와서 대원군을 체포 압송해 간 인물이다.

그가 조선에 와서 체험한 구한말의 모습은 "땅은 기름지나 물자가 부족해 유통되지 않고, 상업이 발달하지 않아 국민이 빈곤하다"는 것이었다. 조선이 침체한 것은 상업이 발달하지 못한 때문이며, 상업의 침체는 조선 정부의 정치적 무능 때문이란 것이 그의 분석과 진단이었다.

이쯤 되면 문제는 명확하게 드러난 셈이다. 철저한 사농공상의 신분 구조, 공자 왈 맹자 왈 하며 글줄이나 읽는 학자들이 통치하는 나라. 조선은 그야말로 '먹물(문인)들의 천국'이었다.

태평양으로 눈 돌리는 미국

미국이 중국과 최초로 무역을 한 것은 1784년이다. 이해에 미국 자본가 로버트 모리스(Robert Morris) 소유의 상선 차이나호가 청나라 광저우를 찾아가 단 한 차례 항해로 4만 달러를 벌었다.

미국의 대 중국 주요 수출품은 면이었다. 1789년까지 광저우 무역에 종사한 미국 상선은 15척. 영국의 61척에 비하면 작지만 네덜란드·프랑스 등에 비해서는 압도적으로 많았다. 1844년 미국이 청나라와 왕샤望廈 조약을 체결한 후 무역량은 더욱 늘어났다.

미국의 해양 진출은 단지 무역만이 목적은 아니었다. 1712년 향유고래 기름이 양초를 대신할 수 있다는 사실이 발견된 이래 19세기까지 포경 산업은 현대의 석유 산업에 필적할 정도로 호황을 이루었다. 향유고래 한 마리에서 최고 1만 리터까지 고래 기름이 추출되었다. 향유고래의 머리 부분에서 나오는 고형물 형태의 경뇌유는 고품질 윤활유로, 나머지 기름은 등유로 사용됐다. 대서양과 면한 뉴베드포드와 낸터킷은 포경 산업의 중심지였다. 1856년 아메리카 대륙에서 석유가 발견되기 전까지 향유고래잡이는 오늘날 유전을 찾는 석유 사업과 맞먹을 정도의 위상을 가지고 있었다.

미국 포경선들은 한번 모항을 떠나면 평균 2년 정도 전 세계를 돌면서 고래를 잡느라 태풍이나 자연재해·사고에 노출될 위험이 컸다. 또 거센 풍랑을 만나 난파할 경우 선원의 구조와 보호, 안전한 본국 귀환, 선박에 증기 엔진을 달면서는 석탄을 공급받을 수 있는 저탄소 확보가 미국의 중요한 정치 경제적 현안으로 등장했다.

미국의 투자자들은 전 세계 구석구석까지 포경선을 보내기 위해 사모 펀드 형식으로 자금을 모았고, 위험에 대비하기 위해 보험업이 등장했다. 데릭 톰슨이 쓴 『미국 포경 산업 흥망사』에 따르면 1840년대 미국 포경선단은 640여 척으로, 전 세계 포경선의 3분의 1에 해당했다.

미국은 1846~48년 멕시코와의 전쟁에서 승리하여 캘리포니아 등 멕시코 영토의 40퍼센트를 빼앗아 대서양과 태평양을 아우르는 국가가 되었다. 이로써 미국의 포경 산업은 태평양으로 이동했다. 미국의 포경선들은 하와이 왕국의 호놀룰루를 기점으로 태평양 동부는 물론 캄차카반도, 일본 근해, 동해에까지 진출하여 고래를 잡았다.

미국인 중 미지의 나라 조선에 대해 처음으로 관심을 가지고 언급한 인물은 1834년 아시아 태평양 지역 통상 교역 특사로 파견됐던 에드먼드 로버츠(Edmond Roberts)였다. 그는 통상 탐색 임무를 마친 후 포사이스(J. Forsyth) 국무장관에게 "일본과 통상 교역의 길을 트게 되면 조선과도 교역할 가능성이 있다"고 보고했다. 이것이 미국인 최초로 조선에 대한 관심을 공식 표명한 사례다. 그러나 로버츠 특사의 '일본·조선과의 교역 권고안'은 미국의 대외 정책에 즉각 반영되지는 않았다(김원모, 『개화기 한미교섭관계사』, 2003, 69-70쪽).

아편 전쟁 이후 미국은 1844년 청나라와 왕샤 조약을 체결하여 중국의 문호를 개방시키면서 통상 무역의 범위를 일본과 한반도까지 확대하려고 노력했다. 1845년 2월 프랫(Z. Pratt) 의원은 「미국 통상 연장: 일본 및 조선에 대한 통상 사절 파견안」을 제출했다. 프랫 법안의 주된 목적은 일본의 개항이었고, 조선 개항은 부수적으로 취급하고 있었다. 이 제안은 서부 개척, 멕시코 전쟁의 여파로 미국의 대외 정책으로 채택되지는 못했다.

미국 남북전쟁

제너럴 셔먼호 사건을 경험한 미국은 조선이 완강한 쇄국 정책을 고집하고 있어 점잖은 외교 방식으로는 통상 문제를 해결할 수 없다고 보았다. 미 국무부는 페리 함대의 내항으로 일본을 개국시킨 사례를 본받아 조선에 군함을 보내 무력시위를 벌이기로 결정했다.

그런데 무력시위에 돌입한 시기는 제너럴 셔먼호 사건이 발생한 직후가 아니라, 그로부터 5년이나 지난 1871년이었다. 1861년부터 1865년까지 노예제를 둘러싸고 남부 주들의 연방 탈퇴와 남북전쟁이 발발했기 때문이다. 미국은 심각한 내전의 후유증을 치유하기 위해 해외에서 벌어지는 사건에 관심을 가질 여유가 없었다.

1860년대 미국의 최대 관심사는 남북전쟁이었다. 남북전쟁의 근본 원인은 미국이라는 나라가 출범한 초기부터 내재되어 있었다. 미국은 영국으로부터 독립하는 과정에서 중앙 정부의 권한을 강화하려는 연방파(중앙 집권주의)와, 각 주의 독립적인 권한을 유지하려는 반反연방파(지방 분권주의)가 대립했다.

북부에 위치한 주들은 유럽에서 온 이주민을 중심으로 상공업 위주의 경제 구조를 정착시켰다. 반면에 남부는 노예 노동을 기반으로 하여 면화와 사탕수수를 재배하는 플랜테이션 농업이 큰 비중을 차지했다. 이런 경제 구조의 차이는 결국 노예제 유지(남부)냐 폐지(북부)냐로 의견이 갈렸다.

미국은 1803년 프랑스로부터 광대한 루이지애나를 사들였고, 1819년에는 플로리다를 차지했다. 1845년에는 텍사스 병합, 1848년에는 멕시코와의 전쟁을 통해 캘리포니아와 뉴멕시코를 할양받았다. 이로 인해 1840년대에 이미 대서양에서 태평양까지 아우르는 대륙 국가로 발전했다.

독립 당시부터 북부는 연방파, 남부는 반연방파로 갈등하던 미국은 새로 편입된 서부의 주들이 노예 제도를 인정하지 않는 자유주를 택하느냐, 노예 제도를 합법적으로 인정하는 노예주를 택하느냐를 둘러싸고 첨예하게 대립했다.

1850년대 들어 북부에서 노예제 폐지 의견이 대두되자 남부의 주들은 노예제 유지를 위해 연방에서 탈퇴하겠다고 위협했다. 이 와중에 1860년 제16대 대통령 선거가 열렸다. 선거 결과 노예제를 반대하는 공화당 후보 에이브러햄 링컨(Abraham Lincoln)이 당선되자, 앨라배마를 비롯한 남부의 7개 주는 링컨 대통령 취임 전인 1861년 2월 미 연방에서 탈퇴를 선언했다. 그들은 '아메리카 남부연합(Confederate States of America)'을 조직하고 제퍼슨 데이비스(Jefferson Davis)를 대통령으로 선출했다.

남부연합이 1861년 4월 12일 사우스캐롤라이나주 찰스턴 항에 있는 섬터 요새를 공격하면서 남북전쟁이 발발했다. 전쟁이 발발하자 노예주 가운데 아칸소를 비롯한 4개 주가 남부연합에 가담했다

초기 전투에서는 남부연합군이 우세했다. 1863년 7월 1일부터 사흘간 펜실베이니아주 남부의 인구 2,400명이 거주하는 소도시 게티스버그에서 치러진 대격전은 남북전쟁의 중대한 분수령이었다. 연방(북부)의 조지 미드(George Gordon Meade) 장군이 이끄는 포토맥군은 남부의 로버트 리(Robert Edward Lee) 장군이 이끄는 북버지니아군을 맞아 대격전 끝에 극적으로 승리했다. 게티스버그 전투에서 북군은 8만 8,000명 중 2만 3,000여 명이 사망했고, 남군은 7만 5,000명 중 2만 명 이상 사상자가 발생했다.

이후 북군은 빅스버그 회전, 채터누가 전투에서 연이어 승리하여 남부연합군이 수세에 몰렸다. 1865년 4월 그랜트 장군이 파이브포크스 전투에서 남부연합군에게 대승을 거두자 남부군이 4월 9일 항복함으로써 전쟁은 연방파의 승리로 끝났다.

연방은 보전되었으며, 노예제가 폐지되고 해방 노예에게 시민권이 주어졌다. 전쟁으로 공업화가 급속하게 진전되었고, 도시화하고 있던 북부의 주들이 약진하기 시작했다.

태평양 장악에 나선 미국

1865년 남북전쟁이 끝나자 미 동북부의 산업 자본 및 금융 자본은 전쟁으로 폐허가 된 남부의 재건 사업으로 큰 이득을 보았다. 1869년 미국의 대서양과 태평양 지역을 잇는 대륙 횡단 철도가 완성되면서 미국인들이 태평양으로 진출하는 중대한 전기가 만들어졌다. 횡단 철도 개통으로 서부의 드넓은 농토와 목초지에서 생산된 농축산물이 값싸게 동북부 노동자들에게 공급되었고, 동부 지역에서 생산된 공산품이 기차에 실려 서부로 운송되었다. 공산품은 캘리포니아 항구로 수송되어 태평양을 거쳐 해외로 수출할 수 있게 되었다.

월터 딘 번햄(Walter D. Burnham)은 미국은 방대한 영토를 소유하고 있었기 때문에 다른 제국주의 국가들처럼 복잡한 침략과 외교 문제를 야기해가면서 해외에서 식민지를 확보할 필요가 없었다고 지적한다. 미국은 미개척지 서부와 남북전쟁 후의 남부 등 영토 내부에 두 개의 거대한 식민지 비슷한 영토를 보유하고 있었다. 미국 자본은 유럽 열강들이 아시아와 아프리카에서 식민지를 획득하여 얻는 이익을 자국 내에서 충분히 얻을 수 있었다. 때문에 무리를 해가면서 해외에서 식민지

쟁탈전에 나설 필요성을 느끼지 못했다는 것이다.

미국의 조선 원정군 출항

미국의 서부 개척 의지가 태평양에 도달하여 거기서 발길을 멈춘 것은 아니다. 이 무렵부터 미국 조야에서는 "태평양을 장악하는 나라가 진정한 세계 제국"이라는 슬로건이 유행했다. 1869년 등장한 그랜트(Ulysses S. Grant) 정권은 자신들이 해결해야 할 가장 큰 임무는 태평양 건너까지 미국의 영향력을 확대하는 일이라고 선언했다. 이를 위해 시급히 해결해야 할 일 중의 하나가 미국 상선을 격침시킨 조선에 대한 응징이었다.

미 국무부는 주청 특명전권공사 프레드릭 로(Frederick Ferdinand Low)에게 제너럴 셔먼호 사건과 관련한 조선 측과의 교섭 권한을 위임했다. 조선 원정을 위해 아시아 함대를 조직하고, 사령관에 남북전쟁에서 무공을 쌓은 해군 소장 존 로저스 2세(John Rodgers Jr.) 제독을 임명했다. 미국 정부가 군인이 아닌 외교관을 교섭 책임자로 임명한 이유는 조선과 통상 조약 체결을 염두에 두었기 때문이다.

셔먼호의 향방을 추적하던 로 공사는 셔먼호 승무원 중 일부가 생존해 조선에 억류되어 있다는 뜬소문을 듣고 청나라를 통해 조선에 생존 선원의 송환을 요구하는 외교 공문을 보내왔다. 내용은 "병인년(1866) 미국 상선 두 척이 조선 경내에 들어왔다가 한 척은 풍랑을 만나 구원됐는데, 한 척은 사람도 죽고 화물도 없어진 이유를 알고 싶다"는 것이었다. 공문은 또 "미국 해군 제독이 함선을 이끌고 조선에 가서 앞으로 미국 상선이 곤란을 당하지 않도록 협상을 하자. 조선은 협상단을 화목하게 대해주기 바라며, 만약 거절하면 불행을 자초하게 될 것"이라는 협박도 담고 있었다.

로 공사는 조선 원정에 앞서 친서를 청의 총리아문을 통해 조선 조정에 전달했다. 친서에서 로 공사는 조선 조정이 평화적 교섭에 불응, 미국과 화목을 거절하면 전쟁을 불사하겠다고 밝혔다. 이 친서를 통해 조선은 미국이 곧 군함을 파견할 것이란 사실을 알게 되었다.

미국 정부는 조선으로부터 공식 회답을 기다리지 않고 함대를 출동시켰다. 그들은 이번 기회에 일본을 굴복시킨 페리 제독 방식의 포함외교를 통해 조선과 수교 협상을 맺어 아시아에서 미국의 이익을 공고화한다는 목표를 세웠다. 조선 정부의 회답 여부는 미국에겐 관심 밖의 일이었다. 함대에는 로 공사도 승선해 있었다. 미국이 극동 함대를 조선에 파견한 진정한 뜻은 무력을 통한 정벌이 아니라 조선과의 수교였음이 분명해 보인다.

로저스 제독은 도쿄만 앞바다에 함대를 이끌고 나타나 일본을 개국시킨 페리 제독의 외손자다. 만약 조선이 페리 제독 가문과 연결된 로저스 제독과 우호적인 관계를 맺고 미국과 수교하여 개국의 길로 나아갔다면 이후 조선의 역사는 어떤 길을 걸었을까?

당시 일본은 메이지유신의 후유증으로 몸살을 심하게 앓고 있었다. 유신 진행 과정에서 많은 지사들이 암살당했으며, 막부가 조슈 정벌을 위해 일으킨 제2차 조슈 전쟁(1866), 메이지유신 직후 동북 지역의 친막부파 번들의 저항으로 발생한 보신 전쟁(1868) 등 심각한 동요에 직면해 있었다. 일본은 조선에 관심을 쏟을 여유가 없었다.

미국의 조선 원정 최고 책임자는 문관인 로 전권공사이고, 아시아 함대 사령관 로저스는 로 공사를 조선까지 호송하는 책임을 맡았다. 로저스 제독은 은둔국 조선을 개항시키기 위해 아시아 함대의 전 함선과 병력을 1871년 5월 초까지 나가사키에 집결시켰다. 아시아 함대의 조선 해역 파견은 19세기에 미국이 동양 국가에서 행한 군사 작전 중 가장 대규모였다. 남북전쟁 이래 최대 규모의 해군 함대를 동원하여 조선 개항 작전에 나선 것이다.

로저스 제독은 일본 근해에서 보름간 실전을 방불케 하는 해상 기동 훈련을 실시한 후 1871년(고종 8) 5월 16일 나가사키를 출발했다. 아시아 함대는 로저스 제독의 지휘 아래 기함 콜로라도호를 선두로 코르벳(Corvette)함 두 척, 포함 두 척에 해병대 병력 1,230명이 승선하고 있었다. 그들은 4년간의 남북전쟁에서 격전을 치른 역전의 정예 용사들이었다. 함정들은 함포 85문으로 무장하고 있었다.

이번 항해에도 프랑스의 리델 신부가 길잡이로 나섰고, 미 해군은 나가사키에서 사진업을 하고 있는 비토(Felix Beato)를 '공식 원정 사진 기사'로 채용했다. 비토는 이탈리아 출신으로 영국으로 귀화한 후 나가사키에서 사진관을 운영하는 사진 작가였다. 그가 촬영한 신미양요 관련 사진은 미국 국립기록보관소에 보관되어 있다.

여기에 맞서게 될 조선군은 병력 500여 명, 주된 무기는 화승총과, 명중하는 것이 요행이나 다름없는 대완구포였다. 무장을 비교하면 전투가 시작되기 전에 승패가 결정된 것이나 다름없었다.

조선 놓고 물밑 국제 공조

콜로라도호에 승선해 있던 로 공사는 조선으로 출발하기 전, 평화적인 협상을 통한 개항보다는 무력 사용 불가피론에 기울어 있었다. 그는 피시(Hamilton Fish) 국무장관에게 "본인은 우리가 추구하려는 목적이 평화적으로 성취될 것을 희망하지만, 만일 힘을 사용할 필요가 있는 경우에는 공격을 격퇴하고 부정과 모욕을 시정하는 데 힘의 사용을 국한하도록 노력하겠다"고 서한을 보냈다.

미국이 조선 침략을 결정하고 나가사키에 함대를 집결시키자 영국과 일본이 미국의 동반자를 자처하고 나섰다. 주청 영국 공사 웨이드(Sir Thomas Francis Wade)는 로에게 영국 군함도 참여할 수 있는지를 문의했고, 일본 외무경 사와 노부요시澤宣嘉는 5월 4~5일 이틀에 걸쳐 주일 미국 공사 들롱(Charles Egbert DeLong)에게 미국의 의도가 무엇인지, 조선에서 무력 충돌이 있을 것인지를 문의한 후 영어가 가능한 일본 사관 한 명을 미국 군함에 편승시켜줄 것을 요청했다.

로는 영국과 일본의 제의를 정중하게 거절하고, 블랑갈리 주청 러시아 공사에게 "조선에 함께 가서 조약을 체결하자"고 제의했다. 블랑갈리 공사는 "조선의 개국이 러시아에게 '특별한 이익'이 되지 못한다"면서 거절했다. 당시 러시아 정부의 기본 입장은 '현상 유지론'을 앞세운 영국과 비슷했다. 이로써 미국은 단독으로 조선을 침략하게 되었다.

로저스 제독의 아시아 함대가 경기도 풍도豊島 근해에 정박한 것은 1871년 5월 21일이다. 이날 수원유수 신석희는 "이달 3일(음력 4월 3일) 오후 5~7시쯤 외국 배 다섯 척이 풍도 근해에 정박했다. 특별히 감시하고 계속 급보를 올리겠다"는 보고를 올렸다. 5월 25일 미국 함대는 팔미도 동남쪽으로 이동, 작약도 앞바다에서 수심을 측정하는 모습이 관측됐다.

5월 30~31일 작약도 부근에 정박 중이던 기함 콜로라도호 선상에서 조선 관리와 주청 미국 공사관 서기관 드류(Edward. B. Drew)가 만나 대화가 이루어졌다. 5월 30일 영종방어사는 "오늘 이양선 다섯 척이 일제히 닻을 올리고 올라왔는데, 자세히 살펴보니 돛을 두 개 단 배는 길이가 40발, 돛을 세 개 단 배는 50발 정도였으며, 물위에 드러난 뱃전의 높이는 네 길 가량이었다. 돛 사이에 층층으로 깃발과 북을 달아매었는데 바람에 흔들거렸다"고 보고했다.

미국 함대가 나타나자 고종은 영의정 김병학에게 "미리견彌利堅(미국)은 어떤 나라인가?" 하고 물었다. 이에 대해 김병학은 "미리견이란 나라에는 작은 부락만 있으며, 화성돈華盛頓(워싱턴)이란 촌장이 나와서 영길리英吉利(영국)와 교섭하면서 만든 촌락 정도의 나라다. 바다를 왕래할 때 약탈하는 습성이 있어 해적과 다를 바 없다"고 답변했다.

승리한 미국, 조선 개국엔 실패

조선은 병인양요 이후 강화부 일대의 방어를 강화하기 위해 강화도 5개 요충지에 경군京軍 2,000여 명을 배치했고, 강화 해협 해안을 따라 포대에 143문의 대포를 배치해두었다. 어재연은 손돌목에 지휘본부를 설치하고 '수帥'자가 쓰여진 지휘부 기를 게양했다.

6월 1일, 미군 선발대가 강화 해협 측량에 나섰다. 미 해군 군함 두 척이 네 척의 종선을 이끌고 손돌목으로 향하자 광성보 포대 병사들이 포격을 가하면서 미국과 첫 교전이 벌어졌다. 광성보 포대는 미국 군함을 향해 15분간 200여 발의 포탄을 발사했다. 이미 5년 전 프랑스 군대를 무찌른 경력이 있는 조선군인지라 어느 나라 군함이든 관계없이 자신만만했다.

기습 공격에도 불구하고 미군 함대는 아무 피해도 입지 않았다. 미 함정들은 함포로 대응 사격을 하면서 "이곳은 중요한 수로이기 때문에 외국 배의 항행을 금지한다海門防守, 他國船愼勿過"라는 비석이 서있는 강화 해협을 거침없이 통과했다. 이것이 조선과 미국 간에 벌어진 최초의 접전인 '손돌목 포격 사건'이다.

자세한 사건 정황은 6월 3일(음력 4월 16일) 『고종실록』에 "14일(음력) 술시戌時(오후 7~9시)에 이상한 배가 손돌목으로 갑자기 들이닥쳤다. 이것은 우리나라에 대한 침입이므로 부득이 무력을 써서 방어하지 않을 수 없어 일제히 포를 발사했다. 탄환이 소낙비 쏟아지듯 했는데 이상한 배에 명중한 탄환 수는 알 수 없으며, 그 배가 얼마간 파손됐지만 확실하게 알 수는 없었다. 앞으로 나아가 나포하려 하자 배는 대포를 쏘면서 퇴각했다"라고 기록되어 있다.

미국 입장에서 볼 때 이날 전투는 의외의 사건이었다. 로 공사의 임무는 조선 정부와 평화적 교섭을 하는 것이었지 전투가 목적이 아니었다. 하지만 미 해군 함정을 향한 조선군의 포격은 중대한 도발로 간주됐다. 로 공사와 로저스 사령관은 미국 군함에 발포한 사건에 대해 보복 없이 물러가는 것은 미국의 위신을 실추시키는 일이라고 생각했다.

로저스 제독은 "평화적인 탐측 활동을 벌이는 함대에 대한 포격은 야만적인 행위"라고 비난하고, 조선 측에 대표를 파견해 협상에 임할 것과 포격 사건에 대한 사죄 및 손해 배상을 요구했다. 열흘 안에 확답이 없으면 보복 상륙 작전을 벌이겠다고 통고했다.

미국 측 기록에 의하면 손돌목 포격 사건이 벌어진 날 밤 로 공사는 피시 국무장관에게 "조선 측의 선제 도발로 미국의 명예가 모독당했으며, 이 사태로 조선의 미개인들에게 단호히 대처하지 않으면 장차 아시아 전역에서 미국의 위신이 땅에 떨어질 것"이라는 보고를 보냈다.

그러나 미국 정부의 조선에 대한 방침은 평화를 기조로 하고 있었고,

더욱이 본국에서 멀리 떨어진 지역에서 전투는 신중하게 결정되어야 했다. 로 공사는 조선 정부가 해당 관헌을 징계하고 자신과 교섭을 개시하면 문제가 해결될 것으로 판단했다. 그는 여유를 주기 위해 며칠간 행동을 연기하기로 했다.

미군 상륙, 광성보 공격

6월 4일, 대원군은 진무사鎭撫使(진무영의 으뜸 벼슬. 강화유수가 겸임)를 통해 "중요한 요새에 갑자기 외국 배가 들어오는 것을 허용하지 않는 것은 모든 나라의 일반적 규범"이라는 내용이 적힌 서한을 미국 함대에 전달했다.

서한에는 "우리나라가 외국과 관계를 가지지 않는 것은 500년 동안 조상 임금들이 지켜온 법이다. 이번에 귀국 사신이 협상을 요구했는데, 애초에 협상할 것이 없는데 무엇 때문에 높은 관리와 서로 만나려 하는가? 넓은 천지에 만방의 생명들이 그 안에 살면서 생활을 이루어가니 동방이나 서방은 자기 정치를 잘하고 자기 백성들을 안정시켜 화목하게 살아가며 서로 침략하고 약탈하는 일이 없도록 하는 것이 천지의 의사"라고 쓰여 있었다.

서한의 말미에 대원군은 "풍파 만 리에 고생했으니 변변치 못한 물품을 보낸다. 여행의 음식물로 쓰도록 도와주는 것은 주인의 예절이니 거절하지 말고 받아주기 바란다"고 했다. 조선 정부는 황소 세 마리, 닭 50마리, 계란 1,000개를 미군 함정에 보냈다.

미국은 6월 9일 "귀 조정에서 3~4일 내에 만나서 협상할 의사가 없으면 전적으로 우리가 처리하는 대로 할 것"이라는 최후통첩 서한을 보냈다. 조선이 보낸 음식물과 진귀한 물건도 "감히 마음대로 할 수 없어

돌려보낸다"면서 되돌려주었다.

최후통첩 시한이 지난 6월 10일 오전 10시, 로저스 제독은 강화도 상륙 작전 명령을 내렸다. 블레이크(Homer. C. Blake) 중령이 지휘하는 팔로스호와 모노카시호가 출동했고, 상륙 부대는 킴벌리(L. A. Kimberley) 중령의 지휘하에 450명의 해병대가 작약도를 출발하여 초지진에 상륙했다. 10개 중대로 편성된 상륙군은 포병대·공병대·의무대와 더불어 사진 촬영반이 동행했다.

6월 11일 아침, 틸턴(M. Tilton) 대위가 이끄는 미 해병대 선두 부대가 수륙 양면에서 공격을 개시했다. 함포 사격으로 초지진을 파괴한 후 덕진진을 무혈 점령한 미 해병대는 강화 수로의 요충인 광성보로 진격했다. 미군이 상륙한 곳은 허벅지까지 빠지는 개펄이어서 병사들의 상륙과 대포 배치에 애를 먹었다. 만약 조선군이 병인양요 당시 정족산성 전투에서처럼 미군 상륙 예정지에 포수들을 매복시켰다가 급습했다면 미군은 큰 피해를 입었을 것이다.

미군의 무기는 남북전쟁 당시 사용했던 최신형 야포와, 엎드린 자세로 1분당 10발 이상 쏠 수 있는 레밍턴 소총이었다. 반면에 조선군은 구식 대포와 선 자세로 재장전을 하여 1~2분에 1발을 쏠 수 있는 화승총으로 무장하고 있었다.

조선군은 미군의 격렬한 함포 사격에 견딜 수 없자 초지진을 포기하고 광성보로 집결했다. 광성보에는 방어사령관 어재연 휘하에 600명의 병사가 진을 치고 있었다. 미군은 한 시간여 맹포격을 가한 후 성으로 돌격했다. 조선 병사들은 구식 포와 화승총으로 맞섰고, 화약이 떨어지자 돌을 성벽 아래로 굴리거나 칼과 창으로 맞섰다. 미군 해병대가 200미터 거리를 돌격하는 동안 조선군 200여 명이 집중 사격을 가했으나 피격당한 미군은 단 두 명뿐이었다. 조선군이 보유하고 있던 화승총은 근대 전투에서는 무용지물이나 다름없었다.

처절한 저항 끝에 조선군 전멸

파괴된 성벽으로 미군 선두가 돌입하면서 백병전이 벌어졌다. 조선군은 더운 날씨에도 불구하고 솜 아홉 겹으로 만든 무명옷을 갑옷 대신 방탄용으로 껴입고 미군과 백병전을 벌였다. 광성보 전투에 참전했던 앨버트 가스텔은 "조선군은 용감히 저항했다. 그들은 항복이란 말을 아예 몰랐다. 무기를 잃은 자들은 돌과 흙을 던지며 대들었다. 전세가 불리해지자 살아남은 조선군 100여 명은 성벽을 넘어가 강물에 투신하고, 더러는 스스로 목을 찔러 자결했다"고 처절했던 광성진 공방전을 기록했다.

블레이크 중령은 남북전쟁에서 용맹을 떨친 군인이었다. 그는 "그렇게 협소한 장소에서 그처럼 많은 불꽃과 납덩이와 쇠붙이가 오가고, 화약 연기에 휩쓸린 전투는 본 일이 없었다"고 회상했다.

미국 역사가 그리피스는 『은둔의 나라 한국』에서 광성보 전투에 대해 "조선군은 비상한 용기로 응전했다. 창과 검을 들고 미군을 향하여 돌진했으며, 탄약이 없는 병사는 맨손으로 성벽에 올라가서 돌을 던지고 흙을 쥐어 눈에 뿌렸다. 손에 무기를 쥐지 않은 병사는 죽음을 각오하고 일보일보 전진하면서 분전했다. 부상자는 자결했다. 이 장렬한 백병전을 통해 포로는 단 한 명도 없었다"고 기록하고 있다.

조선군 병사들의 항전에도 불구하고 광성보는 미군에게 함락되어 조선 지휘관 깃발이 내려지고 성조기가 올랐다. 이 전투에서 조선군 지휘관 어재연과 그의 동생 어재순, 김현경과 박치성 등이 전사했다.

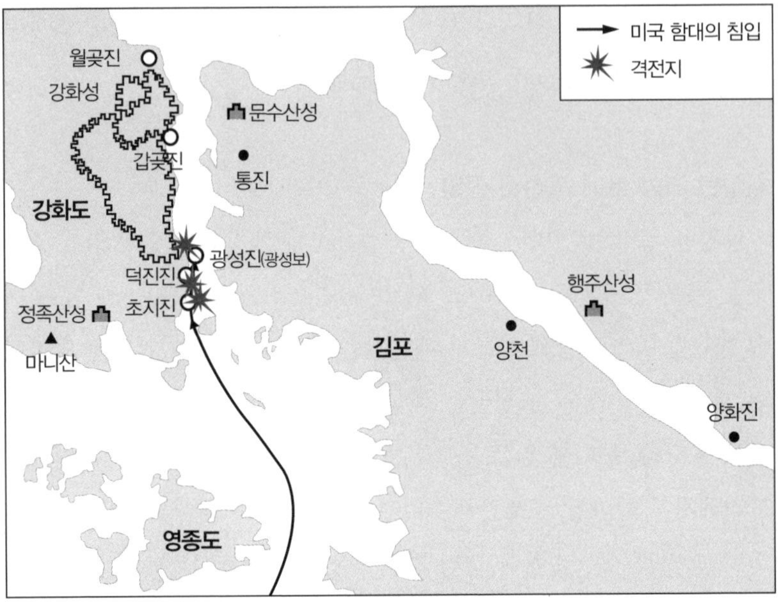

신미양요(1871)

미군 측 기록에 의하면 광성보 전투 당시 전사한 조선군은 350명, 부상자 20명, 노획품은 지휘관 깃발인 '수'자기를 비롯하여 군기 50개, 조선 대포 481문이었다.

미국 워싱턴에서 자동차로 40분 거리인 애너폴리스라는 항구 도시에 미 해군사관학교가 위치하고 있다. 이 학교 구내 박물관에는 한 세기 반 전 강화도에서 벌어진 전투에서 미군이 노획한 '수帥'라는 글자가 새겨진 조선군 지휘소 깃발과 조선군 대포, 민가에서 노획한 합죽선과 전투 장면을 촬영한 사진이 전시되어 있다.

지휘소 깃발은 광성보 전투 당시 퍼비스 일병과 브라운 상병이 노획한 것으로, 이들은 후에 무공 훈장을 받았다. 수자기는 신미양요가 벌어진 지 136년 후인 2007년, 한국에 영구 임대 형식으로 반환되어 국립고궁박물관에 전시되어 있다.

반면 미군 전사자는 휴 맥키(Hugh W. McKee) 대위를 비롯한 3명, 부상자는 10명에 불과했다. 맥키 대위는 광성진 포대에 가장 먼저 돌입한 장교다. 포대에 올라섰을 때 조선 병사의 창에 복부를 찔려 중상을 입고 쓰러졌다가 후에 전사했다.

48시간 전투하고 철수한 미군

신미양요 때도 프랑스군의 침략 때와 비슷하게 미군 함정들의 해상 봉쇄로 인해 한강 수운이 막혔다. 그 결과 서울의 미곡 가격이 급등하고 생필품이 품귀를 빚는 등 민심이 흉흉해졌다. 로 공사와 로저스 사령관은 광성보에서 패전한 조선 정부에서 협상을 제안해올 것으로 기대했으나 아무런 반응이 없었다.

더 이상의 군사 행동은 로와 로저스에게 부여된 훈령에서 벗어나는 일이었다. 미국 함대는 광성보를 함락한 다음날 조용히 철수했다. 수만리 바닷길을 달려와 '48시간의 전투'를 벌여 일방적인 승리를 거둔 직후 군대를 철수한 것이다.

로 공사는 6월 20일 미 국무부에 그간의 정황을 밝히는 보고문을 보냈다. 이 보고문에서 로는 무력 침공을 하기 전에 평화적인 교섭을 시도했으며, 이런 노력에도 불구하고 조선 정부가 끝내 거절하여 본인과 로저스 제독은 미국의 명예를 위해 무력을 사용했다고 보고했다. 또 이번 전투가 1858년 영불 연합군의 중국 다구大沽 요새 점령보다 더 의미 있는 작전이었다고 평했다.

로저스 제독은 귀환 장병들을 환영하면서 "우리 병사들이 이룩한 빛나는 전승을 축하하며, 본관은 성조기의 명예를 수호하다가 산화한 용감무쌍한 전몰 장병들을 충심으로 애도하는 바이다"라는 '전승 축하 훈령'을 발표했다. 그는 "조선의 수도를 점령해야 조선 국왕이 패배를 인정할 것"이라면서 "이를 위해서는 3,000명의 증원군이 필요하다"고 보고했다.

1871년 6월 20일 「뉴욕 헤럴드」지는 태평양 건너 조선의 강화도에서 벌어진 광성보 전투를 "이교도와 우리의 작은 전쟁"이라고 보도했다. 7월 17일 「뉴욕 타임스」의 로저스 제독의 강화도 전투 기사 제목은 "야만인에 대한 신속하고 효과적인 응징" "우리 선원에 대한 모욕을 복수하다"였다.

그랜트 대통령은 1871년 12월 의회에 제출한 연두 교서에서 "우리의 난파된 선원들을 야만적으로 다루었기 때문에 조선 침공을 명령했다" 면서 "로저스 제독이 용감하게 공격을 가하여 범죄인들을 응징했다"고 기술했다.

"무의미한 승리"

역사적으로 미국의 포함 외교는 1832년 동남아 수마트라 원정, 1854년 페리 제독의 일본 개국, 1856년 청나라와의 전쟁에서 무력시위나 무력행사를 통해 외교적 승리를 거두었다. 그러나 본격적인 전투를 벌인 것은 강화도가 처음이다. 제2차 세계대전 후 일본의 항복을 받기 위해 38도선 이남 지역을 점령하게 되는 미군과의 첫 만남은 신미양요와 같은 살벌한 악연으로 시작되었다.

그러나 로저스 제독의 조선 원정은 먼 바다를 건너와 구애를 하다가 퇴짜를 맞은, 사실상 실패한 작전이었다. 자신들이 의도했던 목적을 제대로 달성하지 못했기 때문이다. 미 해군부도 "승리는 승리였으나 누구 한 사람 그다지 자랑할 것이 못 되며, 기억하고 싶지도 않은 전승이었다"라면서 '무의미한 승리(an empty victory)'라고 시인했다.

프랑스와 미국의 조선 침공이 실패로 끝난 이유가 있다. 당시 프랑스는 인도차이나 경영에 정신이 없었고, 독일(당시 프로이센)은 통일을 방해하는 오스트리아와의 전쟁(보오 전쟁)을 치르고 있었다. 미국도 남북 전쟁 뒤처리 문제로 인해 동아시아에 깊이 개입할 형편이 못 되었다. 러시아는 청나라로부터 획득한 극동 지역이 인구가 희박하고 식량 자급도 하지 못해 남우수리 지방과 아무르 지방을 유지하느라 악전고투하고 있었다. 때문에 조선과의 수교를 서두르지 않고 국경 지대에서 비공식적인 소규모 통상을 유지하면서 구미 열강의 조선 개항을 지켜보고 있었다.

로저스 제독은 함대를 철수하여 귀환하는 길에 도쿄를 방문했다. 메이지 정부 지도자들은 로저스 제독 일행을 대대적으로 환영했다. 로저스는 도쿄에 체류하면서 일본 조야에서 제기되고 있는 정한론 논쟁을 목격하고는 일본이 조선을 조용히 놔두지 않을 것으로 판단했다. 그는 "일본은 조선 침략을 열망하고 있다. 이 두 나라는 평화적 방법으로 수교할 것 같지 않다"(김원모, 『개화기 한미교섭관계사』, 2003, 53쪽)고 기록했다. 일본이 포함 외교를 통해 강압적으로 조선을 개항할 것임을 예견한 것이다.

미국 함대와의 전투는 조선 정부에 몇 가지 교훈을 던져주었다.

첫째, 강화 관문에 접근하는 외국 선박은 이유여하를 막론하고 포격을 가한다는 사실을 확인시켜주었다.

둘째, 강화 관문은 대원군이 1866년 프랑스군의 침략 이후 5년여에 걸쳐 막대한 비용을 투자하여 대대적으로 강화했다. 하지만 서양의 소부대 공격에 즉시 무너져 수비대가 전멸했다.

결론은, 수도 외곽의 방위가 취약한 상황에서 외국 세력에 폐쇄적인 대외 정책을 고수하면 조만간 무서운 참화를 입을 것이란 사실이었다.

'칼의 나라' 일본보다 더 거세게 저항한 '붓의 나라'

1854년 미국의 페리 제독이 함대를 이끌고 도쿄만에 나타났을 때 미국은 피 한 방울 흘리지 않고 일본과 조약을 체결했다. 하지만 조선은 일본과 사정이 달랐다. 프랑스·미국이 차례로 강화도에서 전투를 치렀음에도 불구하고 조선을 개국시키지 못했고, 통상 조약을 체결하지도 못했다. 미군은 광성보에서 노획한 지휘관 깃발을 그들의 기함에 걸어놓고 승전가를 목청 높여 불렀지만, 중국·일본·동남아 등 여러 나라에서 성공을 거두었던 미국의 포함 외교는 1871년 조선에서는 좌절을 겪었다.

'칼의 나라' 일본은 사쓰마번과 영국 간의 사쓰에이 전쟁(1863)을 통해, 그리고 4개국 함대가 조슈번의 시모노세키 포격 사건으로 시작된 바칸馬關 전쟁(1864)으로 서양 열강에 굴복했다. 반면에 '붓의 나라' 조선은 프랑스·미국과 벌인 병인양요·신미양요에서 '칼의 나라' 일본보다 더 격렬하게 저항했다.

당시 「뉴욕 헤럴드」지는 "아시아 전역에 대원군이 옳았으며 오히려 미국이 커다란 패배를 당했다는 인상이 퍼져 있다"고 보도했다. 로저스 제독의 군사 행동은 대원군의 쇄국 정책에 힘을 실어주는 결과만을 초래했음을 간접적으로 비판한 것이다.

흥미로운 것은, 미군의 강화도 원정 당시 미 함대에 안도 다로安藤太郎

라는 일본 정보원이 동행했다는 점이다. 안도 다로는 강화도를 공격한 미군 해병대와 함께 행동하며 미군과 조선군의 전투 상황을 면밀하게 분석하여 일본 정부에 보고했다. 이런 준비 과정을 거쳐 일본은 5년 후 프랑스와 미국이 이루지 못한 '조선 개국'을 성공시키게 된다.

대원군이 등용한 주자학자 이항로는 병인양요가 일어나자 "성현의 도를 지키는 것이야말로 나라의 존망을 뛰어넘는 절대적인 행위"라면서 유교 문명의 수호를 설파했다. 이러한 이항로의 주장은 일본의 국체國體 사상과는 정반대였다.

일본의 국체 사상은 천황 통치의 정당성, 또는 일본의 우수성을 주창하는 사상을 뜻한다. 일본의 국토는 천신天神에 의해 생성되었고, 일본이라는 나라도 천신의 뜻으로 세워졌다. 때문에 일본이 천신의 후손인 만세일계의 천황에 의해 통치되는 것은 당연하며, 그런 존재에 의해 통치되는 신국神國 일본은 다른 나라보다 우수한 나라라고 개념화되어 있었다.

메이지유신 과정에서 국체 사상이 대두하여 '국가'가 절대화되었기 때문에 '도道'는 부차적인 것으로 밀려났다. 이 과정에서 일본이 서구의 적수가 되지 못한다는 사실을 자각하자 일본 지도부는 '존왕양이론'을 폐기하고 개국론으로 전환했다.

반면에 조선의 인식 체계는 일본과 확연히 달랐다. 조선 지도부 인사들은 '국가'가 해체되거나 멸망하더라도 '도'에 따라 죽는 것이야말로 인륜을 따르는 올바른 행위라고 믿었다. 이것이 주자 성리학 원리주의 국가인 조선의 현실이었고, 프랑스와 미국에 대해 철저한 항전을 가능하게 만든 이유였다(조경달, 최덕수 옮김, 『근대조선과 일본: 조선의 개항부터 대한제국의 멸망까지』, 열린책들, 2015, 60-61쪽).

대원군은 조선군이 광성보에서 미군에게 패했음에도 불구하고 "미군을 물리쳤다"고 선전하면서 쇄국의 빗장을 굳게 닫아걸었다. 광성보가 함락된 다음날인 6월 12일, 대원군은 수도 서울을 비롯하여 전국의 각 도회지에 척화비를 세웠다.

영·러 휴식기, 동아시아에 힘의 공백

미국 입장에서 볼 때 신미양요는 과연 무엇을 위한 전투였을까?

영 제국과 러시아는 크림 전쟁으로 국력이 소진되었고, 특히 영국은 청과 두 차례에 걸친 아편 전쟁으로 인해 잠시 휴식기가 필요했다. 패권 경쟁국인 영국과 러시아가 약속이라도 한 듯 1860년대에 동아시아 진출을 자제하면서 잠시나마 동북아에 '힘의 공백' 상황이 발생했다. 이 기간 중에 영국과 러시아는 한반도 문제와 관련하여 '현상 유지 전략'을 내세웠다. 조선의 강화도에서 프랑스가 병인양요(1866), 미국이 신미양요(1871)를 일으킨 것은 영국과 러시아의 현상 유지 전략으로 인한 힘의 공백기에 한반도에서 발생한 국제적 마찰이었다.

20년에 걸친 영·러의 신중과 자제, 프랑스·독일·미국 등의 국내 사정으로 인한 힘의 공백 상태는 우리 입장에서 볼 때는 자체적인 개방과 개혁을 위한 절호의 기회였다. 하지만 조선은 지도부의 무능과 500여 년 이어온 사대주의 타성으로 인한 외세 의존 습성, 1873년을 기점으로 격화된 고종과 대원군의 대립으로 인한 정치적 위기로 허송세월하고 말았다. 서양 열강의 힘의 공백을 이용하여 조선을 개국시킨 나라는 일본이었다(최문형, 『명성황후 시해의 진실을 밝힌다』, 2001, 47쪽).

1866년부터 1871년까지는 '약탈 제국주의의 한반도 팽창'의 시기였다. 약탈 제국주의의 본질은 유럽 공권력의 침탈 이전에 사적私的 집단인 신부·상인·해적들이 아시아 나라를 공격하여 획득한 전리품을 유럽의 공적公的인 행위자들이 추인하는 것이었다.

신미양요 11년 후인 1882년 미국은 서구 열강들 중 가장 먼저 조선과 수호 조약을 체결했다. 그것도 조선이 능동적으로 나서서 조약을 체결한 것이 아니라 중국이 조선의 등을 떠밀어 이루어진 사건이었다.

당시 청조가 조선을 서구 열강들과 수교시키는 데 앞장선 것은 나름의 이유가 있었다. 서구 열강들과의 대결에서 패배한 청나라는 자기들 힘으로는 러시아와 일본이 노리고 있는 조공국 조선을 지켜낼 수 없었다. 청은 사대 질서하의 속방 조선을 서양 국제법에서 통용되는 속국으로 변경시켜 자기들이 직접 다스리는 쪽으로 전략을 수정했다(김용구, 『약탈제국주의와 한반도』, 도서출판 원, 2013, 138쪽).

청의 북양대신 즈리 총독 이홍장은 조선 속국화 정책을 실현하는 방편으로 이이제이以夷制夷 전략을 추진했다. 즉, 미·영·독·프 등 서양 열강을 끌어들여 조선과 수교하도록 함으로써 이들을 이용하여 러시아와 일본을 제어한다는 방법론이었다. 중국이 첫 번째로 조선에 끌어들인 나라는 미국이었다.

제9장

개국의 길로 떠밀려간 조선

조선과 일본은 오랜 기간 외교 관계를 유지해왔다. 한일 관계는 다른 나라들 사이의 외교 관계와 다른 뚜렷한 특징이 있었다. 정식 외교 관계를 맺고 있었지만 교토에 있던 명목상의 최고 통수권자인 일본 천황과는 관련이 없고, 에도의 막부와 조선 통신사를 통해 외교 관계를 유지했다.

'천황'이라는 호칭은 조선 중기 이후 등장하는데, 천황은 종교적·의례적인 존재일 뿐 정사에는 관여하지 않는다고 기록하고 있다. 통치권이 없는 명목상의 존재이자 토속 신앙의 교주로 본 것이다. 조선은 막부의 최고 실력자인 쇼군將軍을 국왕으로 간주하고 호칭은 관백關白으로 통일했다.

『조선왕조실록』은 모든 일본인들의 성姓을 평平(다이라)씨로 기록했다. 예를 들어 도요토미 히데요시는 평수길平秀吉, 도요토미 히데요시와 도쿠가와 이에야스를 도와 일본 전국의 통일에 기여했으며 임진왜란 당시 침략의 선봉장을 맡았던 가토 기요마사는 평청정平清正, 고니시 유키나가는 평행장平行長으로 기록하고 있다.

조선과 일본의 외교 갈등

일본 천황이 국가를 대표하는 지존의 지위로 자리매김한 것은 메이지유신을 성공시킨 이후 조슈와 사쓰마번의 하급 사무라이들이 근대 국가 일본의 상징으로 천황을 내세운 덕분이다. 중앙 집권 국가인 조선은 국왕이 유일한 통치권자로서 외교권을 행사한 반면, 봉건제 하의 일본은 중앙 정권의 쇼군 이외에 지방의 영주들이 조선과 독자적인 외교 관계를 유지해 왔다.

조선은 한반도와 가까운 일본 서남 지방의 영주나 호족들에게 명목상의 관직이나 인장을 수여했다. 이들을 수직왜受職倭 혹은 수도서왜受圖書倭라고 불렀다. 조선 정부는 이들에게 무역상의 특권을 부여하고, 그 대가로 왜구들의 한반도 약탈을 억제하는 정책을 유지해 왔다.

16세기 말 일본이 임진왜란과 정유재란의 침략을 자행하면서 조선과 일본 간 국교가 단절되었다. 세키가하라 전투에서 도쿠가와 이에야스가 도요토미 히데요시 추종 세력을 꺾고 승리한 후 1603년 3월 24일 쇼군(정식 명칭은 정이대장군征夷大將軍)에 취임하면서 도쿠가와 막부가 등장했다. 도쿠가와 막부는 쓰시마번을 통해 조선과의 국교 재개를 요청해왔다. 조선 정부가 이 요청을 받아들여 1609년(광해군 1)에 기유약조己酉約條를 체결하고 국교를 재개했다. 이후 조약에 의거하여 조선은 도쿠가와 막부의 새 쇼군이 들어설 때마다 조선 국왕의 서한과 예물을 전달하기 위해 막부 소재지인 에도에 통신사를 파견했다.

일본 사신들은 무로마치 시대에는 서울까지 행차했다. 하지만 임진왜란 때 일본군이 사신 출신들을 길 안내자로 활용하고 있는 것에 놀란 조선 측이 일본 사신단의 서울행을 거부했다. 그래서 기유약조 이후 일본 사신들은 동래에 설치된 왜관에서 실무를 보고 돌아갔다. 국교가 재개된 후 일본 측은 60여 회 사신(차왜差倭)을 보냈고, 조선은 도쿠가와 막부의 쇼군이 교체될 때마다, 총 열두 차례 통신사를 파견했다. 조선 통

조선 후기 통신사 파견 내역

회차	연도	정사	부사	종사관	제술관	인원	특징
1	1607 (선조 40)	여우길	경섬	정호관		467	국교 회복
2	1617 (광해군 9)	오윤겸	박재	이경직		428	오사카 전투 직후 파견
3	1624 (인조 2)	정립	강홍중	이계영		300	도쿠가와 이에미쓰 (3대 쇼군) 취임 축하
4	1636 (인조 14)	임광	김세렴	황호	권칙	475	병자호란 중에 파견
5	1643 (인조 21)	윤순지	조경	신유	박안기	462	도쿠가와 이에쓰나 탄생 축하
6	1655 (효종 6)	조형	유창	남용익	이명빈	488	도쿠가와 이에쓰나 (4대 쇼군) 취임 축하
7	1682 (숙종 8)	윤지완	이언강	박경후	성완	475	도쿠가와 쓰나요시 (5대 쇼군) 취임 축하
8	1711 (숙종 37)	조태억	임수간	이방언	이현	500	도쿠가와 이에노부 (6대 쇼군) 취임 축하
9	1719 (숙종 45)	홍치중	황선	이명언	신유한	479	도쿠가와 요시무네 (8대 쇼군) 취임 축하
10	1748 (영조 24)	홍계희	남태기	조명채	박경행	475	도쿠가와 이에시게 (9대 쇼군) 취임 축하
11	1763 (영조 39)	조엄	이인배	김상익	남옥	472	도쿠가와 이에하루 (10대 쇼군) 취임 축하
12	1811 (순조 11)	김이교	이면구		이현상	336	도쿠가와 이에나리 (11대 쇼군) 취임 축하

신사 일행은 일본에서 환대를 받았지만, 조선이 통신사 파견으로 얻은 이익은 아무것도 없었다.

통신사 외교의 종말

조선 통신사는 400~500명의 대규모 사절단으로 구성되었다. 대표인 정사는 참의(정3품 당상관, 현재의 차관보에 해당)급에서 선발되었는데, 일본에서는 재상 또는 수상과 동격의 예우를 받았다.

도쿠가와 막부는 쇼군 치세 최대의 성대한 행사로 조선 통신사 일행을 맞기 위해 1,400여 척의 배와 1만여 명의 인력을 동원했다. 통신사 행차 관련 비용은 막부가 100만 냥을 지출했다. 조선 통신사를 500명으로 계산할 경우 1명 당 2,000냥의 비용을 지출한 셈이다. 이 무렵 일본에서 외국인 중 최고 예우를 받은 이탈리아 선교사 시도치(Sidocci)의 1년 생활비가 25냥이었다. 조선 통신사는 한 번 갈 때마다 한 명당 시도치의 80배 정도 예우를 받은 셈이다.

조선 통신사 행렬이 지나가는 각 지역에서는 유학자들 간의 문화 교류가 이루어졌다. 통신사가 일본을 방문한 후에는 '조선풍'이라는 한류韓流 붐이 불었다. 통신사 행렬을 재현하는 흔적이 오늘날 일본의 마쓰리祭(축제)에도 남아 있다.

도쿠가와 막부가 조선 통신사를 대하는 인식은, 일본은 신의 나라로서 다른 나라보다 우월하다는 의식하에 조선을 서쪽 오랑캐 나라(융국戎國)에서 온 조공 사절로 간주했다. 반면에 조선은 명·청 교체를 통해 청나라는 더 이상 중화의 나라가 아니며, 조선이 중화라는 우월적 문명 의식에 휩싸여 있었다. 따라서 일본은 문명적 척도로 볼 때 동쪽 야만인(동이東夷)에 불과하다고 보았다.

도쿠가와 막부는 19세기 초에 접어들면서 개혁 개방을 통해 수많은 정보를 입수하여 조선 통신사의 효용 가치가 크게 떨어진다고 판단했다. 그래서 1811년 제12차 통신사의 경우 에도까지 초빙하지 않고 쓰시마에서 적당히 대접하여 돌려보냈다. 이를 역지빙행易地聘行이라고 하는데, 결국 이때의 행차를 끝으로 조선 통신사 파견은 중단되었다. 일본이 조선 통신사의 필요성을 더 이상 느끼지 못했기 때문이다.

이 밖에 조선은 쓰시마 새 영주의 취임을 축하할 때 등 필요할 때마다 외교 사절을 파견했는데, 이를 도해역관渡海譯官 혹은 문위역관問慰譯官이라 불렀다.

조선은 도쿠가와 막부 초기에는 일본 서남 지방 영주들과 외교 관계를 유지했으나 17세기 말 대부분 단절되었다. 그 결과 조선과 지리상 가장 가까운 쓰시마가 조선과의 외교와 교역을 독점했다. 쓰시마에서 조선으로 오는 일본인들은 부산 초량에 위치한 왜관에 머물며 물물 교환 형식의 교역을 했다. 왜관은 조선 정부가 설치했으나 쓰시마 영주가 임명한 관리가 운영을 맡았다.

조선 국왕은 쓰시마 영주를 준準신하로 대우했다. 쓰시마에서 조선 정부에 보내는 모든 공문서에는 조선의 종주국인 중국 황제의 연호와 조선 정부가 구리로 새겨서 보낸 관인을 날인하여 보냈다. 이것을 감합지인勘合之印이라 한다. 조선 관인을 일본에 보낸 것은 사대교린의 원칙에 따라 일본을 한 수 아래로 낮춰 보았음을 의미한다.

왜·오랑캐에 근거 없는 우월감

조선은 왜倭라고 불린 일본과 오랑캐라고 멸시한 여진족(만주족)에 대해 근거도 없는 문명적 우월 의식을 가지고 있었다. 도쿠가와 막부는 조선이 자신들을 문명적 차원에서 멸시한다는 사실을 잘 알고 있었지만, 현실적 차원에서 조선과의 외교 관계가 필요했다. 때문에 막부의 쇼군은 스스로를 '대군大君'이라 칭하면서 조선 국왕보다 위계를 낮춰 왜관을 통해 외교 공문을 주고받았다.

조선은 쓰시마를 통해 일본에 인삼·목면·쌀 등을 수출하고 구리와 유황, 염료의 재료인 소목蘇木, 물소 뿔 등을 수입했다. 물소 뿔은 활을 만드는 재료로 사용되었는데, 이것은 일본에서 나는 제품이 아니라 동남아 특산품이다. 일본은 나가사키를 통해 중국·네덜란드 상인들로부터 물소 뿔을 조달하여 조선에 수출했다.

조선은 질 좋은 목면을 농민들에게 세금으로 징수하여 일본으로 수출했다. 일본에서는 조선 목면을 "두 겹의 흰 깃털과 같다"고 평했다. 일본이 조선 목면을 오랫동안 수입한 이유는 면화 재배가 늦었기 때문이다.

소중화를 자처한 조선은 중국과 문화적 일체감을 갖고 대륙 문화를 일본에 전파함으로써 일본에 대해 '문화적 선진국'이라는 드높은 자부심과 우월감을 갖게 되었다. 또 임진왜란의 침략을 경험한 이후 일본에 대한 뿌리 깊은 불신감을 갖게 되었다. 일본은 중국의 문화적 우월성은 인정했지만 자신들은 중국과 외교상 동등한 지위라고 자부했고, 조선은 '중국과 책봉-조공 체제하에 놓여 있는 불쌍한 존재'로 비하하면서 자기들이 조선보다 우위에 있다는 가치관에 사로잡혀 있었다.

책봉-조공 체제가 작동하는 동아시아 외교 판도에서 중국의 최고 통치자를 칭하는 천자 혹은 황제는 중국만이 사용할 수 있는 용어였다. 일본만은 예외적으로 자국의 최고 통치자를 '천황'이라 칭했다. 일본은 중국과 책봉-조공 체제에 참가하지 않아 막부 쇼군은 중국의 책봉을 받지 않았다. 중국의 책봉-조공 체제 하에 있던 조선 국왕은 막부의 쇼군을 국왕으로 인정하고 대등한 외교 관계를 유지했다.

도쿠가와 막부의 쇼군은 전제 군주나 다름없는 통치자였으나, 공식적인 그의 신분은 천황의 신하에 불과했다. 만약 천황이 친정을 하게 될 경우 쇼군과 대등한 위치에 있는 조선 국왕은 외교적으로 하위에 처하게 될 위험성이 잠재되어 있었다.

일본의 카드 '만국공법'

급기야 일본에서 메이지유신에 의해 천황 친정 체제가 들어서면서 한일 외교 관계에 심각한 문제가 야기되었다. 메이지 신정권은 외국과의 교제, 즉 외교에 있어 '천하의 공법'인 만국공법을 따르겠다고 공표했다.

만국공법 체제는 유럽의 30년 전쟁을 종결시킨 베스트팔렌 조약(1648) 이후 서구에서 형성된 것이다. 이 체제하에서는 주권 국가만이 국제 정치의 행위 주체로 간주되고, 국토·국력의 대소에 관계없이 평등한 권리를 가지게 된다. 베스트팔렌 체제는 주권 국가의 국경 내부의 정치에는 간섭할 수 없고(내정 불간섭), 주권 국가의 상위에는 어떠한 정치적 권위(세계 정부)도 존재하지 않는 것을 원칙으로 성립된 것이다. 때문에 현실의 국제 사회는 '무정부 상태'이며, 국가 간 힘의 균형(세력 균형)으로 질서 유지를 도모한다. 외교와 내정에서 최고의 권위를 부여받은 주권 국가 간의 통합을 도모하기 위한 규범이 국제법이며, 기독교 문명을 기반으로 한 규범 체계였다(야마무로 신이치, 정재정 옮김, 『러일전쟁의 세기』, 소화, 2010, 23쪽).

베스트팔렌 체제는 주권 국가 간의 평등과 내정 불간섭을 원칙으로 하면서도, 비기독교 지역에 대해서는 다른 기준을 적용했다. 독자적인 문명과 국가가 존재하고 있는 곳이라 해도 국제법 기준에 비추어 유효한 지배가 이루어지지 않는 '주인 없는 땅'으로 인정되면 먼저 점유한 자의 소유가 된다고 하는, 로마법에서 유래한 '선점의 법리'가 작동되어 자기 영토가 된다. 이 법리에 따라 아시아·아프리카·남북아메리카 등의 광대한 지역이 서구의 식민지가 되었다(야마무로 신이치, 『러일전쟁의 세기』, 2010, 24쪽).

게다가 서양 사람들에게 필요한 활동을 위해 본국 법에 근거하여 자국인에 대한 재판을 행할 권리(영사 재판권)를 요구했고, 관세를 서양 나라에 유리하도록 설정했으며(관세 자주권), 타국에 유리한 조항을 새로 주었을 경우 그와 동등한 권리를 획득할 수 있는 최혜국 대우 등을 보장하는 불평등 조약이 강제되었다.

다시 말하면 국제법이란 기독교 국가·백인종·서구 열강 등 '특권을 장악한 국민'이 서구 국가 사이에는 적용되지 않는 영사 재판권 등을 비서구 세계에 강제하는 것이었다. 이 법의 은혜를 받으려면 방법은 단 하나, 서구 열강과 비슷한 군사력과 경제력을 건설하는 것이었다. 후쿠자와 유키치는 이를 일컬어 "백 권의 만국공법은 여러 문의 대포보다 못하고, 몇 책의 화친 조약은 한 바구니의 탄약보다 못하다"고 설파했다. 즉, '힘의 우위'만이 국가 자존을 지킬 수 있다고 현실주의적인 눈으로 세계를 바라본 것이다.

일본은 1858년 이후 미국을 비롯한 서양 여러 나라와 체결한 수호 통상 조약에 따라 영사 재판권이 설정되고 관세 주권이 부정되었다. 이러한 불평등 조약이 강제될 경우 서구의 식민지나 보호국으로 전락하는 것은 시간문제였다.

일본은 서구의 식민지나 보호국으로 전락하지 않기 위해 발버둥 쳤는데, 그런 노력은 '문명 개화'를 통한 '문명국 표준'의 건설, 즉 서구의 법에 준거한 법전 편찬과 사법 제도의 정리로 나타났다. 외무대신 이노우에 가오루井上馨는 "우리 제국을 바꿔 유럽 제국으로 만들어라. 우리 국민을 유럽 인민으로 만들어라. 유럽적인 새로운 제국을 동양에 만들어라. 이를 훌륭히 달성하면 우리 제국은 비로소 유럽 각국과 동등한 지위에 오를 수 있다. 우리 제국은 이것으로 독립하고, 이것으로 부강을 이룰 수 있다"고 설파했다.

천황 호칭·서열 놓고 갈등

일본이 메이지유신을 통해 막부 체제를 청산하고 천황 친정 시대로 전환하면서 조선과 일본 간에 복잡하고도 심각한 외교 문제가 발생했다.

먼저 조선 국왕과 일본 천황의 서열 문제였다. 조선 국왕은 과거 천황의 신하인 쇼군과 동격이었다. 따라서 천황과 조선 국왕의 관계에서는 서열상 천황의 하위에 위치해야 한다는 주장이 일본 측에서 대두되었다. 중국을 중심으로 한 국제 질서 체계에서 일본보다 늘 우월한 입장이라고 생각해온 조선 정부는 절대 수용할 수 없는 주장이었다. 그런데 조선은 청나라의 속방이니, 만약 천황 친정하의 일본이 조선과 대등한 관계를 맺으면 일본 천황은 서열상 중국 황제의 하위에 서게 된다. 이것은 일본이 절대 수용할 수 없었다(김기혁, 『근대 한·중·일 관계사』, 연세대 출판부, 2010, 117쪽).

조선 정부는 개국 초기부터 왜인들이 조선 영토에 거류할 수 있도록 부산에 왜관을 설치하고 그들의 무역 활동을 제한적 범위에서 허락했다. 심지어 막대한 식량을 보내 쓰시마인들의 생계를 보살펴주었다. 이것은 조선이 쓰시마에 대해 일종의 대국大國 의식을 발휘한 결과였다. 조일 간의 외교 업무는 쓰시마번의 번주(도주)의 중계에 의해 진행되었다. 일본과 외교를 담당하는 조선 정부 조직은 동래부사–부산첨사–동래의 왜학훈도였고, 왜관의 일본 책임자는 관수왜館守倭였다.

조선 조정은 사역원司譯院에 정9품 관리인 왜학훈도 2명이 고정 배치되어 일본어 통역 및 교육을 관장했다. 이와는 별도로 부산포와 제포에도 종9품 왜학훈도를 각각 1명씩 파견했다. 이들은 통역 업무와 함께 왜인 접대, 밀무역 단속, 왜관과 동래부 사이의 연락을 담당했다.

임진왜란으로 인해 단절되었다가 1609년(광해군 1) 국교가 재개되면서 맺은 기유약조에 의하면 조선과 일본 간의 모든 교류는 소宗씨 집안이 영주로 있는 쓰시마를 통해야 했다. 쓰시마 상인들은 조선 조정이 지정해준 세견선을 이용하여 부산 초량의 왜관을 통해 지극히 제한된 무역만을 할 수 있었다. 쓰시마는 조선과의 무역을 독점하기 위해 조선에 종속적인 관계를 맺는 것도 서슴지 않았다.

1635년부터 부산에 설치된 왜관에는 쓰시마에서 24명의 관리가 파견되어 조선과 일본 간 외교·무역 업무를 담당했다. 1684년에는 파견 관리가 12명으로 축소되었다. 이와는 별도로 1639년부터 왜인들을 관리하는 관수館守 제도가 실시되었다. 이 업무를 담당하는 관수왜는 왜관에 출입하는 자를 조사·수색하고, 밀무역을 적발하고, 범죄를 저지른 왜인을 쓰시마에 통보했다. 관수왜는 재판을 담당하는 재판왜, 왜인들의 불법 행위를 단속하는 경비원인 금도왜禁徒倭, 통역과 번역을 담당하는 통사왜通詞倭, 외교 문서를 담당하는 승려인 서승왜書僧倭가 파견되어 활동했다.

왜관에 쓰시마 상인들의 출입이 빈번해지면서 밀무역이나 폭력 사태

같은 불법 행위를 규제하기 위해 조선과 일본은 여러 차례 조약을 체결했다. 그중에서도 가장 중요한 것은 초량 왜관 설치 5년 후인 1683년(숙종 9)에 체결한 계해약조다. 이때 양국은 조약 내용을 새긴 약조 체찰비를 세웠다. 체찰비의 제1항에 의하면 출입이 허가된 이외의 지역으로 난출闌出(허가받지 않고 몰래 나가는 행위)한 자는 사형에 처하도록 규정되어 있었다. 초량 왜관은 설립 당시에는 경계에 나무 목책을 둘렀는데 세월이 흐르면서 토벽·석벽으로 담을 높게 쌓았다.

약조 체찰비가 세워진지 200여 년 후인 1867년(고종 4) 12월 일본에서 막부가 통치권을 천황에게 반납하는 중대한 정치적 변동(대정봉환)이 일어났다. 1869년 6월에는 각 번의 영주들이 다스리던 영토와 주민을 조정에 바치는 판적봉환이 단행되었다. 1871년 7월에는 막번 제도의 유물인 번을 폐지하고 군현으로 바꾸는 폐번치현이 실시되었다. 260여 년 이어온 도쿠가와 막부가 붕괴하고 중앙 집권 정부가 출범한 것이다.

이 무렵 일본 정부가 처한 대외 문제의 최대 현안은 명확한 영토를 획정하는 것이었다. 만국공법 이전에는 영토와 영유권 개념이 모호했는데, 근대 국가를 건설하는 과정에서는 국경을 명확히 해야만 했다. 이 과정에서 러시아와 경계 협정 문제, 타이완 정벌이 일어난다.

조선과의 현안은 전근대적인 화이 질서에 의해 유지되어온 외교 관계를 청산하고 베스트팔렌 체제에 입각한 외교 관계를 새로 설정하는 일이었다. 그러기 위해서는 국가와 국가 간 근대적인 수교 조약 체결이 급선무였다.

메이지 정부는 조선과 주권 국가 대 주권 국가로서 대등한 조약을 체결하기로 결정하고 쓰시마 도주 소 시게마사宗重正에게 "조선 정부에 일본의 왕정복고를 통고하라"고 훈령했다. 그리고 조선에 보내는 외교 문서, 즉 서계書契에 일본 황실과 국체의 존엄을 손상하는 문구 사용을 금할 것, 조선 국왕에 대한 일본 천황의 서열상 우위를 분명히 할 것 등을 지시했다.

이 훈령에 따라 1869년 1월 31일 쓰시마의 외교 사절 히구치 데쓰시로樋口鐵四郞 일행이 동래부사와 예조참판에게 보내는 쓰시마 도주의 서계를 가지고 부산포에 도착했다. 동래부에서 일본과의 외교 업무 담당자는 왜학훈도 안동준이었다. 히구치는 새로 만든 일본 정부 인장이 찍힌 서계를 왜관에 제출하지 않았다.

히구치가 서계를 제출하지 않은 이유는 무엇이었을까? 일본의 정치 상황이 지극히 유동적이고 미래를 예측하기 어려운 상황에서 쓰시마가 어떻게 하든 기존의 기득권이라도 유지하기 위한 고육지책이었다. 대신 본국에 제출한 보고에는 왜학훈도 안동준이 새로운 서계에 격렬하게 반발하여 자신들이 추방당한 것처럼 내용을 꾸며 거짓 보고했다.

고개 드는 정한론

1869년 12월 2일, 쓰시마가 다시 조선에 서계를 보냈다. 조선은 이때 비로소 일본에 정치적 변화가 발생했다는 사실을 알게 되었다. 이때도 쓰시마는 새로 만든 일본 정부 인장을 사용하지 않았고, 본국 정부에는 자신들이 새로운 서계를 제출하자 조선이 이를 거부하여 일본 정부를 능멸했다고 보고했다. 이 거짓 보고로 인해 일본에서 정한론이 끓어올랐다.

쓰시마 도주가 새로 작성하여 조선 정부에 보낸 서계는 그동안 조선 조정과 도쿠가와 막부 간에 주고받던 양식이나 용어의 원칙에서 크게 벗어나 있었다. 우선 종래 일본 막부는 국서를 보낼 때 조선 정부가 구리로 새겨서 보낸 관인인 감합지인을 날인했으나, 새 서계에는 일본 정부 인장이 날인되어 있었다. 게다가 청조의 연호 대신 일본 연호를 사용하고, 일본 천황에 대해 "황상皇上이 등극하여 만기를 친재하시며……" 라거나 '황조皇祚' 등 중국 천자에게만 사용하는 명칭을 사용했다. 요즘 용어로 설명하면 일본을 다스리는 주체를 일왕日王으로 써보내오던 외교 공문을 천황天皇·일황日皇으로 써보낸 것이다.

조선 정부 입장에서 볼 때 이것은 간단한 호칭 문제가 아니라, 사대교린의 원칙을 정면 부정하는 중대 사태였다. 중화의 나라 조선이 이런 외교 문서를 접수할 경우 일본 천황이 조선 국왕보다 서열상 우위라는 사실을 인정하는 결과가 된다.

1869년 10월 25일 새로 설립된 일본 외무성은 태정관에 조선 관련 정책 제안서를 제출했다. 제안서에는 쓰시마가 담당하던 조선과의 관계를 외무성이 주관해야 한다고 밝혔다. 또 조선이 러시아 같은 다른 열강에 먹힐 경우 일본에 대한 영구적인 위협이 될 것이기 때문에 일본이 조선을 보호해야 한다고 제안했다. 이를 위한 사전 준비 작업으로 외무성 관리들을 왜관에 파견할 것을 제안했다.

그 결과 외무성은 1870년 3월 23일 사다 하쿠보佐田白茅·모리야마 시게루森山茂·사이토 사카에齋藤榮 등 3명의 관리를 부산 왜관에 파견했다. 이로써 조선과의 외교를 담당하던 쓰시마의 역할이 폐기되고 메이지 정부의 외무성을 통한 외교가 시작되었다. 임진왜란 이후 조선과 일본의 외교 관계를 규정했던 기유약조 체제의 효력도 이로써 상실했다.

왜관을 방문하고 귀국한 외무성 관리들은 일본 황실을 모독한 조선을 정벌하고 죄를 물어야 한다고 주장했다. 그들은 30개 여단으로 구성된 군대를 보내면 50일 안에 조선을 복속시키고 조선 왕을 포로로 잡을 수 있다고 했다. 또 조선을 정복할 경우 일본은 더욱 부유해지고 군대는 강해질 것이며, 불만에 가득 찬 무사들을 조선 정벌에 투입해야 한다고 주장했다.

1870년 6월 쓰시마 도주는 타협안을 제시했다. 일본의 왕정복고를 통고하는 서계에서 '천황'이나 '황상'이란 용어를 '조정'으로 바꾸고, 조선 국왕이 보낸 직인을 사용하며, 앞으로 양국 간에 교환되는 공문서는 양국 원수가 아니라 정부 명의로 할 것 등을 제안했다. 이 문제를 두고 일본 정부 내에서 강경론과 온건론이 제기됐다.

조슈 파벌의 기도 다카요시를 대표로 하는 강경론자들은 조선이 상국인 일본에 저항하고 있으니 군대와 군함을 파견하여 무력으로 굴복시키는 것이 최선의 방법이라고 주장했다. 대표적인 정한론자는 사이고 다카모리였다.

반면에 이와쿠라 도모미를 비롯하여 사쓰마 파벌의 오쿠보 도시미치 등 온건론자들은 외교적 해결책을 제안했다. 즉, 서계 거부 행위를 빌미로 일본이 조선을 침략할 경우 조선의 종주국인 청이 구경만 하고 있지는 않을 것이다. 때문에, 청과 전쟁 준비가 되어 있지 않은 상황에서 조선에 대한 무력행사는 시기상조란 의견이었다.

정한론이 제기된 또 하나의 이유는, 메이지유신이 진행되는 동안 누적된 민생 문제가 폭발하여 1871년부터 1874년까지 무려 90건의 폭동이 발생했기 때문이다. 폭동 중 1만 명 이상이 가담한 봉기가 11건, 그 중에서 6건이 1873년에 집중적으로 발생했다. 1873년 후쿠오카현 가마嘉麻와 호나미 지역 봉기는 30여만 명이 9일 동안 부호나 관리의 집·관가 등 건물 4,000여 채를 부수거나 불을 질렀다(조용준, 『메이지유신이 조선에 묻다』, 2019, 480-481쪽).

일본, 청과 먼저 대등한 수교

이 와중에 제3의 타협안으로 청나라와의 우선 수교론이 등장했다. 일본과 청나라가 상호 평등 원칙에 입각한 조약을 체결하여 양국 원수가 서열상 동등하다는 사실이 확정되면 조선 국왕은 자동적으로 일본 천황의 하위에 위치하게 된다는 주장이었다. 이 의견이 대세를 이루자 일본 정부는 청과 수교를 추진하기로 방침을 정했다.

1870년 8월 말 외무성은 야나기와라 사키미쓰柳原前光를 특사로 임명하여 중국에 파견했다. 청은 두 차례 아편 전쟁에서 패전하여 서양 열강들과 불평등한 근대적 조약을 맺었으나, 동아시아 인접 국가들과는 전통적인 책봉-조공 외교 관계를 유지한다는 기본 원칙을 고수하고 있었다. 속방이나 다름없는 동아시아 국가인 일본이 평등 원칙에 입각한 조약을 요구하자 청 조정은 "일본은 중국과 오랫동안 깊은 관계를 맺어 온 나라이니 조약 같은 것은 필요 없다"면서 거절했다.

반면에 즈리 총독 이홍장은 일본의 요구를 거절하면 일본이 서양 열강들과 결탁하여 조약을 강요할 우려가 있으며, 이렇게 되면 중국에 큰 해가 될 것이라면서 일본과 조약 체결의 불가피성을 주장했다. 이 의견이 수용되어 1871년 8월 초 양국 전권대표단이 톈진에서 수교 회담을 개시했다.

일본은 청나라 황제와 일본 천황이 서열상 동격이라는 사실을 조약문에 명기하기 위해 집요하게 매달렸다. 중국은 일본의 요구를 거절하고 '대청국 대일본국 소돈우의素敦友誼'라고만 언급했다. 한 달여 교섭 끝에 1871년 9월 중순, 두 나라는 임진왜란으로 국교가 단절된 이후 280여 년 만에 청일 수호조규에 조인했다. 이 조규는 근대 서양의 국제법을 바탕으로 동아시아 국가 간에 맺어진 최초의 근대 조약이다. 이로써 일본은 역사상 처음으로 중국과 대등한 외교 관계를 맺게 된다.

1873년 2월, 특명전권공사 겸 외무대신 소에지마 다네오미가 청일 수호조규 비준서 교환과 청나라 10대 황제인 동치제의 성혼을 축하하는 국서를 전달하기 위해 베이징에 도착했다. 당시 외교 사절들은 황제를 알현하려면 세 번 무릎을 꿇어 절하고 아홉 번 머리를 조아리는 의례를 해야만 했다. 소에지마는 책봉-조공국 사신이나 행하는 의례를 거부하고 국제 관례대로 서서 예를 표하겠다고 주장했다. 무려 한 달간의 협상 끝에 소에지마의 뜻이 관철되었다. 소에지마는 국제 관례에 의거하여 동치제를 알현했다.

청일 수호조규는 일본 메이지 정부의 외교적 승리였다. 그동안 중국은 동아시아 화이 질서에 의거하여 일본을 속방으로 간주해왔으나, 일본은 서구식 국제 관계의 이념과 원칙에 입각하여 대등한 조건으로 조약을 체결했기 때문이다. 이 조약은 동아시아 지역 국가와 서방 국가 간의 관계뿐만 아니라, 동아시아 국가 상호간의 관계까지도 조공 체계에서 벗어나 서구식 조약 체제에 편입되기 시작했음을 알리는 신호탄이었다(김기혁, 『근대 한·중·일 관계사』, 2010, 85쪽).

국가와 국가 간에 맺는 계약은 '조약條約(treaty)'이라는 명칭을 사용하는 것이 국제적 관례다. 그런데 일본과 청은 국제적 관례를 따르지 않고 '조규條規'라는 용어를 선택했다. 이홍장은 '조약'은 청이 서양 열강과 체결한 톈진 조약이나 난징 조약처럼 불평등 조약을 상징한다고 인식했다. 따라서 청과 일본 간에는 대등하고 공정한 약조를 체결하는 것이므로, 서양 열강과 맺은 불평등 조약과 구분하기 위해 '조규'라는 용어를 주장하여 관철시켰다(김민규, 「근대 동아시아 국제질서의 변용과 청일수호조규(1871)」, 『대동문화연구』 제41집, 2002).

중국 관료들은 독립국 사이에 체결하는 것이 '조약'이고, 상국(중국)과 하국(일본) 사이에 체결하는 것은 '조규'라고 인식하고 있었다. 따라서 일본과의 조약 체결 과정에서 중국은 일본에 대한 우월감에서 '조규'를 주장했고, 이를 성취했다고 자위했다.

반면에 일본은 '조약'이라는 명칭 반열에서 중국을 제외시킴으로써 중국에 대한 문화적 열등감을 극복했다고 판단했다. 하나의 용어를 놓고 두 나라가 정반대 해석을 한 것이다. 이때의 전례에 따라 1876년 조선과 일본이 조약을 맺을 때도 '조규'라는 용어가 사용됐다.

청일 수호조규는 아편 전쟁 당시 영국이 청에 강요한 난징 조약이나 일본이 미국과 체결한 것과 같은 불평등 조약이 아니라, 외교 사절과 영사를 주재시키며 상호 간에 제한적인 영사 재판권을 보장하는 등 양국이 평등한 조건으로 맺은 조약이었다. 불평등 조약의 상징인 최혜국 조항도 없었다.

일본의 탈아 외교

일본은 무로마치 막부(1336~1573) 이후 중국과의 책봉-조공 체제에서 이탈했으나, 조선·베트남·류큐 등 주변국은 19세기 후반까지 이 제도를 유지했다. 일본은 메이지유신을 통해 국제법 체제로 이행하면서 주권 국가가 되었다. 반면에 중국과 책봉-조공 체제를 유지하고 있는 주변국들엔 주권 국가라는 개념이 존재하지 않았다.

주권 국가의 첫 번째 조건은 국경을 획정하여 영토 주권을 확립하고, 그 국경 안을 주권자가 통치하는 것이다. 때문에 어디까지가 주권이 미치는 영역인지를 확정한 다음 국제적 승인을 얻는 것이 중요하다.

메이지 정부는 1871년 혁명적인 폐번치현을 단행한 후 외교 전략도

획기적으로 변화시켰다. 그동안 외교는 왕정복고 정신에 입각하여 동아시아 세계의 화이 질서 내에서 일본의 외교적 지위를 중국과 동격으로 격상시키는 것이 목표였다.

이러한 복고적 외교 전략을 폐기하고 동아시아의 화이 질서에서 뛰쳐나와 일본을 서양 열강과 동등한 위치로 올려놓는다는 탈아脫亞 외교로 방향을 틀었다. 1871년 탈아 외교로의 방향 전환은 일본이 동아시아의 전통과 탯줄을 끊고 서방 선진 사회의 일원이 된다는 선언이었다. 그 첫 번째 가시적인 조치가 이와쿠라 사절단의 유럽 파견(1871~1873)이었다.

이와쿠라 사절단이 유럽을 순방 중이던 동안 일본 국내에서는 조선의 서계 접수 문제로 논쟁이 격화됐다. 청나라와 일본 간에 수호 조규가 체결되어 일본 천황이 중국 황제와 동격이라는 사실이 국제 조약을 통해 확인됐음에도 불구하고 조선의 경직된 입장에는 변화가 없었다.

왜관 집단 난출 사건

1871년 일본에서 폐번치현이 단행되면서 그동안 조선과 일본 정부 간의 국교를 중개하던 쓰시마 도주의 역할이 사라졌다. 조선 정부와의 외교 관계 책임자였던 쓰시마번주 소 시게마사는 1872년 1월 일본 외무성의 외무대승大丞(차관급)에 보임되었다.

1872년 1월 14일 메이지 정부는 외무성 관리 모리야마 시게루·히로쓰 히로노 등을 조선에 파견했다. 조선은 이때 일본이 가져온 청일 수호조규 내용을 확인하고, 폐번치현을 통해 쓰시마번이 폐지된 사실을 알게 되었다.

5월까지 기다렸음에도 불구하고 조선이 서계 접수에 대해 의견을 밝히지 않자 일본 외무성 관리들은 왜관에 거주하는 일본인 56명을 동원하여 "동래부사를 직접 찾아가 담판을 짓겠다"면서 자물쇠로 잠긴 문을 부수고 초량 왜관을 빠져나왔다. 이른바 집단 난출을 감행한 것이다(다보하시 기요시, 『근대 일선관계의 연구(상)』, 2013, 292-294쪽).

부산첨사 김철균은 왜인들이 집단으로 왜관을 빠져나오자 즉시 각 포구의 만호들에게 "군인과 민간인을 동원하여 왜인들의 통행을 봉쇄하라"는 명을 내렸다. 초량 왜관에서 동래부까지는 30리 거리였다. 명이 떨어지자 곳곳에서 이들을 가로막는 조선 병사들과 일본인들 사이에 협상과 충돌·논쟁이 진행되었다.

일본인들이 부산진 두모포에 이르자 조선 군민 수백 명이 노상에서 일본인 일행을 포위했다. 일본인들은 진로가 봉쇄되자 길가에 장막을 치고 노숙을 했다. 다음날 천신만고 끝에 일본인 일행이 부산진 개운포에 도착하자 또다시 군민 수백 명이 길을 가로막았다. 일본인들은 난출을 감행한 지 나흘 만인 6월 1일 간신히 동래부에 도착했다. 그들은 즉시 동래부 객사에 수감되었다.

일본인들은 한결같은 목소리로 "국교 수립을 간절히 아뢰고자 죽음을 무릅쓰고 나왔다"면서 서계 접수를 요청했다. 동래부사 정현덕이 공무 또는 병을 핑계로 일본인들의 면담 요청을 거부하는 바람에 그들은 6월 6일 빈손으로 왜관으로 귀환했다.

관련 법규에 의하면 조선 정부의 허가 없이 난출을 감행할 경우 사형에 처하도록 되어 있었다. 그런데 56명이 난출을 감행하자 조선 정부는 처벌할 엄두를 못내 유야무야 넘기면서 약조 체찰비 규정이 사문화되었다.

일본 정부는 1872년 10월, 후에 초대 조선 공사로 부임하는 하나부사

요시모토花房義質를 부산에 보내 초량 왜관을 접수했다. 그리고 초량 왜관을 외무성 직할의 대일본국 공관으로 체제를 바꾸었다. 조선과 메이지 정부는 근대적 외교 관계가 성립되지 않은 상태였으나, 일본이 일방적으로 초량 왜관을 접수하여 대일본국 공관으로 문패를 바꿔 단 것이다. 이는 조선과 근대적 외교 관계를 추진하겠다는 의지의 표현이었으나, 일본의 의도를 정확하게 파악하지 못한 조선 정부는 전근대적 외교 관계를 계속 고집하면서 메이지 정부의 서계 접수를 거부했다.

초량 왜관을 접수한 일본 외무성은 왜관에 쓰시마 출신뿐만 아니라 일본 내 다른 지역 상인들도 자유롭게 왕래할 수 있도록 문호를 개방했다. 이 조치는 약조 체찰비에 의하면 불법으로서, 사형에 해당하는 중죄였다.

초량 왜관을 담당하는 동래부사는 1873년 초량 왜관을 몰래 드나들며 장사하는 사람들에 대한 출입 금지령을 내리고, 이 내용을 왜관에 게시하여 널리 알렸다. 이 금지령 중 "근래 저들의 소행을 보니 무법지국無法之國이라고 할 만하거늘, 이를 수치로 여기지 않는다. 우리나라는 법령이 있어 우리 경내에서 시행하고 있으니 왜관에 있는 자들이 약조 내의 일을 하고자 한다면 모두 들어줄 것이다. 하지만 법외의 일은 절대 허락하지 않는다"라는 문구가 일본을 자극했다.

세 차례에 걸친 서계 접수 시도가 실패한 데다 갓 출범한 메이지 신일본을 '무법의 나라'로 비난하는 게시물이 왜관에 내걸리자 일본도 인내의 한계를 느꼈다. 이처럼 일본을 직접 자극한 행위는 200년간 평화로운 한일 관계에서는 찾아볼 수 없는 이변이었다.

격분한 일본 외무성은 본국 정부에 조선 정벌을 요청하는 「정한 건백서征韓建白書」를 제출했다. 오만방자한 조선 정부를 징계하고 일본의 국위를 선양하기 위해 조선에 군대를 파견하여 따끔한 맛을 보여줘야 한다는 정한론이 제기된 것이다. 서계 문제로 경색됐던 양국 관계에 파란이 일기 시작했다.

일본의 아시아 진출 준비

정한론은 메이지 시기에 갑자기 대두된 것이 아니라, 조선 멸시관을 전제로 하여 18세기 말부터 형성되어왔다.

"에도의 니혼바시日本橋에서 당나라(중국)나 네덜란드까지는 경계가 없는 수로水路"라는 경구로 유명한 『해국병담海國兵談』의 저자 하야시 시헤이林子平는 조선을 일본에 조공을 바쳤던 나라로 간주했다.

동아시아에 대한 침략을 노골적으로 선동한 선구자는 사토 노부히로佐藤信淵였다. 일본의 제국주의적 팽창을 적극 주장한 그는 만주를 시작으로 하여 몽골·조선을 침공하고 중국 본토를 침략할 것을 주장했다. 서구의 침략에 대항하여 대륙 팽창의 방책을 제창한 것이다(조경달, 『근대 조선과 일본』, 2015, 42-43쪽).

사토는 조선의 충청도를 습격하여 이곳을 기반으로 중국의 보하이만을 공격하고, 다른 부대는 류큐에서 출항하여 타이완을 거쳐 저장浙江성으로 쳐들어가며, 천황도 규슈의 구마모토로부터 직접 군대를 이끌고 난징을 침략한다는 구체적인 진격 루트까지 제시했다(박훈, 『메이지유신은 어떻게 가능했는가』, 2017, 76-77쪽). 그의 주장은 1930년대 일본 군국주의자들에게 강렬한 영향을 끼쳤다.

이 밖에 정한론을 주장한 인물로 야마다 호코쿠山田方谷가 있었다. 그의 정한론 주장은 "중화 일원이 주인 없는 땅이 된 것 같은 분위기라 어떻게 해서라도 서로 차지하려고 다투는 장소가 되었으니 우리가 정벌해야 할 때다. 군대를 좌군·우군·중군으로 나누어 좌군은 남해로부터 타이완을 공격하여 점령하고, 우군은 북해로부터 조선을 점령하고, 중군은 동래 쪽으로 넘어가서 산둥에서 쳐들어가야 한다"(다보하시 기요시, 『근대 일선관계의 연구(상)』, 2013, 309쪽)로 요약된다.

야마다의 정한론에는 존왕양이의 기치하에 반反막부 색채가 농후했던 조슈번을 비롯한 시코쿠 등 세력이 강한 번들의 예봉을 대륙 쪽으로 전환시키려는 의도가 숨어 있었다. 이러한 야마다 호코쿠의 정한론은 오시마 마사토모를 통해 그의 친구인 기도 다카요시에게 전해졌다.

"조선은 자기만 알고 상대를 모른다"

교착 상태에 빠진 조일 관계를 타개하기 위해 조선을 응징할 필요가 있다고 주장한 인물의 효시는 일본 외무성 관리 사다 하쿠보다. 사다는 왜관에서 조일 교섭의 난맥상을 직접 체험한 후 "병력에 호소하지 않으면 양국 관계의 호전을 기대할 수 없다"고 판단했다. 그는 1870년 3월 외무경 사와 노부요시에게 장문의 건의를 올렸다.

건의문 요지는 이렇다. 조선은 지킬 줄만 알고 공격할 줄은 모르며, 자기만 알고 상대는 알지 못한다. 따라서 대병력을 동원하여 10개 대대는 강화를 거쳐 왕성을 공격하고, 6개 대대는 경상·전라·충청의 세 도를 유린하며, 4개 대대는 강원·경기에서 진격한다. 10개 대대는 함경·평안·황해 세 도를 공격하면 50일이 못 되어 국왕을 포로로 잡을 수 있다는 내용이었다(다보하시 기요시, 『근대 일선관계의 연구(상)』, 2013, 311쪽). 사다 하쿠보의 조선 출병론을 계기로 조선 문제에 관한 의견들이 쏟아져 나왔다. 사이고 다카모리·이타카키 다이스케 등의 정한론은 사다 하쿠보 계열에 속한다.

이 무렵 정한론의 결정판에 해당하는 사건이 발생했다. 조선의 차관급에 해당하는 현직 외무대승 마루야마 사쿠라는 사다 하쿠보의 조선 출병론에 공감하여 여러 차례 사와 노부요시 외무경에게 실행을 촉구했다. 하지만 자신의 의견이 채택되지 않자 반란을 기도했다. 그는 "조선은 일본 입장에서는 대단히 중요한 위치에 있기 때문에 즉시 착수하지 않으면 다른 나라가 먼저 정벌할 것이다. 지금 신속하게 군대를 보내 조선을 침략하면 반드시 성공할 것"이라고 주장했다.

마루야마는 1870년 12월 외국에서 군자금을 빌려 군함과 무기를 구입하고, 병사를 모집하여 조선을 공격하기 위한 준비를 하던 중 1871년 초 체포되어 종신금고형을 선고받고 나가사키로 유배되었다.

서계 문제로 조선과 일본 간에 긴장이 발생하자 러시아는 조선에 대한 '기다리는 정책'이 장애를 받지나 않을까 노심초사했다. 1872년 일본 정부는 미국인 르장드르(C. W. Le Gendre)를 외교 고문으로 초빙했다. 르장드르는 일본 정부에 조속히 조선을 개방시킬 것을 촉구했다. 이 정보를 입수한 주일 러시아 대리공사 뷰초프(E. K. Byutsov)는 "인접한 조선의 운명이 극동에서 러시아의 이해와 밀접한 관계에 있기 때문에 본인은 일본의 계획을 주의 깊게 살펴보겠다"고 본국 정부에 보고했다.

1873년 8월, 서계 문제로 조선과 일본 간 외교 관계가 악화되자 일본 외무경 소에지마 다네오미는 뷰초프에게 "일본이 5만 명의 군대를 연해주를 거쳐 조선에 파병하려 한다. 러시아는 중립을 지켜주길 희망하며, 러시아 극동 지방 해안에 일본군 상륙을 허가해달라"고 요청했다. 일본 정부는 남부 사할린을 러시아에 넘겨주는 대가로 일본 군대가 러시아 영토를 통과하여 조선을 침략하겠다고 제안했다.

보고를 받은 고르차코프 외상은 10월 8일 뷰초프에게 "일본 군대가 러시아 영토에 상륙하면 열강들은 러시아와 일본 사이에 비밀 협약이 있다고 믿을 것이며, 그럴 경우 일본에게도 이익이 되지 않는다"면서 이 요구를 거절했다.

연해주의 러시아 영토를 통한 조선 침략 계획이 좌절되자 일본은 영국에서 구입한 군함 운요호雲揚號를 이용한 도발 계획을 추진하기 시작했다.

요시다 쇼인의 정한론

'해외 침략을 통한 일본의 확장'이라는 정신적 맥락을 계승한 인물이 요시다 쇼인이다.

근대 일본의 팽창주의 노선에서 빼놓을 수 없는 자리를 차지하고 있는 요시다 쇼인은 페리 함대의 군함을 타고 밀항을 시도하려다가 실패하여 해외 도항금지법 위반죄로 수감되었다. 그는 감옥에서 『유수록幽囚錄』을 집필했는데, 이 글에서 에조(홋카이도) 개간, 캄차카와 오호츠크 탈취, 조선 확보, 북으로는 만주 땅 할양, 남으로는 타이완과 루손(필리핀)의 여러 섬을 차지해야 한다고 해외 팽창을 주장했다.

1856년 제자에게 보낸 편지에서는 "틈을 타서 에조를 개간하고 류큐(오키나와)를 거두며 조선을 취한다. 만주를 꺾고, 지나(중국)를 누르며, 인도에 임하여 진취의 기세를 펴야 한다"고 강조했다.

요시다는 또 기도 다카요시에게 보낸 편지에서 "우리 번(조슈)이 조선과 만주를 지배하는 것이 가장 좋다. 조선과 만주를 지배하려면 다케시마가 제일의 대기실이다"라고 주장했다(금병동, 최혜주 옮김, 『일본인의 조선관』, 논형, 2008, 49쪽). 요시다 쇼인은 서양이 제작한 지도에서 독도를 발견하고 대나무가 자라지도 않는 독도에 다케시마竹島라는 이름을 붙여 일본 영토라고 주장했다(이윤섭, 『일본 100년』, 2016, 29-30쪽).

요시다 쇼인의 만주·중국·인도 침략론은 1931년 만주사변, 1937년 중일 전쟁, 1941년 태평양 전쟁으로 현실화되었다.

일본의 팽창 지향적 지식인들의 사고방식은 식민지가 되기 싫으면 스스로 강대국이 되어 하나의 권역을 구축해야 한다는 사상이었다. 이것이 20세기 초 대동아공영권으로 확대 발전되었다(박훈, 『메이지유신은 어떻게 가능했는가』, 2017, 84쪽). 요시다 쇼인은 일본의 침략주의적 국가 전략을 창안하여 세상에 알렸고, 이 전략은 제자들을 통해 실행에 옮겨졌다.

요시다 쇼인의 정한론을 정당화한 논리가 '국체론國體論'이다(조경달, 『근대조선과 일본』, 2015, 43쪽). 일본은 '서구의 충격'이라는 도전에 대항하기 위해 '지켜야 할 그 무엇'을 창출했는데, 이것이 '국체'다.

국체란 아이자와 세이시사이會澤正志齋가 1825년 저술한 『신론新論』에서 처음 정의한 용어다. 아이자와는 ① 천황의 일계一系 지배(황실의 혈통이 단 한 번도 단절된 적이 없는 만세일계의 천황이 통치해야 한다는 뜻), ② 천황과 억조億兆(만민)의 친밀성, ③ 억조의 자발적이고 끊임없는 봉공심奉公心이라는 세 가지 요소를 축으로 하는 국가 권력이라고 국체를 설명했다.

서양 세력이 일본에 접근해 오면서 사회적 불안이 가중되자 아이자와 세이시사이는 막부와 번으로 구성된 정치 상황을 비판하면서, 천황을 중심에 놓고 일본이란 나라의 국체를 명확히 해야 한다고 생각했다. 이러한 그의 사상이 집약되어 있는 책이 『신론』이다. 아이자와의 주장은 자신들이 소속된 번을 중심으로 사고하고 활동해 온 사무라이들의 지방적 인식 체계를 '일본'이라는 국가적 범위로 확산시키는 계기가 되었다.

결과적으로 『신론』은 서구 열강들의 침략과 영토 야욕으로부터 일본을 지켜야 한다는 당위성을 강조하여 강렬한 민족주의적 감성을 불러일으켰다. 그는 존왕양이론을 체계적으로 설명함으로써 막부 말기 존왕론尊王論의 효시가 되었고, 『신론』은 존왕론의 경전으로 떠올랐다.

아이자와의 국체론에 심취한 요시다 쇼인의 대표적인 정치 사상은 "천황 아래 모든 사람은 평등하다"는 일군만민론一君萬民論과 "평범한 백성들이 들고일어나 일본을 대외적 위기에서 구해야 한다"는 초망굴기론草莽崛起論이었다.

요시다는 일본의 독립을 유지하고 천황가를 중흥시키기 위해서는 막부나 영주와의 봉건적인 의리를 뛰어넘고 신분을 초월하여 양이를 실천해야 한다고 주장했다. 일본이 강력한 군사력을 앞세워 침략하는 서구 세력에 맞서 독립을 지키기 위해서는 막번 체제를 타파하고 천황제 통일 국가를 수립해야 한다는 새로운 패러다임을 제시했다. 그의 국체 사상은 조슈번에서 그의 제자들을 통해 퍼져나갔고, 메이지 헌법 제정 과정에서 근대 일본의 국가 원리로 확립되었다.

이와쿠라 사절단 출국

폐번치현을 통해 중앙 집권 국가의 체제를 정비하면서 한숨 돌린 메이지 정부의 주역들이 1871년 11월 이와쿠라 사절단을 구성하여 유럽으로 떠나면서 사건이 불거지기 시작했다.

이와쿠라 사절단의 아이디어를 제공한 사람은 네덜란드 개혁 교회 선교사 귀도 페르베크(Guido Herman Fridolin Verbeck)다. 개신교 선교사로서는 최초로 1859년 11월 브라운(Brown)·시몬(Simon) 등과 함께 나가사키에 도착한 페르베크는 사가번을 비롯하여 나가사키 주변의 젊은 사무라이들에게 영어와 정치·과학 등을 가르쳤다(김학은, 『이승만과 마사리크』, 북앤피플, 2013).

막부는 오래전부터 나가사키를 통해 네덜란드 상인과 통상을 해왔기 때문에 그들에게 일본에서의 활동을 허락했다. 선교사들은 개항 도시라는 제한 지역에 거주하면서 사무라이들과 접촉했다. 당시 사무라이들은 메이지유신 이후 생계를 이어가기 어려운 상태라서 새로운 지식을 구하기 위해 선교사의 집에 모여들었다.

페르베크는 막부를 무너뜨리고 메이지유신을 성공시킨 이토 히로부미·사이고 다카모리·가쓰 가이슈·오쿠보 도시미치·소에지마 다네오미·오쿠마 시게노부·이와쿠라 도모미·도고 헤이하치로 등을 제자로 길러냈다. 페르베크는 일본이 외국 문물을 배우기 위해 사절단을 파견할 것을 제안했다. 그리고 이와쿠라 도모미를 단장으로 하는 구미 사절단 파견을 자신이 직접 주선해주었다.

이와쿠라 사절단은 이와쿠라 도모미가 특명전권대사, 기도 다카요시와 오쿠보 도시미치·이토 히로부미가 부사를 맡는 등 메이지 정부 최고 실력자들의 절반이 참여했다. 규모는 외교의 수장인 외상을 비롯한 정부 요인 46명을 비롯하여 개인 수행원과 유학생까지 포함하여 107명에 달했다.

사절단 파견 경비는 약 100만 엔. 메이지 신정부 1년 재정 수입의 2퍼센트라는 엄청난 돈을 투자하여 대규모 사절단을 해외에 파견한 바로 그해에 조선의 대원군은 척화비를 전국에 세웠다.

사절단은 1871년 11월 12일 요코하마를 출발하여 1873년 9월 13일 귀국할 때까지 1년 9개월 21일 동안 12개국을 순방했다.

18세 나이에 사절단의 일원으로 선발된 가네코 겐타로金子堅太郎는 귀국하지 않고 미국에 남아 하버드 대학에서 학업을 계속했다. 그는 하버드대에서 유명한 변호사인 올리버 웬델 홈스 주니어 아래서 법학을 공부했다. 하버드대 재학 시절 사귄 친구가 후일 미국 대통령이 되는 시어도어 루스벨트(Theodore Roosevelt)다.

사절단이 미국에 남긴 어린 유학생 중의 한 사람이 단 다쿠마團琢磨다. 그는 메사추세츠 공대(MIT)에서 공부한 후 가네코 겐타로의 여동생 요시코芳子와 결혼했다. 귀국 후 미쓰이 그룹의 총수로 활동한 그는 1932년 일본 우익 단체인 혈맹단원에게 암살당했다.

메이지 정부 출범 직후, 모든 것이 안정되지 않은 시기에 신정부 최고 요직을 맡고 있던 멤버의 절반이 구미 시찰을 떠나지 않으면 안 될 필연적인 이유는 무엇이었을까?

메이지유신은 사쓰마와 조슈번 출신 사무라이들의 쿠데타에 의해 막부를 타도하고 '부국강병으로 근대화된 일본'을 목표로 출범했다. 막상 쿠데타를 일으켜 혁명 정부의 주역을 담당하게 된 사무라이들은 자신들이 봉건 체제를 무너뜨린 후 근대 국가 수립을 위해 아무런 준비도 되어 있지 않다는 사실을 절실하게 깨닫게 되었다.

영국 에든버러 대학의 국제법 교수로 만국국제법학회의 설립 발기인 중 한 사람인 제임스 로리머는 『국제법 강요』에서 인류를 ① 문명화된 인류, ② 야만의 인류, ③ 미개한 인류로 구분했다. 문명화된 인류(문명인의 나라)란 국제법상 완전한 법적 주체인 인류를 칭했고, 유럽 열강들과 아메리카가 여기에 속했다(강효숙, 「청일전쟁기 일본군의 조선민중 탄압」, 왕현종 외, 『청일전쟁기 한·중·일 삼국의 상호 전략』, 동북아역사재단, 2009, 426쪽).

메이지 신정부는 '문명화된 인류', 즉 문명인의 나라에 합류하기 위해 그들과 법적인 평등을 모색했다. 이를 위해서는 유럽 여러 나라와 체결한 불평등 조약 개정이 급선무였다. 메이지유신이 선포되고 얼마 후여서 모든 제도가 정착되지 않은 불안정한 시기에 이와쿠라 사절단을 서둘러 유럽에 파견한 실제 이유는 서구 5개국과 맺은 불평등 조약의 개정을 위해서였다.

사절단은 미국과의 첫 외교 접촉에서 불평등 조약 개정을 위한 예비 접촉조차 간단치 않다는 사실을 절실히 깨달았다. 이와쿠라 사절단은 불평등 조약 개정 문제는 뒤로 미루고, 근대화를 위한 문물 견학 및 학습으로 목표를 전환했다.

일본이 서구 열강들과 체결한 불평등 조약은 이와쿠라 사절단 파견보다 20여 년 뒤 1894년 영일 통상항해조약에 의거하여 1899년부터 영사 재판권이 폐지되었다. 관세 주권은 1911년 미일 신통상항해조약을 통해 회복된다. 일본이 청일전쟁·러일전쟁에서 승리하여 일본의 군사력이 서구 열강과 비슷한 수준에 오르자, 열강들은 일본과 체결한 불평등 조약을 개정하여 '문명인의 나라'로 예우해준 것이다.

국내 잔류파와 해외 방문파의 갈등

이와쿠라 사절단은 출발에 앞서 신정부 구성원의 절반 정도가 외유를 떠날 경우 유신 정부의 개혁이 흔들릴지도 모른다는 우려에서, 국내에 남은 세력들과 신사협정을 맺었다. 국내 잔류 세력은 사절단이 귀국할 때까지 중요한 개혁이나 신규 사업을 벌이지 않고, 유수 정부를 구성하여 현상 유지한다는 데 합의한 것이다. 이것을 '무위無爲의 서약'이라고 했다.

하지만 메이지유신은 일본 사회를 통째로 뒤집는 혁명이었다. 때문에 하루도 바람 잘 날이 없었다.

유신을 성공시킨 세력들은 자신들 세력을 중심으로 정국을 이끌기 위해 태정관太政官 제도를 도입했다. 이 제도의 핵심은 태정대신·좌대신·우대신으로 구성된 최고 수뇌부 3명이었고, 그 아래에 참의(내각의 의관)를 두었는데, 참의는 유신의 주역들이 차지했다. 최고 수뇌부 3명과 참의들이 국정을 합의하여 결정하고, 천황은 합의 사항을 재가하는 방식으로 정부를 운영했다.

태정관 제도의 장점은 조슈와 사쓰마 파벌로 구성된 유신의 주역들이 국사를 합의하여 결정하고, 이를 통해 통치력이 미숙한 천황을 대리하여 정국을 주도할 수 있다는 점이었다. 반면에 참의들 간에 합의가 이루어지지 않을 경우 유신 주역들이 쉽게 분열할 수 있는 문제를 안고 있었다(신명호, 『고종과 메이지의 시대: 무엇이 조선과 일본의 운명을 결정했나』, 역사의아침, 2016, 108쪽).

일본 국민군 탄생

메이지유신 직후 신분제 철폐, 태양력 채용에 이어 1872년 11월 징병령과 학제學制가 공표되었다. 징병령은 일본을 지탱해온 기둥이나 다름없는 사무라이 중심의 사회 질서를 뿌리째 흔드는 충격적인 조치였다.

서양에서는 화약과 제철 기술의 발달로 총포의 위력이 갈수록 커지면서 중세의 기마 전사에 의한 개인 전투가 보병 중심의 부대 전투로 개편되었다. 부대 전투가 벌어지면 동원되는 병력의 숫자와 훈련 정도가 전투의 승패를 좌우하게 된다.

1789년 발생한 프랑스 혁명은 군사 시스템의 근본적인 변화를 불러왔다. 프랑스 혁명 이전까지 유럽 각국은 용병을 고용하여 전투를 치렀는데, 나폴레옹은 징병제를 통해 국민군을 조직하여 유럽 대륙을 석권했다.

국민군은 절대주의 시대를 대표하는 용병군에 비해 혁명적인 변화를 야기했다. 용병군 시대에는 용병 비용과 급여 문제로 인해 20만 명 이상의 병력을 보유한 나라는 거의 없었다. 반면에 나폴레옹은 일반 국민을 징집하여 훈련시켜 저렴한 비용으로 300만 대군을 보유할 수 있었다. 게다가 국민군 병사들은 혁명의 결과로 탄생한 공화국을 방어해야 한다는 강한 애국심과 불타는 의지·단결력이 있었다.

전술 개념도 크게 변화했다. 용병군은 전장에서 개개 병사들의 도주를 막기 위해 병사들을 옆으로 길게 늘어서는 횡대 전술을 기본으로 채택했다. 나폴레옹 군대는 기동성을 바탕으로 병사들의 자율적 판단에 의존하여 전투를 수행하는 산병散兵 전술과 밀집 종대 전술로 전환했다. 나폴레옹 국민군의 위력을 실감한 서양 각국은 자국 국민을 징병하여 조직한 국민군을 군사 조직의 기초로 삼았다.

일본에서도 서양에서 새롭게 등장한 국민개병제를 도입하게 되었다. 즉, 전투 기계나 다름없는 사무라이 군대를 폐지하고 일반 백성을 징집하여 국민군을 조직하면서 일본의 사회 질서·신분 질서에 큰 충격이 가해졌다. 전투나 군대는 사무라이들만의 특수한 영역이었는데, 이러한 특권이 사라진 것이다.

메이지유신 직후 일본에는 200만 명의 사무라이가 존재했다. 격변의 와중에 이들 중 일부는 군인으로 입대했고, 일부는 경찰·교사로 전환되었으며, 극히 일부는 기업에 소속되었다. 그런 대열에 참여하지 못한 절대다수의 사무라이들은 실업자로 전락했다.

메이지유신의 선봉에 섰던 사무라이들은 목숨 바쳐 혁명을 성공시켜

놓았더니 자신들의 특권을 다 빼앗기고 평민 신분으로 전락했다. 사무라이들은 하루아침에 메이지유신 충성 세력에서 사회 불만 세력으로 돌아섰다.

어떻게 하든 메이지 신정부를 향한 사무라이들의 불만 에너지를 외부로 돌리지 않으면 숱한 피를 흘리며 이룩한 유신이 단숨에 날아갈지도 모르는 위기가 닥쳤다. 개혁에 저항하는 사무라이들은 메이지 정부 요인들의 유럽 순방 기회를 이용하여 개혁을 중지시키고 사무라이들의 특권을 회복시키고자 했다.

정한론 둘러싸고 일본 지도부 분열

정한론이라는 화약고에 불을 붙인 주인공은 메이지유신의 주역이자 사쓰마번이 배출한 '마지막 사무라이' 사이고 다카모리였다.

사이고 다카모리는 1871년 9월, 심복 두 명을 비밀리에 조선에 파견하여 조선의 군비 태세를 상세하게 파악했다. 그 결과 5개 대대, 1만 명의 병력이면 조선 정벌이 가능하다는 정보를 입수했다. 그 직후부터 사이고는 "조선을 정벌하자"면서 정한론을 선동하는 목소리를 높이기 시작했다.

군인 정치가의 전형이었던 사이고의 목적은 분명하고 단순했다. 그는 불만에 찬 사무라이들의 관심을 해외로 돌리는 것이 문제 해결을 위한 최선의 방법이라고 판단했다. 조선의 서계 접수 거부로 인해 교착 상태에 빠진 조일 관계는 일본이 조선을 침략할 수 있는 절호의 기회라고 본 것이다.

사이고는 스스로 사석捨石이 되고자 했다. 자신이 조선 사신으로 가서 분쟁을 촉발하여 조선과 전쟁을 벌인다. 정한론이 전쟁으로 이어지면

이제 갓 창설된 국민군은 체계적 훈련이 부족하고 실전 경험이 없어 제 역할을 못할 것이 분명하다. 이때 조선 침략의 명분을 앞세워 전국의 무사들을 규합하여 사무라이 군대를 조직하고, 이들을 한반도에 보내 국민의 지지를 회복한다는 계획이었다.

참의들은 조선과의 전쟁을 위해 사이고 다카모리를 특사로 조선에 파견하는 문제를 놓고 찬반양론으로 갈렸다. 태정대신 산조 사네토미三條實美는 일본이 처한 여러 가지 정황으로 볼 때 정한론은 시기상조라고 판단했다. 그는 정한론을 막기 위해 천황에게 이와쿠라 사절단 대표들의 귀국을 요청하여 허락을 받았다.

국내에서 정한론 소식이 들려오자 깜짝 놀란 기도 다카요시와 오쿠보 도시미치가 1873년 7월 급거 귀국했다. 회의가 열려 열띤 토론을 한 결과 사이고 다카모리를 흠차대신으로 조선에 파견하여 상황을 파악한다는 계획이 결정됐다. 그러나 메이지 천황은 조선과의 전쟁은 시기상조라고 판단, "사이고 다카모리를 조선에 파견하는 문제는 이와쿠라 사절단 본진이 귀국할 때까지 숙의한 후 다시 보고하라"면서 각의 의견을 물리쳤다.

9월 13일 추가로 이와쿠라 도모미와 이토 히로부미가 귀국하여 다시 태정관 회의가 열렸다. 사절 파견 문제를 놓고 이와쿠라와 사이고 간에 격렬한 논쟁이 벌어졌다.

해외 방문을 통해 서양의 문명 발전에 충격을 받은 사절단원들은 국내에서 우물 안 개구리처럼 기득권을 지켜야 한다고 주장하는 사무라이들과 생각이 크게 달랐다. 이와쿠라와 이토는 현실주의자였다. 그들이 보기에 일본은 조선을 침략하여 전쟁을 치를 수 있는 경제력도 갖추지 못했고, 대규모 병력을 실어 나를 운송 수단이나 훈련된 병력, 근대적 무기 체계도 턱없이 부족하다고 판단했다. 현실주의자들은 "지금은 해외를 침략할 때가 아니라 내실을 다질 때"라고 강경파들을 설득했다.

주요 정한론자들은 사이고 다카모리 외에 고토 쇼지로後藤象二郎·이타가키 다이스케·에토 신페이江藤新平·소에지마 다네오미 등이었다. 반면 기도 다카요시·이와쿠라 도모미·이토 히로부미·오쿠보 도시미치·오키 다카토 등은 조선 침략에 반대했다. 사이고 다카모리의 죽마고우인 오쿠보 도시미치가 반대론에서 찬성으로 돌아서면 정한론이 세를 얻을 수 있는 상황이었다. 그러나 오쿠보는 친구와의 우정보다 나라의 앞날을 먼저 생각했다. 그는 일본의 현실 여건상 조선 침략보다 근대화가 우선이라는 소신을 앞세워 정한론을 반대했다.

일본 여론도 두 쪽으로 갈렸다. 정한론 지지자들이 많았지만, 반대하는 의견도 만만치 않았다. 다나카 세이추田中正中는 대표적인 정한론 반대론자였다. 그는 "일본이 조선을 점령하고 조선을 발판으로 러시아를 막으려는 사람이 있는데, 그것은 전쟁의 도를 모르는 사람들의 철부지 주장"이라고 정한론을 비판했다.

다나카가 주장한 정한론의 문제점은 이렇다. 일본이 조선을 공략할 수 있을지는 모른다. 하지만 조선을 점령한 일본은 조선인의 증오와 적의에 포위되고 주변 모두의 적이 된다. 이런 상황에서 또 다른 강적 러시아를 어떻게 막아낼 수 있겠는가 하는 것이었다(나카츠카 아키라, 「청일전쟁을 둘러싼 역사 기억」, 나카츠카 아키라·이노우에 가쓰오·박맹수, 한혜인 옮김, 『동학농민전쟁과 일본: 또 하나의 청일전쟁』, 모시는사람들, 2014, 33쪽).

주의 깊게 봐야 할 점은 정한론 반대의 이유다. 그들은 정한론 자체를 반대한 것이 아니라, "지금은 시기상조이며 실력을 더 쌓아야 할 시기"라는 의견이었다. 일본의 국력이 좀 더 강해지고 시기가 무르익었을 때

정한론을 실천해야 한다는 일본 지도부의 생각은 그로부터 37년 후 한일합방으로 실현된다.

정한론은 메이지 정부 출범 이후 최대의 정치 분쟁을 야기했으나, 태정대신과 참의들이 결론을 내지 못하면서 최종 선택권은 천황에게 넘겨졌다. 1873년 10월 24일, 메이지 천황은 사이고 다카모리를 조선 사절로 파견하는 문제를 거부하고 내치 우선 세력의 손을 들어주었다.

정한론 논쟁 당시 사이고 다카모리는 근위대를 장악하고 있었다. 근위대의 소장 기리노 도시아키桐野利秋와 시노하라 구니모토篠原國幹는 열렬한 사이고 추종자였다. 사이고가 마음만 먹으면 쿠데타도 충분히 가능한 상황이었다.

사이고는 군부 일각에서 제기된 쿠데타 요구를 정중히 거절하고 낙향했다. 그와 함께 이타가키 다이스케·고토 쇼지로·소에지마 다네오미·에토 신페이 등 5명의 고위 관료와 군인 등 600여 명이 사직하고 정부에서 물러났다.

히젠(사가) 출신인 에토 신페이는 참의직을 사임한 후 낙향하여 사무라이들을 이끌고 1874년 2월 '사가의 난'을 일으킨다. 오쿠보는 1874년 2월 14일 군함 두 척과 정부군 2개 연대를 직접 인솔하여 반란 진압에 나섰다.

전투는 일방적인 정부군의 승리였다. 3월 1일 정부군이 사가성을 점령했고, 에토는 4월 13일 체포되어 참수된다. 이때부터 1878년 암살당할 때까지 권력은 오쿠보로 쏠린다. 이때를 '오쿠보 체제'라 부른다. 오쿠보 도시미치는 독일을 통일하고 강대국 반열에 올려놓은 비스마르크의 외교 정책과 철학을 그대로 따랐다.

제10장

대원군 실각, 고종 친정

일본에서 정한론을 둘러싼 권력 투쟁이 내치파의 승리로 끝난지 두 달 후, 조선에서도 정치적 격변이 일어났다. 아버지 흥선대원군의 섭정 하에서 존재가 희미했던 고종이 친정親政을 선포한 것이다.

고종은 왕위에는 올랐으나 10여 년 동안 아버지 흥선대원군의 카리스마 넘치는 섭정으로 인해 뒷방 신세를 면치 못했다. 대원군 통치는 모두 고종의 왕명을 통해 이루어졌지만, 소년 티를 벗고 성년이 된 고종은 자신이 직접 통치를 하고 싶어 온몸이 근질거렸다.

아무리 부자지간이어도 권력은 둘로 나눌 수 없는 것이다. 자신이 통치권을 행사하려면 아버지를 상대로 목숨을 건 권력 투쟁을 피할 수 없었다.

좌절된 부국강병책

지난 10여 년, 대원군은 수많은 개혁을 추진하느라 숨 가쁜 질주를 해왔다. 하지만 숱한 개혁의 과정에서 양반 기득권층은 대원군의 개혁에 치이고 눌려 자신들이 누려야 할 이익과 권위에 큰 상처를 입었다.

대원군은 권력을 다지는 과정에서 필요 이상으로 정적을 양산하는 실수를 저질렀다. 우선 고종이 왕위에 오르는 과정에서 일등공신 역할을 한 풍양 조씨와의 관계 설정에 미숙했다. 대원군은 신정왕후 조씨(조대비)와 그녀의 친정 조카 조성하를 비롯하여 자신의 아들을 왕위에 올리는 과정에서 큰 역할을 한 조두순을 전혀 우대하지 않았다. 게다가 친형 이최응과의 관계도 원만하지 않았고, 장남 이재면에게는 어떤 작위도 내려주지 않았다.

대원군은 경복궁 중건과 병인양요 이후 부국강병에 필요한 재원 마련을 위해 각종 증세 정책을 도입했다. 그 결과 왕조의 재정 상황은 크게 개선되었다. 1873년 4월 1일, 병조판서 민치상이 "병조의 창고가 조선 전역에서 다양한 공물로 가득 넘치고 있다"고 보고할 정도였다.

대원군은 병인양요 이후 군비를 대대적으로 강화하고 병사들을 정예화했다. 그는 프랑스군과의 전투에서 위력을 발휘한 화포군을 확대했는데, 여기에 필요한 재정 확보를 위해 도성문세都城門稅를 신설했으며, 양반들에게도 매 호당 10냥씩을 징수하는 호포제(동포제)를 실시했다. 중앙 군영의 정예화와 군비 강화에 힘입어 1871년 신미양요 때는 병인양요 때와 달리 조기에 전투 태세를 갖출 수 있었다(배항섭, 『19세기 조선의 군사제도 연구』, 2002, 55쪽).

대원군은 중앙 군영뿐만 아니라 수도권 방어의 핵심인 강화도 진무영을 대대적으로 강화하고 병사들을 정예화했다. 병력이 400~500명에 불과했던 진무영은 대원군의 강화책 덕분에 3,000~4,000명으로 늘었고, 포군砲軍 중심으로 재편되었다. 대원군의 노력에 의해 전국에 설치된

대원군 집권기 전후 지방 포군 설치 현황

(단위: 명)

	1865	1866	1867	1868	1869	1870	1871	1872	1873	1874
경상도					150	420	1,661	525	357	200
경기도			50		250	100	3,326	222	100	
충청도					25		1,854	460	33	
전라도				102	200	100	2,573	410	686	30
강원도								162	10	
황해도		125		200		80	263	217	74	15
평안도			300		200	111	1,284	170	70	40
함경도	400		560				2,920		40	
계	400	125	910	302	825	811	13,881	2,166	1,370	285

출처: 배항섭, 『19세기 조선의 군사제도 연구』, 93쪽

포군의 수는 대략 3만여 명에 이르렀다(배항섭, 『19세기 조선의 군사제도 연구』, 2002, 93쪽).

대원군은 병인양요와 신미양요 직후 조선의 인삼 전매를 통해 확보한 수익 4만 냥을 강화도 진무영에 투입했다. 대원군 집정기에 관세 수입은 거의 군비 증강을 위한 재원으로 활용되었다. 특히 병인양요 직후 서울 방어를 위해 신설한 강화 진무영의 재원은 의주의 포삼세에 의존했다(연갑수, 『대원군 집권기 부국강병책 연구』, 서울대 출판부, 2001, 239-241쪽).

대원군 시절에 양성된 신설 포군은 기존의 포군이나 속오군束伍軍과 큰 차이가 있었다. 속오군의 경우 상당수가 군안軍案에 이름만 올라 있

거나 노약자 등 부적합자들로 채워져 있었다. 반면에 대원군 시절 양성된 포군은 정기적으로 급료를 지급받았고, 이를 기반으로 엄격한 훈련과 관리가 이루어졌다(연갑수, 『대원군 집권기 부국강병책 연구』, 2001, 99-100쪽).

이러한 성과에도 불구하고 외척과 양반 기득권 세력, 천주교를 전면적으로 탄압하는 과정에서 다양한 계층의 반발이 제기되었다. 그 결과 대원군의 권력 체계가 고립 약화되기 시작했다.

최익현 앞세워 대원군 공격

때가 무르익었다고 판단한 고종은 친혈육인 아버지를 내치기 위해 오래전부터 대원군을 비판해 온 이항로의 제자 최익현을 파격적으로 발탁했다. 1873년(고종 10) 11월 29일, 고종은 주자 성리학 원리주의자인 포천의 유생 최익현을 승정원 동부승지에 임명했다. 4일 후에는 종친 사무를 담당하는 당상관 정3품직인 돈녕부 도정敦寧府都正(현재의 청와대 민정비서관) 직책을 내렸다.

최익현은 이미 1868년 '토목 사업 중지, 당백전 철폐, 도성문세 철폐'를 요구하는 상소를 올려 대원군을 격렬하게 비판했던 인물이다. 대원군의 눈치를 보던 묘당은 이 상소문이 올라오자 최익현을 유배 보내는 방향으로 논의를 했다. 이 와중에 고종이 나서서 "훌륭한 선비의 바람직한 상소"라면서 유배형을 물리치고 관직을 박탈하는 것으로 마무리한 바 있다.

최익현은 흥선대원군이 극도로 기피하는 노론 계통의 골수 주자 성리학자였다. 고종이 이런 경력의 인물을 고르고 골라 관직에 임명한 이유는 무엇일까? 누가 봐도 못 말릴 성리학 원리주의자라면, 아들 나이

22세가 됐음에도 불구하고 흥선대원군이 감 놔라 배 놔라 국정에 참견하는 현실에 시비를 걸어줄 것이란 타산이 섰기 때문이다.

최익현 발탁은 친정을 갈망하는 고종의 의지와, 고종의 친정을 지지하는 새로운 외척 세력 여흥 민씨의 실력자 민승호, 그리고 조대비의 친정인 풍양 조씨의 유력자 조영하가 대원군을 권좌에서 몰아내기 위한 고도의 작전이었다.

미리 짜놓은 각본대로 최익현은 관직에 임명되었으나, 열흘이 지나도록 궁정에 나타나지 않았다. 이 경우 왕명으로 속히 입궐을 명령하거나 다른 인물로 교체하는 것이 관행이었다. 그러나 고종은 8일 후인 12월 7일 최익현을 우부승지로, 12월 10일에는 다시 동부승지로 임명했다.

이제 최익현은 동부승지를 수락하든가, 아니면 사직 상소를 올려야 했다. 12월 14일 최익현의 사직 상소가 올라왔는데, 내용은 가히 충격적이었다. 흥선대원군의 난정亂政에 대한 강력한 비판으로 도배질되어 있었기 때문이다(신명호, 『고종과 메이지의 시대』, 2016, 122-125쪽).

최익현 주연, 고종 연출의 계유정변

얼마 전, 최익현의 스승 이항로는 대원군이 내린 벼슬을 사양하면서 대원군이 때려부순 만동묘의 재건을 요구한 바 있다. 그의 제자 최익현이 지적한 대원군 난정 비판도 '만동묘 혁파, 청전 사용'에 맞춰져 있었다. 최익현이 올린 상소는 "황묘皇廟(만동묘)를 없애니 임금과 신하 사이의 윤리가 썩었고, 서원을 혁파하니 스승과 생도들 간의 의리가 끊어졌고, (……) 호전胡錢(청나라 동전)을 사용하니 중화와 오랑캐의 구별이 어지러워졌다"는 내용이었다(『승정원일기』, 고종 10년 11월 3일).

고종이 아버지 대원군을 축출하기 위해 의도적으로 발탁한 최익현의 인식은 250년 전 서인들이 인조반정 쿠데타를 일으켰을 때 주창한 숭명반청崇明反淸, 송시열의 북벌론과 소중화론에서 한 치도 벗어나지 않았다.

대원군을 강력 비판한 최익현의 상소에 대해 고종은 "그대의 상소는 국왕을 보좌하기 위해 충심에서 우러나온 직언"이라며 파격적으로 호조참판에 임명했다. 고종이 최익현의 손을 들어줌으로써 대원군이 이끌던 묘당에 결정타를 날린 격이 되었다. 국왕으로부터 직접적인 책망을 받은 묘당 구성원들은 줄줄이 사직서를 제출했고, 고종은 즉각 사표를 수리했다.

대원군 세력의 반발도 만만치 않았다. 최익현의 상소가 부당하다는 의견이 속출했고, 묘당 바깥에서도 최익현 처벌을 요구하는 상소가 빗발쳤다. 고종은 이런 의견을 깔아뭉갰다. 뿐만 아니라 최익현에게 앞서 제수한 호조참판(종2품)에 더하여 판의금부사(종1품)라는 요직을 더 얹어주었고, 최익현의 처벌을 요구한 형조참의 안기영을 유배 보냈다.

며칠 후 사헌부에서 감찰 업무를 담당하는 홍시형이 만동묘 부활, 호포제 폐지, 원납전 등 강제 모금 폐지, 청전 유통 금지를 건의하는 상소를 올렸다. 고종은 즉각 "원납전 강제 모금을 폐지하라"는 어명을 내렸다. 12월 22일 최익현이 만동묘 복구와 청전 혁파를 요구하는 상소를 다시 올리자 고종은 "지체 없이 이를 시행하라"고 명했다. 이로써 국왕 고종의 정치적 의도가 명쾌하게 드러났다.

불의의 기습을 당한 대원군은 대문을 닫아걸고 업무 처리를 거부했으며, 고종의 문안 인사도 물리치는 등 파업 투쟁에 돌입했다. 아버지가 문안 인사를 받지 않자 고종은 아예 아버지 처소에 발길을 끊었다. 입장이 궁해진 대원군이 제 발로 고종을 찾아갔으나 고종은 아버지를 응대하지도 않았다.

하지만 당시만 해도 조정에서 대원군 세력이 만만치 않았다. 고종은 대원군 세력의 반발을 무마하기 위해 최익현을 제주도로 유배 보냈다. 이틀 후인 1873년 12월 24일, 고종은 전격적으로 친정을 선언했다. 아버지 덕에 왕위에 오른 아들이 아버지로부터 권력을 되찾기 위해 '최익현 주연, 고종 연출의 궁정 쿠데타'(기무라 간, 『대한제국의 패망과 그림자』, 2017, 111쪽)를 일으킨 것이다. 일본에서는 이 사건을 계유정변癸酉政變이라고 불렀다.

왕도 정치 수호에 앞장선 위정척사파

고종의 친정 선언과 대원군 몰락은 단순한 권력 다툼이 아니다. 그 내면에는 주자 성리학의 왕도 정치와 패도 정치의 거대한 철학적 격돌이 내재되어 있다.

최익현의 학문적 스승인 이항로는 "송시열을 배우지 않으면 주자를 배울 수 없다"면서 송시열을 '송자宋子'라고 칭하여 공자·주자와 같은 성현 반열에 올려놓았다. 이항로는 중국의 성인 대신 송자가 주자 성리학의 도통을 계승했다고 믿었다.

그것은 조선이 중화 문명의 적통을 이어받았음을 뜻했다. 유가의 도통이 송시열을 통해 조선에 전수되었으니, 조선은 중화 문명의 보루로서 '이단의 척결'을 통해 중화 문명을 수호해야 했다. 중화 문명을 대표하는 이항로를 비롯한 조선의 주자 성리학자들에게 주어진 시대적 사명은 새로운 이단인 천주교와 서양 오랑캐들을 척결하는 것이었다(함재봉, 『한국사람 만들기 1』, 2017, 339-340쪽).

이항로는 서양 오랑캐를 바다에 사는 어패류와 같은 종류로 인식했다. 서양 오랑캐는 인간이 아니기 때문에 그들을 교화시켜 중화 문명으로 인도하는 것은 불가능하다고 판단했다. 이항로와 제자 최익현·기정진 등에 의해 반反천주교, 반서양 쇄국 정책으로 구체화되는 위정척사 사상은 흥선대원군의 천주교 박해·쇄국 정책과 호흡을 맞추면서 조선의 주류 사상으로 자리매김하게 되었다(함재봉, 『한국사람 만들기 1』, 2017, 315쪽).

위정척사파들은 대원군의 쇄국 정책과 천주교 박해를 쌍수를 들어 환영했다. 그들이 대원군의 정책을 지지한 이유는 주자 성리학적 왕도 정치를 수호하기 위해서였다. 왕도 정치란 주자 성리학이 이상향으로 삼는 농본 사회에서 백성들이 생업에 전념할 수 있도록 간섭하지 않는 정치를 뜻한다. 즉, 자급자족형 영농 경제를 대동 사회를 건설하기 위한 이상적인 경제 기반으로 생각했다.

왕도 정치를 구현하기 위해서는 나라가 대규모 토목 사업을 일으키거나 군사력을 키워서는 안 된다. 외적의 침략에 대비하고 치안 유지를 위해 병력을 유지하고, 세금을 과도하게 걷는 일, 왕실이 사치를 위해 궁궐을 크게 짓는 일은 금지되어야 했다.

왕도 정치 관점에서 보면 '부강한 나라'는 반문명적 사회다. 상업을 권장하는 것은 허영과 사치, 이기적인 행동을 조장하는 행위가 된다. 경제 발전은 그 자체가 패도 정치요, 거대한 군대를 유지하는 것은 패도 정치의 극치다.

주자 성리학자들이 볼 때 서구식 근대 국가 건설은 전형적인 법가식 부국강병의 길이었고, 그것은 문명에서 야만으로 전락하는 것을 뜻했다. 산업과 상업이 발달하면 땀 흘려 땅을 일구는 농업이 무너진다고 생각했다. 때문에 부국강병은 패도 정치로서 금해야 할 일로 간주했다(함재봉, 『한국사람 만들기 1』, 2017, 384-385쪽).

양계초梁啓超(량치차오)는 중국이 더 이상 전통에 얽매이지 말고 새로운 국가로 다시 태어날 것을 주장했다. 문명의 수호자를 자처한 주자 성리학자들 때문에 중국인들은 중국을 '국가'로 생각하는 대신 '천하', 즉 세계 유일의 문명이라고 착각하여 외국으로부터 배우기를 거부했다고 비판했다. 주자 성리학의 원조국에서도 주자 성리학을 버려야 중국이 살 수 있다는 주장이 나오는 엄중한 시기에 조선의 주자 성리학자들은 대의명분, 즉 충효 사상과 삼강오륜을 지키기 위해 나라가 없어지는 위험까지도 감수해야 한다, 나라를 잃을지언정 천하의 도를 버릴 수는 없다고 외쳤다(함재봉, 『한국사람 만들기 1』, 2017, 389-390쪽).

위정척사파는 왕도 정치가 없는 국가를 상상할 수 없었다. 조선이 부국강병을 추진하는 순간 왕도 정치가 무너지고 야만의 길로 추락한다고 믿었다. 왕도 정치가 사라지고 패도 정치로 운영되는 나라, 문명이 사라지고 야만이 판치는 나라는 존재할 가치가 없었다. '문명이냐 나라냐'의 선택의 기로에서 위정척사파는 문명을 택한다. 위정척사파는 근대화에 실패한 것이 아니라, 근대화를 거부했다(함재봉, 『한국사람 만들기 1』, 2017, 392쪽).

대원군이 천주교를 박해하고 쇄국 정책을 펴는 시기까지는 위정척사파들의 적극적인 후원을 받았다. 그런데 이 자가 왕권을 강화한답시고 경복궁을 거창하게 짓지를 않나, 부국강병을 한답시고 백성들을 들들 볶아대질 않나, 게다가 소중화의 상징인 만동묘와 서원을 철폐하질 않나…….

위정척사론자들이 보기에 대원군은 패도 정치의 전형이었다. 더구나 대원군은 아무런 공식 직함도 없이 그저 '국왕의 아버지'라는 이유로 권력을 전횡하고 있었던 것이다.

주자 성리학자들로부터 들들 볶여가며 왕도 정치의 세례를 받고 자란 고종이기에 아버지의 정책은 패도 정치로서 도저히 용납하고 승복할 수 없는 지경에 이르렀다. 이에 최익현 등이 대원군의 패도 정치를 격렬하게 비판하는 상소로 포문을 열자 대원군은 순식간에 무력화되어 권좌에서 밀려나게 되었다.

흥선대원군은 쓸쓸히 양주로 낙향했다. 위정척사 세력들은 "대원군이 하야하지 않았다면 주자 성리학 문명이 망했을 것"이라면서 쌍수를 들어 그의 하야를 자축했다.

민 왕후와 민씨 세도정치

정치적 자질이 그다지 돋보이지 않는 고종이 이런 거사를 스스로 기획·연출했다고 보기는 어렵다. 고종의 정치적 동지는 왕비 민씨와 그 집안이었다. 민 왕후는 고종을 코치해가며 적시에, 유효적절하게 시아버지 대원군을 공격하여 그의 권력을 하루아침에 무력화시키는 데 성공했다.

대원군 실각의 주인공이 민 왕후였음을 알려주는 증언자는 언더우드의 부인이다.

조선에 파송되어 활동한 미국 의사 릴리어스 언더우드(Lillias Horton Underwood)는 『조선견문록』이라는 책에서 대원군 실각의 주인공이 민 왕후라는 사실에 대해 "모든 조선 사람이 그렇게 배워온 것처럼 임금도 자기 아버지에게 양순하고 복종하는 사람이었기 때문에 아버지를 강제로 내몰려고 하지 않았다. 그러나 어느 날 아침에 그 노인은 왕비의 쿠

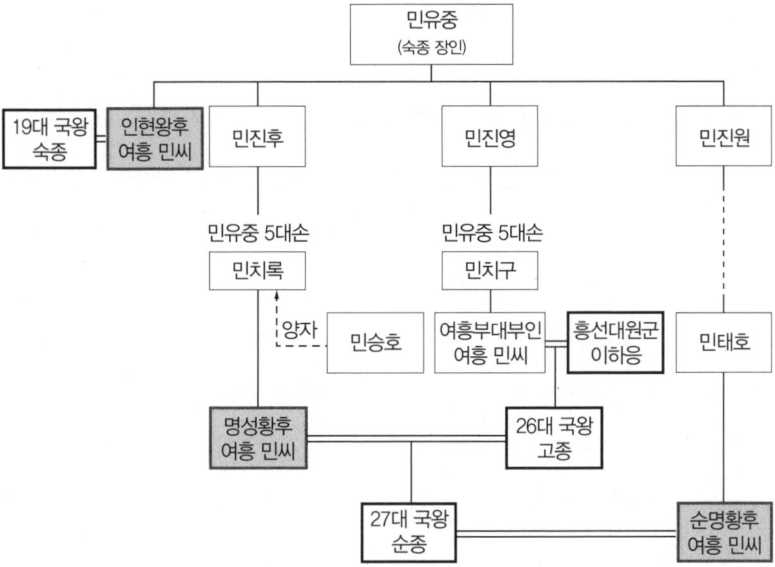

여흥 민씨 가계도

데타로 자신이 이미 면직되었으며, 왕비의 친구들과 형제들로 새로운 내각이 짜인 것을 알게 됐다"(릴리어스 호톤 언더우드, 김철 옮김, 『조선견문록』, 이숲, 2008, 48쪽)고 기록하고 있다.

왕실 외척 세력의 세도정치에 신물이 난 대원군은 조대비와 의논 끝에 가문 세력이 허약해져서 도저히 세도를 부리지 못할 것으로 판단된 여흥 민씨 민치록의 딸 민자영을 왕비로 삼았다.

대원군은 집권하기 전, 안동 김씨 세도가 중에서 자기를 은밀히 도와주던 김병학에게 자기 아들이 왕위에 오르면 사돈을 맺어 은혜를 갚겠다는 뜻을 비친 적이 있었다. 이 제안은 자기 아들이 왕위에 오르도록 협조해 달라는 뜻이기도 했다. 조대비가 고종을 양자로 들여 왕위에 올리자 대원군은 김병학을 좌의정·영의정에 추천했다. 하지만 사돈을 맺겠다는 약속은 지키지 않았다.

고종 대에 활동하던 여흥 민씨들은 17세기 후반 활동했던 민시중·민정중·민유중 형제의 후손인 삼방파三房派였다. 삼방파는 300년간 70명의 문과 급제자와 3품 이상 당상관 127명을 배출한 것으로 알려진, 여흥 민씨 중 가장 잘나가던 분파다(기무라 간, 『대한제국의 패망과 그림자』, 2017, 85쪽). 민 왕후 집안은 조선 후기 명문가로 꼽혔지만, 연천군수를 끝으로 벼슬 생활에서 은퇴한 민치록 대에 이르러 세력이 크게 약해졌다.

민치록은 정실부인(해주 오씨)과의 사이에 소생이 없었다. 오씨 부인이 1833년 병으로 사망한 후 한산 이씨를 후처로 맞아 1남 3녀를 두었는데, 후일 왕후가 되는 자영을 제외하고는 모두 일찍 죽었다. 민치록은 자영이 8세 때 사망했고, 그 후 대원군 부인(여흥부대부인)의 친동생 민승호가 양자로 입적돼 자영의 오빠가 되었다. 세도정치의 폐해를 경험한 대원군은 자기 부인과 친척 간이면서 세력이 미미하고, 아버지가 이미 사망하여 고아나 다름없는 민자영을 신중하게 골라 며느리로 맞았다.

친아버지가 사망한 민 왕후 입장에서 왕비로 궁에 들어올 경우 가장 가까운 외척은 대원군 부인의 동생 민승호가 된다. 민승호에게는 친아버지 민치구, 동생 민겸호, 사촌 민규호 등이 있었다. 대원군은 민승호 형제를 다루기 쉬운 인물로 여겼다. 대원군은 조대비의 조카 조영하·조성하도 자기에게 도전할 만한 급수가 못 된다고 생각했다. 국왕은 친자식이고, 왕비는 자기 부인의 집안사람, 척족들은 대부분 정치 경험이 부족한 애송이였으니 대원군은 자기 권력이 오랜 기간 안정되고 태평할 것으로 생각했다(다보하시 기요시, 『근대 일선관계의 연구(상)』, 2013, 62쪽).

여흥 민씨 세도정치 개막

여흥 민씨 가문은 1878년(고종 15) 우의정에 임명되었다가 8일 만에 사망한 민규호를 제외하고는 20년간 단 한 명의 대신도 배출하지 못했다. 초기 세도가로 지목되는 민승호·민규호·민태호·민겸호 등은 왕비와 같은 항렬이고, 후기 세도가로 지목되는 민영익·민영환·민영준 등은 왕비의 조카 항렬이었다.

고종보다 한 살 위인 민자영은 16세에 왕비에 책봉되었다. 결혼 초기 남편 고종은 아내에게 별 관심을 보이지 않았다. 고종의 총애를 독차지한 여성은 이 상궁으로, 그녀는 왕비보다 먼저 아들 완화군을 생산했다.

1871년 민 왕후도 아들을 출산했으나 배설 기관이 없이 태어난 장애아였다. 궁중에서는 항문을 째야 한다는 의견이 제기되었으나 대원군은 "감히 왕자의 몸에 칼을 대는가?" 하며 반대했다. 대신 산삼을 달여 먹일 것을 지시했는데, 왕자는 태어난 지 나흘 만에 죽었다. 왕후는 산삼을 보낸 시아버지를 증오했다.

1874년 왕후는 둘째 아들 이척李坧을 출산했다. 종주국인 청나라에서는 적통보다 장유의 서열을 중시하여 이 상궁에게서 낳은 서자 완화군을 세자로 삼으려는 움직임이 있었다. 1880년 1월, 열세 살의 완화군이 의문의 사망을 한다. 이로써 민 왕후가 생산한 아들이 세자에 올랐다. 이척은 후에 대한제국 마지막 황제에 오르는데, 그가 나라를 일본 천황에게 통째로 갖다 바친 순종이다.

자신의 아들이 세자에 책봉되면서 권력의 중심에 다가선 민 왕후는 오라버니 민승호·민겸호·민규호를 정치에 끌어들였고, 대원군의 형 이최응, 풍양 조씨 세력을 대표하는 조영하까지 포섭했다. 본격적인 외척 세도정치의 회오리를 일으킨 것이다.

여흥 민씨 세력의 정계 진출은 의정부 당상의 경우 임오군란 이전 4~5명, 갑신정변 이후 1885년 5월까지는 2명에 불과했다. 1885년 6월 이후 여흥 민씨의 진출이 활발해져 10여 명 이상이 항상 의정부 당상을 맡았다(연갑수, 『고종대 정치변동 연구』, 2008, 67쪽).

최익현의 상소로 대원군이 물러나고 고종의 친정이 시작되었지만, 말뿐인 친정이었다. 황현은 『매천야록』에서 "친정이 시작되었으나 안으로는 민 왕후가 주관하고 밖으로는 민승호가 명을 받들어 시행했다"고 쓸 정도였다.

민 왕후는 시아버지 대원군을 몰아낸 후 고종을 설득하여 병조판서에 양오빠 민승호를 임명하는 등 친정 식구들을 대거 권력 핵심부에 포진시켰다. 고종 친정 체제 구축에 앞장섰던 민승호는 형조판서와 병조판서를 역임하며 여흥 민씨 세도정치의 좌장이자 당대의 권세가로 급부상했다.

고종은 아버지를 몰아내고 자신이 정치를 주도할 것으로 기대했으나, 정무는 민승호가 쥐고 흔들었고 왕비 민씨는 내부에서 민승호를 조종했다. 고종은 허수아비 신세라는 점에서 대원군 집정 때와 달라진 것은 아무 것도 없었다. 『근대 일선日鮮관계의 연구』를 저술한 다보하시 기요시田保橋潔의 평에 의하면 민승호는 어리석고 미련해서 도저히 세도 임무를 감당할 수 없었다. 따라서 대원군 실각 같은 정치적 거사는 그의 사촌동생 민규호가 기획했다고 한다(다보하시 기요시, 『근대 일선관계의 연구(상)』, 2013, 64쪽).

고종–대원군 갈등이 민 왕후–대원군 격돌로

민승호의 권세가 하늘을 찌를 듯하던 1875년 1월 5일 아침. 이날 민승호는 자택에서 어린 아들과 민 왕후의 생모이자 자신의 양어머니인 한창부부인韓昌府夫人 이씨를 모시고 식사를 하려던 참이었다. 이때 지방에서 발신인을 알 수 없는 진귀한 상자 하나가 배달되어왔다. 상자에는 정교한 열쇠가 달려 있었다.

호기심이 발동한 민승호가 직접 자물쇠를 따고 상자를 여는 순간 굉음을 내며 상자가 폭발했다. 이 사고로 민승호와 아들이 현장에서 즉사했다. 조선 시대판 폭탄 테러 사건의 범인은 끝내 밝혀지지 않았다. 시중에는 정치권 복귀를 도모하던 대원군이 범인이란 소문이 파다하게 나돌았다. 의문의 폭탄 테러 사건으로 고종 내외와 아버지 대원군과의 관계는 회복 불능의 상황으로 치달았다.

민 왕후가 대원군과 갈등을 시작한 1870년 전후는 '파우스트 정신'으로 무장한 서양인들이 동아시아로 몰려오는 격동기였다. 유럽에서는 독일이 통일(1871)되어 강대국으로 급부상했고, 러시아는 영국과 충돌을 피하기 위해 침략 방향을 중앙아시아 쪽으로 돌렸다. 서양 열강이 제각각 복잡한 내치·외치 문제로 여념이 없는 힘의 공백기를 이용하여 일본은 메이지유신을 성공시키고 근대 국가로 발돋움했다.

하필이면 이 질풍노도의 와중에 조선에서는 시아버지와 며느리가 권력을 놓고 목숨 건 투쟁을 벌였다. 대원군과 민 왕후는 사마천이 『사기史記』에서 이르듯이 '한 하늘에 뜬 두 개의 태양'이었다.

대원군의 개혁 의지와 취지는 그럴듯했지만 정책의 집행 과정에서 나타난 폐해는 세도정치와 막상막하였다. 민 왕후도 권력욕은 대원군 저리 가라 할 정도였다. 왕후는 자신이 권력을 행사하고자 몸이 근질근질한 남편의 옆구리를 계속 찔러 시아버지에 정면 도전했다.

조선은 충효가 목숨보다 더 중요한 중화의 나라, 성리학 근본주의 나라다. 때문에 부자간의 권력 쟁투는 복잡한 방정식의 형태를 띠었다. 즉, 대원군이 국왕 고종에게 직접 도전하면 불충이요, 아들 고종이 대원군에게 도전하면 불효가 된다. 고종과 대원군은 부자지간이어서 충효를 근간으로 하는 주자 성리학 사회에서 정면 대결을 펼칠 수는 없었다.

덕분에 파생 상품으로 등장한 것이 시아버지와 며느리의 격돌이었다. 대원군은 공격의 화살을 며느리인 왕비에게 돌렸고, 고종은 아버지를 직접 공격할 수 없으니 민씨 일족을 전면에 내세워 그들로 하여금 대원군을 공격하도록 부추겼다.

왕비 민씨는 간단치 않은 여성이었다. 그녀는 공자가 지은 역사서 『춘추春秋』의 주석서인 『춘추좌씨전春秋左氏傳』과 사마천의 『사기』를 줄줄 암송할 정도로 총명했고 권력욕이 강했으며 권모술수에 뛰어났다. 민왕후는 오랜 독서를 통해 체득한 지략을 유감없이 구사했고, 앞날에 대비해 구축해 놓은 자신의 인적 네트워크를 마음껏 활용했다. 아버지의 위세에 눌려 숨도 제대로 못 쉬던 고종은 왕비 집안인 여흥 민씨 가문과 동맹을 맺어 아버지와의 권력 투쟁을 위한 행동대를 확보했다.

고종이 1873년 12월 최익현의 상소를 이용하여 아버지 대원군을 내치고 권력을 장악하자 민 왕후는 고종의 확고한 정치 파트너가 된다. 즉, 왕후의 후원이 있었기에 고종은 친정이 가능했고, 고종의 친정 의지가 있었기에 왕후의 정치 기반 구축이 가능했다(최문형, 『명성황후 시해의 진실을 밝힌다』, 2001, 54-55쪽).

대원군이 밀려나면서 그토록 우려했던 여흥 민씨 세도정치가 본격 개막된다. 그들의 세도정치는 안동 김씨의 그것 이상으로 심각하고 집요했다.

안동 김씨 뺨친 여흥 민씨 세도정치

여기서 잠시 안동 김씨나 풍양 조씨의 세도정치 못지않게 집요하고 끈질긴 여흥 민씨 일가의 세도정치 족보를 분석해본다.

고종이 즉위할 무렵 조선 왕조의 최고위 의사 결정 기구인 묘당을 구성하는 관료는 총 54명이었다. 이 중 여흥 민씨는 단 한 명도 없었다.

민 왕후가 대원군을 몰아낸 후 고종을 배후 조종하여 등장시킨 여흥 민씨 가문의 핵심 인물은 양오빠 민승호였다. 민승호와 그의 아들이 의문의 폭탄 테러 사건으로 사망한 후 민 왕후는 대가 끊어질 것을 우려하여 민규호의 형인 민태호(당시 경기관찰사)의 외아들 민영익을 민승호 집안의 양자로 입양했다. 이때부터 민영익은 민 왕후의 조카로서 민씨 척족 세력의 중심 인물로 부상했다. 민태호는 외아들 민영익을 남의 집안 양자로 줄 수 없다고 버텼지만, 민 왕후의 거듭된 설득으로 허락할 수밖에 없었다.

이이화의 『인물 한국사』에 의하면 민영익을 양자로 들이도록 공작을 한 주인공은 민태호의 동생 민규호였다. 민규호는 어린 조카 민영익을 앞세워 세도를 누리다가 1878년(고종 15) 사망했다. 이렇게 되자 민태호와 민승호의 동생 민겸호가 등장하여 세력을 형성하기 시작했다.

민겸호는 여흥 민씨 일가 중 민자영이 왕비로 간택되기 이전에 과거에 합격한 경력자다. 1880년 초반 여흥 민씨 세도정치의 핵심 인물은 민태호·민겸호·민영익이었는데, 1882년 임오군란을 촉발시킨 주인공이 민겸호였다. 임오군란이 폭발하면서 민겸호는 궁궐에 난입한 병사들에게 맞아 죽었고, 민태호는 재빨리 잠적하여 목숨을 부지했다. 민영익은 머리를 깎고 변장을 한 다음 중국을 거쳐 홍콩으로 탈출했다. 민 왕후도 궁녀 복장으로 갈아입고 간신히 궁궐을 빠져나와 충주 장호원의 일가붙이인 민응식의 집으로 피신했다.

임오군란은 청군이 출동하여 간신히 진압되었다(제3권). 민씨들의 정적 1호인 흥선대원군이 서울로 출동한 청군에게 체포되어 톈진으로 압송되자 지하로 잠적했던 민씨 일가들이 다시 권력의 전면에 등장했다. 이때 민씨 척족 세력의 주인공은 민태호였다.

1884년, 이번에는 갑신정변 쿠데타가 일어나 민영익이 자객의 칼을 맞아 중상을 당했으나 앨런 선교사의 치료를 받고 간신히 목숨을 건졌다. 민태호는 쿠데타 와중에 개화당에게 살해당했다.

갑신정변도 청군의 개입으로 삼일천하로 막을 내리자(제4권) 이번에는 임오군란 당시 장호원에서 민 왕후를 숨겨준 민응식과, 방계 인물 민영준이 등장한다. 갑신정변 이후 사대당을 자처하며 개화당을 잡아 죽이는 데 앞장선 인물이 민영준이다.

조선시대의 경우 요직 인사는 대부분 묘당의 결정을 국왕이 추인하는 형식으로 진행되는 것이 관례였다. 반면, 드물게 국왕 자신이 인사권을 발동하여 관리를 임명하는 경우도 있었는데, 이것을 중비中批라고 했다. 중비는 특별한 사례에 해당한다.

친정을 시작한 고종은 묘당에서 지속적으로 최익현에 대한 조사를 요구하자 중비를 남발하여 최익현에 대해 시비를 건 영돈녕부사 홍순목과 좌의정 강노, 우의정 한계원을 파면하고 이유원을 영의정에 임명했다. 이유원은 대원군 시절인 1865년 경복궁 중건을 둘러싸고 대원군과 대립했다가 좌의정에서 해임되어 수원유수로 좌천됐던 반反대원군 세력의 장로였다. 1874년 1월 9일에는 이유원을 보좌하는 우의정에 박규수, 인사 담당 부서인 이조참판에 여흥 민씨의 실력자 민규호를 임용했다.

국왕이 직접 인사권을 발동하여 묘당 체제를 정비한 고종은 2월 6일,

거처를 경복궁에서 창덕궁으로 옮겼다. 고종은 창덕궁에 거주하다가 1868년 8월에 새로 복원된 경복궁으로 옮긴 바 있다. 아버지가 중건한 경복궁을 떠나 이전의 왕궁으로 거처를 옮긴 이유는 친정을 통해 모든 국사를 대원군 이전으로 돌려놓겠다는 선언이었다.

나라보다 왕실 앞세운 고종

대원군과 고종 모두 강력한 왕권, 활력 있는 통치 시스템의 확보를 통해 '고법古法'으로의 복귀를 추구하는 개혁을 추진했다. 그런데 양자 간에는 뚜렷한 차이가 존재했다.

대원군에게 '고법'으로의 복귀란 조선 왕조가 힘이 있고 활력이 넘치던 15세기 이전의 모습으로 되돌아가는 것을 의미했다. 때문에 대원군은 정치와 사회에 대한 대담한 개혁을 지향했다(기무라 간, 『대한제국의 패망과 그림자』, 2017, 113쪽). 이러한 개혁은 주자 성리학자들 눈에는 그들이 그토록 혐오하는 패도 정치의 추구로 이해되었다.

반면에 고종에게 '고법'으로의 복귀란 대원군 집정기 이전으로의 회귀, 즉 왕도 정치로의 복귀를 뜻하는 것이었다. 따라서 고종의 개혁은 대원군이 추진했던 개혁 정책을 취소하는 형태로 진행되었다.

친정을 시작한 고종은 왕도 정치를 내세우고 개화를 표방했다. 그러나 그가 추구한 것은 강한 국가 권력이 아니라 국왕 개인의 권력 강화였다. 고종과 민 왕후 일족이 매관매직을 끈질기게 실행한 이유는 돈으로 개인의 통제력을 강화하기 위해서였다(최정운, 『한국인의 탄생』, 미지북스, 2017, 138쪽).

재정 파탄 부른 청전 금지

조선 중기 이후의 대표적인 법정 화폐인 상평통보가 발행된 것은 1678년(숙종 4)이다. 상평통보는 제조에 투입된 실제 비용보다 높은 명목가를 매겨 동전 제조에 따르는 차익을 정부가 가져갔다. 때문에 주전鑄錢 사업은 조선 조정의 만성적 재정난을 타개하기 위한 수단으로 활용되었다. 조선 후기에는 중앙 관서나 군영, 지방 관청 등에서 독자적으로 동전을 만들어 관청 운영 경비로 사용했다.

그런데 국내에서 구리 생산이 부진한 데다 일본에서 구리 수입 감소로 동전의 주원료 가격이 상승하면서 주전 사업에 따르는 이윤율은 1679년(숙종 5) 50퍼센트에서 1775년(영조 51)에는 30퍼센트, 1796년(정조 22)에는 22퍼센트, 1814년(순조 14)에는 10퍼센트로 낮아졌다.

조정은 주전 수익을 올리기 위해 비상조치를 취했다. 상평통보 1문文의 무게는 2전錢 5푼分이 원칙이었다. 하지만 원료 공급난을 이유로 1742년(영조 18)에는 2전으로 줄였고, 1752년(영조 28) 1전 7푼, 1757(영조 33) 1전 2푼으로, 거의 절반으로 무게가 줄어들었다.

급기야 영·정조대에는 실질 가치가 상평통보의 3분의 1에 불과한 악화惡貨인 청전을 밀수입하여 상평통보와 동일한 명목 가치로 유통시켰다. 대원군은 1867년(고종 4) 청전이 국내에서 합법적으로 유통될 수 있도록 허가했다. 청전은 조선의 화폐량을 급증시키고, 액면가에 비해 실제 가치가 낮아 인플레를 야기하고 물가를 앙등시키는 등 부작용이 심각했다.

고종이 친정을 선언한 다음해인 1874년 청전 유통량은 300만~400만 냥으로 상평통보 유통량의 30~40퍼센트에 달하는 규모였다. 청전 유통과 관련하여 황현은 『매천야록』에서 "정묘년(1867년)에 청전을 쓰기 시작했는데, 물가가 앙등하여 4~5년이 지나 갑술년(1874년) 정월에 실행하지 않았다. 청전을 사용할 때에도 영남과 관북 지방에서는 이를 사용하지 않았다"고 지적했다.

고종은 친정과 더불어 1874년 2월 22일 아무런 대안도 마련되지 않은 상황에서 "청전 통용을 전부 혁파하라"고 명령했다. 고종의 친정 선언 며칠 후 마른하늘에 날벼락 떨어지듯 청전 유통이 금지되면서 이루 말할 수 없는 폐해가 속출했다.

당시는 대원군이 청전 유통을 공식화한 지 7년째로 접어들면서 청전은 정식 화폐처럼 시중에 유통되고 있었다. 청전은 조선 왕조의 법정 화폐인 상평통보보다 가치가 떨어진다는 인식이 공공연하게 퍼져 있었다. 조선왕조의 관리들은 백성들에게 세금을 거둘 때는 상평통보로 징수한 다음, 왕조에 수납할 때는 청전으로 납부하여 그 차익을 개인이 착복했다. 악화가 양화良貨를 몰아내는 그레셤의 법칙이 작동한 것이다.

대원군은 백성들의 불평을 들어가면서도 악착같이 왕조의 재정 확충에 매진하여 상당한 정도의 재정을 비축하는 데 성공했다. 문제는 7년 동안 관리들이 열심히 상평통보로 세금을 거두고 조정에 납부할 때는 청전으로 납부하는 바람에 조선 왕조의 창고에는 청전만 잔뜩 쌓여 있었다는 점이다.

대원군의 정책이 패도 정치임을 확신한 고종은 부친의 정책 중 가장 원성을 사고 있던 청전 유통을 금지함으로써 왕도 정치를 펼치는 어진 임금이 되고 싶었다. 때문에 고종은 친정과 더불어 청전 유통 금지를 선언했다. 문제는 국가 재정 300만 냥 중 상평통보는 100만 냥에 불과했고, 청전이 200만 냥에 이르렀다는 사실이다.

청전 유통 금지 조치는 조선의 화폐 유통을 마비시킨 것은 물론, 대원군 시절 고통스런 과정을 통해 비축해놓았던 국가 재정의 3분의 2를 쓰레기로 만들어버렸다. 그 결과 조선 경제는 최악의 혼란에 빠졌고, 조선 왕조의 재정은 완전 파탄 상태가 되었다.

청전 유통 금지로 인한 재정 악화 후폭풍이 조선 경제를 강타하자 묘당에서는 "창고에 쌓여 있는 청전을 중국 사신 파견 비용으로 사용하자"는 방안을 내놓았다. 고종은 "백성들에게 편리하다면 나라의 비용에 손실이 있더라도 감내해야 한다"면서 역정을 냈다(『고종실록』 11년 음 1월 29일). 갈팡질팡하는 화폐 정책을 비판하는 상소를 올리면 고종은 이들을 잡아다 처형했다.

고종은 청전 유통을 금지한 1874년 2월 22일, 대원군이 프랑스군의 강화도 침략에 대한 보복으로 수입을 금지시켰던 서양목을 광동목으로 이름을 바꿔 수입을 허용했다. 청전 유통 금지 후폭풍으로 경제가 거덜 난 3월 17일에는 서울과 농촌을 연결하는 중간 상인인 도고[都賈]들의 활동을 금지시켰다. 도고들이 농간을 부려 서울의 물가 상승과 재정난을 초래한다는 것이 이유였다. 화폐 유통이 끊긴 상태에서 상행위를 억압하는 조치가 시행되자 조선 경제는 꽁꽁 얼어붙었다. 견디다 못한 고종은 몇 달 후 청전 유통을 재개한다는 발표를 해야 했다.

'군주의 미덕 하나도 갖추지 못한' 고종

조선 백성들이 가난해질수록 유교 전통의 왕도 정치는 멀어져갔다. 황현은 고종에 대해 "스스로 자신의 웅략을 자부하면서 불세출의 자질을 가지고 있다고 판단하고, 위로 열성조와 비교될 뿐만 아니라 동방에서 처음 있는 군왕이 되려고 정권을 거머쥐고 세상일에 분주한 군주였다. 그는 군주가 갖춰야 할 미덕을 단 하나도 갖추지 못했다"는 가혹한 인물평을 남겼다.

고종의 친정은 이처럼 대혼란 속에서 개막됐다. 쇄국과 척화의 아이콘 대원군의 퇴장, 그리고 고종의 등장은 조선이 쇄국 정책을 폐기하고 개국으로 나가는 중대한 전환점이었다.

한편에선 대원군 시절 도입했던 각종 개혁 정책을 원점으로 되돌리는 조치를 연발했다. 1874년 4월 28일 이항로·최익현 등 골수 주자 성리학자들이 만동묘를 부활해야 한다는 상소를 올리자 고종은 즉각 왕명으로 "만동묘를 부활시키라"는 어명을 내렸다. 그 결과 1874년 같은 자리에 만동묘가 지어졌다. 민 왕후 일파가 유생들의 환심을 사기 위해 이른바 포퓰리즘 정책을 취한 결과다. 이때 신축된 만동묘는 일제하에서도 끈질기게 살아남았다가 1942년 철거되었다. 만동묘에서 뜯어낸 자재들은 괴산경찰서 청천면 주재소를 짓는 데 사용되었다고 한다.

고종은 군사력 강화에 지대한 공을 들였다. 그런데 고종의 군사력 강화는 아버지 대원군과는 철학이나 가치가 180도 달랐다. 프랑스·미국의 침략을 받아 강화도에서 전투를 치른 대원군은 외적의 침략에 대비하기 위해 강화도 일대의 군사력을 대대적으로 강화했다. 반면에 고종은 외적의 침략은 뒷전으로 미룬 채 왕궁을 지키는 경호대, 즉 친위병을 대대적으로 강화했다.

군비 확장과 관련한 고종의 첫 조치는 1874년 6월 9일 500명의 '신정 파수군'이라 불린 근위 부대를 창설한 것이었다. 당시 왕궁 수비는 용호영龍虎營에서 600명, 무예청武藝廳에서 200명 등 800명의 병력이 담당하고 있었다. 고종은 국왕 친위병을 대대적으로 증강하라고 지시했다. 영의정 이유원이 예산 고갈을 이유로 난색을 표명하자 "그렇다면 중앙 각 군영의 군사를 차출하여 궁궐 수비 병력을 늘리라"고 지시했다.

고종은 훈련도감·금위영·어영청 등 각 군영에서 2,000명을 궁궐 숙위병으로 차출한 다음, 대신들과 한마디 상의도 없이 1874년 8월 15일 무위소武衛所라는 근위 부대를 창설했다. 이 부대 지휘관인 무위도통사武衛都統使에는 풍양 조씨의 대표 인물이면서 대원군에게 박대를 당했던 조영하를 임명했다. 무위도통사는 금위영·어영청·훈련도감 등 3영의 제조提調를 겸했고, 용호영과 총융청까지 통솔했으며, 한성부 치안 업무까지 관여하는 막강한 권한을 쥐게 되었다.

고종은 외적의 침략에 대비하여 강화도 일대를 방어하는 진무영의 증강에는 최소한의 관심조차 없었다. 그가 막강한 권한을 가진 근위 부대를 창설한 이유가 있다. 진무영 소속 부대를 강화해봤자 지휘관 대부분이 대원군 사람이었다. 때문에 그 부대가 국왕에게 충성할 것인지 신뢰할 수 없었다.

고종은 무위소의 병력과 기능 및 권한을 대대적으로 강화했다. 심지어 군제로 편성된 근위 부대가 경찰에 해당하는 포도청 업무까지 지휘했다. 그 결과 무위소는 담당하지 않는 일이 없을 정도로 무소불위無所不爲의 권한을 가진 부대로 탈바꿈했다.

1880년 무렵 무위소의 총 병력이 4,399명으로 늘었다(배항섭, 『19세기 조선의 군사제도 연구』, 2002, 125-131쪽). 이 많은 인력을 모두 궁궐 수비에 투입하기에는 그 숫자가 너무 많자 고종은 이들 가운데 정예를 선발하여 왕궁 수비를 전문으로 하는 장예청壯藝廳을 신설했다.

근위 부대의 신설 및 우대는 '국왕에 절대 충성하는 부대'를 확보하기 위한 고종의 강력한 의지가 있었기에 가능한 일이었다. 국왕의 친위 부대는 대대적인 병력 확충, 신무기로 무장, 보급 및 봉급 면에서 다른 부대와는 차원이 다른 특별 예우를 받았다.

반면에 훈련도감 등 기존 부대들은 병력 규모와 예산이 축소되어 정해진 근무조차 제대로 수행하기 어려운 상황으로 내몰렸다. 게다가 거의 모든 예산을 국왕 친위 부대에 몰아주는 바람에 진무영은 경비 지급은 물론 병사들의 봉급을 10개월 이상 지급하지 못했다. 진무영은 날로 쇠락하여 3,000명에 이르렀던 병력이 1,300명으로 축소되었다(배항섭, 『19세기 조선의 군사제도 연구』, 2002, 135쪽).

대원군 시절 승격되었던 무신武臣들의 지위도 원상태로 되돌려졌다. 또 1874년 9월 8일 신헌을 마지막으로 진무영의 최고 책임자를 무인이 아닌 문인 출신으로 임명하기 시작했다. 대원군이 진무영의 군비 강화용 예산을 마련하기 위해 신설했던 도성문세, 도로세, 강화도의 갑곶과 한강과 임진강이 만나는 한강 하류 끝부분의 조강祖江을 통과하는 상선들에게 징수한 세금을 모두 폐지했다.

이로 인해 정부 재정은 더욱 악화되어 1년 후에는 "창고가 비고 녹봉도 모자라 민간의 살림과 국가의 계획이 망연하기 그지없는" 형편이 되었다. 오죽했으면 황현은 고종의 군사 정책과 관련하여 "대원군이 설치하고 시행한 것은 선악을 불문하고 모두 교혁矯革(고쳐서 바로잡음)했다"고 혹평했을까.

대원군이 국정을 이끌던 시기에는 의주 해관에서 확보된 포삼세 수입은 거의 대부분 강화도 일대의 군비 증강을 위한 재원으로 활용되었다. 반면에 고종은 포삼세를 무위소 운영 재원으로 전환했다. 고종은 서양의 침략을 두 번이나 받은 강화도 방어보다 자신의 왕궁 방어가 훨씬 중요하다고 생각했다. 대원군은 자신이 모든 정열을 쏟아 대대적으로 강화했던 강화도 진무영 예산을 궁궐 수비대인 무위소로 돌리자 "이 군대가 국가에 무슨 해를 끼쳤기에 장성長城을 파괴하는가" 하고 가슴을 쳤다고 황현은 기록하고 있다.

나라가 망하든 말든 왕조만 건재하면 그만이라는 사고방식은 그 후 고종을 특징짓는 결정적 요소로 작동하게 된다.

재정난으로 병력 감축

고종은 재정 악화로 군대를 정상적으로 유지하기 힘들자 대원군 시절 양성한 포군은 물론 각 부대의 인력과 시설의 대대적인 감축 작업에 돌입했다. 함경도 남병영의 경우 변방에 급보가 있을 때 중앙으로 경보를 띄우는 봉수군 운영비를 마련하지 못해 봉수대 운영이 중단되었다.

지방군의 실상을 조사할 때마다 "곳곳에서 돈으로 사람을 사서 내세우는 형상이 마치 어린아이들 장난 같고, 무기도 고을마다 보수한다고는 하나 명색과 실속이 맞지 않는 형편"이라는 실상이 국왕 고종에게 보고되었다. 이런 보고를 받을 때마다 고종은 "우리나라가 가난하고 힘이 없으니 어쩌면 좋은가?"라면서 걱정만 할 뿐 구체적인 군비 강화책을 세우라는 지시는 없었다(배항섭, 『19세기 조선의 군사제도 연구』, 2002, 145~146쪽). 나라 형편이 어려우니 어쩌란 말인가 하고 한숨만 쉬고 걱정하는 상황을 반복하다 나라가 망한 것이다. 식량이 없어 중앙군·지방군 병사들이 쫄쫄 굶고 있을 때 국왕 친위 부대인 무위소의 군졸들은 각별한 대우를 받아 기름진 식사를 배불리 먹었다.

고종은 자신의 친정을 지지하고 후원한 세력만을 등용했다. 민 왕후의 양오빠 민승호를 병조판서, 조영하를 무위도통사에 임명한 것이 대표적인 사례다. 이처럼 편중된 인사는 역대 국왕들처럼 묘당의 토론을 거쳐 합리적으로 결정된 것이 아니라 고종의 즉흥적인 발상과 지시에 의해 시행된 것이다. 국왕의 독주가 반복되자 우의정 박규수는 "언제

한번 어떻게 하는 것이 좋겠는가 하는 것을 대신들에게 물어본 일이 없기 때문에 모순되는 일들이 수없이 나타나고 있다"고 항의하며 사직 상소를 올렸다. 고종은 기다렸다는 듯이 박규수의 사표를 수리해버렸다.

대원군 시절 질서가 잡혀가던 왕조의 권위가 고종의 친정 과정에서 급격하게 제동이 걸리면서 건잡을 수 없는 혼란상이 연출됐다. 일본의 한국 역사학자 기무라 간木村幹이 분석한 고종 친정의 폐해는 다음과 같이 정리된다(기무라 간, 『대한제국의 패망과 그림자』, 2017, 126-127쪽).

① 한반도의 경제와 조선 왕조의 재정에 치명적인 파탄을 가져왔다.
② 고종의 독단적인 정책 수행으로 고종의 친정을 뒷받침해온 중신들의 이반을 불렀고, 고종은 민 왕후와 여흥 민씨들에 크게 의존하게 되었다.
③ 정책의 혼란으로 대원군 대망론을 낳고, 대원군을 중심으로 하는 세력의 재구성을 야기했다.
④ 친정 초기의 정책 실패와 이에 대한 비판으로 정책 수행 의욕이 크게 훼손됐다.

고종은 친정 초기에는 최익현 등의 주장을 받아들여 이상주의적이고 도덕주의적인 개혁을 시도했다. 이 개혁들은 실효성이 없었을 뿐 아니라, 역효과만 낳았다. 고종은 개혁에 대한 열정을 상실하고 아버지 대원군이 시도했던 제도적 개혁도 포기한다. 결국 그가 선택한 것은 현상유지였다. 국가 재정의 축소, 부패 구조의 만연을 현실로 받아들이기로 한 것이다.

왕자 얻기 위해 불공 다닌 왕후

독선적인 국정 운영으로 묘당 대신들로부터 신망을 잃은 고종이 의지할 곳은 왕비와, 왕비의 친정 일족들뿐이었다. 이 와중에 민 왕후의 권위가 높아지는 일이 벌어졌다.

앞 장에서 소개했듯이 민 왕후는 1871년 첫 아들을 낳았으나 항문이 없는 기형으로 태어나 4일 만에 죽었다. 왕비는 고종과의 사이에서 총 4남 1녀를 생산했으나 아들 이척(후에 순종)을 제외하고는 모두 태어난 지 며칠 안에 죽었다. 민 왕후는 왕위를 이어줄 건강한 아들을 얻기 위해 '왕비는 궁 밖에 드나들 수 없다'는 금기를 깨고 충청도 공주에 있는 신원사에 불공을 드리러 다녔다. 불공이 효험을 발휘했는지 1874년 3월 25일, 학수고대하던 아들 이척이 탄생했다. 아버지 대원군이 권좌에서 물러나고 고종의 친정이 시작되자마자 경사가 난 것이다.

왕비 민씨에게 이 아들은 보물단지나 다름없었다. 고종은 이척이 태어난 지 1년이 채 안 된 1875년 2월 6일 이척을 왕세자로 선포하고, 왕세자 책봉을 청하기 위한 사절에 영의정 이유원을 임명하여 청나라로 보냈다. 고종과 민 왕후는 아들의 세자 책봉을 기념하기 위해 과거를 실시했는데, 이때의 과거는 대과·소과 정원이 없는 응제경과應製慶科였다.

이유원은 고종으로부터 "청국에 가서 실력자 이홍장과 비밀 외교 채널을 구축하라"는 비밀 임무를 부여받았다. 당시 조선 입장에서 볼 때 청이 종주국이기는 하지만, 조선의 내치와 외교에 간섭할 수 있는 근거나 전례가 없었다. 때문에 국왕과 척신들이 청에 접근하는 데는 적지 않은 어려움이 있었다. 고종은 국왕과 척신을 대표해서 이유원에게 청국 수뇌부와의 핫라인 구축 임무를 맡겼다.

이유원은 중국에 체류하는 동안 북양대신 즈리 총독 이홍장을 직접 만나지는 못했지만 서한과 선물을 보내 그의 환심을 사는 데 성공했다. 이홍장은 조선 조정이 이유원을 통해 자신에게 대일 외교에 대한 자문을 구한다는 사실을 알고, 이유원에게 서한을 보내는 형식으로 조선의 외교 방침에 대한 자신의 뜻을 전했다.

이후 수년간 이홍장은 이유원과 17회에 걸친 왕복 서신을 통해 조선 국왕과 척신들의 외교를 지도하게 된다. 물론 이홍장과 이유원의 서신 교류는 고종의 뜻에 따라 진행된 것이었다. 때문에 이홍장과 이유원의 서신 교환은 개인적 의견 교환이 아니라 두 나라의 정책 방향에 관한 의견 교환이었다.

한편에선 고종이 개혁 개방 정책을 실시하려 한다는 기미가 보이면서 위정척사 세력들이 발끈했다. 그들은 대원군의 개혁 개방 정책에 반대하여 고종·여흥 민씨 세력과 손잡고 대원군 축출에 앞장섰으나, 고종이 그런 모습을 보이자 이번에는 대원군과 손을 잡았다. 대원군의 복귀를 요구하는 수구파 주자 성리학자들의 상소가 끊이질 않자 고종은 1875년 7월 20일, 더 이상 이런 주장이 나오지 않도록 공포심을 조성하기 위해 상소를 올린 자들을 체포하여 서소문 바깥에서 목을 잘랐다.

고종은 친위 부대인 무위소의 최고 지휘관을 조영하에서 민 왕후의 척족인 민규호로 교체했다. 민규호는 민승호가 폭사한 후 민 왕후의 생가 관리를 위탁받았던 인물이다. 고종은 점점 더 여흥 민씨 척족 세력의 세도정치 속으로 빨려들어가기 시작했다.

제11장

막오른 일본의 아시아 침략

대원군의 실각과 고종의 친정으로 조선이 정치적 소용돌이에 휩싸여 있을 무렵, 일본도 메이지 신정부의 기반이 크게 흔들려 갈피를 못 잡고 있었다. 메이지 신정부 요인들은 쿠데타를 일으켜 막부 체제는 타도했지만 무엇으로 이를 대체해야 할 것인지에 대해서는 구체적인 안이 준비되어 있지 않았다. 천황 중심의 통일된 국가를 만들어야 한다는 데는 의견이 일치했지만, 이를 위해 어떤 제도를 갖춰야 하는지에 대해서는 누구도 몰랐다.

새로운 체제는 1889년 일본제국 헌법이 선포된 후에야 그 골격이 잡힌다. 따라서 왕정복고를 선포한 1868년부터 1889년까지의 20여 년은 지도자도, 이념도, 체제도 불확실한 가운데 끊임없는 실험과 시행착오를 겪으면서 새로운 나라를 만들어가는 과정이었다.

타이완 침략

유신 3걸로 불리는 조슈의 기도 다카요시, 사쓰마의 사이고 다카모리와 오쿠보 도시미치는 모두 하급 무사 출신이었다. 그들은 새 체제의 구체적인 청사진이나 이를 뒷받침할 이념이 없었다. 하지만 서구 열강의 도전에 직면한 일본의 국력이 너무나 미약하다는 위기의식, 260여 개 번으로 갈라진 봉건 국가가 아니라 강력한 정부와 단합된 국가가 필요하다는 문제의식은 강렬하게 공유하고 있었다.

단합된 국가, 강한 정부를 만들기 위해서는 서양의 과학과 기술, 법과 행정 체제, 군사 제도와 무기를 받아들여야 했다. 이런 인식을 바탕으로 메이지유신 지도자들은 동양과 서양, 전통과 현대의 조화를 꾀한다(함재봉, 『한국사람 만들기 2』, 2017, 141쪽).

정한론에서 정대론征臺論으로

일본의 대외 관계에서 쟁점으로 떠오른 것은 러시아·조선·타이완이었다.

19세기 중반까지 홋카이도와 사할린樺太·쿠릴열도에는 소수의 러시아인과 일본인들이 살고 있었다. 특히 사할린은 19세기 들어 러시아와 일본이 각각 식민 개척 정책을 시행하여 서로 자기 땅이라고 영유권을 주장했다. 1855년 러일 화친조약을 맺은 이후 양국은 사할린을 공동 관할 구역으로 관리하고 있었다.

사할린 귀속 문제를 둘러싼 갈등은 자칫하면 막강한 육군을 보유한 러시아와 무력 충돌을 일으킬 우려가 있었다. 현실주의자였던 오쿠보 도시미치는 사할린 거주 일본인들을 소개하고 사할린을 러시아 영토로 인정하는 대신 쿠릴열도를 일본 영토로 인정받기 위해 1875년 상트페테르부르크 조약을 체결했다.

조선과는 서계 접수 문제로 팽팽한 긴장이 계속됐다. 일본이 서계 접수 거부를 이유로 조선에 무력을 행사할 경우 조선의 저항은 물론이요, 종주국 청이나, 한반도로의 남진 기회를 노리는 러시아의 개입을 부를 우려가 있었다. 따라서 당분간 조선 문제는 외교 현안에서 제외시켜 놓는 것이 유리하다고 판단했다.

류큐(오키나와)는 1372년부터 중국과 책봉-조공 관계를 맺었는데, 1609년 사쓰마번이 무력 침공하여 중국과 사쓰마번 양쪽에 조공을 하는 양속 관계를 맺고 있었다.

타이완과 일본 간의 마찰은 1871년 11월에 발생했다. 류큐 선박 한 척이 폭풍을 맞아 표류하던 중 타이완 동부 해안에 표착했다. 이 배에는 류큐 왕국의 미야코지마섬 주민과 일본인이 타고 있었다. 이때 타이완 토착민들이 표류해온 류큐인과 일본인 66명을 체포하여 그중 54명을 참수하는 사건이 발생했다. 생존자 12명은 타이완의 한족 주민에 의해 구출됐다.

일본은 류큐를 자국 영토라고 주장하면서 청나라에 사건을 저지른 토인들의 처벌과 피살 선원에 대한 배상을 요구했다. 청나라는 타이완 주민 가운데 중국 남부 지방에서 이주한 한인과 한인화한 선주민은 자국이 책임지지만, 모란사와 같이 한인화를 거부하는 원주민은 자국 관할권 밖이라면서 배상을 거부했다. 타이완과 류큐는 자신들과 책봉-조공 체제를 맺고 있는 속방이니 자신들이 알아서 처리할 문제라고 본 것이다.

더 큰 문제는 당시 청은 신장新疆 문제로 러시아와 대립하고 있었고,

윈난雲南·산시陝西·간쑤甘肅성에서 발생한 회교도 반란에 대처하느라 타이완 상황에 신경을 쓸 여유가 없었다. 이런 모습을 지켜본 일본 정부는 자국 군대를 동원하여 타이완에 강경 수단을 동원해도 청은 내부 혼란으로 인해 대응하지 못할 것으로 봤다.

사이고 다카모리 일파가 정한론 논쟁에서 패한 후 고향 가고시마로 물러갔고, 기득권을 상실한 사무라이들의 불만은 날이 갈수록 팽배했다. 사회 곳곳의 불평분자들이 정한론을 지지했고, 신정부의 유약한 대외 정책을 비난했다. 당시 일본 국내에서는 에도 신페이가 일으킨 사가의 난 등 사무라이 계급의 불만이 여기저기서 터져나오고 있었다.

정한론 세력을 축출한 오쿠보는 사무라이들의 불만을 투영시킬 '바람구멍'이 필요했다. 뭔가 분위기 반전이 절실한 시점에 '꿩 대신 닭'으로 선택된 것이 타이완 침략이었다. 타이완 정벌에 성공하면 류큐에 이어 타이완까지 일본 영토로 편입시킬 수 있다는 이해타산이 서자 일본 정부는 타이완 침략을 결정했다. 정한론이 정대론征臺論로 바뀐 것이다.

1874년 2월 6일 일본 각의는 타이완 침략을 결정했다. 4월에 일본 정부는 타이완 사무국을 설치하고 오쿠마 시게노부를 책임자로 임명했다. 동시에 300명의 사쓰마 사무라이를 포함하여 3,000명 규모의 정벌군이 편성되었다. 정벌군 총사령관에는 정한파의 거두 사이고 다카모리의 친동생인 육군 중장 사이고 쓰구미치가 임명되었고, 미국인 르장드르가 고문으로 위촉되었다.

미국이 일본 부추겨

'제국주의'라는 차원에서 볼 때 당시 일본은 보잘것없는 역량밖에 소유하지 못한 풋내기였다. 대외 침략 역량이 부족했던 일본이 타이완 침략에 나설 수 있었던 것은 미국의 격려와 지지가 있었기 때문이다.

당시 미국은 자본주의의 발전으로 인해 자국 상품 수출 시장을 확대해야 할 필요성에 직면해 있었다. 미국의 대외 확장은 태평양 지역, 그중에서도 중국이 목표였다(왕소방, 한인희 옮김, 『중국외교사』, 지영사, 1997, 194-195쪽 참조).

미국도 국력의 한계로 인해 중국 해안 가까운 곳에 자국 해군 기지나 저탄 기지를 확보하지 못하고 있었다. 따라서 다른 나라의 힘을 빌려야 했는데, 그것이 신흥 국가 일본이었다. 미국은 일본의 중국 침략에 대한 지지와 격려를 보냄으로써 그에 편승하여 미국의 국익을 실현하려 했다.

주일 미국 공사 들롱은 샤먼廈門 주재 미국 영사를 지낸 르장드르를 일본 정부에 소개했다. 파리에서 태어나 미국으로 이민 간 르장드르는 남북전쟁 때 소령으로 참전하여 전투 중 한쪽 눈을 잃고 귀와 턱의 일부도 잃는 등 용맹을 떨쳤다. 명예준장으로 제대한 그는 무공을 인정받아 1866년 중국 푸젠福建성 샤먼 주재 미국 영사로 임명되었다. 르장드르는 훗날 조선에 건너와 고종의 외교 고문으로 10여 년 일하다 조선에서 사망하여 양화진 묘역에 묻히는 특이한 인물이다.

1867년 3월, 타이완 동남 해안에서 미국 상선 로버(Rover)호가 난파하여 선원들이 원주민에게 살해당하는 사건이 발생했다. 르장드르는 타이완으로 건너가 타이완에 대한 광범한 정보를 수집하여 본국 정보에 보고했다. 사건의 응징을 위해 그해 6월 미 해병대가 타이완에 상륙했으나 원주민들의 저항으로 퇴각했다. 르장드르는 외교적 수완을 발휘하여 원주민과 접촉하여 미국인과 유럽인 난파선 표류자들을 해치지 않겠다는 약속을 받아냈다.

1872년 11월, 르장드르가 주 샤먼 영사 임기를 마치고 귀국하기 위해 요코하마에 도착했을 때 타이완 원주민들이 류큐 난파선 생존자들을 살해하는 사건이 발생했다. 일본 정부가 타이완 문제로 고심하고 있을 때 들롱 공사가 르장드르를 '타이완 전문가'로 소개했다. 르장드르는 일본 외무경 소에지마 다네오미를 만나 의기투합했고, 즉시 일본 군사·외교 고문으로 채용되었다. 일본 정부가 외국인을 정부의 공식 자문으로 임명한 최초의 사례다.

일본 군부, 정부 명령 어기고 군대 출동

르장드르는 타이완이 무주지無主地이므로 일본이 차지해도 국제법상 문제가 없다면서 "일본 본토와 조선, 류큐·타이완 등 섬을 둥글게 이어서 중국을 보하이만부터 타이완 해협까지 포위하라"고 부추겼다. 그는 일본 정부에 타이완의 해도와 지도·사진 등 중요 자료를 제공했다.

일본은 르장드르의 조언대로 타이완 침공을 결정했고, 미 해군 장교 더글라스 카셀(Douglas Cassel), 미 육군 중위 제임스 와센(James R. Wassen)을 사이고 사령관을 도울 부관으로 임명했다. 일본군을 타이완까지 수송하는 일은 미국·영국 해군 함정이 맡기로 했다.

주일 영국 공사 해리 파크스는 일본의 타이완 침공이 류큐인과 일본인을 죽인 것에 대한 보복뿐만 아니라 다른 의도가 있다고 보았다. 그 결과 1874년 4월 13일 파크스 공사는 일본 외무경 데라시마에게 영국 함정이 일본군에 협조할 수 없다고 통보했다. 일본군의 타이완 침공에 적극적이었던 들롱 주일 미국 공사의 후임으로 부임한 존 빙엄(John A. Bingham)도 일본군의 타이완 정벌을 반대했고, 르장드르가 개입하는 것도 금지시켰다.

예상치 못한 서구 열강의 압박에 놀란 오쿠보는 나가사키에서 출병을 앞두고 있던 타이완 정벌군에 출항 중지 명령을 내렸다. 그러나 사령관 사이고 쓰구미치는 오쿠보의 명령을 무시하고 1874년 4월 27일 출병 명령을 내렸다. 군대가 독단적으로 일을 저지르고 정부가 뒤치다꺼리를 하는 근대 일본 국가 시스템이 이때부터 작동하기 시작했다.

일본의 타이완 출병에 불안을 느낀 나라는 영국이었다. 청일 간의 충돌이 영국이 중국 중남부 지역에서 보유하고 있던 자국의 이익에 영향을 미칠 우려가 있었기 때문이다. 영국은 일본이 타이완을 독점하는 것을 원치 않았다. 주청 영국 공사 웨이드는 일본에 "중국 내의 영국 상인들은 타이완과 밀접한 상무 관계를 갖고 있기 때문에 일본이 타이완을 점령하는 것을 바라만 볼 수 없다"는 뜻을 밝혔다(왕소방, 『중국외교사』, 1997, 197쪽).

당시 청나라 외교 총책 이홍장은 일본이 조선이 아니라 타이완을 공격했다는 소식을 듣고 반신반의했다. 일본의 의도가 무엇인지 헷갈렸기 때문이다.

각국의 셈법

원정군 3,600명은 1874년 5월 22일 타이완에 도착했다. 일본군은 스먼石門에서 파이완족을 격퇴했고, 6월 말에는 남부 원주민 부족들이 대부분 일본군에 항복했다. 일본군이 거둔 전과는 토인 부락 10개를 토벌한 것이 전부였다.

일본군의 타이완 침략은 전술적 차원에서는 큰 실패였다. 낯선 아열대 기후와 풍토병이 문제였다. 전투에서 전사한 군인은 12명에 불과했지만, 투입된 병력의 절반 이상이 말라리아와 괴질에 걸려 530명이 사망하는 등 군대 기능이 마비됐다. 일본 정부는 출병 예산으로 50만 엔을 책정했으나, 군사 행동이 시작되자 예산은 7배 이상 불어난 360만 엔이 지출됐다. 또 원정군이 미국과 영국의 수송선을 사용하지 못하게 되면서 군 수송선을 구입하는 데 400만 엔이 추가로 지출됐다(김기혁, 『근대 한·중·일 관계사』, 2010, 91-92쪽).

1874년 8월 16일, 오쿠보 도시미치가 일본의 타이완 침공에 대한 사후 처리를 위해 전권변리대신으로 베이징에 파견됐다. 이때 오쿠보는 베이징 주재 영국 공사 웨이드의 우호적인 거중 조정으로 10월 31일 공친왕과 청일 베이징 전조專條를 체결했다. 주요 내용은 일본군이 타이완에서 철수하되, 대신 일본군의 파병은 자국민 보호를 위한 정당한 행위로 인정하고 청국이 일본에게 배상금 50만 냥을 지불하는 것이었다. 12월, 사이고 쓰구미치는 타이완에 주둔하고 있던 일본군을 철수시켰다.

일본군이 타이완에서 고전한 사실은 언론 통제를 통해 철저히 은폐됐다. 자세한 내막을 모르는 일본 국민은 타이완 침략을 "일본의 국위를 떨친 대승리"라고 환호했다. 실상은 재정 파탄, 적과의 전투가 아니라 세균과의 전투로 인한 사상자 속출 등 '속으로 골병 든' 원정이었다. 만약 웨이드의 우호적인 중재 없이 협상이 장기화되었다면 일본군은 속수무책으로 타이완 습지대에 발이 묶여 피해가 더 커졌을지도 모른다.

반면에 정치 외교 차원에서는 의미가 크게 달랐다. 메이지 정부의 기반이 강화되었고, 도쿠가와 말기부터 대두한 대륙을 향한 팽창 야망의 분출이었으며, 탈아시아 외교의 시동이었다.

청은 일본이 자국 영토인 타이완에 군사를 보내 공격하고 류큐국을 일본 영토라고 주장했음에도 불구하고 별다른 조치를 취하지 않았다. 타이완 사태가 발생하여 종결될 때까지 전 기간을 통해 청일 양군 간의 직접 접촉이나 전투는 없었다. 청조의 군사적 취약성을 알고 있던 이홍장은 신중하고 현실적으로 행동했다. 이처럼 외국의 군사적 도발이나 도전에 대한 소극적 대응이 공친왕·리훙장 콤비의 대외 정책의 일관된 특징이었다.

타이완 사태 당시 청국이 무력한 대응으로 일관함으로써 중국의 위신이 크게 실추되기 시작했다. 청이 류큐에 대한 영유권을 포기한 것은 중국 중심의 조공 체제가 무너지기 시작했음을 알리는 첫 신호였다(함재봉, 『한국사람 만들기 2』, 2017, 228쪽). 타이완 침공 사건이 발생하기 전까지만 해도 이홍장은 일본과 연합하여 함께 서양의 침략에 대항한다

한일합방에 관여한 조슈번 출신 인사

이름	주요 직책	출신지
이토 히로부미 (伊藤博文)	총리, 조선 통감	야마구치현 히카리(光) 출생, 하기 성장
데라우치 마사타케 (寺内正毅)	조선 통감, 조선 총독, 총리	야마구치현 야마구치 출생·성장
이노우에 가오루 (井上馨)	외무·내무·대장대신, 주한 공사	야마구치 출생·성장
고무라 주타로 (小村壽太郎)	주한 공사, 외무대신	미야자키현 니치난(日南) 출생·성장
소네 아라스케 (曾禰荒助)	사법·농상무대신, 제2대 조선 통감	야마구치현 하기 출생·성장
야마가타 아리토모 (山縣有朋)	육군 참모본부장, 육군대신, 총리	하기 출생·성장
하세가와 요시미치 (長谷川好道)	조선주차군 사령관, 조선 총독	야마구치현 이와쿠니(岩國)출생·성장
가쓰라 다로 (桂太郎)	육군 대장, 총리	하기 출생·성장
미우라 고로 (三浦梧樓)	육군 중장, 주한 공사	하기 출생·성장

는 연일제서론聯日制西論을 주장했다. 하지만 그는 일본의 침략을 예방하고 견제해야 한다는 쪽으로 생각을 바꾸었다. 주일 영국 공사 파크스도 "우리는 이처럼 비겁하고 유약한 청의 태도에서 몇 가지를 배울 수 있을 것"이라고 말했다.

일본의 타이완 침략과 청의 무력한 대응을 보고 서양 열강들은 두 가지를 깨달았다. 첫째는 중국은 돈을 내길 원할지언정 싸우기를 원치 않는다는 사실, 둘째는 일본을 잘 키워 길들이면 동아시아에서 자신들의 역할을 대행할 수 있는 존재라는 사실이었다.

메이지유신으로 신정부를 구성한 양대 세력은 조슈와 사쓰마였다. 사쓰마는 타이완 문제는 자기들이 책임져야 할 과업이라고 판단했고, 조슈는 조선 문제는 자기들이 해결해야 할 영역이라고 바라보았다. 이러한 시각은 이후 역사 진행 과정에서 더욱 굳어져 조선은 조슈 파벌의 전리품 같은 존재가 된다.

1894년 청일전쟁부터 1910년 한일합방까지 조선 주재 공사나 통감, 합방 후 조선 총독, 일본 군부 실력자들의 면면은 거의 모두가 조슈번(현재의 야마구치 현) 출신이란 사실은 우연일까, 아니면 필연이었을까?

운요호 사건

고종의 친정을 계기로 묘당은 흥선대원군의 쇄국적 대일 외교를 개혁해야 한다고 문제를 제기했다. 그 결과 대원군의 초강경 대일 외교를 일선에서 주도하던 경상도관찰사 김세호를 파직하고 동래부사 정현덕은 함경도 문천군으로 유배를 보냈다. 그리고 새 경상관찰사로 유치선,

동래부사에 박재관을 임명했다. 왜학훈도 안동준의 후임으로 현석운을 임명한 후, 안동준을 유배 보냈다가 바로 효수했다. 고종의 일련의 통치 행위는 대원군의 실각을 계기로 비현실적 배일 외교가 퇴장하고 대일 타협 외교의 기운이 일기 시작한 것으로 해석됐다.

일본은 1874년 6월 15일 조선 전문가 모리야마 시게루를 조선에 파견하여 조선의 국내 정치 변화를 파악해서 보고하도록 지시했다. 신임 왜학훈도 현석운은 부임하자마자 초량 왜관으로 가서 모리야마와 회담하고 회담 내용을 정부에 보고했다. 이것이 조선 정부가 메이지 정부의 외무성 관리를 인정하고 공식 접촉한 최초의 사례다.

일본, 포함 외교 결정

모리야마는 대원군 실각 이후 조선의 정치 정세가 혼란한 기회를 잘 이용하면 일본이 별다른 양보나 타협 없이 원하는 목적을 달성할 수 있다고 판단했다. 모리야마는 현석운에게 조선의 요구 사항을 고려하여 국서를 다시 작성해 보낼 것이니 신속히 접수해줄 것을 요청했다.

1875년 2월 모리야마가 다시 가져온 국서의 내용도 그전의 것과 별반 다르지 않아 접수가 거부됐다. 또 다시 일본 정부의 체면이 구겨지자 모리야마는 외무성에 '조선에 대한 무력행사'를 요청하는 보고서를 올렸다. 그는 일본이 군함 한두 척을 파견하여 해로를 측량하는 체하면서 무력시위를 할 경우 조선을 위협하여 국교 수교를 단행할 수 있다면서, "우리의 무력을 저들에게 행사할 수 있는 절호의 시기는 바로 지금"이라고 주장했다.

모리야마는 1875년 4월 15일 조선 정부를 압박하는 '강경한 조치'가 필요하다고 확신하고 외무경 데라지마 무네노리寺島宗則에게 "측량을 명분으로 몇 척의 군함을 조선 근해로 출동시켜 위협을 가해달라"고 상신했다. 모리야마의 일련의 행동은 '변형된 정한론'으로서 4개월 후 운요호 사건의 발발을 시사하는 사건이었다(다보하시 기요시, 『근대 일선관계의 연구(상)』, 2013, 371쪽).

이 요청에 따라 메이지 정부는 조선에 페리 함대와 같은 방식의 포함외교를 실시하기로 결정하고 군함 가스가春日·운요雲陽·다이니테보第二丁卯 등 세 척을 조선 근해에 파견하기로 결정했다. 군함 파견은 극비리에 결정되었기 때문에 일본의 고위 관료 중에서도 이 사실을 모르는 사람이 많았다.

일본 정부는 조선과의 외교 관계 수립 과정에서 혹시라도 러시아가 개입할 우려를 차단하기 위해 예방 조치에 착수했다.

1875년 4월 7일, 일본은 러시아와 사할린과 쿠릴열도를 교환하는 상트페테르부르크 조약을 체결했다. 일본은 이 조약을 통해 사할린섬에 대한 모든 권한을 완전히 포기하고 러시아 영토로 인정해주는 대가로 쿠릴열도의 북부를 넘겨받았다.

사할린·쿠릴열도 교환 조약이 조인된 지 한 달 후인 5월 초, 일본은 류큐 왕국이 청에 조공 바치는 것을 금지하고 류큐와 청나라 간의 모든 관계를 단절시켰다. 이로써 류큐는 완전히 일본에 복속되었다.

운요호, 조선 향해 출항

류큐와 러시아 문제를 매듭지은 오쿠보 도시미치는 이제 조선 문제에 전념할 수 있게 되었다. 1875년 5월 25일, 일본 정부는 '쓰시마와 조선의 연해 항로 조사' 목적으로 초량 왜관에 이노우에 요시카井上良馨 소좌가 지휘하는 전함 운요호를 입항시켰다. 이것은 모리야마의 보고서를 토대로 진행된 군사 작전이었다.

운요호는 조슈번이 1870년 영국에서 구입하여 사용하다가 1871년 메이지 정부에 헌납한 300톤급 목조 전함이다. 길이 35.7미터, 폭 7.2미터에 8문의 함포를 탑재했으며, 승조원은 75명이었다. 임진왜란·정유재란 당시 이순신 함대에 전멸당한 지 270년 만에 근대식 군함이 부산항에 입항한 것이다.

조선 정부는 "사전 예고 없이 군함이 왜관 항구에 입항하는 것은 전례에 어긋난다"면서 즉각 철수를 요구했다. 일본 정부는 "초량 왜관의 일본 거주민을 보호하기 위한 조치"라며 조선 측의 요구를 무시했다. 6월 12일에는 또 한 척의 전함 다이니테보가 이토 스케유키伊東祐亨 함장(해군 소좌)의 지휘하에 입항하여 운요호와 합류했다. 조선 측이 강력 항의하자 모리야마는 "조선과 일본 간 현지 교섭의 조속한 추진을 독촉하기 위한 목적"이라고 답변했다.

6월 14일 왜학훈도 현석운과 수행원들이 왜관 항구에 입항한 일본 군함을 임검하기 위해 승선을 요구했다. 모리야마는 함장들과 상의하여 승선을 허가했다. 조선 측 임검단이 배에 오르자 두 척의 전함은 훈련을 이유로 돌연 함포 사격을 시작했다. 고막을 찢을 듯한 요란한 함포 발사음에 항만 일대는 일순 공포에 휩싸였다. 페리 함대의 일본 내습과 동일한 방식으로 조선을 겁박한 것이다.

왜관 앞바다에서 무력시위를 벌인 운요호는 6월 20일 새벽 출항하여 동해안을 따라 영흥까지 올라가 해로를 측정한 후 7월 1일 다이니테보호와 함께 나가사키로 돌아갔다.

포함을 동원한 위협과 협박에도 불구하고 조선 정부가 국서 접수를 거부하자 모리야마는 본국 정부에 "더 강경한 수단을 채택해야 한다"는 보고서를 보냈다. 9월 3일 일본 외무성은 모리야마에게 "교섭을 포기하고 귀국하라"고 훈령했다. 같은 날 일본 해군부는 운요호에 "조선의 동·남·서해안에서 청국의 뉴좡牛莊 간 항로를 탐사하라"는 명을 내렸다.

초토화된 초지진 포대

1875년 9월 12일 나가사키를 출항하여 조선 해역으로 향한 운요호는 거제도 옥포, 전라도 소안도를 지나 9월 19일 월미도 앞바다에 정박했다. 바로 이날 일본은 사할린을 러시아에 양도하는 의식을 거행했다. 다음날(9월 20일) 운요호는 강화도 동남방에 위치한 난지도 해역으로 이동했다.

모리야마는 9월 21일 임지인 부산을 떠나 귀국길에 올랐다. 모리야마가 부산을 떠난 날 강화도 일대에서 운요호 포격 사건이 발생했다.

『고종실록』에 일본 전함 운요호가 처음 등장한 것은 9월 21일이다. 영종첨사 이민덕이 "이양선이 난지도에 정박해 있다"는 보고를 올리자 고종은 군사 300명을 강화도 손돌목으로 급파했고, 통역관을 파견하여 어느 나라 배인지 확인하도록 했다.

운요호가 조선의 남서해안을 따라 북상하여 강화도 앞바다에 출몰했음에도 불구하고 이 배가 통과한 여러 고을에서 아무 보고도 올리지 않은 사실이 드러났다. 의정부 대신은 "외국 선박을 망보는 제도가 이렇게 소홀한 것은 매우 한심한 노릇"이라고 개탄하면서 "군량마저 바닥이 나서 부대에 먹을 것을 대기 어렵다"고 하소연했다.

이처럼 외국 선박 감시 체계가 무너진 이유는 고종의 친정 이후 강화도 일대를 방어하는 진무영 예산을 고종의 친위 부대인 무위소로 돌렸기 때문이다. 그 바람에 수도 외곽의 방어를 담당하는 진무영은 대원군 시절에 비해 무기나 인력 등이 크게 줄어 방어력이 현저히 약화되었다.

일본 측 기록에 의하면 운요호는 보트를 내려 10여 명의 병사가 식수를 구하기 위해 강화도 초지진으로 접근했다. 포대의 병사들은 운요호가 국적을 표시하는 식별기를 게양하지 않았기 때문에 이 배가 일본 국적이라는 사실을 확인하지 못했다.

조선 정부는 병인양요와 신미양요가 발생한 후 강화도 해역에 외국 선박의 진입을 금지하고 있었다. 이 와중에 운요호가 강화도 해역에 출몰한 것이다. 사쓰마 출신인 이노우에 요시카 함장은 이 지역이 외국 선박의 접근 금지 구역이라는 사실을 알면서도 보트를 내려 먹을 물을 구한다는 구실을 붙여 상륙을 시도했다. 국적 불명의 보트가 접근해오자 초지진 포대는 포격을 가했다. 보트에 탄 일본 병사들도 즉각 응사했고, 운요호가 발포하여 교전이 시작됐다.

280년 만의 일본군과 전투에서 패배

대원군은 5년간에 걸쳐 동원 가능한 모든 재정과 인력을 투입하여 수도 서울의 입구인 강화도 군비를 강화했다. 그러나 고작해야 초지진 포대에 재래식 화포인 대완구포와 불랑기포를 배치하는 수준이었다. 앞부분이 뾰족한 유선형 포탄을 발사하는 암스트롱 포와 달리 대완구포와 불랑기포는 구경 12센티미터 이하의 원형 쇳덩이나 돌을 발사하는 구식이었다. 유효 사거리가 700미터에 불과했고 명중률도 형편없었다. 때문에 1발을 제외하고는 전부 표적에 미치지 못했다.

반면에 운요호에 탑재된 110파운드 포와 40파운드 함포는 근대식 서양 화포로서 사정거리가 조선군 대포의 10배 정도였고, 화력 면에서도 비교가 되지 않을 정도로 강력했다. 운요호가 발사하는 함포는 쏘는 대

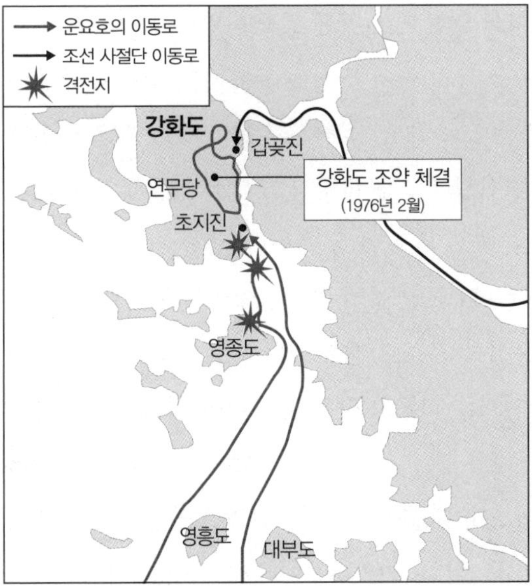

운요호의 이동 경로와 조선군과의 충돌 지점

로 명중해서 포대에 적지 않은 피해를 입혔다(다보하시 기요시, 『근대 일선 관계의 연구(상)』, 2013, 394쪽).

두 시간 정도 포격을 가해 초지진 포대를 초토화한 운요호는 동도同島 포대와 영종진에 차례로 포격을 가한 후 영종도에 육전대(해병대)를 상륙시켰다. 일본군이 상륙하여 공격을 가하자 영종진의 군민軍民 600여 명과 영종첨사 이민덕은 겨우 전패殿牌(임금을 상징하는 나무 패)를 모시고 도주했다. 일본군은 관청과 민가에 불을 지르고 크고 작은 대포 등 무기를 전리품으로 노획했다. 배로 돌아간 그들은 함상에서 승전 축하 잔치를 벌인 후 나가사키로 귀항했다.

강화도와 영종도 전투에서 조선 군민 35명이 전사하고 17명이 포로가 되었으며, 각종 포 365문과 화승총 130정을 빼앗겼다. 또 일본군의 방화로 영종진의 공공건물과 민가가 불탔다. 반면에 일본군 측은 부상자 2명이 발생, 그중 한 명이 일본으로 귀환 도중 사망했다.

겨우 군함 1척의 내습으로 600명의 병력을 보유하고 있던 영종진은 쑥대밭이 되었다. 지휘관은 도주하고 성 전체가 불바다로 변했다. 임진왜란 이후 280년 만에 벌어진 일본군과의 전투에서 압도적인 패배를 당한 것이다.

운요호와의 전투 상황은 9월 26일 경기감사 민태호의 보고를 통해 엿볼 수 있다. 이 날짜 『고종실록』은 초지진 포대와 운요호 간의 전투 장면에 대해 "저놈들의 배가 연기를 피우고 닻을 올린 후 앞바다로 내려오면서 연이어 대포를 쏘았습니다. 온 부대가 뒤죽박죽이 되고 불길이 성안을 휩쓸어 백성들의 집이 연이어 타면서 관청 건물까지 불길이 미쳤기 때문에 전패를 모시고 군사들이 퇴각했습니다"라고 기록하고 있다.

운요호와의 충돌이 패전으로 귀결되자 국왕 고종은 충격에 빠졌다. 수도 서울 방어의 임무를 맡은 조선군 주력 부대가 힘 한번 제대로 써보지 못하고 일본 군함 한 척의 침략을 받아 참패했기 때문이다.

운요호가 강화에서 포격전을 벌인 과정을 추적해 보면, 당시의 충돌은 운요호 함장의 부주의나 조선 수비병의 부당한 공격으로 발생한 우발적 사건이 아니라 일본 측이 주도면밀한 계획을 세워 고의로 도발한 사건이었다.

강화도에서 조선군과 일본군의 충돌 사건이 일본에 알려지자 당시 메이지 정부 실세였던 오쿠보 도시미치의 죽마고우이자 정한 논쟁에서 패하여 가고시마에 낙향 은거하고 있던 사이고 다카모리는 "운요호 사건은 오쿠보 정권이 궁지에서 탈출하기 위한 발악"이라고 혹평했다.

조슈 파벌의 리더로서 근대 일본 육군의 창설자인 야마가타 아리토모는 "강화도 사건은 해군성 내의 사쓰마파가 사전에 계획한 사건"이라고 밝혔다. 즉, 정한론이 사이고 다카모리의 사직 때문에 중단되었지만, 해군 내의 사이고파에 속하는 군인들 중에는 이에 승복하지 않고 계속 정한론을 주장하면서 때가 오면 조선 문제를 무력으로 해결하려고 계획하는 자들이 있었다는 것이다.

야마가타는 1875년 조선 근해에서 운요호 함장 이노우에 해군 소좌가 행한 일련의 행위는 그의 독단적인 판단이 아니라 가와무라 스미요시川村純義 해군대보大輔(일본 제국의 해군 편제는 해군 최고 기관인 해군부 예하에 최고위직인 해군경이 있었고, 그다음이 해군대보-해군대신-해군차관 순이었다)와의 묵계 하에 계획된 행동이라고 지적했다. 이노우에 소좌는 1875년 9월 조선 서해안에서 청국 뉴좡에 이르는 해로 연구 명목으로 조선에 압박을 가하라는 해군성의 훈령을 받고 출항했다. 따라서 강화도 사건의 정보가 도쿄에 보고되었을 때 사쓰마 파벌 중심으로 구성되어 있는 해군은 예정했던 계획이 실현된 것을 확인했을 뿐 놀라운 소식은 아니었다(김용구, 『세계관 충돌과 한말 외교사, 1866~1882』, 2001, 186쪽).

운요호 사건은 대화나 조정을 통해 해결되지 않으면 무력에 의존한다는 일본의 전통적인 조선 정책의 실천이었다. 강화도에서의 포격전을 외교전으로 확대하기 위해 일본은 군함 가스가와 다이니테보를 부산 앞바다에 보내 무력시위를 벌였다. 그들은 조선 해역으로 출동하기 전 주일 미국 공사 존 빙엄을 통해 미국에서 출간된 『페리의 일본 원정 소사小史』를 구해 상세히 연구했다. 강대국이 약소국을 무력으로 개항시키는 방법을 충분히 숙지한 다음 작심하고 바다를 건너온 것이다. 따라서 일본도 간접적으로나마 '파우스트 정신'을 수혈받은 서양의 아들이었다.

수호 조약 위한 사전 준비

고종은 아버지 흥선대원군을 실각시킨 후에도 강력한 세를 형성하고 있는 위정척사파들의 존재로 인해 늘 입지가 불안했다. 이 와중에 조선과 일본이 무력 충돌을 벌이면 반일 감정이 높아질 것이고, 대일 쇄국 정책을 추진한 대원군에게 민심이 쏠릴 것이 분명했다. 최악의 상황을 막기 위해서는 일본과의 무력 충돌을 자제해야 했고, 일본의 국서를 접수하지 않으면 안 되었다.

조선 정부가 외교 협상을 통해 강화도 사건을 해결하겠다는 뜻을 보이자 "조선은 우리 관할 지역"이라고 주장해 온 조슈 파벌이 기도 다카요시를 내세워 주도권을 잡고자 했다. 그런데 기도 다카요시는 회담을 준비하던 중 11월 13일 뇌일혈로 쓰러져 임무 수행이 불가능하게 되자 사퇴했다. 그 결과 조선에 파견될 전권변리대신은 사쓰마 파벌의 육군 중장 겸 참의개척장관 구로다 기요타카黑田清隆에게 돌아갔고, 조슈 파벌의 이노우에 가오루를 전권부사로 임명하여 양 파벌의 균형을 맞추었다. 구로다는 현역 군인이자 괄괄한 성격이어서 부사는 외교에 정통한 인물을 내세워 보좌를 받도록 한 것이다.

일본은 조선과의 회담에 앞서 조선이 청의 속방이라는 전통적 외교 관계를 고려하여 우선 청에 운요호 문제를 통보하기로 했다. 1875년 11월 10일, 유럽에서 국제법을 공부하고 온 모리 아리노리森有禮를 특명전권공사로 임명하여 청에 보냈다. 사쓰마의 사무라이 집안 출신인 모리는 18세 되던 해에 영국으로 유학하여 수학과 물리학·해양 측량 등을 공부한 후 귀국하여 초대 주미 공사를 담당했다. 모리는 이토 히로부미가 "일본에서 태어난 서양인"이라고 했을 정도로 서구적인 사고방식의 소유자였다.

일본은 모리에게 청의 대외 외교를 관장하는 총리아문을 방문하여 조일 관계의 정돈과 관련한 각서를 제출하라고 훈령했다. 1876년 1월 10일 모리는 "강화도 사건으로 일본 국내 여론이 들끓었으나 일본 정부는 평화적 해결을 원하고 있다. 조선에 파견될 전권대표를 군함으로 호송할 예정이다. 이것은 사신단을 보호하기 위한 부득이한 조치다. 조선 정부가 일본 사신을 예우하고 그 요구를 거절하지 않으면 조일 양국 간의 평화는 보전될 것이나, 그렇지 않으면 조선 사람들은 화를 자초할 것"이란 내용의 각서를 청국의 총리아문에 보냈다.

일본은 기회가 생기면 조선을 청으로부터 분리시켜 자국의 영향권 아래 두고자 했다. 하지만 조선은 전통적인 책봉-조공 체제로 엮인 중국의 속국이었다. 따라서 일본이 조선 문제에 개입할 경우 청이 어떤 반응을 보일 것인가를 파악하는 것이 일본 정부의 초미의 관심사였다. 모리가 본국 정부로부터 받은 훈령은 일본이 조선을 겁박하여 강제 개항을 하려는 상황에서 청이 조선에 대해 어느 정도나 종속 관계를 중시할 것인가의 여부였다.

모리는 즈리성의 수도인 바오딩保定으로 즈리 총독 이홍장을 찾아가 조선 문제를 주제로 대화를 나누었다. 모리 공사는 청국 외교의 1인자인 이홍장과의 회담에서 "중국에 조공을 바치는 조선은 독립국인가, 아니면 속국인가?"를 질문했다. 이홍장은 조선이 청의 속방이란 확실한 증거는 조선이 중국의 정삭正朔을 받고 있는 것이라고 답했다. 정삭이란 새로운 달력을 뜻하는데, 이를 받아들인다는 것은 중국 왕조의 시간관을 비롯하여 모든 질서를 받아들인다는 뜻을 내포하고 있었다. 그러면서 이홍장은 "청은 조선의 내정에는 간섭하지 않는다"고 우회적으로 답변했다. 순간, 모리는 중국이 조선의 안위에 그다지 큰 관심을 두지 않고 있다는 사실을 꿰뚫어보았다.

일본에게 유리했던 국제 환경

당시 청은 영국과 마가리(A. R. Margary) 사건, 프랑스와는 베트남 문제로 얽히고설켜 정신이 없었다. 마가리 사건이란 상하이 주재 영국 영사관 직원 마가리가 버마에서 중국 윈난성으로 연결되는 통상로 개척을 위해 탐험에 나섰다가 중국인에게 살해된 사건이었다. 프랑스와는 베트남 종주권 문제를 놓고 여차하면 전쟁을 해야 하는 상황이었다.

국제적인 정황은 일본 편이었다. 모리는 이홍장에게 "첫째, 청이 조선 정부를 설득하여 일본의 요구를 수락하도록 거중 조정을 해줄 것, 둘째, 조선 정부가 일본의 요구를 수락하지 않을 경우 개전은 불가피하다"고 발언했다.

모리의 점잖은 위협에 이홍장은 "일본이 조선을 침략하면 청은 좌시하지 않을 것이며, 러시아도 조선에 출병할 것"이라고 응수했다. 이홍장이 생각하는 청과 조선 관계는 확고했다. 즉, 속방인 조선은 내·외정에서 완전히 자주적이지만, 조선의 영토 보전 문제는 종주국으로서 중국에 책임이 있다는 입장이었다.

이홍장은 일본이 운요호 포격 사건을 구실로 조선을 침략할 경우 청은 조선에 군대를 보내 일본을 응징할 것이라고 명확하게 밝혔다. 하지만 모리는 그것이 허장성세라는 사실을 꿰뚫어보았다. 모리는 "조선에 대한 청의 종주권은 서구식 국제법상 시대착오적이며 유명무실한 것이다. 조선은 독립 자주국이며, 이에 대해 청은 절대 간섭할 수 없다"고 주장했다.

만주족이 세운 청은 산해관을 돌파하여 베이징에 도읍을 정했다. 그 직후인 1677년, 만주족은 신성한 발상지를 보호한다는 명분으로 싱징興京

이동, 이퉁伊通 이남, 압록강·두만강 이북의 만주 지역을 봉금封禁 지역으로 정하고 중국인과 조선인들의 진입을 금지시켰다(김효순, 『간도특설대』, 서해문집, 2014, 8쪽).

청조는 발상지 만주를 보호하기 위해 한반도가 전략적으로 중요하다는 사실을 깨닫고 역대 어느 왕조보다 한반도의 안전에 예민하게 반응했다. 19세기 중반 한반도에 대한 러시아와 일본의 팽창주의적 위협이 고조되자 한반도에 대한 청의 관심도 덩달아 높아졌다.

한반도에 관심을 가져야 한다고 주장한 청조의 대표 인물은 이홍장이었다. 이홍장은 타이완이나 중국 남부 지역보다 청조의 발상지인 만주 방어가 급선무이기 때문에 한반도를 중국의 영향권 아래 두어야 한다는 인식을 가진 인물이었다.

당시 청은 제10대 황제인 동치제가 천연두에 걸려 18세 나이로 사망하여 국상 중이었다. 또 태평천국의 난으로 인한 심각한 후유증에서 벗어나지 못한 상황이었다. 이홍장이 "일본이 조선을 침략하면 청이 군대를 보내 응징하겠다"는 단호한 입장을 밝혔지만, 속마음은 조선에 대한 현상 유지가 최선의 길이라고 판단했다.

발등에 불이 떨어진 이홍장은 조선의 외교 부서에 "과격한 대응을 삼가고 일본의 요구를 평화적으로 수용하는 것이 유리하다"는 서한을 보냈다. 그리고 선양·지린吉林·헤이룽장黑龍江 일대의 군 사령관들에게 러시아의 군사 행동에 대비하라는 명령을 내렸다. 이홍장이 조선에 보낸 서한은 강화도에서 한일 간에 담판이 시작되기 6일 전인 2월 5일, 서울에 도착했다.

청의 외교 부서인 총리아문의 관리들은 베이징을 방문한 조선의 세자 책봉 사절 이유원에게 "일본이 서양의 제도를 받아들여 군사력이 강해지고 있는데, 조선이 과연 이를 막아낼 준비나 계획이 있는가?" 하고 우려하면서 "무모한 배일 정책을 삼가라"고 충고했다. 이런 식으로 청은 조선이 배일 정책을 청산하고 일본과 원만한 타협을 이루어 수교를 맺도록 배후에서 영향력을 행사했다.

〈나비 부인〉의 글로버 딸, 한때 인천 정착

강화도에서 포격 사건을 일으켜 개항의 빌미를 만드는 역할을 한 일본 군함 운요호는 1868년 스코틀랜드의 애버딘 조선소에서 건조된 포함砲艦이다. 조슈번이 구매하여 사용하다가 메이지유신 후 1871년 5월 일본제국 해군에 편입된 이 함정은 1886년 10월 일본 기슈오타우라紀州阿田浦 해안에서 좌초하여 침몰했다.

운요호를 일본에 판매한 사람은 스코틀랜드 출신 무역상 토머스 글로버였다. 글로버는 우리나라에서 병인양요가 벌어진 1866년 쓰루코 단카와라는 여성과 결혼했다. 외국인들은 글로버의 일본인 부인을 '나비 부인'이란 애칭으로 불렀다. 존 롱의 소설 『나비 부인』을 데이비드 벨라스코가 희곡화했고, 이 연극을 본 푸치니가 오페라로 만들었다. 일본을 한 번도 방문한 적이 없는 작곡가 푸치니는 스코틀랜드인 글로버와 그의 일본인 아내 이야기를 전해들었을지 모르겠으나 오페라 〈나비 부인〉은 세계적인 히트를 기록했다.

글로버는 쓰루코와의 사이에 1남 1녀를 두었다. 외동딸 글로버 하나는 1897년 영국인 월터 베넷(Walter J. Benet)과 결혼했다. 월터 베넷은 1902년 일본인 에바라 슈이치로穎原修一朗와 인천에 일영日英무역상회를 설립했다. 후에 이 회사를 베넷이 독자 경영하면서 광창양행(베넷 상회)으로 상호를 바꾸었다.

베넷은 인천에서 광창양행을 운영하면서 인천 주재 영국 영사를 겸직했다. 그는 또 영국 선박 회사 홈 링거(Holme Ringer)가 제물포에 개설한 함릉가 양행의 지배인, 장인인 토머스 글로버가 나가사키에서 운영하는 글로버 상회의 조선 지사 역할을 하면서 서양 제품을 한국에 수입 공급했다. 베넷의 부인 글로버 하나는 남편을 따라 1896년 10월 인천으로 이주하여 정착했다. 그녀는 70세를 일기로 사망하여 인천 청학동 외국인 묘지에 묻혔다.

제2권 연표

1543년 조선 최초의 서원 백운동서원 개원

9월 20일, 일본에 철포 전래

1545 일본, 철포 양산 체제 돌입

1549 오다 노부나가織田信長, 자신의 군대를 철포로 무장

1550 명종, 백운동서원에 '소수서원紹修書院'이라는 친필 현판과 서적 하사

1566 일본에 30만 정의 철포 보급

1575 나가시노長篠 전투에서 오다 노부나가 철포 부대, 3단 순환사격 전법으로 다케다 신겐武田信玄의 기마대 궤멸시켜

1589 7월, 도요토미 히데요시, 조선 선조에게 일본 철포 두 자루 선물

1591 통신사 황윤길·김성일 귀국하여 일본 침략에 대해 상반된 의견 제출

1592 4월 13일, 왜군 선두 부대 부산 상륙(임진왜란 발발)

4월 15일, 왜군, 동래성 함락

4월 25일, 상주 전투에서 순변사 이일의 군대 전멸

4월 27일, 탄금대 전투에서 신립 장군 기마대 패전

5월 3일, 고니시 유키나가 부대 서울 입성

1593 10월, 훈련도감 신설(조선군 조총 부대 창설)

1609 조선-도쿠가와 막부, 기유약조己酉約條 체결하고 국교 재개

1623 인조반정으로 광해군 폐위되고 서인西人 정권 출범

1627 여진족, 청나라 선포

정묘호란

1636 이수광, 조선 최초의 백과사전 『지봉유설芝峰類說』 간행(총 20권)

12월, 병자호란

1637 1월, 인조, 삼전도에서 청 태종 홍타이지에게 항복

1639 청군, 산해관山海關 돌파하여 명나라 공격

1640 4월, 임경업 장군, 전선 120척과 병력 6,300명 만주 파병

1644 청, 명나라 쓰러뜨리고 중국 대륙 석권

1645 소현세자 귀국, 얼마 후 독살 당해

1659 효종 승하. 제1차 예송 논쟁

1762 사도세자 폐위, 뒤주에 가둬 굶겨 죽여

1776 사도세자의 아들 정조 즉위

1783 이승훈, 베이징에서 루이 드 그라몽(Louis de Gramont) 신부에게 세례 받고 귀국

1789 프랑스 혁명 발생

1795 12월, 중국인 주문모周文謨 신부 조선 잠입

1800 순조, 조선 제23대 국왕 즉위

1801 2월, 신유사옥辛酉邪獄으로 천주교 탄압 시작

5월 31일, 주문모 신부 새남터에서 순교

10월, 황사영 백서 발각

1802 정순왕후, 안동 김씨의 상징 가문인 김조순의 딸을 순조비로 책봉

1804 2월, 순조의 친정

1805 2월, 정순왕후 사망

1811 제12차 조선 통신사 파견(통신사 일본 파견 종료)

일본 막부, 네덜란드어 번역청인 '번서화해어용蕃書和解御用' 설립

1827 순조 아들 효명세자, 대리청정 시작

1830 5월, 효명세자 사망

1831 9월 9일, 로마교황청, 베이징 교구에 속해 있던 조선 교구 독립시켜

1834 순조 승하. 효명세자의 아들 헌종 즉위, 순원왕후 수렴청정

1836 1월, 파리 외방전교회 소속 모방(Pierre Philibert Maubant) 신부 조선 잠입(조선에 파송된 최초의 서양 신부)

12월, 샤스탕(Jacques-Honoré Chastan) 신부 조선 잠입

1837 1월, 제2대 조선 교구장 앵베르(Laurent Marius Joseph Imbert) 신부 조선 잠입

1839 3월, 기해박해 시작

1840 순원왕후 수렴청정 거두고 헌종 친정 시작

1845 위원魏源의 세계 백과사전 『해국도지海國圖志』 조선에 반입

8월, 장 페레올(Jean-Joseph-Jean-Baptiste Ferréol) 신부, 상하이 만당萬堂신학교 교회에서 김대건을 신부로 임명(조선인 최초의 천주교 신부)

10월, 제3대 조선 교구장 페레올 신부, 다블뤼(Marie Nicolas Antoine Daveluy) 신부 조선 도착

1846 9월 16일, 김대건 신부 새남터에서 순교

세실 제독이 지휘하는 프랑스 극동 함대, 충남 보령 앞바다 외인도 근처 도착

1847 8월, 프랑스 함대 군산 앞바다에서 좌초, 승조원 고군산군도 상륙

1848 미국, 멕시코와의 전쟁에서 승리하여 캘리포니아 등 멕시코 영토 40퍼센트 탈취

1849 6월 6일, 헌종, 23세의 젊은 나이로 사망. 강화 도령 이원범 즉위(철종)

1851 철종, 안동 김씨 김문근의 딸과 혼인(철인왕후). 안동 김씨 권력 장악

1853 2월 3일, 페레올 주교, 조선에서 포교 활동 중 누적된 과로로 선종

일본 막부가 네덜란드에 주문하여 건조한 스크루 증기선 야판호 일본에 인도(일본명 간린마루)

1855 제4대 조선 교구장 베르뇌(Siméon-François Berneux) 주교 잠입

네덜란드 국왕, 증기선 섬빙호를 쇼군 도쿠가와 이에사다德川家定에게 선물

1856 7월~9월, 프랑스 게렝 제독, 조선 동·서·남해안 탐사, 남양만과 덕적 군도 발견

1858 에도江戶 막부, 미·영·불·러·네덜란드 5개국과 '안세이 5조약' 체결

1860 1월 22일, 일본 견미遣米 사절단 요코하마 출발, 간린마루 태평양 횡단 항해

3월, 막부의 실력자 이이 나오스케井伊直弼 암살

5월, 최제우 동학 일으켜 포교 시작

11월 9일, 일본 견미 사절단 귀국

1861 토머스 글로버, 나가사키에 자딘 매시선 상사(Jardine Matheson, 중국명 이화양행怡和洋行)의 대리점 오픈

4월 12일, 미국 남북전쟁 발발

1862 진주민란

막부, 보병·포병·기병을 주축으로 한 육군 창설

막부, 분큐文久 유럽 사절단 파견

8월, 사쓰마 영주 시마즈 히사미쓰島津久光, 나마무기生麥에서 영국인 살해

11월, 일본 막부, 유학생 11명 네덜란드에 파견

1863 일본 막부, 견불遣佛 사절단 파견

3월, 제14대 쇼군 도쿠가와 이에모치德川慶福, 사상 최초로 천황이 거주하는 교토 행차

7월 2일, 사쓰마번-영국 사쓰에이薩英 전쟁

8월 4일, 조슈번, 영·미·불·네덜란드 연합 함대와 바칸馬關 전쟁

8월 14일, 조슈번, 영·미·불·네덜란드 4개국과 시모노세키 조약 체결

조슈번, 막부 허가 없이 다섯 명의 청년(조슈 파이브) 영국 유학 보냄

12월 8일, 철종 승하

1864 1월 16일, 흥선군 이하응의 둘째 아들 이재황 즉위(고종)

4월, 동학 창시자 최제우, 체포되어 처형

윌리엄 마틴, 휘튼의 『만국공법萬國公法』 한역본漢譯本 발간

7월, 막부, 15만 명의 조슈 토벌군 편성(제1차 조슈 정벌)

1865 대원군, 만동묘 철거

4월 12일, 미국 남북전쟁 종료

4월 26일, 조대비, 경복궁 중건 명하고 책임자로 대원군 임명

사쓰마번, 막부 허가 없이 15명의 유학생 영국 파견

5월 16일, 막부, 제2차 조슈 정벌 전쟁

9월, 일본 막부, 요코스카橫須賀조선소·제철소 건설 시작

1866 2월 25일, 베르뇌 주교·다불뤼 신부 등 체포되며 병인박해 시작

3월 29일, 조대비, 수렴청정 거두고 통치권을 국왕에게 돌려줘

7월, 리델 신부, 중국으로 탈출. 프랑스 신부 처형 사실 외부에 알려져

8월, 제너럴 셔먼(General Sherman)호, 대동강에서 격침

10월, 프랑스군 강화도 침공(병인양요 발발)

11월 9일, 조선군, 정족산성 전투에서 프랑스군 격퇴

11월 22일, 프랑스 함대 조선에서 철수(병인양요 종료)

일본 막부, 견로遣露사절단 파견

후쿠자와 유키치, 『서양 사정』 발간(일본 초유의 베스트셀러)

12월, 쇼군 도쿠가와 이에모치, 오사카성에서 급사. 도쿠가와 막부의 마지막 쇼군 도쿠가와 요시노부德川慶喜 취임

1867 1월 23일, 제2차 조슈 정벌 전쟁 종료. 통치권을 천황에게 반납하는 대정봉환大政奉還 단행

대원군, 청전淸錢 국내 유통 허가

사카모토 료마, 「선중팔책船中八策」 제안

11월 15일, 사카모토 료마, 교토에서 암살

12월 9일, 메이지 천황, 신정부 수립 선언, 왕정복고王政復古 대호령 발표

1868 5월, 오페르트 일행, 남연군 묘 도굴 사건

7월 2일, 경복궁 중건 작업 완료. 고종, 경복궁으로 이전

대원군, 서원 철폐 단행

친막부군과 메이지 신정부군 간에 보신戊辰 전쟁 발발

후쿠자와 유키치, 게이오기주쿠慶應義塾 출범

마틴의 한역본 『만국공법』 일본어 번역

1869 1월, 조선과 일본 메이지 신정부 간 서계書契 사건 발생

4월 6일, 막부, 에도성을 메이지 신정부군에게 넘겨

5월, 하코다테函館 전투에서 친막부군 대패(보신 전쟁 종료)

6월, 일본, 판적봉환版籍奉還 단행

미국 대륙횡단철도 완공

1871 대원군, 군포제 개혁하여 호포법 시행. 양반들에게도 군포세 징수

일본 요코스카조선소 완공

6월, 미군, 강화도 침공. 광성보 전투에서 조선군 패배(신미양요)

6월 12일, 대원군 전국 각지에 척화비 건립

8월 29일, 일본, 번을 없애고 군현 제도로 바꾸는 폐번치현廢藩置縣 단행

9월, 청일 수호조규 조인

11월, 타이완 원주민, 표류해온 류큐인·일본인 54명 살해(타이완 사건)

12월, 일본 이와쿠라 사절단 출국

1872 5월, 일본인, 왜관에서 집단 난출 사건

대원군, 환곡제 폐지, 사창제로 개혁

후쿠자와 유키치, 『학문을 권함』 발간(17편까지 발간되어 총 340만 부 팔려)

도쿄 신바시新橋~요코하마 간 일본 최초의 철도 건설

10월, 일본, 초량 왜관을 외무성 직할 대일본국 공관으로 변경

1873 9월 13일, 이와쿠라 사절단 귀국

10월 24일, 일본 정부 정한론 공식 폐기

12월 24일, 고종 친정 선언

1874 2월 22일, 고종, 청전 유통 금지

2월, 에도 신페이, 정한론 주장하며 사가의 난 일으켜

3월 25일, 민 왕후, 아들 이척李坧 출산(후의 순종)

4월 27일, 일본군, 타이완 정벌 위해 출발

4월 28일, 고종, 만동묘 부활

8월 15일, 고종, 근위 부대인 무위소武衛所 창설

10월 31일, 타이완 사건 관련 청일 베이징 전조淸日北京專條 체결

12월, 타이완 주둔 일본군 철수

1875 1월 5일(음 1874년 11월 29일), 민 왕후의 양오빠 민승호 폭사

4월 7일, 일러 상트페테르부르크 조약 체결(사할린-쿠릴열도 교환)

5월, 류큐, 일본에 완전 복속

6월 14일, 부산항에 입항한 운요雲陽호·다이니테보第二丁卯호 무력시위

9월 21일, 운요호, 강화도 초지진 포대와 포격전, 영종도 공격

1876 2월 27일, 조일 병자수호조규(강화도 조약)

1878 5월 14일, 오쿠보 도시미치 암살

1880 12월 15일, 이타가키 다이스케,·자유당 결성

1881 조선, 별기군別技軍 설치

'개화開化'라는 용어 조선에 수입

1882 오쿠마 시게노부, 개진당改進黨 결성

1886 일본 메이지 정부, 학교령 공포하여 국민 보통 교육 실시

1889 2월 11일, 일본제국 헌법 공포

1890 일본, 제1회 중의원 총선거 실시

11월 29일, 일본 최초 의회 제1회 제국의회 개원. 야마가타 아리토모 총리, 의회에서 주권선·이익선 연설

1894 5월 15일, 조선왕조 마지막 과거시험 실시

참고문헌

H. 쥐베르·Ch. 마르탱, 유소연 옮김, 『프랑스 군인 쥐베르가 기록한 병인양요』, 살림, 2010.

강상규, 『19세기 동아시아의 패러다임 변환과 제국 일본』, 논형, 2007.

강성학 편저, 『용과 사무라이의 결투: 중(청)일전쟁의 국제정치와 군사전략』, 리북, 2006.

강성학, 『시베리아 횡단열차와 사무라이』, 고려대학교 출판부, 1999.

강효숙, 「청일전쟁기 일본군의 조선민중 탄압」, 왕현종 외, 『청일전쟁기 한·중·일 삼국의 상호 전략』, 동북아역사재단, 2009.

금병동, 최혜주 옮김, 『일본인의 조선관』, 논형, 2008.

기무라 간大村幹, 김세덕 옮김, 『대한제국의 패망과 그림자』, 제이앤씨, 2017.

기시모토 미오岸本美緖·미야지마 히로시宮嶋博史, 김현영·문순실 옮김, 『조선과 명청』, 너머북스, 2014.

김기정, 『미국의 동아시아 개입의 역사적 원형과 20세기 초 한미 관계 연구』, 문학과지성사, 2003.

김기혁, 『근대 한·중·일 관계사』, 연세대학교 출판부, 2010.

김민규, 「근대 동아시아 국제질서의 변용과 청일수호조규(1871)」, 『대동문화연구』 제41집, 2002.

김시덕, 『동아시아, 해양과 대륙이 맞서다』, 메디치, 2016.
김용구, 『거문도와 블라디보스토크』, 서강대학교 출판부, 2009.
______, 『세계관 충돌과 한말 외교사, 1866~1882』, 문학과지성사, 2001.
______, 『약탈제국주의와 한반도』, 도서출판 원, 2013.
김용섭, 『조선후기 농업사연구 1: 농촌경제, 사회변동』, 일조각, 1970.
김원모, 『개화기 한미교섭관계사』, 단국대학교 출판부, 2003.
김윤희·이욱·홍준화, 『조선의 최후』, 다른세상, 2004.
김학은, 『이승만과 마사리크』, 북앤피플, 2013.
김학준, 『서양인들이 관찰한 후기 조선』, 서강대학교 출판부, 2010.
김효순, 『간도특설대』, 서해문집, 2014.
나카츠카 아키라中塚明, 「청일전쟁을 둘러싼 역사 기억」, 나카츠카 아키라·이노우에 가쓰오井上勝生·박맹수, 한혜인 옮김, 『동학농민전쟁과 일본: 또 하나의 청일전쟁』, 모시는사람들, 2014.
다보하시 기요시田保橋潔, 김종학 옮김, 『근대 일선관계의 연구(상)』, 일조각, 2013.
릴리어스 호톤 언더우드, 김철 옮김, 『조선견문록』, 이숲, 2008.
마루야마 마사오丸山眞男, 김석근 옮김, 『일본정치사상사 연구』, 통나무, 1995.
박제경, 이익성 옮김, 『근세조선정감』, 탐구당, 1981.
박종인, 『대한민국 징비록』, 와이즈맵, 2019.
박　훈, 『메이지유신은 어떻게 가능했는가』, 민음사, 2017.
배우성, 『조선과 중화』, 돌베개, 2014.
배항섭, 『19세기 조선의 군사제도 연구』, 국학자료원, 2002.
서민교, 「1890년대 중일전쟁기 일본의 국내 정치와 외교」, 강성학 편저, 『용과 사무라이의 결투: 중(청)일전쟁의 국제정치와 군사전략』, 리북, 2006,

성희엽, 『조용한 혁명: 메이지유신과 일본의 건국』, 소명출판, 2016.
신명호, 『고종과 메이지의 시대: 무엇이 조선과 일본의 운명을 결정했나』, 역사의아침, 2016.
신용하, 『초기 개화사상과 갑신정변 연구』, 지식산업사, 2000.
야마무로 신이치山室信一, 정재정 옮김, 『러일전쟁의 세기』, 소화, 2010.
연갑수, 『고종대 정치변동 연구』, 일지사, 2008.
______, 『대원군 집권기 부국강병책 연구』, 서울대학교 출판부, 2001.
왕소방王紹坊, 한인희 옮김, 『중국외교사』, 지영사, 1997.
왕현종 외, 『청일전쟁기 한·중·일 삼국의 상호 전략』, 동북아역사재단, 2009.
유성룡, 이민수 옮김, 『징비록』, 을유문화사, 1994.
이광훈, 『조선을 탐한 사무라이』, 포북, 2016.
이삼성, 『동아시아의 전쟁과 평화 2』, 한길사, 2017.
이성무, 『한국역사의 이해』, 집문당, 1998.
이에나가 사부로·이노 겐지, 「근대사상의 탄생과 좌절」, 이에나가 사부로 엮음, 연구공간 '수유+너머' 일본근대사상사팀 옮김, 『근대일본사상사』, 소명출판, 2006.
이영훈, 『한국경제사 1』, 일조각, 2016.
이윤섭, 『일본 100년: 문호개방에서 55년 체제까지 일본제국주의 흥망사』, 아이필드, 2016.
이이화, 『조선후기의 정치사상과 사회변동』, 한길사, 1994.
이헌창, 『한국경제통사』, 해남, 2012.
정만조, 「한국 서원의 역사」, 『한국학논총』 제29집, 2007.
조경달, 최덕수 옮김, 『근대조선과 일본: 조선의 개항부터 대한제국의 멸망까지』, 열린책들, 2015.

조용준, 『메이지유신이 조선에 묻다: 일본이 감추고 싶은 비밀들』, 도도, 2019.

주경철, 『문명과 바다』, 산처럼, 2009.

최문형, 『명성황후 시해의 진실을 밝힌다』, 지식산업사, 2001.

최병옥, 『개화기의 군사정책연구』, 경인문화사, 2000.

최재건, 『조선후기 서학의 수용과 발전』, 한들, 2005.

최정운, 『한국인의 탄생』, 미지북스, 2017.

하가 토오루芳賀徹, 손순옥 옮김, 『명치유신과 일본인』, 예하, 1989.

한상일, 『아시아연대와 일본제국주의: 대륙낭인과 대륙팽창』, 오름, 2002.

한우근, 『동학과 농민봉기』, 일조각, 1997.

함재봉, 『한국사람 만들기 1·2』, 아산서원, 2017.

허동현, 「19세기 한·일 양국의 근대 서구 문물 수용 양태 비교 분석: 조사시찰단과 이와쿠라 사절단을 중심으로」, 『동양고전연구』 제24호, 2006.

후지와라 아키라藤原彰, 서영식 옮김, 『일본군사사(상)』, 제이앤씨, 2013.

세계사와 포개 읽는 한국 100년 동안의 역사 ❷

개항 전야

펴낸날	초판 1쇄 2020년 10월 6일 초판 3쇄 2023년 9월 11일
지은이	김용삼
펴낸이	김광숙
펴낸곳	백년동안
출판등록	2014년 3월 25일 제406-2014-000031호
주소	경기도 파주시 광인사길 22
전화	031-941-8988
팩스	070-8884-8988
이메일	on100years@gmail.com
ISBN	979-11-86061-69-5 04910 979-11-86061-70-1 04910 (세트)

※ 값은 뒤표지에 있습니다.
※ 잘못 만들어진 책은 구입하신 서점에서 바꾸어 드립니다.